Ostsee
Fehmarn
Heiligenhafen
28
Grömitz
Neustadt
Timmendorfer Strand
28
Lübeck
40
Ratzeburg
Mölln
Schwerin
Lauenburg
eburg
Elbe
Uelzen
Kühlungsborn
Rostock
27
Wismar
Ahrenshoop
Zingst
Stralsund
27
Bergen
Rügen
Göhren
Greifswald
Usedom
Mecklenburgische Seenplatte
Waren
Müritz
Plau
26
26
Neubrandenburg
Neustrelitz
Rheinsberg
Havel
Angermünde
Eberswalde
Bad Freien-walde
25
Oderbruch
Oder
POLEN
Seelow
25
Frankfurt (Oder)
Berlin
Potsdam
Havel
Tangermünde
Wolfsburg
Braunschweig
Magdeburg
Trebbin
Luckenwalde
24
Jüterbog
Fläming
Coswig
Witten-berg
24
Dessau
Pretzsch
Oder
Spree
Cottbus
Neiße
Wernigerode
19
39
Saale
Elbe
Halle
Nordhausen
Kelbra
Kyffhäuser
Leipzig
Unstrut
Sömmerda
Loschwitz
23

Rudolf Geser

Die schönsten Motorradtouren in Deutschland

Rudolf Geser

Die schönsten Motorradtouren in Deutschland

- Naturschönheiten
- Sehenswürdigkeiten
- Übernachtungen

Südwest

Die Benediktinerabtei von Kloster Weltenburg an der Donau zählt zu den ältesten klösterlichen Niederlassungen Bayerns (rechts).

Drei Big Bikes am Start zur großen Tour. Mir gefällt am besten die Yamaha in der Kenny-Roberts-Edition in der Mitte.

Gelegenheit zu einem Plausch wie hier vor dem Gasthof Zur alten Post in Stolpen in Sachsen findet sich überall.

Frühling im Pfälzer Wald. Schöner kann man es sich doch eigentlich nirgends vorstellen (links).

Eine Rast an einem stillen See- oder Flussufer erfrischt Mensch und Maschine.

Typisch für die Ostsee sind die Strandkörbe, die nicht nur gegen die Sonne, sondern vor allem gegen den Wind schützen sollen.

Rechte Seite: Wie dieses Bild zeigt, ist geruhsames Cruisen auch auf Deutschlands Landstraßen durchaus möglich.

Vorwort

Um ehrlich zu sein, beschränkte sich mein Radius als Motorradfahrer bisher weitgehend auf den Süden Deutschlands. Vor allem die Bayerischen Alpen und das Alpenvorland waren das bevorzugte Gebiet, in dem ich meinem Hobby Motorradfahren nachging. Weitere Reisen führten hauptsächlich in die Alpen oder über diese hinweg nach Süden, ins klassische Reiseland Italien oder nach Österreich, in die Schweiz und nach Frankreich.
Nach meinen jetzigen Touren für dieses Buch durch Deutschland muss ich sagen, dass ich dabei einiges versäumt habe. Deutschland bietet eine Vielzahl von traumhaften Motorradstrecken, die jederzeit mit den schönsten Strecken im Ausland konkurrieren können. Dazu ist Deutschland ein ausgesprochen abwechslungsreiches Reiseland mit einer vielseitigen Landschaft, wie ich es mir nie hätte träumen lassen.

An Wochentagen sind kleinere Ortschaften in ländlicher Umgebung oftmals wie ausgestorben.

Wo also beginnen bei der Vielzahl der Reiseziele, die sich hier bieten? Nun, vielleicht im Südwesten Deutschlands, an der Grenze zu Österreich und der Schweiz, wo inmitten einer landschaftlichen Symbiose aus Wasser und sanften Hügeln, Wind und Sonne, Alpengipfeln und mildem Klima der Bodensee liegt.
Dann geht es hinauf in den Schwarzwald, der allein schon bei der Nennung seines Namens Urlaubsstimmung weckt und mit seinen von dunklen Tannen- und Mischwäldern bedeckten Bergkuppen wohl als das schönste und abwechslungsreichste Mittelgebirge Deutschlands anzusehen ist. Da mag die Schwäbische Alb zunächst vielleicht etwas weniger reizvoll erscheinen. Das ist aber ein Trugschluss. Dort kann man nicht minder schön Urlaub machen und Motorradfahren.
Die Donau mag man auf den ersten Blick nicht mit dem Motorradfahren in Zusammenhang bringen, dennoch bieten sich hier wunderschöne Landschaften, die vom Naturpark Obere Donau über das Donaumoos und das Donauried bis zum so genannten Gäuboden, auch Kornkammer Bayerns genannt, beim niederbayerischen Straubing reichen. Und wo das Motorradfahren hier vielleicht manchmal etwas zu kurz kommt, entschädigen Kunst und Kultur in überreichlichem Maße.
Weit über die Grenzen Bayerns hinaus bekannte Motorradstrecken wie das Oberjoch, der Kesselberg oder das Sudelfeld stellen dagegen wieder höhere Ansprüche an das fahrerische Können. Gemächlicher, wenngleich nicht weniger schön, ist eine Tour im Fünf-Seen-Land, einer von den eiszeitlichen Gletschern geformten Landschaft südwestlich von München. Auch das Altmühltal, wo trutzige Burgen auf steilen Dolomitzacken über tief unten zwischen Fels und Fluss eingezwängten Dörfchen thronen, ist längst kein Gehimtipp mehr. Besonders schön ist es dort im Herbst, wenn das Laub der Mischwälder auf den Höhenzügen in starkem Kontrast zu den weißen Kalkfelsen steht und die Besucherströme langsam nachzulassen beginnen.
Motorradfahren kann man aber auch entlang der weinseligen Mosel, zu der wiederum die Mittelgebirge, vom Bayerischen Wald bis zum Harz, mit ihren teilweise rauen Landschaftsbildern einen reizvollen Kontrast bilden. Flacher wird die Landschaft, je weiter man sich nach Norden hinaufarbeitet, über die Eifel und den Teutoburger Wald bis nach West- und schließlich Ostfriesland, in die Lübecker Bucht, dann entlang der Ostseeküste oder in die Mecklenburger Seenplatte. Auch die Touren entlang des Oderbruchs oder südlich von Berlin finden in der Ebene statt, die eine durch fruchtbarstes Ackerland, die andere durch beschauliche Park- und Alleenlandschaften.
Auf Deutschlands Fernstraßen schließlich wird man zwar kaum allein unterwegs sein, dafür aber setzt beispielsweise die Deutsche Alpenstraße vom Berchtesgadener Land bis zum Bodensee mit so bekannten Regionen wie etwa dem Karwendel und dem Wettersteingebirge, dem Werdenfelser Land und dem östlichen und westlichen Allgäu, um nur einige zu nennen, landschaftliche Glanzpunkte.
Dies gilt auch für die Romantische Straße von Würzburg hinunter nach Füssen, wo im Mittelalter Fuhrmänner das kostbare Salz transportierten und Schlösser, Burgen, Klöster und Kapellen zurückließen und alte Städte, die ihr historisches Gesicht bis heute bewahrt haben. Und die Deutsche Märchenstraße lässt nicht nur die Märchen und Sagen unserer Kindheit – von den Bremer Stadtmusikanten über den Rattenfänger von Hameln bis zu Dornröschens Märchenschloss – wieder lebendig werden, an manchen Streckenabschnitten ist auch

der Kurvenverlauf märchenhaft. Und wer will, kann all die Eindrücke, die Deutschland zu bieten hat, bei einer Durchquerung von den Alpen bis hinauf zur Ostsee auf einer einzigen großen Reise sammeln.
Deutschland verfügt über eine ausgezeichnete Infrastruktur für Motorradfahrer. Dies drückt sich insbesondere in einem riesigen Straßennetz aus, das von Autobahnen und Bundesstraßen, die für ein schnelles Vorwärtskommen sorgen, bis zu kleinen kurvigen Nebenstraßen, die das Salz in der Suppe des Motorradfahrens ausmachen, reicht. Auch Gastronomie und Touristikbetriebe stellen sich mehr und mehr auf die Bedürfnisse der Motorradfahrer ein, wie allein die ständige Zunahme motorradfreundlicher Hotels beweist.
Nach so viel Lob soll jedoch ein Punkt, der im Motorrad-Reiseland Deutschland zu Kritik Anlass geben könnte, nicht unerwähnt bleiben: Das Wetter – es spielt leider in unseren Breiten nicht immer so mit, wie man es sich als Motorradfahrer wünschen würde. Hier sind die Länder südlich der Alpen natürlich begünstigt. Hierzulande gilt: Vor jeder Unternehmung den Wetterbericht hören, dann ist dieser Nachteil bestimmt oft wettzumachen.
Leider wird in Deutschland immer wieder die Sperrung besonders beliebter Motorradstrecken ins Gespräch gebracht, und in einigen Fällen wurde dies auch schon in die Tat umgesetzt. Daher zum Abschluss noch eine Bitte: Halten Sie sich an die Geschwindigkeitsbegrenzungen, und drehen Sie in Ortschaften den Gashahn zwecks Verringerung der Phonstärke lieber etwas weiter zu als zu weit auf, um weitere Maßnahmen in dieser Richtung überflüssig zu machen. Fahren Sie defensiv und vorsichtig, schon im eigenen Interesse, und auch, um den Befürwortern von Streckensperrungen nicht durch steigende Unfallzahlen Argumente zu geben. Planen Sie Ihre Tour sorgfältig, und nehmen Sie sich genügend Zeit, um nicht aus Eile erhöhte Risiken eingehen zu müssen.

Somit verbleibt mir nur noch, Ihnen bei Ihren Touren viel Spaß, gutes Wetter und natürlich einen unfallfreien Verlauf zu wünschen.

Rudolf Geser

Fast einer Burganlage gleicht die mächtige Staumauer der Fürwiggetalsperre im Sauerland.

Tipps zur Reiseplanung und für unterwegs

Klima und Reisezeit

Deutschland liegt im Einflussbereich sowohl des ozeanischen als auch des kontinentalen Klimas, dessen Auswirkungen regional sehr verschieden sind. So ist zum Beispiel die Oberrheinebene mit einem Jahresmittel von Temperaturen um zehn Grad Celsius die wärmste Region Deutschlands, während die Hochflächen der Schwäbischen Alb nur ein Jahresmittel von fünf bis sieben Grad Celsius aufweisen können.

Während man also im Oberrheintal meist schon Mitte April bei sonnigen Temperaturen Motorradfahren kann, so hat man die gleichen günstigen Bedingungen etwa im inneren Schwarzwald oder auf der Schwäbischen Alb erst einen Monat später. Auch in Alpennähe ist durchaus bis Ende April noch mit kühlen Temperaturen und manchmal sogar spätwinterlichen Bedingungen zu rechnen, was auch für die Mittelgebirge gilt.

Regen fällt zu allen Jahreszeiten, wobei das Maximum hier im Juli liegt, weniger im Juni und August. Auch nimmt die Niederschlagsneigung von Nord nach Süd leicht ab. Besonders regnerisch sind allerdings die Gebirge, die sich den Regen bringenden Westwinden in den Weg stellen und die Wolken zum Abregnen zwingen. So weisen beispielsweise die Bayerischen Alpen Jahresniederschläge bis zu 2600 Millimeter auf, gefolgt vom Schwarzwald mit bis zu 2200 Millimeter und dem Bayerischen Wald mit 1800 Millimeter.

Regenarm sind dagegen die Niederungen wie etwa das Donaugebiet oder das Oberrheintal, die mit Jahresniederschlägen um 500 Millimeter zu den niederschlagsärmsten Gebieten Deutschlands gehören.

Bei der Planung einer weiter entfernten Tour ist ein Anruf bei den Wetterämtern des Deutschen Wetterdienstes empfehlenswert. Diese Wettervorhersagen sind zwar kostenpflichtig (je nach Dauer der Vorhersage zwischen 20 und 40,– DM), nach meinen Erfahrungen aber sehr genau und zuverlässig und können deshalb erheblich dazu beitragen, dass die Tour nicht buchstäblich ins Wasser fällt.

Nach Möglichkeit sollten Sie auch die Schulferien beachten, da der Reiseverkehr in dieser Zeit erheblich zunimmt, die Unterkunftssuche schwieriger wird und die Übernachtungspreise in der Hochsaison höher sind.

Offenbar ein Weinliebhaber, die romantische Matthias-Kapelle bei Kobern scheint hier zweitrangig zu sein.

Bekleidung, Gepäck, Fahrverhalten

Bekleidung

Selbst bei kurzen Touren sollten Lederkombi oder Fahreranzug mit funktioneller Unterkleidung genauso selbstverständlich sein wie Nierengurt, Halstuch und Sturmhaube. Fahren Sie nie ohne Handschuhe und nur mit festem Schuhwerk, vergessen Sie nie die Regenkombi und ziehen Sie sich diese auch rechtzeitig über. Achten Sie auch immer auf ein sauberes Visier mit möglichst wenig Kratzern, und wechseln Sie das Visier spätestens alle 5000 Kilometer.

Gepäck

Grundsätzlich gilt: So viel Gepäck wie nötig und so wenig wie möglich. Je mehr Gepäck, desto schlechter das Fahrverhalten, und gerade der Fahrspaß auf kurvigen Landstraßen oder in den Mittelgebirgen hängt viel vom leichten Handling der Maschine ab. Auch wird die Kippgefahr bei schwer beladenen Maschinen

Bei Philippsthal in der Rhön lagern riesige Salzhalden inmitten der Landschaft.

größer, sie reagieren langsamer auf Lenkimpulse, und der Bremsweg verlängert sich. Schwere Gegenstände gehören in den unteren Teil des Tankrucksackes oder der Seitenkoffer, um den Schwerpunkt der Maschine möglichst wenig zu verändern. Beladen Sie die Seitenkoffer gleichmäßig, und überschreiten Sie nie das vom Hersteller angegebene Gesamtgewicht der Koffer.
Zusätzlich zum Bordwerkzeug sollten Sie auch einen Ersatzschlauch oder ein Reifenflickset mitführen. Auch Ersatzbirnen für Vorder- und Rückscheinwerfer sowie die Bremsleuchte sollte man dabei haben. Nicht vergessen sollte man auch ein Erste-Hilfe-Set zur Versorgung kleinerer Blessuren.

Fahrverhalten

Fahren Sie grundsätzlich vorsichtig und defensiv. An unübersichtlichen Stellen sollten Sie Ihre Geschwindigkeit so weit herabsetzen, dass Sie auf Sichtweite anhalten können. Im Frühjahr können in schattigen Waldstücken noch Schneereste oder Schmelzwasserstellen vorhanden sein. Dies gilt insbesondere für Fahrten in Mittelgebirgen. Im Herbst kann unvermittelt nasses Laub auf der Strecke liegen. Vorsicht ist auch bei wechselnden Fahrbahnbelägen und Ausbesserungen notwendig, insbesondere Bitumen und Rollsplitt sorgen immer wieder für tückische Gefahrenstellen. Fahren Sie grundsätzlich vorsichtig und langsam in Tunnels hinein und aus diesen heraus, das Auge muss sich jeweils erst einmal an die veränderten Lichtverhältnisse gewöhnen. Das Gleiche gilt für Streckenabschnitte, auf denen sich gleißend helle Sonnenstellen mit schattigen, dunklen Waldstücken abwechseln.

Wichtige Verkehrsbestimmungen und Notrufnummern

Wichtige Verkehrsbestimmungen

- Die Höchstgeschwindigkeit für Pkw und Motorräder beträgt innerhalb geschlossener Ortschaften 50 km/h.
- Außerhalb geschlossener Ortschaften liegt die Höchstgeschwindigkeit für Pkw und Motorräder bei 100 km/h.
- Die empfohlene Richtgeschwindigkeit auf Autobahnen ist 130 km/h.
- Die Promillegrenze beträgt 0,5 Promille.
- Motorradfahrer müssen grundsätzlich mit Abblendlicht fahren. Für Fahrer und Beifahrer sind Schutzhelme vorgeschrieben.
- Ist an Kreuzungen oder Einmündungen die Vorfahrt nicht durch Beschilderung oder Ampel geregelt, hat der von rechts Kommende Vorfahrt. Zeigt an Ampelanlagen ein grüner Pfeil nach rechts, kann bei Rot für die Geradeausrichtung nach rechts abgebogen werden.
- Fußgänger sind an Fußgängerüberwegen grundsätzlich gegenüber Fahrzeugen bevorrechtigt.
- Bei Schulbussen, die sich mit Warnblinklampe der Haltestelle nähern, gilt auf zweispurigen Straßen generelles Überholverbot.

Allgemeine Notrufnummern

- **Polizeinotruf und Unfallrettung** Tel. 110
- **Feuerwehr** Tel. 112
- **ADAC-Pannenhilfe** Tel. 0180/222 22 22

Hinweise zu den organisatorischen Angaben

Zu jeder Tour werden organisatorische Angaben zu Strecke, Streckenlänge, Ausgangspunkt, Endpunkt, Anfahrt zum Ausgangspunkt, zu Sehenswürdigkeiten, Motorradwerkstätten, Motorradhotels, Motorradcampingplätzen, Treffpunkten für Motorradfahrer, eventuellen Streckensperrungen, eventueller Mautpflicht sowie Kartenmaterial gemacht. Die Angaben sollen Ihnen bei der Tourenplanung helfen.

Streckenverlauf

In der Tourenbeschreibung sowie auf den Routenkarten finden sich alle für die jeweilige Strecke wichtigen Ortsangaben. Für die Tourenübersicht empfiehlt es sich, eine Straßenkarte mit kleinem Maßstab mitzunehmen, etwa die Euro-Länderkarte Deutschland 1:800.000 vom RV-Verlag, die alle beschriebenen Touren abdeckt. Wer sich genauer über die Strecke informieren will, sollte aber die in den Tourenbeschreibungen angegebenen Generalkarten mitführen (s. a. Stichwort Karten).

Streckenlänge

Bei den angegebenen Kilometerzahlen handelt es sich um die von mir mit dem Tageskilometerzähler gemessene Fahrtstrecke. So können sich geringfügige Änderungen zu anderen Messungen bzw. offiziellen Angaben, z. B. in Karten, ergeben.

Ausgangs- und Endpunkt

Neben den Ortsangaben ist jeweils die Höhenangabe vermerkt.

Anfahrt zum Ausgangspunkt

Hier wird der schnellste Weg zum Ausgangspunkt über die nächstgelegene Autobahn angegeben.

Sehenswürdigkeiten

Zusätzlich zu den detaillierten Beschreibungen von Sehenswürdigkeiten in der jeweiligen Tourenbeschreibung oder den Spezialtipps werden hier stichwortartig noch weitere Sehenswürdigkeiten aufgeführt.

Servicestellen

Für den – hoffentlich nicht eintretenden – Fall eines unterwegs auftretenden Defektes finden Sie hier Motorradwerkstätten entlang der Strecke mit der jeweiligen Markenvertretung aufgelistet. Namen und Adressen der Werkstätten finden Sie im Kartenteil.

Übernachtung und Campingplätze

Hier werden »motorradfreundliche« Hotels, Pensionen und Campingplätze genannt. Dies bedeutet zum einen, dass Motorradfahrer hier auch wirklich willkommen sind, zum anderen, dass die Hotels und Campingplätze auch auf die speziellen Bedürfnisse von Motorradfahrern eingerichtet sind. Das heißt, dass es hier beispielsweise Garage oder auch Trockenräume gibt. Im Kartenteil gibt es dazu detailliertere Angaben. Weiterhin finden Sie jeweils eine Übersichtstabelle der Unterkünfte und Campingplätze (Stand 1999) auf den Seiten 186 bis 189.

Treffs

Befindet sich entlang der Strecke oder in unmittelbarer Nähe ein Motorradfahrer-Treffpunkt, wird dies hier erwähnt.

Streckensperrungen

In der Regel beschränken sich Sperrungen, die vor allem viel befahrene Straßen in Urlaubsregionen und in Städten betreffen, auf das Wochenende oder Feiertage. Bitte halten Sie diese in jedem Fall ein.

Mautgebühren

Mautpflicht besteht in Deutschland nur auf wenigen Strecken im bayerischen Alpenraum wie etwa bei der Auffahrt zur Roßfeld-Höhenringstraße oder von Brannenburg zum Tatzelwurm. Soweit für die Benutzung bestimmter Straßen Mautgebühren verlangt werden, wird dies angegeben.

Karten

Für Motorradfahrer am besten geeignet sind Karten im Maßstab 1:200.000. Bewährt hat sich dabei vor allem die Generalkarte. Mit den insgesamt zwölf Großraum-Generalkarten zum Preis von insgesamt 19,80 DM können alle in diesem Buch beschriebenen Touren abgedeckt werden. Im Infokasten werden die für die jeweilige Tour benötigten Karten angegeben.

Linke Seite: Deutschland ist auch ein Land der Burgen, wenngleich einige schon recht verfallen sind. In der Kugelsburg in Hessen wurde in dem mittelalterlichen Gemäuer ein Restaurantbetrieb eingerichtet.

Essen und Trinken hält Leib und Seele zusammen (oben). Wer nach Mühlheim im Sauerland kommt, findet dort in der kleinen Kirche eine bedeutende Barock-orgel (unten).

BADEN-WÜRTTEMBERG UND ENTLANG DER DONAU

Unterwegs im Schwarzwald – und wie man sieht, gibt es dort nicht nur Wald (links). Schloss Sigmaringen an der Donau ist eine Mischung verschiedener Kunststile von der Romanik über Gotik bis zur Renaissance (oben).

In einem weiten Bogen durch Süddeutschland geht es auf diesen Touren. Vom Südwesten Deutschlands, der sich am Bodensee mild und mediterran, im Schwarzwald und in der Schwäbischen Alb eher rau zeigt, bis in den äußers-ten Südosten. Dabei zeigt uns die Donau den Weg – mal in engem, schnellem Lauf, den größten Teil aber ruhig und gleichmäßig dahinfließend, wohl wissend um die vielen geschichtsträchtigen Orte an ihren Ufern.

1 UM DEN BODENSEE

Um den größten See des nördlichen Alpenvorlandes

Streckenverlauf

Lindau – Bregenz – Lustenau – Rheineck – Rorschach – Arbon – Romanshorn – Kreuzlingen – Ermatingen – Steckborn – Stein am Rhein – Wangen – Horn – Moos – Radolfzell – Allensbach – Wollmatingen – Mainau – Litzelstetten – Dingelsdorf – Wallhausen – Dettingen – Langenrain – Liggeringen – Bodman – Ludwigshafen – Sipplingen – Überlingen – Unteruhldingen – Meersburg – Hagnau – Immenstaad – Friedrichshafen – Eriskirch – Moos – Kressbronn – Nonnenhorn – Wasserburg – Bad Schachen – Lindau

Gut informiert bin ich nach Lindau am Bodensee gekommen. Ich weiß, dass der Bodensee, dessen Umrundung ich mir zum Ziel gesetzt habe, mit einer Länge von 69 Kilometern, einer durchschnittlichen Breite von zehn Kilometern und einer Gesamtausdehnung von 539 Quadratkilometern der größte See des nördlichen Alpenvorlandes ist. Sein Name geht auf die ehemalige Kaiserpfalz Bodman, am Westende des Sees gelegen, zurück, die im Jahre 1277 durch König Rudolf von Habsburg an den Ritter Johann von Boden verpfändet wurde. Ich weiß weiterhin, dass die Region um den See eine uralte Kulturlandschaft ist, deren Geschichte mit den Pfahlbauten im Nordwesten des Sees bis in die Jungsteinzeit zurückreicht.

STRECKENLÄNGE 265 km

AUSGANGS- UND ENDPUNKT Lindau am Bodensee (400 m)

ANFAHRT ZUM AUSGANGSPUNKT Autobahn Memmingen–Bregenz A 96, Ausfahrt Sigmarszell

SERVICESTELLEN **Radolfzell:** Kawasaki, KTM, Honda; **Überlingen:** Yamaha; **Immenstaad:** BMW; **Friedrichshafen:** Kawasaki, Suzuki

ÜBERNACHTUNG **Uhldingen:** Gästehaus Schechter; **Meersburg:** Romantik Hotel Residenz am See, Hotel zum Bären; **Eriskirch:** Landgasthof Adler

CAMPINGPLÄTZE Radolfzell/Markelfingen; Allensbach; Reichenau; Bodman; Überlingen; Hagnau; Immenstaad; Kressbronn

STRECKENSPERRUNG Im Kurbereich von Überlingen in der Münsterstraße besteht ganzjährig Nachtfahrverbot zwischen 22.00 und 6.00 Uhr.

KARTE Die Generalkarte 1:200.000, Blatt 6

Gelesen habe ich, dass die Landschaft eine Symbiose zwischen Wasser und sanften Hügeln, Wind und Sonne, Alpengipfel und mildem Klima sein soll, in der sich in den Anrainerstaaten Österreich, Schweiz und Deutschland eine Ferienlandschaft erster Güte entwickelt hat. Was ich allerdings etwas unterschätzt hatte, war die Tatsache, dass die etwa

Keinen Blick für das Maurische Schloss in Langenargen haben diese Schwäne übrig.

SEHENSWÜRDIGKEITEN

Lindau: Lindauer Hafen mit bayerischem Löwen und Leuchtturm, mittelalterliches Stadtbild, St.-Peters-Kirche mit Fresken von Holbein d. Ä.

Bregenz: Martinsturm in der Oberstadt, Landesmuseum am Kronplatz mit kulturgeschichtlicher Sammlung, größte Seebühne der Welt

Arbon: Altes Schloss mit Schlossturm und historischem Museum
Kreuzlingen: Klosterkirche St. Ulrich

Steckborn: Turmhof mit Heimatmuseum

Stein am Rhein: Sehenswertes mittelalterliches Stadtbild, Burg Hohenklingen

Radolfzell: Stadtmauer mit Türmen, Liebfrauenmünster, Reichsritterschaftshaus (jetzt Amtsgericht)

Allensbach: St.-Nikolaus-Kirche, Heimatmuseum im alten Fachwerkhaus am Rathausplatz

Mainau: Blumeninsel Mainau mit Barockschloss und Gewächshäusern

Bodman: Schloss Frauenberg, Schlosspark, Heimatmuseum
Sipplingen: Modellauto- und -eisenbahnmuseum

Meersburg: Altes Schloss mit Dagobertsturm, Neues Schloss mit Dornier-Museum, Fürstenhäusle mit Droste-Hülshoff-Museum

Immenstaad: Schwörerhaus, Schloss Meersberg, Schloss Kirchberg

Friedrichshafen: Zeppelin-Museum im Städtischen Bodenseemuseum

260 Kilometer lange Strecke durch viele Dörfer und Städte führt und ich deshalb fast versucht war, den Namen dieser Tour in »Städterundfahrt um den Bodensee« umzuwandeln. Wer also Ruhe und Beschaulichkeit vorzieht, wird hier nicht immer auf seine Kosten kommen. Trotzdem ist die Umfahrung ein einmaliges Erlebnis, und wem es an Stadtbesichtigungen zu viel wird, der kann den See mit einem Dampfschiff der Weißen Flotte überqueren und erheblich abkürzen. Noch bin ich voller Tatendrang, als ich die Brücke, die die alte Inselstadt mit dem Festland verbindet, überquere und über die Bregenzer Straße Richtung Bregenz fahre. Kurz danach wechsle ich beim ehemaligen Zollamt Hörkranz-Unterhochsteg nach Österreich über. Vor mir zeigt sich der Pfänder, deutlich erkennbar an der hoch aufragenden Antennenanlage des Fernseh- und Rundfunksenders. In Bregenz mache ich einen kurzen Abstecher zur Seebühne hinunter, die als größte der Welt gilt und gut 6.000 Personen Platz bietet, um mich wenig später schon wieder von Österreich zu verabschieden, als ich beim Zollamt Rheineck/Gaißau in die Schweiz überwechsle.

Neben dem Motorrad noch so ein Segelboot zu besitzen, wäre bestimmt keine schlechte Sache. Auf Dauer würde ich das Motorradfahren aber doch vorziehen.

In Rorschach lockt mich ein Hinweisschild mit der Aufschrift »Osci's Fischbeiz« zu einem Gasthof etwas abseits der Hauptstraße, wo ich feststellen kann, dass die Aussagen über die hervorragenden Fischgerichte in dieser Region nicht übertrieben sind. Gestärkt rolle ich so in Arbon ein, einem wehrhaften Städtchen, dessen altes Schloss von einigen restaurierten Kanonen bewacht wird. Langsam wird die Umgebung ländlicher, und war ich bisher fast nur von Häusern begleitet, zeigen sich nun Wiesen, weidende Kühe und Obstgärten. Dann nimmt mich aber mit Romanshorn schon wieder eine Stadt auf, deren Hafen als größter und bedeutendster des Bodensees am Schweizer Ufer gilt. Hier, habe ich gelesen, hat der See mit 14 Kilometern seine größte Breite, und auch die größte Tiefe wird hier mit 152 Metern auf der Linie nach Friedrichshafen gemessen.
Hin und wieder erlaubt die Straße schöne Ausblicke auf den See, bevor wieder das Verkehrsgewühl von Kreuzlingen meine Aufmerksamkeit beansprucht. Ich überlege ernsthaft, ob ich hier nach Konstanz überwechseln soll und somit die Tour beträchtlich abkürzen könnte. Nach nur kurzer Überlegung entschließe ich mich, weiter am See entlangzufahren. Belohnt werde ich damit, dass hinter Stein am Rhein, dem westlichsten Punkt der Tour, endlich schöne, kurvige Landstraßen auf mich warten, auf denen man wieder mehr das Gas als die Bremse benutzen kann. Fast wäre darüber das schöne Stadtbild von Stein am Rhein zu vergessen, das zu den am besten erhaltenen mittelalterlichen

DER SPEZIALTIPP

Die Blumenoase

Ein Besuch der Blumeninsel Mainau ist den Eintrittspreis von 11,– DM bei weitem wert. Fast 300 Mitarbeiter sind nötig, um Barockschloss, Blütenpracht, Baumbestand und Gewächshäuser zu unterhalten. Am Südufer gibt es Tiergehege und einen Teich, auf der Nordseite ist ein kleiner Hafen mit Schiffsanlegestelle. Im Restaurant Comturykeller befindet sich ein 300 Jahre altes Weinfass, das 25.000 Liter fasst. Eine weit reichende Aussicht hat man vom höchsten Punkt der Insel, den man über den Panoramaweg erreicht.

Wer mediterranes Flair sucht, braucht nicht in südliche Länder zu fahren, er findet es auch in Meersburg am nördlichen Ufer des Bodensees.

Städten im deutschsprachigen Raum zählt. Nur wenige Meter hinter dem Ort verläuft die schweizerisch-deutsche Grenze und in Radolfzell biege ich wieder nach Osten Richtung Konstanz ab, da ich mir einen Besuch der Blumeninsel Mainau nicht entgehen lassen möchte (siehe Spezialtipp).
Fahrerisch wertvoll sind dann wieder die hügeligen Landstraßen des Bodanrück, der hier den Zeller See vom Überlinger See trennt. Viel zu schnell führen sie mich über die Ortschaft Bodman nach Ludwigshafen, wo ich wieder auf die weitgehend reizlose Bundesstraße treffe. Deutlich milder scheint das Klima zu sein, und der Weinbau und die Obstplantagen bestätigen dies. Unteruhldingen kann mit Pfahlbauten aufwarten und am Ortsende, beim Kiosk Mainausicht, mit einem schönen Ausblick hinüber zur Insel Mainau. In Meersburg besichtige ich die älteste bewohnte Burg Deutschlands und schließe den Rundgang durch die 28 Räume mit einem Stück Kuchen im gemütlichen Burgcafé ab.
Eigentlich wollte ich ja nicht mehr anhalten, aber in Friedrichshafen besuche ich doch noch das Bodenseemuseum im Rathaus, dessen Nordflügel dem Grafen Zeppelin gewidmet ist, der hier am 2. Juli 1900 sein erstes Luftschiff aufsteigen ließ. Nach dem Ort verlasse ich die viel befahrene Bundesstraße und wechsle auf ruhigere Landstraßen. Über Kressbronn, Nonnenhorn und Wasserburg geht es nun zwar langsamer, dafür aber viel abwechslungsreicher nach Lindau zurück.

Nicht nur der Blick von der Zugbrücke der Meersburg ist interessant, auch das Innere ist eine Besichtigung wert.

2 DURCH DEN SCHWARZWALD

Im »alpinsten« Teil des Schwarzwaldes

Streckenverlauf

Freiburg – Günterstal – Schauinsland – Notschrei – Todtnau – Utzenfeld – Aitern – Belchen – Aitern – Utzenfeld – Schönau – Todtnau – Feldberg – Titisee-Neustadt – Hinterzarten – Freiburg

Schwarzwald – allein schon das Wort weckt in mir Urlaubsstimmung. Ich denke an blumenübersäte Wiesen, die von klaren Bächen durchzogen werden, an denen einsame Mühlen stehen. An dunklen Tannenwald, in dem sich abgelegene Gehöfte mit strohbedeckten Walmdächern verstecken. An Bergkuppen mit windzerzausten Wetterbuchen, über denen sich bei Gewitterstimmung ein drohendes Szenario abspielt und die bei schönem Wetter eine großartige Fernsicht über blau gestaffelte Bergkämme und dunstverhangene Täler bieten.

STRECKENLÄNGE 150 km

AUSGANGS- UND ENDPUNKT Freiburg (278 m)

ANFAHRT ZUM AUSGANGSPUNKT Autobahn Karlsruhe–Basel A 5, Ausfahrt Freiburg

SERVICESTELLEN **Freiburg:** BMW; **Hinterzarten:** Ducati, Cagiva

ÜBERNACHTUNGEN **Freiburg:** Intercity Hotel Freiburg, Hotel Minerva, Gasthaus Löwen; **Todtnau:** Berghotel Rübezahl; **Aitern:** Pension Haus Inge; **Feldberg:** Emmendinger Hütte; **Titisee-Neustadt:** Romantik Hotel Adler Post, Hotel Rauchfang; **Hinterzarten:** Hotel Alemannenhof

CAMPINGPLÄTZE Todtnau; Titisee-Neustadt

TREFF **Am Fuße der Schauinslandstrecke:** Gaststätte Zum Start, jeden Freitag ab 18.00 Uhr, vor
allem Fahrer italienischer Fabrikate

STRECKENSPERRUNG Die Schauinsland-Bergstraße ist an Wochenenden und Feiertagen für Motorradfahrer gesperrt (30. März bis 1. November).

KARTE Die Generalkarte 1:200.000, Blatt 6

Geographisch wird der Schwarzwald, der seinen Namen den dunklen Tannen- und Mischwäldern verdankt, die mehr als die Hälfte seiner Fläche bedecken, in einen nördlichen, einen mittleren und einen südlichen Teil unterteilt. Am »alpinsten« ist der südliche Teil, dessen durchschnittliche Gipfelhöhen zwischen 1200 und knapp 1500 Meter liegen, mit dem 1493 Meter hohen Feldberg, dem höchsten Schwarzwaldgipfel, als zentralem Punkt. Und dieser ist auch das Ziel meiner Tour durch den Schwarzwald, wozu ich Freiburg als Ausgangspunkt gewählt habe.
Schön gelegen breitet sich die alte Münster- und Universitätsstadt zu Füßen von Tuniberg, Schönberg und Brombergkopf aus, während sie sich nach Westen hin zum weiten Breisgauer Becken öffnet. Ich parke in der Altstadt

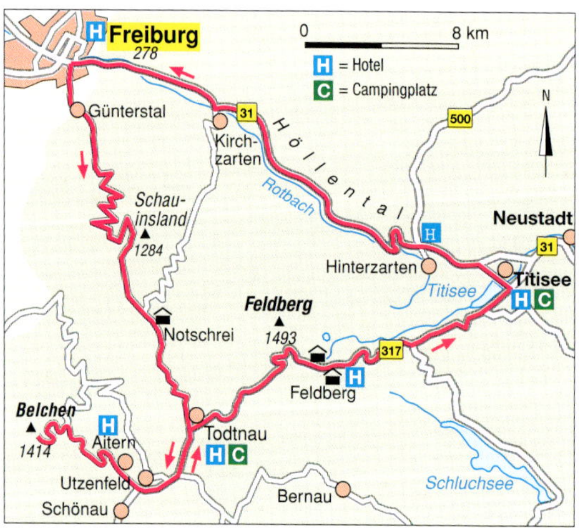

und wandere am Schlossberg bis zum großen Kanonenplatz hoch, der mir bereits einen schönen Ausblick über Stadt und Münster hinweg auf die Rheinebene bis hin zum Kaiserstuhl bietet.
Vorbei am berühmten gotischen Münster, das als Einzige der großen gotischen Kirchen Deutschlands noch im Mittelalter vollendet wurde, verlasse ich die verwinkelte Altstadt auf der Kaiser-Josef-Straße durch das Martinstor. Ich überquere die Dreisam und bin auf der Günterstalstraße, die bald in die Schauinslandstraße übergeht. Hinter dem Namen verbirgt sich nicht nur der gleichnamige Berg, gute 1284 Meter hoch und sicherlich neben dem Feldberg der bekannteste Schwarzwaldgipfel, sondern auch eine Motorradstrecke vom Allerfeinsten. Verdeutlicht wird dies dadurch, dass das obere Teilstück der 1920 erbauten Straße als internationale Bergstrecke für Autos und Motorräder berühmt wurde, auf der seit 1924 der »Große Bergpreis von Deutschland« ausgetragen wurde, bevor solche Veranstaltungen verschärften Umweltschutzbestimmungen zum Opfer fielen.
Auf den ersten Kilometern bis hinter Freiburg-Günterstal muss ich mich noch etwas gedulden, dann aber beginnt eine Kurven- und Kehrenstrecke mit Steigungen bis zu 12 Prozent, auf der ich mich bis zum Parkplatz bei der Bergstation fast schwindlig fahren kann. Dort bleibe ich noch ein wenig auf der Maschine sitzen, bis sich die Anspannung von der Auffahrt etwas gelegt hat, und wandere dann zum

Wenngleich das gotische Münster von Freiburg im Breisgau nicht der Grund unserer Reise ist, ein Blickfang ist es allemal.

SEHENSWÜRDIGKEITEN

Freiburg: Seilbahn vom Stadtgarten zum Schlossberg mit Kanonenplatz, Münster, Rathaus mit Glockenspiel zur Mittagszeit, Natur- und Völkerkundemuseum

Todtnau: Glasbläserhof im Ortsteil Aftersteg, Berg-Wild-Park Steinwassen

Titisee-Neustadt: Münster St. Jakobus, Museum »Heimatstuben«

Hinterzarten: Schwarzwälder Skimuseum, Waldglashütte Höllental, Höllental mit Ravennaschlucht

Kirchzarten: Pfarrkirche St. Gallus, Talvogtei

Gipfel hoch. Der trägt seinen Namen auch völlig zu Recht, denn weit reicht die Fernsicht über die Rheinebene hinweg bis zu den Vogesen, und bei klarem Wetter werden sogar der Schweizer Jura und die Gipfel der Alpen sichtbar. Auch der Feldberg, mein nächstes Ziel, hebt sich im Osten deutlich ab.

Gut ausgeschildert sind die Straßen im Schwarzwald, dieser Hinweis am Feldberg ist jedoch wohl eher für Wanderer gedacht.

Vorher möchte ich aber noch hinüber zum Belchen, dessen majestätische Kuppelform ich im Westen ausmachen kann. In Todtnau, das ich bald nach Abfahrt über die Südseite der Schauinslandstraße erreiche, fahre ich deshalb weiter nach Schönau und nehme von dort die Bergstraße in Angriff. Auch sie bietet wieder Fahrspaß pur und endet viel zu schnell beim Belchenhaus etwas unterhalb des Gipfelplateaus. Ich lasse es mir nicht nehmen und folge dem Ludwig-Schlageter-Weg bis zum 1414 Meter hohen Gipfel. So stehe bald auf dem dritthöchsten Berg des Schwarzwaldes, dessen Rundsicht von keinem anderen Gipfel übertroffen wird.

Auch nicht von der des Feldbergs, meinem nächsten Ziel. Mit seinen 1493 Metern Höhe ist er nicht nur der höchste Gipfel des Schwarzwaldes, sondern sogar die höchste Erhebung aller Mittelgebirge Deutschlands. Ich parke beim Feldberger Hof, fahre mit dem Lift zum Bismark-Denkmal hoch und begnüge mich dort mit der Aussicht vom Fernsehturm, denn zum eigentlichen Feldberggipfel, »Höchste« genannt und an der Radarstation und den Aufbauten des Observatoriums des Wetteramtes Freiburg erkennbar, wäre es eine gute Stunde Fußmarsch.

Motorradbekleidung ist einfach nicht zweckmäßig für eine solche Wanderung, und so fahre ich lieber bequem mit der Sesselbahn zum Parkplatz zurück und über die Feldbergstrecke hinunter zum Titisee. Dieser kann mit einer Länge von zwei Kilometern, einer Breite von 750 Metern und einer Tiefe bis 40 Meter zwar nicht unbedingt imponieren, allerdings machen ihn diese Maße immerhin zum größten Natursee der deutschen Mittelgebirge.

Ich genieße die Sonne auf einer Parkbank am Seeufer, denn auf mich wartet das Höllental, trotz des abschreckend klingenden Namens aber ein Höhepunkt der ganzen Tour. Nach Hinterzarten senkt sich die Straße steil in die vom Rotbach durchflossene Schlucht ab.

Dicht drängen sich die bis zu 600 Meter hohen, teilweise felsigen Hänge zwischen Himmelreich und Höllsteig zusammen, aber die gut ausgebaute Bundesstraße lässt dennoch kein

DER SPEZIALTIPP

Alternativen auf den Schauinsland

Wenn die Strecke auf den Hausberg der Freiburger, den 1284 Meter hohen Schauinsland, an Wochenenden und Feiertagen für Motorradfahrer gesperrt ist, lassen Sie sich doch von der Kabinenseilbahn auf den Gipfel transportieren. Die Talstation befindet sich in Horben, nördlich des Schauinsland, und die Fahrtzeit beträgt etwa 15 Minuten. Am Gipfel sollten Sie noch auf den markanten Aussichtsturm klettern, um die weit reichende Aussicht über die Rheinebene hinüber zu den Vogesen dann auch wirklich vom allerhöchsten Punkt aus genießen zu können.

Leider können selbst Endurofahrer unbefestigte Straßen im Schwarzwald nur zu einem Fotostopp nutzen.

Besuchen Sie das Freiburger Münster und Sie werden dieses prachtvolle Glasfenster wieder erkennen.

Gefühl der Unsicherheit oder gar Gefahr aufkommen. Das mag früher ganz anders ausgesehen haben, als hier nur cin von Steinschlag und Hochwasser bedrohter besserer Fahrweg bestand, über den sich 1770 die österreichische Kaisertochter Marie Antoinette auf den Weg zu ihrem französischen Gemahl machte. Ihr fiel sicherlich ein größerer Stein vom Herzen als mir, als sich vor ihr das breite Dreisamer Becken in Richtung Freiburg öffnete.

3

ÜBER DIE SCHWARZWALD-HOCHSTRASSE

Über die älteste Tourenstraße des Schwarzwaldes

Streckenverlauf

Baden-Baden – Lichtental – Abzweigung Ruhestein – Oppenau – Bad Peterstal – Kniebis – Freudenstadt

Freunde vermuteten, dass meine Fahrt über die Schwarzwald-Hochstraße nur ein Vorwand sei, um das Spielkasino von Baden-Baden zu besuchen. Das stimmt freilich nicht, auch wenn Deutschlands älteste (seit 1838) und größte Spielbank zugleich als schönste der Welt gilt. Aber schließlich sollte es mir nicht so ergehen wie dem berühmten russischen Schriftsteller Fjodor M. Dostojewski (1821–1881), der hier wichtige Eindrücke für seinen großen Roman »Der Spieler« gewann. Es war allerdings auch das Einzige, was er hier gewann. Und zu guter Letzt musste er sogar Kleidung und Ehering versetzen. Gar nicht auszudenken, wenn ich mein Motorrad hätte versetzen müssen und nicht mehr über die Schwarzwald-Hochstraße nach Freudenstadt hätte fahren können, wodurch mir eine der schönsten Touren im nördlichen Schwarzwald entgangen wäre.

STRECKENLÄNGE 90 km

AUSGANGS- UND ENDPUNKT Baden-Baden (183 m) Freudenstadt (700 m)

ANFAHRT ZUM AUSGANGSPUNKT Autobahn Karlsruhe-Basel A5, Ausfahrt Baden-Baden

SERVICESTELLEN **Baden-Baden:** Kawasaki, Yamaha, BMW; **Freudenstadt:** Honda; Yamaha, Suzuki u. a.

ÜBERNACHTUNG **Freudenstadt:** Hotel Bären

CAMPINGPLATZ Freudenstadt

STRECKENSPERRUNG Im Kurbereich von Freudenstadt besteht zwischen 22.00 und 6.00 Uhr ganzjährig Nachtfahrverbot. Auf der B500 zwischen Baden-Baden und Freudenstadt ist die Geschwindigkeit überwiegend auf 70 km/h begrenzt.

KARTE Die Generalkarte 1:200.000, Blatt 6

Nur gut 60 Kilometer lang ist die älteste touristische Straße des Schwarzwaldes, die 1930 eröffnet wurde und wenn ich

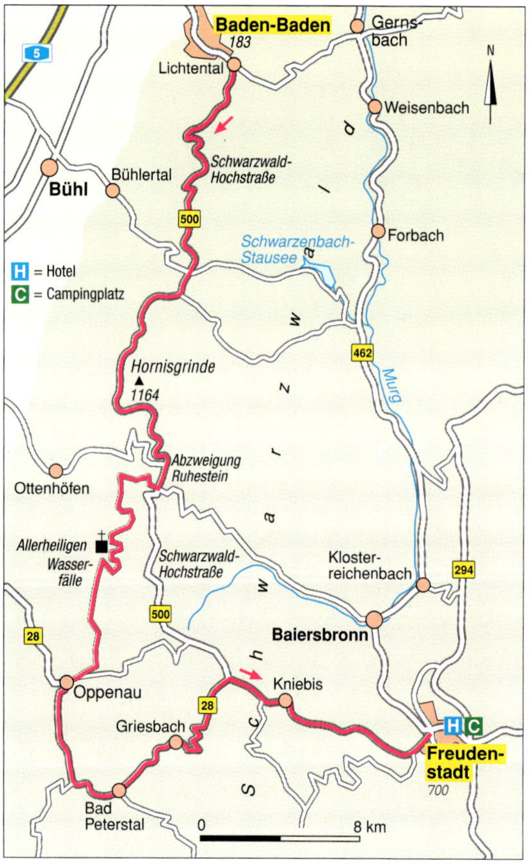

mich an die auf 70 km/h begrenzte Höchstgeschwindigkeit halte, bin ich in noch nicht einmal einer Stunde in Freudenstadt. Aber es gibt entlang der Straße viel zu sehen und zu entdecken und so viele schöne Rastplätze, dass man diesen Zeitraum beliebig vervielfältigen und die Strecke zudem durch einen Abstecher über Oppenau verlängern kann.

Ich habe meine Maschine am Augustaplatz im Stadtzentrum geparkt, denn bevor ich starte, möchte ich noch die Lichtentaler Allee zum Kurhaus und dem Kasino hochschlendern. Es ist zweifellos eine Prachtpromenade mit alten Eichen, exotischen Bäumen und einem Meer von blühenden Tulpen, Rosen und Dahlien, die hier entlang der Oos angelegt wurde. Ich setze mich auf eine Parkbank und beobachte das Publikum, das sich zumindest heute nicht von demjenigen anderer Kurstädte unterscheidet. Insbesondere kann ich keine der vornehmen älteren Damen mit teurem Schmuck, kleinen Hunden und großen Hüten oder gut betuchte Herren mit Frack und Zylinder erkennen. Dazu müsste ich wohl während des Iffezheimer Galopprennens wiederkommen. Das ist die berühmteste Veranstaltung Baden-Badens und sie findet zweimal jährlich, Ende Mai und Ende August, statt und lockt immerhin gut 150.000 Zuschauer an.

Iffezheim liegt etwa zwölf Kilometer nordwestlich von Baden-Baden, ich aber muss

Die Kawasaki auf der kleinen Brücke über einen Bach im Schwarzwald ist schon ein älteres Baujahr, ganz im Gegensatz zur Fahrerin.

genau in die entgegengesetzte Richtung und verlasse die Stadt über die Lichtentaler Straße. Hinter Geroldsam werden die Wiesen und Obstbäume von Wald abgelöst, und auch die ersten Kehren legen sich mir in den Weg. Vorbei an der etwas unterhalb der Straße gelegenen Sandsteinkirche Maria Frieden folge ich etwas später der rechts zum Schlosshotel Bühler-höhe abzweigenden Waldstraße. Durch ein großes Hofportal mit schmiedeeisernem Adler fahre ich auf den einladenden Gebäudekomplex zu. Bei Übernachtungspreisen zwischen 245 und 3.200 DM ist es ganz bestimmt nicht meine Preisklasse, trotzdem setze ich mich auf die Terrasse des Schlossrestaurants und lasse mir einen Kaffee servieren, der zwar doppelt so viel kostet wie anderswo, dazu werden mir aber noch ein unvergessliches Ambiente und eine weit reichende Aussicht über das Rheintal geboten. Max Grundig ließ das Schloss in den achtziger Jahren für 180 Millionen Mark renovieren und jedes der 90 Zimmer und jede der 14 Suiten mit exklusiv gewebten Teppichen, seidenen Bettbezügen, Möbeln aus Pfauenaugeahorn und marmornen Bädern ausstatten. 250 Mitarbeiter kümmern sich um die bis zu 240 Gäste, darunter auch viel Prominenz – vom verstorbenen Altbundeskanzler Adenauer bis Boris Becker –, und so gesehen sind die Übernachtungspreise relativ gesehen angemessen.

Um meinen Reiseetat trotzdem nicht übermäßig zu belasten, belasse ich es bei einem Kaffee und folge der weiter ansteigenden Straße, die mich zum höchsten Punkt, dem in 1030 Meter Höhe gelegenen Mummelsee bringt. Der von einem Gletscher ausgehobelte Karsee hat seinen Namen von den Mummeln, Seerosengewächsen mit gelben Blüten, die sich der Sage nach nachts im Reigen auf dem

SEHENSWÜRDIGKEITEN

Baden-Baden: Römische Badruinen unter dem Römerplatz, Friedrichshaus, Trinkhalle neben dem Kurhaus, Neues Schloss, Caracalla-Therme, Spielkasino

Oppenau: Heimatmuseum mit Rathaus; Klosterruine Allerheiligen mit Wasserfällen, ca. 12 km südlich

Freudenstadt: Fichtennadel-Bewegungsbad, evangelische Stadtkirche am Marktplatz, Friedrichsturm am Kienberg

Wasser drehten und sich dann tagsüber in Weiblein verwandelten und den Frauen in den umgebenden Dörfern beim Spinnen halfen. Mummeln gibt es keine mehr auf dem See, dafür Tretboote und kleine ferngesteuerte Modellboote. Über dem See erhebt sich die

Häuser mit Walmdach sind für die Region des nördlichen Schwarzwaldes typisch.

Hornisgrinde, der mit 1163 Metern höchste Berg im Nordschwarzwald, den ein alter Aussichtsturm ziert. Ich folge den beim Mummelsee beginnenden roten Punkten des Hornisgrinde-Rundwegs und stoße auf einen alten Zaun, hinter dessen geneigten Betonpfählen sich verrottete Baracken und Metallteile zeigen. Weite Teile des Berges sind militärisches Sperrgebiet, und so kehre ich um und beobachte auf dem Rückweg zwei Jungen, die Steine in den See werfen. Eigentlich kein gutes Zeichen, denn der Sage nach sollen, nachdem jemand einen Stein in die Fluten geworfen hat, alsbald Regen, Donner und ein grausiges Unwetter losbrechen.

Ich beeile mich deshalb, abwärts nach Ruhestein zu kommen, und suche dort vergeblich die große Buntsteinplatte, auf der einst die vom Seebachtal oder von Baiersbronn heraufkommenden Wanderer ihre Lasten abgestellt haben sollen – sie fiel den Bauarbeiten der Straße zum Opfer. Dafür verlasse ich hier die Schwarzwald-Hochstraße und wähle den Umweg hinüber zur Klosterruine Allerheiligen, einem der schönsten und malerischsten Ausflugsziele im Nordschwarzwald. Nicht weit unterhalb der Klostermauern stürzen die Lierbachwasserfälle in sieben, teilweise bis zu 100 Meter hohen Kaskaden zu Tal. Den Weg dorthin spare ich mir aber, denn wenn die Sage vom Mummelsee stimmt, müsste ich heute ohnehin noch nass werden.

Über Oppenau und Bad Peterstal gelange ich bei der Alexanderschanze, die 1743 durch den Reichsmarschall Herzog Alexander von Württemberg errichtet wurde, wieder auf die Schwarzwald-Hochstraße. Durch die hübsche Ortschaft Kniebis, in dem noch die Ruinen eines alten Klosters aus dem 13. Jahrhundert zu erkennen sind, ist es nicht mehr weit bis Freudenstadt, das ich trocken erreiche.

In Freudenstadt bedauere ich zum ersten Mal, kein Kapuzinermönch zu sein, denn einer alten Geschichte nach haben alle Kapuziner bis zum heutigen Tag hier freie Unterkunft und Verpflegung, weil ein Schweizer Kapuziner im Dreißigjährigen Krieg die Stadt vor Plünderern gerettet haben soll. Aber wer weiß, wahrscheinlich stimmt diese Geschichte genauso wenig wie die Sage mit den Unwetter bringenden Steinen vom Mummelsee.

DER SPEZIALTIPP

Auf den Spuren Dostojewskis

Jackett und Krawatte sind für Herren vorgeschrieben, wenn man in der ältesten und größten Spielbank der Welt sein Geld vermehren möchte. Leider bleibt es oftmals beim Wunsch, und es ergeht einem eher wie Dostojewski, Autor des Weltromanes »Der Spieler«, der hier nur verloren hat.

Wer nicht selbst aktiv bei Roulette, Baccara, Black Jack oder Poker mitmischen möchte, kann die repräsentativen Räumlichkeiten im Rahmen einer Führung auch nur besichtigen. Spielbetrieb ist täglich von 14.00 bis 2.00 Uhr. Führungen finden von April bis September täglich von 9.30 bis 12.00 Uhr und von Oktober bis März 10.00 bis 12.00 Uhr statt.

Die kleineren Brücken sind im Schwarzwald meist aus Holz, denn an diesem Baustoff besteht wahrlich kein Mangel.

Die Ruine der Klosteranlage Allerheiligen ist eines der meistbesuchten Ausflugsziele im Nordschwarzwald.

4

IN DER SCHWÄBISCHEN ALB

Burgen, Schlösser und Höhlen in der Alb

Streckenverlauf

Tuttlingen – Nendingen – Fridingen – Beuron – Gutenstein – Sigmaringen – Bingen – Langenenslingen – Riedlingen – Pflummern – Zwiefalten – Hayingen – Indelhausen – Bichishausen – Münsingen – Gomadingen – Engstingen – Haid – Erpfingen – Burladingen – Nusplingen – Egesheim – Bubsheim – Böttingen – Dürbheim – Wurmlingen – Tuttlingen

Wo fährst du hin? In die Schwäbischen Alpen? Nein, in die Schwäbische Alb. Ach so, in die Schwäbische Alp. Nein, Alb. So oder ähnlich spielt es sich immer wieder ab, wenn ich Freunden von einem Tourenvorschlag in die Schwäbische Alb erzähle. Dabei muss ich der Ehrenrettung halber aber sagen, dass uns im Südosten Deutschlands die Alpen freilich näher und wesentlich vertrauter sind als die Alb, dieser Mittelgebirgszug aus Jurakalken, der sich vom Südostrand des Schwarzwaldes in einem gut 200 Kilometer langen Bogen, meist an der Donau entlang, bis zum Nördlinger Ries hinzieht.

Dabei hat die Alb ein erstaunlich vielfältiges Landschaftsbild zu bieten, das von fruchtbaren Wiesen über Hochflächen, auf denen sich Bergwälder mit Heideflächen und Bergweiden abwechseln, reicht. Dazwischen liegen Flusstäler, die mit lichten Buchenwäldern bedeckt sind und zu denen helle Felsnadeln einen Kontrast bilden, ohne dabei schroff oder gar abweisend zu wirken.
Dazu gibt es malerische Fachwerkstädtchen, Burgen, Schlösser und Ruinen sowie zahlreiche Klöster und Kirchen, die zu den Höhepunkten sakraler Kunst gezählt werden.
Und wer lieber in die Unterwelt abtauchen will, dem bieten einige der bekanntesten und interessantesten Tropfsteinhöhlen dazu Gelegenheit. Habe ich bei dieser Aufzählung etwas vergessen? Ach ja, für Motorradfahrer gibt es Kurven, Kurven und nochmals Kurven.
Ich habe in Tuttlingen übernachtet, und als ich am nächsten Morgen den Tankrucksack befestige, blicke ich immer wieder zur Burgruine auf dem Honberg hoch. Der Sage nach sollen in den Kellergewölben der Burg kostbare Schätze vergraben sein. Da auf solche Angaben in der Praxis nicht allzu viel Verlass ist, verzichte ich darauf, mit Pickel und Spaten dort hochzuwandern, drücke lieber den Anlasserknopf und folge der hier noch ruhig und gemächlich dahinfließenden Donau in Richtung Fridingen.
Schon wechselt das Landschaftsbild – es tauchen die ersten Kalkfelsen auf, vor mir liegt nun der »Naturpark Obere Donau«, dessen naturbelassene Landschaft zu einem wildromantischen Ausflugsgebiet für Kletterer, Kanusportler, Wanderer, Radfahrer und Motorradfahrer geworden ist, deren schönster Teil allerdings noch etwas später zwischen Kloster Beuron und Sigmaringen folgen soll. Obwohl Kloster Beuron, einst ein Ort der Stille und Meditation, längst zu einem der berühmtesten Kloster- und Wallfahrtsorte Süddeutschlands geworden ist, lasse ich mir einen kurzen Besuch nicht entgehen. Wie in alten Zeiten leben die Mönche dort weiter nach den

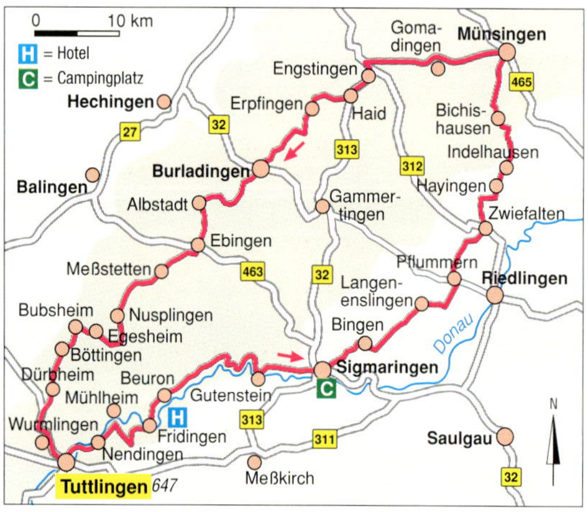

STRECKENLÄNGE 232 km

AUSGANGS- UND ENDPUNKT Tuttlingen (647 m)

ANFAHRT ZUM AUSGANGSPUNKT Autobahn Konstanz–Stuttgart A 81, Ausfahrt Geisingen

SERVICESTELLEN **Tuttlingen:** Honda, Kawasaki, Yamaha, Harley-Davidson; **Sigmaringen:** KTM

ÜBERNACHTUNG **Fridingen:** Hotel Burghaus Knopfmacher

CAMPINGPLATZ Sigmaringen

TREFF **Tuttlingen/Windegg-Wittloh:** (zwischen Emmingen und Hattingen): Samstag und Sonntag ab 16.30 Uhr Italiener- und Klassikertreff

KARTE Die Generalkarte 1:200.000, Blatt 6

An Riedlingen mit seinen alten Fachwerkhäusern scheinen die Jahrhunderte spurlos vorübergegangen zu sein.

strengen Regeln des Urvaters ihres Ordens, des heiligen Benedikt, der um 480 im umbrischen Norica geboren wurde. »Ora et labora«, »bete und arbeite«, das ist der oberste Grundsatz der »Regula Benedict«, der für alle Benediktinermönche neben persönlicher Armut, Keuschheit und Ehelosigkeit verbindlich ist. Obwohl der Tag für die Ordensleute um 5.00 Uhr mit dem Morgenoffizium beginnt, dem das Konventamt um 11.15 Uhr, die Vesper um 18.00 Uhr und das Komplet um 19.45 Uhr folgen, findet die Lebensweise der Mönche gerade in unserer schnelllebigen hektischen und von Konsumdenken geprägten Zeit erstaunlich viele Anhänger.
Um die Würde des Ortes so wenig wie möglich zu stören, rolle ich fast mit Standgas davon, aber schon sehr bald überwiegt wieder die Freude am Fahren und an der einmalig schönen Landschaft, die mich umgibt. Hoch über mir, auf einem schroffen Felsen, erkenne ich Burg Wildenstein, einen Inbegriff deutscher

SEHENSWÜRDIGKEITEN

Tuttlingen: Heimatmuseum, Ruine Honberg

Mühlheim: Schloss Mühlheim

Fridingen: Ifflinger Schloss, Scharfeck am Oberen Tor, St.-Anna-Kapelle, Donauversickerung

Beuron: Kloster mit Klosterkirche

Sigmaringen: Pfarrkirche St. Johann, Schloss Sigmaringen mit Kunst- und Waffensammlung, Marstallmuseum

Riedlingen: Pfarrkirche St. Georg

Zwiefalten: Klosterkirche der Benediktinerabtei

Münsingen: Altes Schloss mit Heimatmuseum, Rathaus, Martinskirche

Engstingen: Automobilmuseum Siegfried Stotz in Großengstingen

Erpfingen: Sommerbobbahn in Sonnenbühl-Erpfingen

Ritterburgenromantik. Wenig später passiere ich Burg Werenwag auf der linken Talseite. Deren Geschichte lässt bis ins 12. Jahrhundert zurückverfolgen. Bei Gutenstein ragt das Schloss des ehemaligen Reichsgrafen Franz

Ob der heilige Nepomuk, hier auf einer Brücke im Donautal, wohl auch Motorradfahrern beisteht?

Ludwig von Castell über den Ort hinaus, während die Ruine von Burg Dietfurth – eher ungewöhnlich für die Gegend – nicht auf hoch aufragenden Felsen, sondern unten im Tal gebaut wurde.

In Sigmaringen verlasse ich das Durchbruchstal der Donau und fahre nun wieder über freie Landschaft nach Zwiefalten, dessen Klosterkirche weit über den deutschsprachigen Raum hinaus als absolutes Schaustück barocker Baukunst gilt. Beeindruckend ist die Westfassade mit ihren drei Eingangsportalen, über denen sich rahmende Pilastersäulen zu Vollsäulen auswachsen. Großartig dann das Innere, dessen kalkweiße Wandpfeiler und ebensolches Gebälk in wirkungsvollem Kontrast zur Farbe der Deckenfresken und zu den Säulenornamenten stehen.

Während dieses Bauwerk von Menschenhand erschaffen wurde, ist das nächste, das ich besuche, ein Werk der Natur: die Friedrichs- oder auch Wimsener Höhle vor Hayingen. Es ist die einzige Höhle der Schwäbischen Alb, die mit einem Boot befahren werden kann. Immerhin vier Meter tief ist das Wasser, und so halte ich mich gut fest, um nicht etwa ein unfreiwilliges Bad nehmen zu müssen.

Endlich wieder festen Boden unter den Füßen, genieße ich anschließend die Fahrt durch eines der schönsten Flusstäler der Alb, das Tal der Großen Lauter hinauf nach Münsingen.

Obwohl ich heute schon in die Unterwelt abgetaucht bin, möchte ich die Bärenhöhle bei Erpfingen unbedingt noch besuchen. Die Bärenhöhle ist eine der größten Attraktionen in der Schwäbischen Alb, und ich bestaune dort nicht nur die bizarren Tropfsteingebilde, sondern auch die uralten Bärenknochen, die heute noch so dort liegen wie vor Zehntausenden von Jahren.

Dann aber ist für mich nur noch Fahren angesagt, wozu die kurvenreichen Sträßchen hier in der »Hinteren Alb« geradezu einladen. Und das Schönste daran ist, dass die Wegfindung trotzdem keinerlei Probleme bereitet. Ich halte mich ganz einfach an die Tafeln mit der stilisierten Silberdistel auf blaugrünem Grund, die an den Ortsausgängen und Kreuzungen angebracht sind. Sie markieren hier den westlichen Teil der Schwäbischen Albstraße und enden erst in Spaichingen. Und von dort ist es nur noch ein kurzes Stück Wegstrecke zurück nach Tuttlingen.

DER SPEZIALTIPP

Eine Bootsfahrt im Inneren der Schwäbischen Alb

Eine der touristischen Attraktionen der Alb ist die Wimsener Höhle, auch Friedrichshöhle genannt, etwa drei Kilometer nördlich von Zwiefalten bei Wimsen. Der Name Friedrichshöhle geht auf einen Besuch des Kurfürsten Friedrich zurück. Sie ist die einzige Höhle der Schwäbischen Alb, die mit einem Boot befahren werden kann. Das Wasser ist so klar, dass man bis auf den Grund sehen kann, der immerhin vier Meter tief ist. 77 Meter lang ist die Höhle und manche sagen, dass sie mit ihrem klaren, blau schimmernden Wasser an die zweifellos noch bekanntere »Blaue Grotte« von Capri erinnert.

Die Klosterkirche der Benediktinerabtei Zwiefalten gilt als Paradebeispiel barocker Baukunst im deutsch-sprachigen Raum.

Die Schwäbische Küche ist herzhaft, kräftig und schmackhaft.

5

ENTLANG DER DONAU, 1. ABSCHNITT

Durch den Naturpark Obere Donau ins schwäbische Ulm

Streckenverlauf

Donaueschingen – Pfohren – Zimmern – Immendingen – Möhringen – Tuttlingen – Fridingen – Beuron – Inzigkofen – Sigmaringen – Scheer – Blochingen – Hundersingen – Binzwangen – Altheim – Riedlingen – Daugendorf – Zwiefaltendorf – Munderkingen – Ehingen – Erbach – Ulm

2860 Kilometer misst die Donau von ihrer Quelle bei Donaueschingen bis zur Mündung ins Schwarze Meer und ist damit gleich nach der Wolga der zweitgrößte Strom Europas. An die 650 Kilometer legt sie dabei auf deutschem Boden zurück, bevor sie hinter Passau ins österreichische Innviertel überwechselt. Was aber ist es, das uns veranlassen sollte, dem Lauf dieses Flusses zu folgen, der als Einziger der großen Flüsse Deutschland nicht von Süd nach Nord durchquert, sondern das Land in seiner Breite, von West nach Ost, durchzieht?

Nun, der Reiz liegt darin, dass sich hier einige einzigartige, mit zu den schönsten Deutschlands zählende Naturlandschaften erhalten haben, und sich die wechselvolle Geschichte in den Städten und Ortschaften, aber auch im Wesen der Menschen entlang der Strecke niedergeschlagen hat.
Vielleicht noch ein Hinweis, bevor Sie sich auf den Weg machen: Wer seine Befriedigung ausschließlich darin empfindet, Fahrspaß zu haben und dessen höchstes Glück sich in engen Kurvenradien und großen Schräglagen ausdrückt, wird bei dieser Tour nicht immer auf seine Kosten kommen. Wer aber einfach Landschaft genießen kann oder die Muße hat, auch einmal vor den kaum aufzuzählenden Sehenswürdigkeiten anzuhalten, der wird hier in überreichlichem Maße belohnt werden.
Dies beginnt bereits in der Kreisstadt Donaueschingen, meinem Ausgangspunkt, die ganz im Zeichen der Fürstenberger zu stehen scheint. Augenfällig vor allem an den Werbetafeln der Brauerei Fürstenberg, die mir fast überall in die Augen springen. Die kunsthistorischen Sehenswürdigkeiten, welche die Stadt dem Fürstengeschlecht zu verdanken hat, muss ich dagegen etwas suchen. Die Kunstsammlung in der Haldenstraße 5 etwa, mit einer Abschrift des Nibelungenliedes oder die Fürstlich Fürstenbergischen Sammlungen im Karlsbau am

STRECKENLÄNGE 216 km

AUSGANGS- UND ENDPUNKT Donaueschingen (675 m)
Ulm (479 m)

ANFAHRT ZUM AUSGANGSPUNKT Autobahn Stuttgart–Konstanz A 81, Ausfahrt Autobahndreieck Bad Dürnheim und auf der A 864 nach Donaueschingen

SERVICESTELLEN **Tuttlingen:** Honda, Kawasaki, Yamaha, Harley-Davidson; **Sigmaringen:** KTM; **Ulm:** Honda

ÜBERNACHTUNGEN **Fridingen:** Hotel Berghaus Knopfmacher; **Ulm:** Intercity Hotel Ulm; **Neu-Ulm:** Hotel Tannenkeller

CAMPINGPLÄTZE Donaueschingen; Sigmaringen

TREFFS **Tuttlingen/Windegg-Wittloh:** (zwischen Emmingen und Hattingen): Samstag und Sonntag ab 16.30 Uhr Italiener- und Klassikertreff; **Ulm:** CVJM Ulm, an der evangelischen Pauluskirche, jeden Mittwoch ab 19.00 Uhr

KARTE Die Generalkarte 1:200.000, Blatt 6

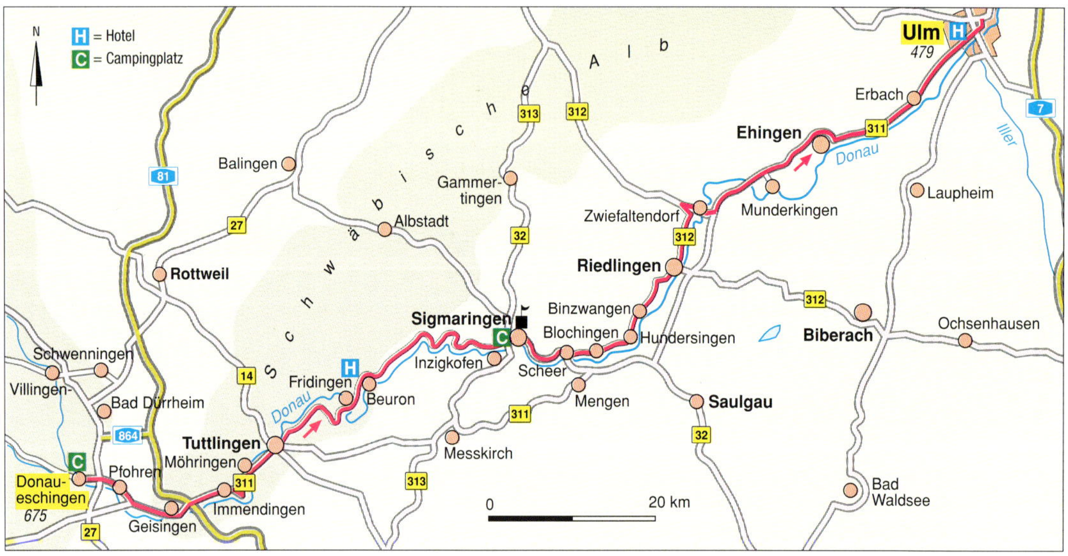

Der Naturpark Obere Donau, hier bei Beuron, wo die Donau die Felsen des Jura durchbricht, zählt zu den schönsten Abschnitten entlang der gesamten Donau.

SEHENSWÜRDIGKEITEN

Donaueschingen: Donauquelle im Schlosspark, Fürstlich Fürstenbergisches Schloss, Stadtkirche St. Johannes Baptista, Fürstlich Fürstenbergische Sammlungen mit Gemäldegalerie, Bibliothek im Karlsbau

Immendingen: Donauversinkung

Tuttlingen: Heimatmuseum, Ruine Honberg

Fridingen: Ifflinger Schloss, Scharfeck am Oberen Tor

Beuron: Klosterkirche des Augustinerchorherrenstifts

Sigmaringen: Schloss mit Kunstsammlung und Marstallmuseum mit Kutschen, Jagd- und Galawagen

Zwiefalten: Klosterkirche der Benediktinerabtei

Ulm: Ulmer Münster mit Turmbesteigung, Rathaus, Schwörhaus, Fischerviertel

Die Fassade des Scharfecks am Oberen Tor in Fridingen ist mit heimatlichen Motiven und volkstümlichen Sinnsprüchen des Malers Xaver Bucher versehen.

Karlsplatz 7 mit einer Gemäldegalerie, die unter anderem mit Arbeiten von Lucas von Cranach, Hans Holbein dem Älteren und Bartholomäus Zeitblum aufwartet.
Wer es mit der Kultur am Anfang nicht gleich übertreiben will, sollte trotzdem auf jeden Fall den Schloss-park aufsuchen. Er liegt in unmittelbarer Nähe der Stadtkirche St. Johannes Baptista (1724–1747), deren markante Zwiebelkuppeln mit den grün patinierten Hauben die Altstadt beherrschen, und des Schlosses Fürstenberg, dessen Fassade eine einigermaßen befriedigende Kopie französischer Barockschlösser des späten 19. Jahrhunderts an der Loire oder bei Paris ist.
Gleich neben dem Schloss befindet sich die »Donauquelle« – eine von einem Steinrondell eingefasste Marmorgruppe, welche die Mutter Baar darstellt, die ihrer jungen Tochter Donau mit Kind den Weg nach Osten weist – benannt nach der Landschaft, in der wir uns befinden. Auch ich fahre nach Osten, um bei Geisingen, einem alten Marktstädtchen mit reizenden Winkeln und sorgfältig instand gehaltenen historischen Brunnen in das Hegau einzufahren, einer tektonisch entstandenen Senke am Südrand der Südwestalb, die ihren Reiz durch zwei Reihen von Vulkanruinen erhält, die vom Schriftsteller Ludwig Finkh als des »Herrgotts Kegelspiel« bezeichnet wird. Ich halte aber erst wieder in Immendingen, wo ich der Beschilderung »Donauversinkung« gefolgt bin und ein ganz besonderes Naturschauspiel erleben will. In dem stark verkarsteten und durchlöcherten Kalkgestein des Jura soll das Wasser der Donau nämlich versickern und an mehr als 300 Tagen im Jahr ein trockenes Bachbett hinterlassen. Nur der Vollständigkeit halber sei gesagt, dass ich auch nach einem etwa drei Kilometer langen Fußmarsch entlang der Versinkungsstelle keinerlei Verschwinden des Wassers feststellen konnte.
Müde von der Wanderung suche ich in Fridingen das Scharfeck. Wer eine Haarnadelkurve oder, wie der Name vielleicht auch vermuten lassen könnte, ein anrüchiges Etablissement erwartet hat, wird enttäuscht. Es ist eines der ältesten Fachwerkhäuser des Ortes mit sehenswerten Fassadenmalereien außen und einer der ältesten Gastwirtschaften Fridingens im Inneren. Gestärkt fahre ich in den Naturpark Obere Donau ein, ein landschaftlich einmaliges, wildromantisches Durchbruchstal durch die Felsen des Jura, das zu den landschaftlich schönsten Abschnitten entlang der Donau gehört und in dem die Sehenswürdigkeiten in einer solchen Vielzahl aufeinander folgen, dass man kaum mit deren Beschreibung nachkommt: Kloster Beuron liegt hier oder die Burg

DER SPEZIALTIPP

Auf den höchsten Kirchturm der Erde

Bei klarer Sicht sollten Sie eine Besteigung des Ulmer Münsters ins Auge fassen. Gute Kondition ist allerdings Voraussetzung. Mit 161,6 Metern ist das Ulmer Münster der höchste Kirchturm der Erde. Der Helmkranz, zu dem genau 768 Stufen hochführen, ist im-merhin noch 143 Meter hoch. Von dort oben bietet sich eine Fernsicht bis zu den Alpen. Aber auch das Innere des Münsters ist sehenswert, wobei vor allem die spätgotische Kanzel und auch das wundervoll geschnitzte Chorgestühl und der Choraltar hervorzuheben sind.

Gewaltig und doch filigran anmutend ragen die Türme des Ulmer Münsters aus dem Stadtbild empor.

Die Kalkfelsen des Jura begleiten uns vorwiegend auf den Abschnitten zwischen Fridingen und Inzigkofen.

Wildenstein, Schloss Werenwag ist hoch über dem linken Flussufer zu erkennen, und bei Hausen nimmt die St.-Georgs-Kapelle das Attribut, die kleinste dreischiffige Basilika nördlich der Alpen zu sein, für sich in Anspruch.
Schloss Gutenstein, Burg Dietfurth, Kloster Inzigkofen sowie Schloss Sigmaringen sind weitere zu nnenden Glanzpunkte, und wem das noch nicht genügt, der kann bei Zwiefaltendorf noch einen zehn Kilometer langen Abstecher zur Benediktinerabtei Zwiefalten unternehmen, die als Schmuckstück barocker Baukunst bis weit über den deutschsprachigen Raum hinaus bekannt ist.
Mein Bedarf an architektonischen Genüssen ist für heute aber erst einmal gedeckt, und ich werfe noch einen kurzen Blick auf die auffälligen Doppeltürme des ehemaligen Prämonstratenserklosters Obermarchtal, bevor ich mir in Ulm ein Nachtquartier suche.

6 ENTLANG DER DONAU, 2. ABSCHNITT

Durch Donaumoos und Donauried ins oberbayerische Ingolstadt

Streckenverlauf

Ulm – Thalfingen – Elchingen – Weißingen – Riedheim – Leipheim – Günzburg – Offingen – Gundelfingen – Lauingen – Dillingen – Höchstädt – Sonderheim – Blindheim – Gremheim – Böldleschwaige – Rettingen – Zusum – Donauwörth – Zirgesheim – Leitheim – Marxheim – Bertoldsheim – Hatzenhofen – Rennertshofen – Bittenbrunn – Neuburg/Donau – Bergheim – Ingolstadt

Unübersehbar ist mit dem Verlassen der Schwäbischen Alb ein Wechsel in der Landschaft eingetreten. Die Donau ist nun in eine breite Ebene eingetreten, die sich von Ulm bis weit hinunter nach Ingolstadt und sogar noch darüber hinaus zieht. Hier bestimmten einstmals riesige Auwälder und Flachmoore das Landschaftsbild, welche aber durch umfangreiche Kultivierungs- und Entwässerungsarbeiten seit dem 18. Jahrhundert in fruchtbares Acker- und Weideland umgewandelt wurden. Nur noch an wenigen Stellen, etwa im Donaumoos östlich von Ulm oder im Donauried, südlich von Donauwörth, werden wir noch auf Reste dieser ehemals urwaldähnlichen Landschaft treffen.

Der Reiz dieses Abschnitts liegt demzufolge auch weniger in der Landschaft als vielmehr in den Städten und Städtchen, die trotz moderner Neubauten und zunehmendem Verkehr ihre Geschichte bewahrt haben und deren Stadtbild uns teilweise um Jahrhunderte zurückversetzen.
Die Universitätsstadt Ulm empfängt mich vorerst aber noch wie jede andere größere Stadt mit einem dichter und dichter werdenden Verkehrsstrom, der mich durch einen reizlosen Industriegürtel in Richtung Innenstadt spült. Dort bin ich versucht, die Hektik und Enge der Stadt gleich wieder zu verlassen, aber dann hätte ich doch einiges versäumt. Das Ulmer Münster etwa, dessen filigran aus dem Häusermeer der Stadtmitte aufragender Kirchturm nicht zu übersehen ist. 161,6 Meter misst er und ist damit noch vor den Kölner Domtürmen mit »nur« 157 Metern der höchste Kirchturm der Erde. Wie hoch 161,6 Metern sein können, weiß man erst wirklich, wenn man wie

STRECKENLÄNGE 146 km

AUSGANGS- UND ENDPUNKT Ulm (479 m)
Ingolstadt (365 m)

ANFAHRT ZUM AUSGANGSPUNKT Anschluss Tour 5 oder Autobahn München–Stuttgart A 8, Ausfahrt Ulm

SERVICESTELLEN **Ulm:** Honda; **Günzburg:** Honda, Yamaha, Triumph; **Offingen:** Suzuki; **Lauingen:** BMW; **Ingolstadt:** Moto Guzzi, Ducati, Cagiva, Aprilia u. a.

ÜBERNACHTUNGEN
Ulm: Intercity Hotel Ulm;
Neu-Ulm: Hotel Sonnenkeller

CAMPINGPLÄTZE Oberndorf/Egglstetten; Ingolstadt

TREFFS **Ulm:** CVJM Ulm, an der evangelischen Pauluskirche, jeden Mittwoch ab 19.00 Uhr

STRECKENSPERRUNG In Ingolstadt in der Theresienstraße besteht ganzjährig Nachtfahrverbot zwischen 20 und 6.00 Uhr.

KARTE Die Generalkarte 1:200.000, Blatt 8

Das mächtige Liebfrauenmünster in Ingolstadt mit seinem charakteristisch übers Eck gestellten Westturm ist die größte spätgotische Hallenkirche Bayerns.

SEHENSWÜRDIGKEITEN

Ulm: Ulmer Münster mit Turmbesteigung, Rathaus, Schwörhaus, Fischerviertel

Elchingen: Ehemalige Klosterkirche auf dem Elchinger Berg

Leipheim: Gotische St.-Veits-Kirche, Schloss mit Waffen- und Uhrensammlung

Günzburg: Rokokobauten am Marktplatz, Liebfrauenkirche, Markgräfisches Schloss mit Heimatmuseum

Lauingen: Hof- oder Schimmelturm, Marktplatz mit Albertus-Magnus-Denkmal, Pfarrkirche St. Peter, Bischöfliches Schloss

Donauwörth: Reichsstraße mit Giebelhäusern, Stadtpfarrkirche Maria Himmelfahrt, Klosterkirche Heiligenkreuz

Neuburg/Donau: Schloss mit Schlosskapelle und Schlossmuseum, Karlsplatz mit Marien-Brunnen und ehemaliger Hofkirche

Ingolstadt: Liebfrauenmünster, Neues Schloss mit Bayerischem Armeemuseum, Bürgersaal, Sta. Maria Victoria

ich die 768 Stufen von der Turmvorhalle hinauf zum Helmkranz zu Fuß bewältigt hat. Hier schwört man jeder Zigarette und jedem Glas Wein in Zukunft ab und nimmt sich fest vor, ab jetzt regelmäßig Waldläufe zu machen, bevor man diese guten Vorsätze oben am Helmkranz in 143 Metern Höhe, wo sich bei klarer Sicht eine beeindruckende Fernsicht bis zu den Alpen eröffnet, schnell wieder vergisst.
Wohlbehalten wieder festen Boden unter den Füßen bewundere ich noch die prachtvollen Wandmalereien aus dem 16. Jahrhundert an der Fassade des Ulmer Rathauses, in dessen Inneren eine Nachbildung des Fluggerätes bestaunt werden kann, mit dem Albrecht Ludwig Berblinger, besser bekannt als Schneider von Ulm, 1811 vergeblich versuchte, die Donau zu überfliegen.
Da nimmt sich meine Maschine schon wesentlich moderner aus und ich habe auch keinerlei Problem, die Stadt nun in Richtung Elchingen zu verlassen. Bald liegt der Verkehr hinter mir und freies Land vor mir, und auf einem Hügel etwas oberhalb der Straße erkenne ich die Klosterkirche von Oberelchingen, deren bedeutendster Besucher Kaiser Napoleon gewesen sein soll, der beim Betreten im Jahre 1805 den Ausspruch »Salon du bon Dieu« (Salon des Lieben Gottes) getan haben soll, bevor er sich wieder weltlicherer Beschäftigung zuwandte und in der Schlacht von Oberelchingen das österreichische Heer vernichtete. Auch ich komme an Oberelchingen vorbei, erkenne auf der Weiterfahrt nach Leipheim und Günzburg noch Reste des Donauwaldes, der hier einstmals die ganze Landschaft bedeckte, bevor mir hinter Offingen die Kühltürme und Schlote des Atomkraftwerkes Gundremmingen ins Auge fallen, das hier 1966 seinen Betrieb aufnahm und als erstes kommerziell genutztes Kernkraftwerk der Bundesrepublik gilt.
Die Türme, die das Stadtbild von Lauingen beherrschen, das ich etwas reizlos über die B 16 erreiche, sind allerdings noch viel älter, so stammt etwa der 53 Meter hohe Stadtturm, auch Hof- oder Schimmelturm genannt, aus dem Jahre 1478. Er beherrscht den rechteckigen Marktplatz mit dem Albertus-Magnus-Denkmal, das an den vielseitigsten Gelehrten des 13. Jahrhunderts (1193–1280) erinnert.
Bis Höchstädt bleibe ich auf der Bundesstraße, bevor ich am Ortsende die Abzweigung nach Sonderheim nehme und ins Donauried abbiege. Verkehrsarme Straßen durch dörfliche Gemeinden bringen nun zwar wieder Fahrspaß, erfordern aber hin und wieder auch einige Blicke auf die Karte, um sich auf den hauptsächlich landwirtschaftlich genutzten Wegen überhaupt zurechtfinden zu können.
In Donauwörth kann ich die Karte wieder wegpacken und fahre langsam und staunend die Reichsstraße mit ihren schmucken Giebelhäusern entlang (siehe Spezialtipp).

Nicht überall entlang der Donau sind die Landstraßen so ruhig und verkehrsarm wie auf diesem Bild.

DER SPEZIALTIPP

Zur schönsten Straße Deutschlands

Auch wer sonst mit der Besichtigung alter Häuser eher wenig im Sinn hat, in Donaueschingen sollte er auf jeden Fall eine Ausnahme machen. Die Reichsstraße mit ihren Giebelhäusern im Stil der Schwäbischen Donaustädte aus dem 16. bis 18. Jahrhundert gehört sicherlich zu den schönsten Straßen Deutschlands. Im Haus Nr. 34, dem »Tanzhaus«, ist das sehr sehenswerte Archäologische Museum untergebracht, am Westende der Straße steht das eindrucksvolle Fuggerhaus aus dem Jahre 1539. Der obere Teil der Straße wird vom mächtigen Turm der spätgotischen Stadtpfarrkiche Maria Himmelfahrt beherrscht.

Das mächtige vierflügelige Schloss mit barockem Osttrakt und runden Flankentürmen beherrscht das Stadtbild von Neuburg an der Donau.

Im Neuen Schloss in Ingolstadt ist unter anderem das Bayerische Armeemuseum untergebracht.

War die Streckencharakteristik bisher völlig flach, erwarten mich hinter Altisheim nun unvermittelt einige Anstiege. Es sind die Ausläufer der Fränkischen Alb, die hier bis an die Donau reichen und für ein leicht hügeliges Streckenprofil sorgen. In Leitheim halte ich deshalb kurz beim Schloss an und genieße eine recht weit reichende Aussicht über die Donauniederungen, bevor ich mich über Neuburg langsam Ingolstadt nähere.

7

ENTLANG DER DONAU, 3. ABSCHNITT

Vorbei an Klöstern, Kirchen und Ruhmeshallen zur österreichischen Grenze

Streckenverlauf

Ingolstadt – Großmehring – Vohburg – Oberdünzing – Wackerstein – Pförring – Neustadt/Donau – Bad Gögging – Eining – Staubing – Weltenburg – Kelheim – Untersaal – Bad Abbach – Regensburg – Donaustauf – Frengkofen – Kiefenholz – Wörth – Zinzendorf – Oberzeitldorn – Kirchroth – Fischerdorf – Unterparkstetten – Oberalteich – Bogen – Anning – Pfelling – Loham – Deggendorf – Niederalteich – Bergham – Winzer – Neßlbach – Vilshofen – Windorf – Fisching – Gaishofen – Passau

STRECKENLÄNGE 241 km

AUSGANGS- UND ENDPUNKT Ingolstadt (365 m)
Passau (290 m)

ANFAHRT ZUM AUSGANGSPUNKT Anschluss Tour 6 oder Autobahn München–Nürnberg A 9, Ausfahrt Ingolstadt

SERVICESTELLEN **Ingolstadt:** Moto Guzzi, Ducati, Cagiva, Aprilia u. a.; **Vohburg:** Kawasaki; **Neustadt/Donau:** Yamaha, KTM, Suzuki; **Saal:** Kawasaki, Yamaha; **Regensburg:** Ducati, Laverda; **Straubing:** alle Fabrikate; **Deggendorf:** Aprilia, Suzuki, Honda, KTM; **Hengersberg:** Kawasaki

ÜBERNACHTUNGEN **Regensburg:** Hotel Götzfried; **Vilshofen:** Albersdorfer Hof; **Passau:** Tourist Hotel

CAMPINGPLÄTZE Neustadt/Donau; Regensburg; Straubing; Irring/Tiefenbach

TREFF **Deggendorf:** Gaststätte Wegmacherkurve; Chopper- und Klassikerstammtisch im Gasthaus Bayerwald jeden Freitag ab 20.00 Uhr

STRECKENSPERRUNG In Ingolstadt in der Theresienstraße besteht ganzjährig Nachtfahrverbot zwischen 20 und 6.00 Uhr.

KARTE Die Generalkarte 1:200.000, Blatt 8

Mit gut 240 Kilometern liegt mit dem letzten auch der längste Abschnitt der Donautour vor mir. Ein früher Aufbruch zur Tour ist deshalb ratsam, um wenigstens einige der fast zahllosen Sehenswürdigkeiten genießen zu können. Die Weltenburger Enge etwa, das Durchbruchstal der Donau zwischen Weltenburg und Kelheim, daneben das Kloster Weltenburg oder die Befreiungshalle über Kelheim. Später folgen weitere Klöster und Wallfahrtskirchen wie etwa Oberalteich, Loh bei Stephansposching, Metten und Niederaltaich, die von den bekanntesten Baumeistern und Künstlern ihrer Zeit geschaffen und ausgestattet wurden und uns zurück in das Zeitalter des Barock versetzen.

Wenig Zeit bleibt also für die Besichtigung von Ingolstadt, nach München immerhin die drittgrößte und industriereichste Stadt Oberbayerns. Das mächtige Liebfrauenmünster (1426–16. Jahrhundert) mit seinen charakteristischen über Eck gestellten, unvollendeten Westtürmen betrachte ich nur von außen. Im Neuen Schloss mit dem Bayerischen Armeemuseum begnüge ich mich mit einem Blick auf die alten Kanonen aus dem 16. und 17. Jahrhundert, die im Hof Wind und Wetter trotzen, bevor ich weiter in die Neubaugasse zum Bürgersaal Sta. Maria Victoria fahre. Ausgestattet von den Brüdern Asam schufen diese hier eines ihrer Meisterwerke, das in einem 30 mal 16 Meter messenden Deckenfresko gipfelt, in welchem ein Bogenschütze durch einen perspektivischen Trick in alle Richtungen zu zielen scheint.
Ihr nächstes Highlight setzten sie, gut 50 Kilometer entfernt, mit der Klosterkirche der Benediktinerabtei Weltenburg, deren Ausgestaltung im Stile des bayerischen Rokoko ein neues Kapitel der Weltkunst eröffnete. Wer könnte hier unbeeindruckt bleiben vom Hochaltar oder dem Deckengewölbe, wo durch raffiniert gestaltete Illusionstechnik die Grenzen zwischen Realem und Irrealem zu verschmelzen scheinen. Beeindruckend wäre auch die von hier ausgehende Schifffahrt durch die Weltenburger Enge hinab nach Kelheim. Auf einer Länge von sechs Kilometern durchbricht der Strom hier den Fränkischen Jura, dessen fast 100 Meter hohe weiße, dicht bewaldete Felswände teilweise nur knapp 70 Meter auseinander stehen. Viele der skurrilen Felsformen, aus dem Wasser ragenden Felsblöcke oder durch Stromverwirbelung gebildeten Höhlen sind sagenumwoben und tragen volkstümliche Namen wie »Die drei Brüder«, »Bayerischer Löwe« oder »Peter und Paul«.
Aus Zeitgründen muss ich leider die reizlosere Route über die Landstraße nach Kelheim vorziehen, und auch der Befreiungshalle schenke ich nur einen kurzen Blick. König Ludwig I. beauftragte zuerst den Baumeister Gärtner, dann nach dessen Tod Klenze mit der Errichtung dieses monumentalen 18-eckigen Baus, der an die Befreiungskriege 1813–1895 erinnern soll und am 18. Oktober 1842 eingeweiht wurde. Verkehrsarme Nebenstraßen lassen mich wieder meiner eigentlichen Hauptbeschäftigung, dem Motorradfahren nachgehen, bevor ich hinter Matting auf das Ortsschild von

Einen besonders schönen Blick auf die Regensburger Altstadt hat man von der Steinernen Brücke.

SEHENSWÜRDIGKEITEN

Ingolstadt: Liebfrauenmünster, Neues Schloss mit Armeemuseum, Bürgersaal Sta. Maria Victoria

Regensburg: Dom St. Peter, Stadtmuseum im ehemaligen Minoritenkloster, Altes Rathaus, Steinerne Brücke, Schloss

Donaustauf: Burgruine Donaustauf, Walhalla ca. 1,5 km nach Donaustauf

Wörth: Schloss Wörth

Straubing: Stadtturm, Marktplatz mit Dreifaltigkeitssäule, St.-Peters-Kirche mit Bauernkapelle, Agnes-Bernauer-Brücke

Bogen: Wallfahrtskirche Heilig Kreuz und Mariä Heimsuchung

Metten: Benediktinerkloster Metten, Klosterkirche St. Michael

Deggendorf: Straßenmarkt mit Stadtturm, Rathaus mit Martinskapelle, Heilig-Grab-Kirche

Passau: Dom St. Stephan, St.-Michaels-Kirche, Benediktinerinnenkloster Niedernburg, Rathaus

Regensburg stoße. Einige Kilometer sind es dann noch bis in die Altstadt, die sich aus dem 14. Jahrhundert beinahe vollständig erhalten hat. Einen ganzen Tag könnte man hier ohne Probleme mit Besichtigungen verbringen. Zu erwähnen sind nur der Dom Dom St. Peter mit seinen 105 Meter hohen Turmhelmen aus dem 13. Jahrhundert, die in ganzen Straßenzügen fast lückenlos aneinander gereihten Patrizierhäuser oder die Steinerne Brücke (1135–1146), die zu den größten technischen Leistungen des Mittelalters zählt und von der man einen besonders schönen Blick auf das Altstadtbild hat. Stadtbesichtigungen befriedigen zwar den Wissensdurst, machen andererseits aber auch hungrig, und so stärke ich mich in einer der zahlreichen Gaststätten direkt am Donauufer mit einer kräftigen Brotzeit, bevor ich die Stadt über den Ortsteil Schwabelweis verlasse. Einen Teil der zugeführten Kalorien arbeite ich wieder ab, indem ich die 358 Marmorstufen zur Walhalla hochsteige, die sich hinter Donaustauf über der linken Talseite erhebt. Bei der Walhalla handelt es sich um eine Nachbildung des Parthenons, des Tempels der Göttin Athene, auf der Akropolis zu Athen. König Ludwig I. und Klenze zeichnen auch hier wieder verantwortlich für diesen Ehrentempel mit seinen beeindruckenden 52 bis zu 20 Meter hohen Marmorsäulen, in denen Büsten und Erinnerungstafeln von über 150 berühmten Männern und Frauen der deutschen Geschichte ausgestellt sind. Die Frauenquote ist allerdings bislang nicht sehr hoch...

Zwei Pflichtstopps zur Besichtigung von Sehenswürdigkeiten, diesmal aber ohne anstrengendes Treppensteigen, sind noch einzuplanen: die Benediktinerabteien von Metten und Niederaltaich, die zusammen mit dem Kloster Weltenburg darum konkurrieren, das älteste Benediktinerkloster Bayerns zu sein.

Durch die fruchtbare Gäubodenebene, auch »Kornkammer Bayerns« genannt, geht es nun bis Passau, wo ich meine Maschine direkt an der Schifffahrtsanlegestelle beim Rathausplatz parke. Der Fluss selbst ist auf dieser langen Reise eindeutig zu kurz gekommen, und so lasse ich es mir nicht nehmen, mich mit einer Dreiflüsserundfahrt gebührend von der Donau zu verabschieden.

Die Weltenburger Enge vor Kelheim. Hier durchbricht die Donau auf einer Länge von sechs Kilometern den Fränkischen Jura, dessen fast 100 Meter hohe weiße, dicht bewaldete Felsen zum Teil nur 70 Meter auseinander stehen.

DER SPEZIALTIPP

Wasserski gefällig?

Am Friedenhain-See nördlich von Straubing lockt eine der längsten Wasserski-Seilbahnen Deutschlands. Anfänger wie Fortgeschrittene können sich von einer kleinen Rampe aus an einem ununterbrochen laufenden Schleppseil auf eine 1200 Meter lange Umlaufbahn ziehen lassen. Wer gleich am Start ins Wasser fällt, wird mit dem »Lumpensammler« herausgefischt und kann einen neuen Versuch starten. Dabei wird mancher feststellen, dass Wasser wesentlich härter sein kann, als es aussieht. Bei Wind wird der Schleppbetrieb deshalb auch eingestellt.

Die St.-Michaels-Kirche in Passau ist an ihrer breit gelagerten Barockfassade und der Doppelturmfront mit ihren weiß auf rosa abgesetzten Gliederungen zu erkennen.

358 Marmorstufen führen hinauf zum weiß leuchtenden Säulenbau der Walhalla bei Donaustauf.

BAYERN VON DEN ALPEN BIS IN DIE OBERPFALZ

Viel Fahrspaß vermittelt dieses Bild, das am Rande der Bayerischen Alpen entstand (links). Natur und Kultur gehören in Bayern zusammen: Ein typisches Dorf im Pfaffenwinkel (oben).

Spitzengenussstrecken mit viel »Drumherum«, so muss man sich die Touren in Bayern vorstellen ... und bereit sein zu teilen, mit Urlaubern, Sportlern und Kurgästen. Berglandschaft, Schlösser, Burgen, Seen, Flüsse und pittoreske Städtchen zeigen sich im Süden sehr bunt, oft schon fast kitschig, strenger, dunkler und ruhiger nur im Osten und Norden, im Bayerischen und Oberpfälzer Wald, den beiden uralten Gebirgen, deren dunkle Steine so viel erzählen könnten.

8

IM ALLGÄU

Über die höchste und über die kurvenreichste Passstraße Deutschlands

Streckenverlauf

Immenstadt – Bad Oberstaufen – Weißach – Aach – Riefensberg – Hittisau – Balderschwang – Riedberg-Passstraße – Obermaiselstein – Bolsterlang – Ofterschwang – Sonthofen – Hindelang – Oberjoch – Unterjoch – Wertach – Kranzegg – Rettenberg – Immenstadt

Irgendwie beneide ich die Allgäuer im Allgemeinen und die Allgäuer Motorradfahrer im Besonderen um ihre Landschaft. Nicht, dass ich mich etwa beklagen müsste – vor den Toren Münchens gibt es eine Reihe von schönen Motorradstrecken, von denen mit dem Sudelfeld und dem Kesselberg nur zwei zu nennen wären –, aber das Allgäu hat schon seinen besonderen Reiz. Es ist vor allem der Kontrast zwischen reizvollen Seen, eingebettet in sanftes grünes Hügelland, einerseits und einer kraftvollen kantigen Hochgebirgswelt andererseits, denen es irgendwie gelingt, zu einer harmonischen Einheit zu verschmelzen, wie man sie sonst in keinem Gebiet Deutschlands mehr antrifft. Mit dem Riedbergpass kann das Allgäu zudem mit der höchsten und mit dem Oberjoch mit der kurvenreichsten Passstraße Deutschlands aufwarten, die jede für sich allein gesehen bereits lohnende Ziele sind.

STRECKENLÄNGE 116 km

AUSGANGS- UND ENDPUNKT Immenstadt (732 m)

ANFAHRT ZUM AUSGANGSPUNKT Autobahn Ulm–Kempten A 7, Ausfahrt Autobahndreieck Allgäu, auf der A 980 bis Waltenhofen und auf der B 19 nach Immenstadt

SERVICESTELLE **Sonthofen:** Suzuki, Honda

ÜBERNACHTUNG **Sonthofen:** Hotel Schwäbele Eck

CAMPINGPLÄTZE Bad Oberstaufen/Aach; Sonthofen; Oberjoch; Wertach

STRECKENSPERRUNG Im Ortsbereich von Bad Oberstaufen besteht ganzjährig Nachtfahrverbot zwischen 22.00 und 6.00 Uhr.

KARTE Die Generalkarte 1:200.000, Blatt 6 und 8

Ich möchte beide zu einer großen Runde verbinden und habe deshalb schon am Vortag die recht lange und mühselige Anfahrt über Landsberg und Kempten nach Immenstadt, der zweitgrößten Stadt des Landkreises Oberallgäu, hinter mich gebracht. Ganz allgemein sagt man ja, dass die Allgäuer wenig gesellig sein sollen, das Alleinsein zu schätzen wissen und teilweise recht eigenbrötlerisch seien, aber auf meine Zimmerwirtin trifft dies bestimmt nicht zu. In vollsten Zügen lobt sie ihre Heimat, wenngleich ich auch Mühe habe, den für mich ungewohnten Dialekt zu verstehen.
Dass sie jedoch nicht übertrieben hat, erfahre ich schon am nächsten Morgen, als ich der Beschilderung »Lindau/Oberstaufen« folgend durch Bühl eine kleine Anhöhe erklommen habe und sich vor mir der in der ersten Morgensonne silbrig glitzernde Alpsee ausbreitet. Ich fahre gemächlich am südlichen Seeufer entlang, um bei Wiedemannsdorf die B 308 zu verlassen und in der Folge auf kleineren, teilweise engen Nebenstraßen nach Oberstaufen zu gelangen.
Weit im Süden erkenne ich die dunklen Felszüge um den Hohen Häderich, orientiere mich an der Beschilderung »Aach/Weißach«, bremse einige Kehren mit zehn Prozent Gefälle nach Weißach hinunter und überquere beim ehemaligen Zollamt Aach die österreichische Grenze. Das Bundesland Vorarlberg empfängt mich mit einem Wechsel zwischen leichten Anstiegen und Abfahrten und einem weiten Blick auf die Berge des Bregenzer Waldes.
An der Bolgenach entlangfahrend komme ich auf eine weite Hochfläche und wähle von den drei hier nach Osten in die Allgäuer Alpen hineinziehenden Tälern das mit der Beschilderung »Balderschwang«. Grüne, dicht bewaldete Hügel bilden die Talbegrenzungen und lediglich weiter im Süden ragen mit den Bergen um die Winterstaude höhere Gipfel auf. Bisher bin ich recht zügig vorangekommen, aber plötzlich endet die Ausbaustrecke und wenig später verlasse ich beim früheren Zollamt Schönhalden Österreich bereits wieder.

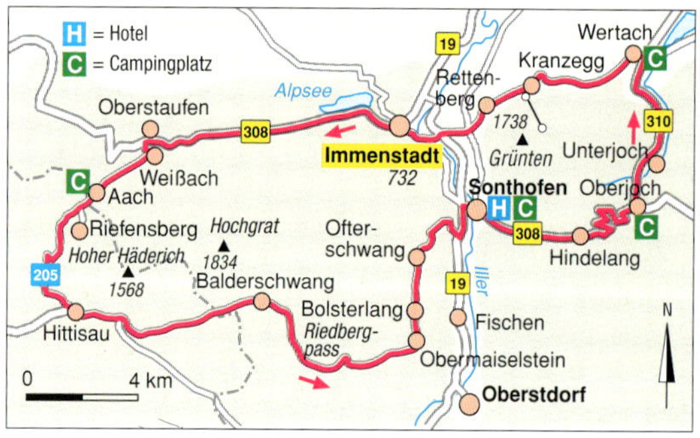

Abseits der großen Durchgangsstraßen findet man im Oberallgäu eine Vielzahl solch ruhiger und verkehrsarmer Sträßchen inmitten einer harmonischen Berg- und Waldlandschaft.

SEHENSWÜRDIGKEITEN

Immenstadt: Stadtschloss am Marienplatz, Pfarrkirche St. Nikolaus, Rathaus, Heimatmuseum

Bad Oberstaufen: Bauernhausmuseum im Ortsteil Knechtenhofen, ca. 3 km nordöstlich

Balderschwang: Pfarrkirche St. Verena, Skimuseum

Obermaiselstein: Sturmannshöhle am Fuße des Ochsenberges, ca. 30 Minuten zu Fuß vom Haus des Gastes

Sonthofen: Sonthofener Heimatmuseum, Kapelle mit Aussichtspunkt im Ortsteil Berghofen ca. 2 km östlich, Pfarrkirche St. Michael

Hindelang: Liebfrauenkirche, Rathaus

Balderschwang ist der Ausgangspunkt zum Riedbergpass, aber noch kann ich wenig Passähnliches entdecken, bis ein Schild mit der Aufschrift »16 Prozent Steigung« endlich den Beginn der eigentlichen Bergstrecke markiert. In treppenartigen Aufschwüngen, die kurzen Steigungsstücke immer wieder von flacheren Passagen unterbrochen, habe ich die Riedberg-Passhöhe (1420 M ü. NN) rascher erreicht, als ich vermutet hätte. Ich halte für ein Erinnerungsfoto an, bevor es wieder an die Abfahrt geht. Diese erscheint mir kurvenreicher als die Auffahrt, dicht bewaldete Hänge drängen sich an die Straße, und erst nach der Durchfahrung eines 100 Meter langen unbeleuchteten Tunnels öffnet sich bei Obermaiselstein wieder die Landschaft.

Bei Bolsterlang nehme ich die Parade der Hörner ab, die hier mit dem Bolsterlanger Horn beginnt und mich auf ständig ansteigender und wieder abfallender Straße entlang des Rangiswanger und Sigiswanger Horns begleitet. Die Straße folgt einem Panoramaweg hoch über dem Illertal, bevor ich bei Billerdorf wieder auf die Bundesstraße treffe, die mich zurück nach Immenstadt führt.

Dort ist meine Tour allerdings noch nicht zu Ende, ich möchte das Allgäu keinesfalls verlassen, ohne dem Oberjoch, Deutschlands kurvenreichster Passstraße, noch einen Besuch abgestattet zu haben. Dazu folge ich der viel befahrenen Straße im breiten Ostrachtal nach Hindelang, wo ich mich im Gasthof Letzter Heller am Beginn der Passstrecke für den bevorstehenden Berganstieg stärke.

Ich kenne die kurvenreiche Strecke bereits und weiß, dass es insgesamt 106 Kurven sind, die mich auf den folgenden neun Kilometern hinauf zur Passhöhe führen sollen. Gezählt habe ich sie freilich nicht, was mir auch kaum möglich erscheint, denn genau genommen sind hier kaum einzelne Kurven auszumachen, sondern die ganze Strecke ist eigentlich ein einziges Geschlängel, bei der eine Krümmung der anderen, eine Schräglage der entgegengesetzten auf dem Fuß folgt.

Getrübt wird der Fahrspaß für mich allerdings durch ein sehr langsames Wohnmobil, das ich wegen des fast durchgehend bestehenden Überholverbotes auch nicht hinter mir lassen kann. Also wende ich oben nochmals, warte unten angekommen einen verkehrsgünstigen Augenblick ab und bewältige die Strecke ein weiteres Mal, diesmal ungestört.

Diese drei Motorradfahrer befinden sich auf der Anfahrt in die Allgäuer Alpen in der Umgebung von Kempten.

DER SPEZIALTIPP

Abstieg in die Unterwelt

Parken Sie Ihre Maschine in Obermaiselstein beim Haus des Gastes, und planen Sie einen etwa 30-minütigen Fußmarsch zur Sturmannshöhle ein. Diese liegt etwa 900 Meter hoch am Fuße des Ochsenberges. Durch einen 100 Meter langen Felsspalt gelangt man hinein in den Berg, bevor es über exakt 178 Stufen gut 65 Meter tiefer ins Höhleninnere hinabgeht. Warme Kleidung wird empfohlen, denn dort unten ist zwar alles gut ausgeleuchtet, aber kühl. Die Höhle ist von Mitte Mai bis Anfang Oktober geöffnet und kann Dienstag bis Sonntag von 9.30 bis 16.00 Uhr im Rahmen einer geführten Besichtigung besucht werden.

Bei der Auffahrt zum Riedbergpass, mit 1420 Meter Höhe Deutschlands höchster Passstraße, sind teilweise Steigungen bis zu 16 Prozent zu bewältigen.

Der Gasthof Letzter Heller in Hindelang liegt direkt am Beginn des Anstiegs zum Oberjochpass.

9 ZU KOCHELSEE UND WALCHENSEE

Über die Kesselbergstraße

Streckenverlauf

Wolfratshausen – Geretsried – Königsdorf – Benediktbeuern – Kochel – Kesselbergstraße – Urfeld – Walchensee – Einsiedl – Jachenau – Lenggries – Schlegldorf – Bad Tölz – Einbach – Lochen – Königsdorf – Geretsried – Wolfratshausen

Der Kochelsee ist ein schön gelegener See im Voralpenland etwas südlich von Benediktbeuern, wo sich mit dem Estergebirge und der Benediktenwand schon ganz respektable Erhebungen aus dem bis dahin noch recht flachen Land hervortun. Der Walchensee liegt oberhalb des Kochelsees, schon mitten in den Bergen. Der Walchensee gilt nicht nur als größter, sondern auch als schönster der deutschen Alpenseen. Die beiden Seen verbindet eine Straße, die mit folgenden Daten nur unzureichend beschrieben ist: Die Straßenlänge zwischen Kochel und Wallgau beträgt 22,5 Kilometer, der Höhenunterschied misst 253 Meter, insgesamt gibt es sieben Kehren bei der Auffahrt von Kochel aus und sechs Kehren bei der Abfahrt nach Wallgau und dazu eine Vielzahl an Kurven. Schon etwas bildhafter ist da die Aussage, dass die Passstrecke zu den schönsten Strecken für Motorradfahrer im bayerischen Alpenland überhaupt zählt und auch dementsprechend stark frequentiert ist.

STRECKENLÄNGE 97 km

AUSGANGS- UND ENDPUNKT Wolfratshausen (577 m)

ANFAHRT ZUM AUSGANGSPUNKT Von München auf der B 11 über Schäftlarn nach Wolfratshausen oder Autobahn München–Garmisch A 95, Ausfahrt Wolfratshausen

SERVICESTELLEN **Wolfratshausen:** Ducati, Laverda, Suzuki; **Geretsried:** Harley-Davidson; **Königsdorf:** Kawasaki; **Benediktbeuern:** Honda; **Bad Tölz:** Yamaha

ÜBERNACHTUNG **Kochel:** Hotel zum Rabenkopf

CAMPINGPLÄTZE Wolfratshausen; Königsdorf; Kochel; Walchensee

STRECKENSPERRUNG Die Auffahrt von Kochel zum Kesselberg ist an Wochenenden und Feiertagen gesperrt. In der Gegenrichtung, von Einsiedl/Walchensee nach Kochel, ist die Strecke offen.

MAUTGEBÜHR Die Straße durch die Jachenau zwischen Einsiedl und Jachenau ist mautpflichtig. Die Mautgebühr beträgt 2,– DM.

KARTE Die Generalkarte 1:200.000, Blatt 8

Von München aus hat man die Möglichkeit über die Autobahn Garmisch A 95 bis zur Ausfahrt Murnau/Kochel den Ausgangspunkt recht rasch zu erreichen, ich ziehe allerdings die landschaftlich viel reizvollere Strecke über die B 11 von Wolfratshausen über Benediktbeuern nach Kochel vor. Schon kurz hinter Schäftlarn tut sich der Blick auf die Berge im Süden auf, der besonders im Frühjahr reizvoll ist, wenn die noch schneebedeckten Gipfel im Kontrast zu den saftigen grünen Wiesen der Umgebung stehen.

In Benediktbeuern lege ich bei der ehemaligen Benediktinerabtei einen Halt ein. Aus der Mitte des 17. Jahrhunderts stammen die regelmäßig angelegten Klosterbauten, wo vor allem die spätgotischen Gewölbe des Kreuzgangs beeindrucken. Die ehemalige Klosterkirche St. Benedikt zeigt dagegen schon den Beginn einer barocken Entwicklung, ohne jedoch völlig ausgereift zu sein. Der Weilheimer Baumeister Kaspar Feichtmayr schuf hier ein recht eigenwilliges Werk, dessen Fresken im Inneren im Übrigen von Hans Georg Asam, dem Vater der weltbekannten Brüder Egid Quirin und Cosmas Damian stammen.

Wenig später bin ich auch schon in Kochel, die scharf abzweigende Hauptstraße zwingt mich

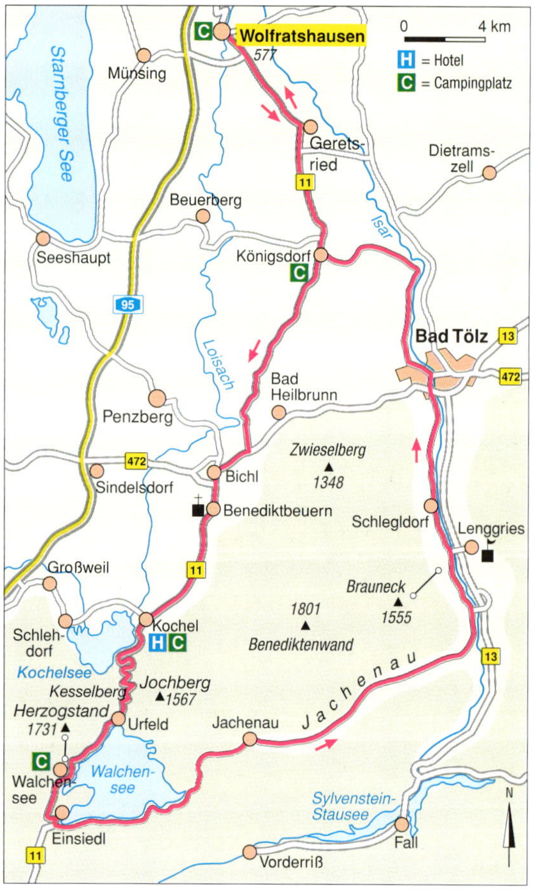

So harmonisch wird sich uns Wolfratshausen bei der Durchfahrt auf der B 11 nicht präsentieren. Dafür müsste man die Maschine stehen lassen und ans Isarufer hinunterspazieren.

SEHENSWÜRDIGKEITEN

Wolfratshausen: Pfarrkirche St. Andreas, Freizeitpark Märchenwald im Ortsteil Farchant

Benediktbeuern: Kloster Benediktbeuern

Kochel: Franz-Marc-Museum, Schmied-von-Kochel-Denkmal an der Hauptstraße

Lenggries: Kirche St. Jakob, Schloss Hohenburg

Bad Tölz: Wallfahrtskirche Maria Hilf auf dem Kalvarienberg, Thermalhallenbad Alpamare

abzubremsen und so kann ich das Denkmal des Schmieds von Kochel gar nicht übersehen. Es ist Balthasar Mayr gewidmet, einem Kocheler Schmiedgesellen, der sich als Anführer einer Bauernschar hervorgetan und 1705 in der Sendlinger Bauernschlacht beim Kampf gegen die österreichischen Besatzungstruppen

Der Walchensee gilt wegen seiner günstigen Windverhältnisse als Eldorado für Windsurfer in Bayern schlechthin.

gefallen sein soll. So imposant das Denkmal auch ist, historisch bewiesen ist die Person des Schmied von Kochel bis heute noch nicht.
Wer weniger an kriegerischen Auseinandersetzungen interessiert ist, sondern seine Vorlieben mehr in künstlerischer Richtung hat, dem sei das Franz-Marc-Museum empfohlen. Es liegt am Ortsende von Kochel in einem weitläufigen Park. Hier sind Werke des bedeutenden Malers des Expressionismus und Mitbegründers des »Blauen Reiter« ausgestellt, der, dies sei auch vermerkt, 1916, erst 36-jährig, in der Schlacht von Verdun viel.
Und wer ganz einfach nur Motorrad fahren will, der gibt nun Gas, denn gleich beginnt die Kesselbergstrecke. Nicht zu viel sollte es allerdings sein, denn einige dieser Kehren machen am Kurvenausgang immer weiter zu, sodass man sich unversehens weit nach außen getragen sieht. Etwa auf halbem Weg halte ich auf einem Parkplatz, der die Bezeichnung »Aussichtskehre« zu Recht trägt. Zum einen reicht hier der Blick weit zurück über die moorigen Niederungen um den Kochelsee, faszinierender ist es allerdings, die Motorradfahrer in dieser Kurve zu beobachten, von denen es einige nicht lassen können, sie im Stile eines Mick Doohan oder Max Biaggi zu nehmen. Dabei vergessen sie leider völlig, dass jene nicht mit Gegenverkehr zu rechnen haben und deren extreme Schräglage neben einem angeborenen Fahrkönnen vor allem auf spezielle Reifenmischungen zurückzuführen ist.
Während ich die abgestellten Maschinen betrachte, schweifen meine Gedanken ab, und ich muss daran denken, dass der Baubeginn dieser Straße mit der Entdeckung Amerikas zusammenfiel. Herzog Albrecht IV. gab 1492 den Auftrag.
Nach der Überfahrung der wenig aussichtsreichen Passhöhe gilt meine Aufmerksamkeit dem Walchensee, an dessen Westufer sich die Straße entlangschlängelt. Irgendwo habe ich gelesen, dass schon Johann Wolfgang von Goethe auf seiner Reise nach Italien diesen Weg benutzte, der damals »Via regia Tyrolensis et Italos« hieß.
Da ich aber nicht bis Italien weiter will, sondern mich langsam wieder an die Rückfahrt

DER SPEZIALTIPP

Hochgeschwindigkeitsrutsche im Trimini

Das Triminibad in Kochel am Ostufer des Kochelsees hat als Attraktion eine 103 Meter lange Wasserrutsche zu bieten. Sitzend oder liegend kann man dabei in den acht Kurven, welche einen Höhenunterschied von neun Metern ins Becken überwinden, beachtliche Geschwindigkeiten erzielen. Am schnellsten geht es nach Selbstversuchen und Aussagen anderer Rutscher lang ausgestreckt auf dem Rücken liegend. Aber Vorsicht: Nicht alle Gäste sind so schnell unterwegs, und in den Kurven hat es deshalb schon so manchen Stau und »Auffahrunfall« gegeben.
Geöffnet ist das Bad täglich von 9.00 bis 20.30 Uhr.

Was auf diesem Bild nicht so ganz zur Geltung kommt: Die Hauptstraße von Bad Tölz weist eine ganz beträchtliche Steigung auf.

machen muss, biege ich bei Einsiedl zum Südufer des Sees ab. Das Südufer gehört voll und ganz den Surfern, die sich die Zeit beim Warten auf den richtigen Wind mit Sonnenbaden und Grillen vertreiben. Bei der Waldschänke Niedernach verlasse ich den See und fahre durch die Jachenau, ein idyllisches, sehr ursprünglich gebliebenes Gebirgstal, bis nach Lenggries, von wo aus es bis nach München nicht mehr allzu weit ist.

Kurvenreiche Sträßchen wie hier findet man auf dieser Tour reichlich.

10

ÜBER SUDELFELD UND TATZELWURM

In den Schlierseer Bergen

Streckenverlauf

Weyarn – Miesbach – Hausham – Schliersee – Bayrischzell – Sudelfeld – Tatzelwurm – Rechenau – Agg – Oberaudorf – Kiefersfelden – Kufstein – Marblinger Höhe – Thiersee – Landl – Ursprungpass – Bayrischzell – Weyarn

Sobald sich über dem Alpenvorland ein strahlender Sonnentag abzeichnet, dann zieht es die Münchner Motorradfahrer fast automatisch nach Süden in Richtung Sudelfeld und Tatzelwurm. Warum dies so ist, muss nicht näher begründet werden, Landschaft und Strecke sprechen für sich, und es ist sicherlich nicht vermessen zu behaupten, dass es sich hier neben der Kesselbergstraße etwas weiter im Osten mit um die beliebteste Motorradstrecke im gesamten oberbayerischen Raum handelt.

Früh am Morgen beginne ich deshalb die Tour, um dem an schönen Wochenenden schon fast obligatorischen Stau am Brunnthal-Dreieck zu entkommen, bevor ich die Autobahn an der Ausfahrt Weyarn endlich verlassen kann. Noch verläuft die Strecke nicht sehr spektakulär auf der B 307 durch die leicht hügelige Wald- und Wiesenlandschaft, und das Einzige, worauf ich achten muss, ist, in der Ortschaft Thalham ja nicht die Geschwindigkeitsbegrenzung zu überschreiten. Regelmäßige Radarkontrollen helfen dort immer wieder der Disziplin nach, und unvergessen ist mir ein Zeitungsbericht, demzufolge dort nacheinander drei Testfahrer eines großen Autoherstellers ihre Führerscheine für längere Zeit abliefern mussten, nachdem sie mit einer Geschwindigkeit von 130 statt der erlaubten 50 km/h ertappt worden waren.

Nach dem Ort rückt bereits die Silhouette der Schlierseer und Tegernseer Berge in mein Blickfeld, und die Bergwanderer unter uns können bereits markante Gipfel wie den Hirschberg, die Brecherspitze und den Wendelstein erkennen. Während der Fahrt durch die Kreisstadt Miesbach und den ehemaligen Bergwerksort Hausham rücken die Berge schnell näher, und die Ortschaft Schliersee, am gleichnamigen See gelegen, ist bereits von einem Kranz bewaldeter Bergkuppen eingerahmt. Gleich zu Beginn des lang gestreckten Straßendorfes halte ich im Ortsteil Westenhofen vor der Kirche kurz an und suche auf dem Friedhof das Grab des legendären Wildschütz Jennerwein. Erst vor kurzem haben Spitzbuben hier zum Todestag des Wildschützen eine gewilderte Gams niedergelegt.
Am Ostufer des Sees entlang schlängelt sich die Straße bis zum Ortsteil Neuhaus mit der malerisch gelegenen Leonhardikirche am Ortsanfang, dann geht es fast geradlinig Richtung Bayrischzell. Die Auffahrt mit der Seilbahn zum Wendelstein bei Osterhofen spare ich mir diesmal und beginne stattdessen bei Bayrischzell die Auffahrt zum Sudelfeldsattel. Diese westseitige Auffahrt ist mit 4,5 Kilometern nicht sehr lang, mit elf Prozent Steigung nicht sonderlich steil und mit nur zwei Kehren im mittleren Streckenteil auch nicht gerade kurvenreich. Sehr schnell bin ich am Sattel in

STRECKENLÄNGE 143 km

AUSGANGS- UND ENDPUNKT Weyarn (670 m)

ANFAHRT ZUM AUSGANGSPUNKT Autobahn München–Salzburg A 8, Ausfahrt Weyarn

SERVICESTELLE **Hausham:** Kawasaki

ÜBERNACHTUNGEN **Tatzelwurm:** Hotel Feuriger Tatzelwurm; **Oberaudorf:** Hotel Alpenhof

CAMPINGPLÄTZE Schliersee; Oberaudorf

TREFFS **Sudelfeldsattel:** Café Kotz, täglich außer Dienstag 8.00 bis 19.00 Uhr; **Großparkplatz Tatzelwurm:** täglich nachmittags, Samstag und Sonntag vormittags und nachmittags

KARTE Die Generalkarte 1:200.000, Blatt 8

Für Anfänger eignet sich der Schliersee gut zum Windsurfen. Fortgeschrittene suchen sich aber lieber Ziele mit steiferer Brise.

SEHENSWÜRDIGKEITEN

Miesbach: Stadtplatz mit Michaelsbrunnen, Heimatmuseum

Schliersee: Kabinenseilbahn zur Schliersbergalm mit Sommerrodelbahn, barocke Pfarrkirche St. Sixtus im Ortsteil Westenhofen mit Grabstätte des Wildschütz Jennerwein

Bayrischzell: Pfarrkirche St. Margaretha, Alpenfreibad, Seilbahn auf den Wendelstein bei Osterhofen

Tatzelwurm: Schlucht mit hohen Wasserfällen beim Gasthof Feuriger Tatzelwurm

Kiefersfelden: König-Otto-Kapelle, Museumseisenbahn

Kufstein: Festung Kufstein

Gut ausgeschildert ist der Weg am Sudelfeld zum Alpengasthof Feuriger Tatzelwurm. In der sehenswerten Klamm nebenan soll einst ein Drache gehaust haben.

1092 Meter Höhe angelangt, und nach einer Kurve liegt der Parkplatz beim Café Kotz, einem beliebten Treffpunkt für Motorradfahrer, vor mir.

Die Abfahrt über die Ostseite hat da schon einiges mehr zu bieten: eine großartige Landschaft, die vom Großen Traithen im Westen bis zum Wilden Kaiser im Süden reicht, und vor allem eine Kehrengruppe hinunter zum Großparkplatz Tatzelwurm, die selbst den Ansprüchen der verwöhntesten Fahrer gerecht wird. Hier kommt für mich nur Eines infrage, die Maschine wenden und den Genuss der Abfahrt bergauf noch um ein Vielfaches zu überbieten.

DER SPEZIALTIPP

Sommerrodeln in Schliersee

Geschwindigkeit und Kurven kann man nicht nur auf dem Motorrad, sondern auch auf der Sommerrodelbahn genießen, die vom Ferienpark Schliersbergalm nach Schliersee hinunterführt. Hinauf kommen Sie bequem mit einer Gondelbahn oder etwas anstrengender mit einem etwa 45-minütigen Fußmarsch. Oben können Sie sich mit einer herzhaften Brotzeit stärken und eine herrliche Aussicht über den Schliersee und die umgebende Bergwelt genießen. Hinab geht's dann rasant in ein- oder doppelsitzigen Schlitten.

Die Straße zur Talstation der Gondelbahn zweigt etwa in der Ortsmitte von Schliersee beim Sportgeschäft Berauer an der Hauptstraße ab. Für Erwachsene kostet die Bahn- und Schlittenfahrt 6,– DM.

Wieder unten am Parkplatz Tatzelwurm gibt es zwei Möglichkeiten zur Weiterfahrt: nach links über die mautpflichtige Straße durch das dunkle Förchenbachtal hinunter nach Brannenburg oder zum Gasthof Tatzelwurm und von dort über Rechenau und Hummelei nach Niederaudorf ins Inntal. Ich wähle die zweite Alternative und kehre im Gasthaus Feuriger Tatzelwurm ein. In der Schlucht hinter der Gaststätte, zu der ein kurzer, einfacher Spazierweg führt, soll einst ein Drache gehaust haben, der seine Umgebung in Angst und Schrecken versetzt hat. Heute tost dort nur ein Wildbach zwischen engen Felswänden, und man muss eigentlich nur Angst haben, vom spritzenden Wasser durchnässt zu werden. Eigentlich könnte ich hier bereits wieder zurückfahren, aber eine richtig runde Sache wird die Tour erst, wenn ich eine Schleife ziehe und als Rückweg das Ursprungstal wähle. Dazu fahre ich gut acht Kilometer bis Niederaudorf und wende mich dort nach Südwesten, Richtung österreichische Grenze. Diese überquere ich dann bei Kiefersfelden und statte der Grenzstadt Kufstein noch einen kurzen Besuch ab. Im Schatten der Kufsteiner Burg suche ich dann die Ausfahrt Landl und nehme die Kehrengruppe hoch zur Marblinger Höhe unter die Räder, die derjenigen am Sudelfeld an Fahrspaß nicht viel nachsteht. Oben noch ein Blick zurück ins Inntal über die Dächer von Kufstein, die sich vor den massiven Felswänden des Wilden Kaisers recht klein ausnehmen.

Das Ursprungstal, welchem ich nun folge, ist zwar etwas schattig, dafür aber recht schwach frequentiert und so kann man die schön geschwungenen Kurven voll auskosten.

Landl am Thiersee liegt hingegen schön in der Sonne, und nur wenig später rolle ich wieder auf bayerischem Boden und bin bald zurück in Bayrischzell.

Geruhsam, still und verträumt präsentiert sich der Thiersee (großes Bild).
Brotzeit im Alpengasthof Feuriger Tatzelwurm (unten).

11

IM FÜNF-SEEN-LAND

Zu den Gletscherseen der Eiszeit

Streckenverlauf

Gauting – Leutstetten – Starnberg – Possenhofen – Feldafing – Tutzing – Bernried – Seeshaupt – Schmitten – Marnbach – Weilheim – Wilzhofen – Pähl – Raisting – Dießen – Utting – Schondorf – Inning – Güntering – Schlagenhofen – Seefeld – Drößling – Perchting – Söcking – Starnberg – Gauting

Südwestlich von München haben die Gletscher der Eiszeit eine Landschaft geformt, die mit zum Schönsten zählt, was der oberbayerische Raum zu bieten hat. Dabei sind es diesmal nicht die Berge, die den Reiz ausmachen, sondern die Seen, die sich in ausgeschliffenen Gletscherbecken inmitten einer harmonischen Wald- und Wiesenlandschaft angesammelt haben. Es sind deren fünf an der Zahl, von denen der Starnberger See und der Ammersee die größten und bekanntesten sind. Pilsensee und Wörthsee rangieren da nicht nur in der Größe, sondern auch in der Bekanntheitsskala deutlich dahinter, und der kleine Weßlinger See ist nur noch Insidern und Anwohnern ein Begriff.

Die Badehose habe ich sicherheitshalber eingepackt, als ich in Gauting, vor den Toren Münchens, starte, aber vorerst steht jedoch noch Motorradfahren auf dem Programm. Das Würmtal liegt vor mir, eine der schönsten und bekanntesten Motorradstrecken der näheren Münchner Umgebung. Nicht das Tal selbst macht den Reiz aus, sondern vielmehr die Vielzahl der Kurven, die sich den Windungen des kleinen Flüsschen angepasst haben. Aber so schön die Strecke auch ist, man muss dennoch aufpassen. Licht und Schatten wechseln in dem engen Tal ab und sorgen oftmals für schlechte Sichtverhältnisse. Auch die Kurven sind oftmals unübersichtlich, und leicht ist man versucht, diese viel zu schnell in Angriff zu nehmen.

Ich wähle die Westseite des Starnberger Sees, des nach dem Chiemsee zweitgrößten bayerischen Sees, und komme nach Possenhofen, wo »Sissi«, die spätere Kaiserin Elisabeth, Gattin von Kaiser Franz Joseph von Österreich, ihre Jugend verbrachte. Hier befindet sich auf einem weitläufigen, baumbestandenen Parkgelände eine der schönsten und beliebtesten Badegelegenheiten des ganzen Sees.

Die Straße ist oft schmal, zudem sind wegen des dichten Baumbestandes am Straßenrand die Lichtverhältnisse sehr schlecht, und so fahre ich konzentriert bis Tutzing, wo ich einen Abstecher zur Ilkahöhe unternehme. Knapp 150 Höhenmeter sind es hinauf zur Spitze dieses 728 Meter hohen Moränenhügels mit einer weit reichenden Aussicht über den See bis hin zu den an schönen Föhntagen klar erkennbaren Alpengipfeln im Süden. Heute ist es diesig, was zwar die Aussicht begrenzt, allerdings den Vorteil hat, dass sich dieser warme Fallwind nicht so negativ auf das Konzentrationsvermögen der Autofahrer auswirkt, die

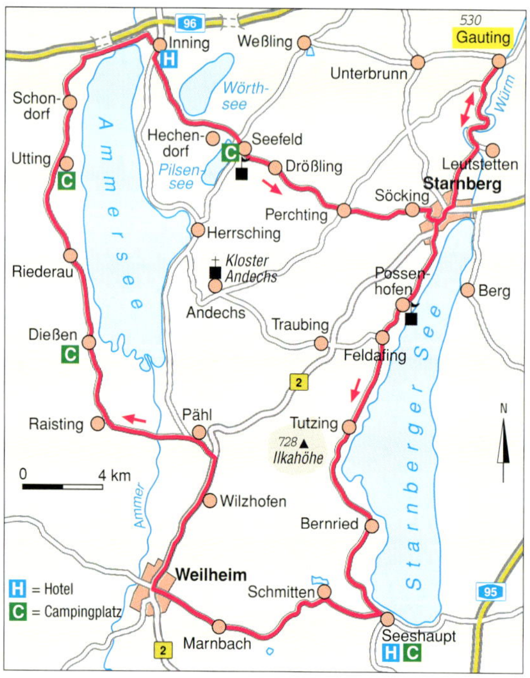

STRECKENLÄNGE 140 km

AUSGANGS- UND ENDPUNKT Gauting bei München (530 m)

ANFAHRT ZUM AUSGANGSPUNKT Von München über die Lindauer Autobahn A 96 bis Ausfahrt Gräfelfing und über die Pasinger und Planegger Straße bis Gauting

SERVICESTELLEN **Weilheim:** KTM, Yamaha, Honda; **Inning:** Yamaha

ÜBERNACHTUNGEN **Seeshaupt:** Hotel Sterff; **Inning:** Gasthof zur Post

CAMPINGPLÄTZE Seeshaupt; Dießen; Utting; Seefeld

KARTE Die Generalkarte 1:200.000, Blatt 8

In Schloss Possenhofen am Starnberger See verbrachte Kaiserin Elisabeth von Österreich, bekannt als »Sissi«, ihre Jugendjahre (oben).

Nicht überall kann man auf dieser Tour so entspannt fahren, denn manchmal nervt der hektische Ausflugsverkehr (links).

SEHENSWÜRDIGKEITEN

Starnberg: Heimatmuseum, Pfarrkirche St. Joseph

Possenhofen: Schloss Possenhofen

Tutzing: Abstecher zum Aussichtspunkt Ilkahöhe (728 m)

Bernried: Wallfahrtskirche Maria Himmelfahrt, ehemaliges Augustiner-Chorherrenstift

Weilheim: Marienplatz mit Altem Rathaus, Mariensäule und Stadtbrunnen, spätgotische St.-Salvator-Kirche

Raisting: Erdfunkstelle der Deutschen Post mit Ausstellung und Ton-Bild-Schau

Dießen: Marienkirche

an Tagen mit Föhn die schmale Silhouette von Motorradfahrern deutlich öfter übersehen als an Tagen ohne Föhn.
Problemlos erreiche ich deshalb bei Dießen die Südspitze des Ammersees. Mit einer Fläche von 47,6 Quadratkilometern ist er immerhin noch der drittgrößte See Bayerns, wenngleich er geologischen Studien zufolge von seiner einstigen Größe bereits auf gut die Hälfte geschrumpft sein soll. Berechnungen zufolge soll er in etwa 2.000 Jahren völlig verschwunden sein, und ich beeile mich deshalb, das Westufer des Sees noch beim derzeitigen Wasserstand zu befahren. Ein Blick noch auf den Turmhelm der ehemaligen Stiftskirche Sta. Maria, das heutige Marienmünster, dann geht es an der landschaftlich reizvollen Uferstraße entlang, und erst mit Utting erreiche ich wieder eine größere Ortschaft.
Ich gönne mir eine kurze Rast an der gepflegten Uferpromenade und erkenne auf einem dicht bewaldeten Moränenhügel am gegenüberliegenden Ufer den Turm der Klosterkirche von Andechs. Die weltbekannte Klosterbrauerei dort sollte man allerdings tunlichst nur mit öffentlichen Verkehrsmitteln aufsuchen, da das schmackhafte Bier einfach nicht mit der bestehenden Promilleregelung in Einklang zu bringen ist.
Dem aufkommenden Gedanken zu einem Abstecher dort hinüber erteile ich deshalb eine Absage und fahre stattdessen an der Nordspitze des Sees auf die viel befahrene B 12, die ich wenig später bei Inning wieder verlasse.
Es ist die Heimatgemeinde des mehrfachen Motorradweltmeisters Toni Mang, der zwar schon seit einigen Jahren nicht mehr aktiv ist, dessen legendärer Schrauber Sepp Schlögl aber während der Entstehung dieser Zeilen gerade an der 250er-Aprilia von Ralf Waldmann herumbastelt, mit der dieser einen weiteren Versuch unternimmt, die Weltmeisterschaft dieser Klasse zu gewinnen.
Da ich keine rennfahrerischen Lorbeeren erwerben muss, kann ich mir auf der Landstraße hinüber zum Wörthsee Zeit lassen. Die Straße führt mich weiter nach Seefeld an der Nordspitze des Pilsensees, der früher einmal mit dem Ammersee verbunden war, jetzt aber seiner langsamen Verlandung entgegensieht. Auf holpriger Straße rolle ich zum Strandbad Pilsensee in Hechendorf und kühle mich im Wasser etwas ab. Seefeld überrascht dann mit einem ausgesprochen schönen Blick auf das

Die Ilkahöhe am Starnberger See ist einer der schönsten Aussichtspunkte auf der hier beschriebenen Strecke.

DER SPEZIALTIPP

Die weißen Pilze von Raisting – Verbindung in den Äther

Schon von weitem sichtbar sind die riesigen Antennen und Parabolspiegel der Erdfunkstelle der Deutschen Post in Raisting. Von hier aus werden Telefongespräche und Fernsehprogramme in Sekundenschnelle in den Weltraum gesendet. Wer sich für die Technik der drahtlosen Nachrichtenübertragung interessiert, kann sich in einer kostenlosen Ton-Bild-Schau informieren.
Die Schau hat an Werktagen von 8.00 bis 12.00 Uhr und 12.45 bis 17.00 Uhr geöffnet, an Samstagen und Sonntagen von 12.00 bis 16.00 Uhr.

Warum das Marienmünster in Dießen am Ammersee, eine ehemalige Augustiner-Chorherrenstiftskirche, auch den Beinamen »Dießener Himmel« trägt, wird bei einem Blick ins Innere klar.

In Raisting können technisch Interessierte die riesigen Parabolspiegel der Satellitenfunkstelle der Deutschen Post besichtigen.

gleichnamige Schloss, das sich bis heute den Charakter einer mittelalterlichen Festung bewahrt hat. Eigentlich müsste ich von Seefeld aus nun der Straße nach Weßling folgen, um die Zahl fünf voll zu machen, aber ich entscheide mich dagegen. Der See ist ohnehin so klein, dass man ihn von der Straße aus nicht sieht und außerdem: Gebadet habe ich ja bereits. Mich lockt ein weiteres Mal die ausgedehnte Kurvenstrecke des Würmtals, diesmal in entgegensetzter Richtung, und so ziehe ich die Weiterfahrt nach Starnberg vor.

12

DURCH DAS ALTMÜHLTAL

An Bayerns »schüchternstem« Fluss

Streckenverlauf

Gunzenhausen – Aha – Dittenheim – Markt Berolzheim – Wettelsheim – Treuchtlingen – Pappenheim – Solnhofen – Dollnstein – Eichstätt – Pfünz – Gungolding – Kipfenberg – Kinding – Beilngries – Dietfurt – Riedenburg – Essing – Kelheim

Um ehrlich zu sein, auf das Altmühltal bin ich gestoßen, weil ich in Zeitungsberichten immer wieder gelesen hatte, dass die Strecke bei Radwanderern außerordentlich beliebt sein soll. Was für Radler gut ist, kann für Motorradfahrer nicht schlecht sein, und so mache ich mich beim Streckenstudium kundig, dass die Altmühl ihres geringen Gefälles im Oberlauf wegen als Deutschlands trägstes Flüsschen angesehen wird. Aufgrund ihrer zahlreichen Mäander im Unterlauf ist aber auch von Bayerns »schüchternstem« Fluss die Rede, der sich lieber dreimal umdreht, bevor er weiterfließt. Am beeindruckendsten soll allerdings die an Naturschönheiten reich gesegnete, weitgehend unverdorbene und unbeschädigte Landschaft der südlichen Frankenalb sein. Am schönsten präsentiert sie sich übrigens im Herbst, wenn das Laub der Mischwälder auf den Höhenzügen in starkem Kontrast zu den weißen Kalkfelsen steht, und die Besucherströme langsam nachlassen.

STRECKENLÄNGE 152 km

AUSGANGS- UND ENDPUNKT Gunzenhausen (416 m) Kelheim (343 m)

ANFAHRT ZUM AUSGANGSPUNKT Autobahn Nürnberg–Heilbronn A 6, Ausfahrt Ansbach und auf der B 13 über Merkendorf nach Gunzenhausen

SERVICESTELLEN **Gunzenhausen:** Aprilia; **Markt Berolzheim:** Kawasaki, Ducati, Cagiva, Bimota; **Pappenheim:** Honda

ÜBERNACHTUNGEN **Eichstätt:** Hotel Garni Fuchs; **Kipfenberg:** Hotel Schloss Arnsberg, Gasthof Post; **Kinding:** Gasthof Krone; **Beilngries:** Hotel Gallus Minotel; **Essing:** Pension Hacker; **Kelheim:** Gasthof Auerhoferbräu, Gasthof Stockhammer

CAMPINGPLÄTZE Pappenheim; Dollnstein; Kipfenberg; Kinding; Beilngries; Riedenburg

STRECKENSPERRUNG Im Spindeltal bei Eichstätt besteht ganzjährig Nachtfahrverbot zwischen 22.00 und 6.00 Uhr.

KARTE Die Generalkarte 1:200.000, Blatt 7

Schon bald nach Gunzenhausen verlasse ich die Hauptstraße und fahre in eine weite Bauernlandschaft ein, deren Wiesen und Felder von einzelnen Buschreihen aufgelockert werden, während die weit entfernten kleinen Bergriedel, die sich nur wenig von der Ebene abheben, von Fichtenwäldern und die von Laubwaldinseln bedeckt sind. Wenig lenkt auf den ruhigen Straßen vom Fahren ab, nur im Westen erkenne ich deutlich Schloss Spielberg auf einem Bergsporn des Hahnenkamms, einem Weißjurazug, der wegen seiner Bedeutung einen eigenen Namen erhalten hat.

Bald nimmt mich Treuchtlingen auf, wo ich die Beschilderung nach Graben suche, um einen kurzen Abstecher dorthin zu unternehmen. Im Ort weist mir ein Schild an der Pfarrkirche St. Kunigunden mit der Aufschrift »Karlsgraben/Europäische Wasserscheide« den Weg zu meinem Ziel. Kaiser Karl der Große hatte 793 dort den Versuch unternommen, die beiden Flüsse Altmühl und Rezat, die sich hier auf zwei Kilometer nähern, durch einen Graben zu verbinden. Damit wäre eine Verbindung zwischen Rhein und Donau hergestellt worden, über die man von der Nordsee zum

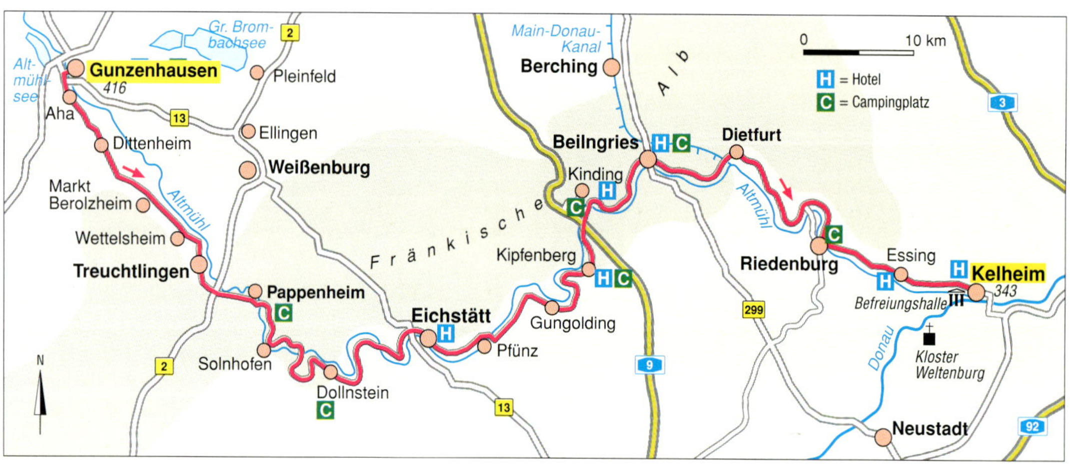

Burg Prünn gilt als Idealbild einer mittelalterlichen Burganlage und Glanzpunkt im Altmühltal.

SEHENSWÜRDIGKEITEN

Gunzenhausen: Färberturm, Blasturm, Altmühlsee

Treuchtlingen: Schloss Treuchtlingen, »Denkmalslok«, Lambertus-Kirche, Karlsgraben (Fossa Carolina) in Graben

Pappenheim: Altes Schloss und Burgruine mit 30 Meter hohem Burgturm, Galluskirche aus dem 9. Jahrhundert

Solnhofen: Bürgermeister-Müller-Museum mit Versteinerungen

Dollnstein: Mittelalterliche Stadtmauer, Bergfried der Burgruine, Pfarrkiche mit gotischen Fresken, Petersturm

Eichstätt: Willibaldburg mit Jura-Museum, Residenzplatz mit Residenz, Dom mit Kreuzgang und Willibaldsaltar

Gungolding: Spaziergang durch das 70 Hektar große Naturschutzgebiet der Wacholderheide

Kipfenberg: Malerisches Stadtbild mit Burg, viertägiges Limesfest Mitte August

Kinding: Kirchenburg mit Mauerring und Befestigungstürmen

Beilngries: Straßenmarkt, Rathaus, barocke Pfarrkirche mit gotischem Turm

Dietfurt: Kristallmuseum, Burgruinen Tachenstein, Rabenstein und Schloss Rosenburg mit Jagdfalkenhof, Schloss Prünn ca. 4 km südöstlich

Essing: Burgruine Randeck, Tropfsteinhöhle Großes Schulerloch, Klausenhöhle

Kelheim: Befreiungshalle, Archäologisches Museum

»Zwölf Apostel« wird diese bizarre Felsgruppe im Altmühltal bei Eßlingen im Volksmund genannt.

Schwarzen Meer hätte gelangen können. Eine gewaltige Leistung für damalige Verhältnisse, die allerdings nicht vollendet wurde.
Zurück in Treuchtlingen befahre ich nun die gut ausgebaute Straße in den Naturpark Altmühltal ein, und bald erkenne ich auf einem vom Fluss umschlungenen Felssporn die Ruine der im Dreißigjährigen Krieg zerstörten Burg von Pappenheim. Weitaus bekannter als die Burg ist allerdings der legendäre Ausspruch des bayerischen Generalfeldmarschalls Gottfried Heinrich Graf von Pappenheim: »Ich kenne meine Pappenheimer«, sagte er, voll Dankbarkeit und Anerkennung für die geleisteten Kriegsdienste der Pappenheimer im Dreißigjährigen Krieg.
Die Straße folgt den weiten Kehren des Flusses nach Solnhofen, das für seine Kalkschieferbrüche berühmt ist. Weltbekannt wurde der Ort aber dadurch, dass sich in den Platten Versteinerungen von Tieren und Pflanzen aus der Jurazeit in außergewöhnlich hoher Zahl und vorzüglichem Zustand finden. Ich kann nicht umhin, mir in einem Souvenirladen eine versteinerte Schnecke zu kaufen, und verstaue sie stolz im Tankrucksack.

Archaeopterix heißt die versteinerte Urform eines Vogels, von dem bisher weltweit erst drei Exemplare gefunden wurden.

DER SPEZIALTIPP

In den Steinbruch

Hobbygeologen können im Eichstätter Stadtteil Blumenberg, nahe dem Museum Berger, in einem alten Steinbruch selbstständig nach Versteinerungen suchen oder besser nach diesen klopfen, denn Hammer und Meißel sind dazu notwendig. Aber die kann man sich hier gegen geringes Entgelt ausleihen, und Tipps vom Fachmann gibt's obendrein dazu. Schwielen an den Händen wahrscheinlich auch, aber ganz umsonst gibt es die uralten Fossilien, meist in Form von Muschel- und Schneckengehäusen, einfach nicht zu haben. Und wer weiß, vielleicht finden Sie ein versteinertes Exemplar des Urvogels Archaeopterix.

Die Befreiungshalle auf dem Michaelsberg über Kelheim ist ein monumentaler achtzehneckiger Bau auf dreistufigem Sockel, der an die Befreiungskriege der Jahre 1813 bis 1815 erinnern soll.

Die Straße hält sich weiter im Talboden, und in den mit Mischwäldern bestandenen Höhenzügen erkenne ich auf der linken Seite eine sonderbare Felsformation, die »Eßlinger Felsen«, die im Volksmund auch »Zwölf Apostel« genannt werden. Als Nächstes fällt mir die alte Stadtmauer von Dollnstein ins Auge, die den Marktflecken seit dem 15. Jahrhundert umgibt. Erstmals erwähnt wurde die Siedlung im Jahre 1007, damals noch als »Tollenstein«, und im 12. Jahrhundert errichteten die Grafen von Hirschberg mitten im Ort eine Burg, von der allerdings nur noch der zackige Burgfried übrig geblieben ist.

Obwohl die gut ausgebaute Straße zu schnellerem Fahren einlädt, lasse ich mir Zeit und betrachte lieber die mächtigen Dolomitzacken am Talrand, die vor 200.000 Jahren die Donau, die damals noch dieses Bett benutzte, herausgefräst hat. Einmal halte ich an und beobachte einige Kletterer, die sich wagemutig die scheinbar spiegelglatten und senkrechten Wandfluchten hocharbeiten. Hinter Eichstätt treten die engen Jurafelsen zurück, die Straßen werden schmäler und die Ortschaften kleiner. Trotzdem haben sie einiges zu bieten: Pfünz etwa, ein altes Römerkastell, bei Gungolding ist es eine wunderschöne Heidelandschaft, während über Arnsberg trotzig die gleichnamige Burg thront. Kinding ist allerdings weniger durch seine Kirchenburg im Gedächtnis als vielmehr durch die Verkehrsdurchsagen im Radio, gilt die Autobahn, die ich hier unterfahre, doch als gefährliche Unfallstrecke.

Scharf knickt die Altmühl und mit ihr die Straße hier nach Osten ab, bevor es hinter Dietfurt wieder kurviger wird. Wieder sind eine Reihe von Burganlagen zu erkennen, bei Meihern die Ruine Flügelsberg oder die drei Burganlagen über Riedenburg. Glanzpunkt ist aber Burg Prunn, auf einem 70 Meter hohen, senkrecht abfallenden Felsen über der Stadt, die als Idealbild einer mittelalterlichen Burganlage gilt. Beeindruckt nehme ich den Anstieg nach oben in Kauf und schließe mich einer Führung durch die in Staatseigentum übergegangenen Gebäude an.

Burg Essing betrachte ich dagegen nur von unten und halte lieber nochmals beim Parkplatz Schulerloch, wo Wasserwirbel der Urdonau mehr als 300 Meter tiefe Gänge und Raumdome in den Fels gespült haben. Leider findet gerade keine Führung statt, und so bin ich wenig später in Kelheim.

Der Markt Dollnstein wurde schon im Jahre 1007 urkundlich erwähnt, damals hieß er aber noch Tollenstein.

13 DURCH DEN BAYERISCHEN WALD

Zum »unwirtlichsten« Mittelgebirge Deutschlands

Streckenverlauf

Deggendorf – Maxhofen-Eiberg – Rusel – Ritzmais – Regen – Langdorf – Bodenmais – Arberseehaus – Brennes – Scheibensattel – Lohberg – Lam – Arrach – Arnbruck – Drachselsried – Piflitz – Patersdorf – Regen – Ritzmais – Rusel – Deggendorf

Von allen Mittelgebirgen Deutschlands eilt dem Bayerischen Wald der Ruf voraus, das unwirtlichste zu sein. Lange Zeit im Jahr liegt das Gebirge unter einer dicken Schneedecke begraben, und nicht selten pfeift ein schneidender Wind von Osten herüber, der den Schnee zu meterhohen Wächten auftürmt. »Dreiviertel Jahr Winter und einviertel Jahr kalt, das ist das Klima im Bayerwald« lautet demnach ein altes Sprichwort, das sich bis in die heutige Zeit gehalten hat. Und selbst von den Römern ist überliefert, dass sie den Bayerischen Wald bei ihren Vorstößen nach Norden gemieden hätten, was allerdings wohl mehr daran lag, dass es in dem nur spärlich besiedelten Gebiet keinerlei Reichtümer zu holen gab. Heute besteht der Reichtum dieser Landschaft in einer über weite Teile intakten Natur und einem Kulturraum, in dem sich Dialekt und Brauchtum gehalten haben.

STRECKENLÄNGE 152 km

AUSGANGS- UND ENDPUNKT Deggendorf (314 m)

ANFAHRT ZUM AUSGANGSPUNKT Autobahn München–Deggendorf A 92

SERVICESTELLEN **Deggendorf:** Honda, Aprilia, Suzuki; **Bodenmais:** Aprilia

ÜBERNACHTUNGEN **Regen:** Berggasthof Pension Hinhart, Krampersbacher Hof; **Lam:** Hotel Lamer Winkel; **Arnbruck:** Pension Maier-Marguth, Unterschaffer Landgasthof; **Drachselsried:** Ferienpark Rieder Eck

CAMPINGPLÄTZE Viechtach/Schnitzmühle, Bernried, Hohenwarth

TREFF **Deggendorf:** Gaststätte Wegmacherkurve; Chopper- und Klassikerstammtisch im Gasthaus Bayerwald, jeden Freitag ab 20.00 Uhr

KARTE Die Generalkarte 1:200.000, Blatt 7 und 8

Ich wähle Deggendorf als Ausgangspunkt für meine Tour und erkenne schon von weitem die Stadtpfarrkirche Mariä Himmelfahrt, die in exponierter Lage weit über die Ebene des Gäubodens hinwegschaut.
Die Altstadt lässt die typischen Züge einer Wittelsbachergründung erkennen, mit einer breiten Marktstraße, in die die Nebenstraßen senkrecht einmünden, die wichtigsten Straßen vor dem Rathaus kreuzend. Über den Türmen der meist barocken Kirchen hinweg kann ich bereits die ersten dunkel bewaldeten Höhenzüge des Bayerischen Waldes erkennen und verlasse die Stadt in westlicher Richtung, der Beschilderung »Regen« folgend.
Leider hat es leicht zu regnen begonnen, und so gehe ich die kurvenreiche Strecke hinauf zum Ruselpass recht verhalten an. Einige Motorradfahrer haben im Berghof Rusel Unterschlupf gesucht, und ich erinnere mich, irgendwo gelesen zu haben, dass auch Friedrich Nietzsche hier schon Rast gemacht hat. Von der schönen Aussicht, die bis zum Arber reichen soll, ist leider wenig zu sehen, und nur Brotriegeljackl und Rusel sind in den Wolken auszumachen.
Mit der Abfahrt über die Nordseite bessert sich mit dem Wetter auch meine Laune, und in Regen scheint die Sonne. Die Stadt liegt in

Deggendorf, unser Eintrittstor in den Bayerischen Wald, ist eine Gründung des wittelsbachischen Herzogs Otto II. und geht auf das 13. Jahrhundert zurück.

SEHENSWÜRDIGKEITEN

Deggendorf: Rathaus mit gotischem Turm, Stadtpfarrkirche Mariä Himmelfahrt, Wallfahrtskirche zum Heiligen Grab

Regen: Niederbayerisches Landwirtschaftsmuseum, Pfarrkirche St. Michael

Bodenmais: Waldglashütte mit Besichtigung und Führung, Erzbergwerk mit Besichtigung im Silberberg, Sommerrodelbahn am Silberberg

Lam: Mineralienmuseum, Märchen- und Gespensterschloss in Lambach, ca. 3 km nordöstlich

Weit reicht der Blick vom Großen Arber – mit 1456 Meter Höhe der »König des Bayerwaldes« – über die umliegende Bergwelt.

einem weiten Bogen des Schwarzen Regen und ist Sitz der Optischen Werke G. Rodenstock, mit etwa 2.500 Beschäftigten der größte Arbeitgeber im Bayerischen Wald. Von hier stammen also meine Brillengläser denke ich, während ich in dem recht regen Stadtverkehr konzentriert nach der Beschilderung »Bodenmais« Ausschau halte.
Etwas südlich der Stadt erkenne ich auf einem bizarr geformten Felsriegel die Ruine Burg Weißenstein. Sie steht auf dem so genannten »Pfahl«, einem meist unterirdisch verlaufenden Quarzriegel, der den gesamten Bayerischen Wald von Nordwest nach Südost durchzieht und nur an wenigen Stellen sichtbar hervortritt. Im Volksmund wird der »Pfahl« auch Teufelsmauer genannt. Schließlich finde ich das Hinweisschild, verlasse die Stadt in nördlicher Richtung und fahre auf landschaftlich reizvoller Strecke hinüber nach Bodenmais, dem wohl beliebtesten Ferienort des Bayerischen Waldes. Dies verdankt er seiner herrlichen Lage am Südfuß des Großen Arber, meinem nächsten Ziel.
Vorher stelle ich meine Maschine aber noch am Parkplatz vor dem Gasthof Arbersee ab und blicke über den dunklen Wasserspiegel des gleichnamigen Sees, der seine Entstehung den eiszeitlichen Gletschern verdankt. Ich wandere noch einige Schritte am See entlang, wobei mir auffällt, dass dieser Wanderweg aus alten Eisenbahnschwellen zu bestehen scheint.
Anschließend mache ich mich auf die Weiterfahrt, ich möchte schließlich den Arbergipfel, den ich von hier unten erkennen kann, heute noch besteigen.
Besteigen ist natürlich nicht ganz richtig, denn ich benutze den Doppelsessellift, dessen Talstation an der nach Brennes weiterführenden Straße liegt. Die Bergstation liegt ungefähr 300 Meter höher beim Schutzhaus des Bayerischen Waldvereins. Dort angekommen muss ich noch gut 100 Höhenmeter hinaufwandern bis zum höchsten Punkt mit dem Gipfelkreuz und der weithin sichtbaren Kuppel, der 1981 errichteten Radaranlage, um leider festzustellen, dass ich von dort nicht die allerbeste Aussicht habe. Diese bietet sich vielmehr vom Bodenmaiser Riegel aus, den man seiner markanten Form wegen auch »Richard-Wagner-Kopf« nennt. Von dort oben sieht man nicht nur hinunter zum Arbersee, sondern auch weit über den Großen Osser hinweg nach Nordosten bis in den Lamer Winkel, den ich als Nächstes aufsuchen möchte.

DER SPEZIALTIPP

Warum nicht einfach mal in die Luft gehen?

Vom kleinen Flughafen Arnbruck aus kann man in Sportflugzeugen zu einem Rundflug über den Bayerischen Wald starten.
Das Vergnügen ist gar nicht einmal so teuer, eine Flugminute kostet etwa 2,– DM. Eine gute halbe Stunde sollten Sie dabei jedoch mindestens einplanen. Spezielle Terminvereinbarungen sind nicht notwendig. Finden Sie sich einfach um die Mittagszeit, an Sonntag-en auch schon früher, am Flugplatz ein. Und wer dann doch nicht den Mut findet, sich dem Medium Luft anzuvertrauen, der kann es ja beim Zuschauen der startenden und landenden Maschinen vom Flughafenrestaurant aus bewenden lassen.

Woher die gute Laune dieser Fahrerin am Ufer des Arbersees herrührt, weiß man nicht so genau. Der See verdankt seine Entstehung übrigens eiszeitlichen Gletschern.

Zurück an der Talstation fahre ich an der Hindenburgkanzel vorbei, mit 1062 Metern der höchste Punkt meiner Tour, von dem sich die Straße über den Scheibensattel nach Lam hinuntersenkt. Der Luftkurort weist eine zwiebelgekrönte barocke Pfarrkirche aus dem 17. Jahrhundert auf und gibt darüber hinaus der ganzen Region seinen Namen, der sich Lamer Winkel nennt. Bewacht werden Städtchen und Landschaft vom majestätischen Großen Osser, den viele für den schönsten Berg des Bayerischen Waldes halten. Gut 750 Höhenmeter wären von hier hinauf zum 1293 Meter hohen Gipfel des Großen Osser zu überwinden, und keine Straße und kein Lift erleichtern das Höherkommen. Keine Chance also für mich, dort hinaufzukommen und damit einen kurzen Blick hinüber in die Tschechische Republik zu erlangen. Stattdessen fahre ich noch ein Stück auf der nach Kötzting führenden Straße, um bei Arrach der kurvenreichen Bergstraße hoch zum Eckerer Sattel zu folgen. Bei einer Kaffeepause im Berggasthof auf der Passhöhe erfahre ich, dass im westlich gelegenen Höhenzug des Kastenberges im vorigen Jahrhundert noch Bären in freier Wildbahn lebten und dass der berüchtigte Räuber Michael Heigl in einer Höhle unterhalb des Kreuzfelsens hauste.
Anschließend halte ich mich an die südwärts verlaufende Straße, die bei Patersdorf in die B85, die so genannte Ostmarkstraße, einmündet. Dass ich dieser nach Regen folge, hat einen plausiblen Grund, denn ich möchte über die Ruselstrecke zurückfahren – und zwar diesmal bei trockener Straße.

Wer im Sporthotel Brennes übernachtet, kann auf prominente Zimmergenossen verweisen: Theodor Heuss war hier Stammgast.

14 DURCH DEN OBERPFÄLZER WALD

Auf ruhigen Straßen durch die Steinpfalz

Streckenverlauf

Neustadt/Waldnaab – Störnstein – Floß – Flossenbürg – Schönbrunn – Spielberg – Waldthurn – Oberbernrieth – Fahrenberg – Pleystein – Lohma – Burkhardsrieth – Pfrentsch – Eslarn – Tillyschanz – Schönsee – Dietersdorf – Stadlern – Schwarzach – Schönau – Weiding – Schönsee – Schwand – Pirkhof – Nunzenried – Johannisberg – Eigelsberg – Obermurach – Oberviechtach – Niedermurach – Rottendorf – Pischdorf – Trichenricht – Gleiritsch – Bernhof – Kaltenthal – Oberpfreimd – Pfreimd – Wernberg – Köblitz – Diebrunn – Luhe – Meisthof – Seibertshof – Engleshof – Michldorf – Leuchtenberg – Weiden – Altenstadt – Neustadt/Waldnaab

Von allen Mittelgebirgen Deutschlands ist der Oberpfälzer Wald vielleicht das am meisten vernachlässigte. Die Gründe hierzu sind vielschichtig: Abseits wichtiger Durchgangsstraßen und Handelswege gelegen, konnten sich weder reiche Städte noch das damit verbundene künstlerische und kulturelle Umfeld entwickeln. Die dünne Sanddecke, die das Urgestein mit seinen kristallenen Schiefern nur leicht bedeckt, lässt lediglich Roggen und Kartoffeln gut gedeihen. Und so gibt es hier vor allem Stein – von Gneis bis Schiefer und Granit –, was dem nördlichen Teil dieser Region auch den Beinamen Steinpfalz eintrug.

Doch sind es gerade diese Umstände, welche die Provinz bis weit ins 19. Jahrhundert hinein zur ärmsten Region Bayerns machten, die dazu beitrugen, dass sich dort etwas erhalten hat, was in unserer Zeit zunehmend an Wert gewinnt: eine noch weitgehend intakte Landschaft mit unverfälschter Natur. Und wenn man den Oberpfälzer Wald aus der Sicht des Motorradfahrers sieht, dann ist es ein erstaunlich vielseitiges Mittelgebirge, dessen abwechslungsreiche Landschaft von herber Schönheit, von einer Vielzahl kurvenreicher und dabei kaum befahrenen Straßen und Sträßchen durchzogen wird.

Mein Startplatz ist das Neue Schloss am Stadtplatz von Neustadt an der Waldnaab, von wo aus ich der Hauptstraße Richtung Floß/Flossenbürg folge. Schon nach kurzer Fahrzeit kann ich weit vor mir die Turmruine der Burg Flossenbürg ausmachen, zu der die Straße immer stärker ansteigt, bevor sie bei den Parkplätzen etwas unterhalb der Burg endet. 1105 wurde sie vom Grafen von Sulzbach erbaut und war unter anderem auch im Besitz von Kaiser Barbarossa, bevor sie 1634 von schwedischen Dragonern im Dreißigjährigen Krieg zerstört wurde. Nach ihrer teilweisen Restaurierung zählt die Anlage nun wieder zu den kühnsten und am schönsten gelegenen Burgruinen Deutschlands. Ich steige zu den Mauerresten hinauf und genieße die weite Aussicht, die bis zum Arber im Bayerischen Wald reicht. Beim Abstieg erinnert mich ein Gedenkstein mit der Aufschrift »In memoriam consortes«

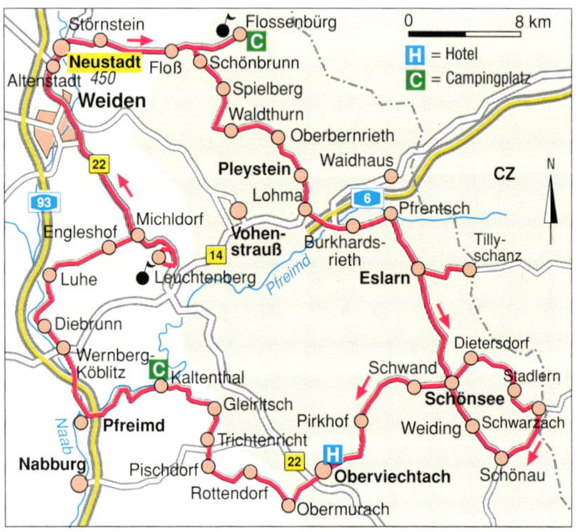

STRECKENLÄNGE 212 km

AUSGANGS- UND ENDPUNKT Neustadt/Waldnaab (450 m)

ANFAHRT ZUM AUSGANGSPUNKT Autobahn Regensburg–Hof A 93, Ausfahrt Neustadt

SERVICESTELLEN **Niedermurach:** Cagiva; **Weiden:** Aprilia, Kawasaki, Yamaha, BMW

ÜBERNACHTUNG **Oberviechtach:** Gasthof Pösl

CAMPINGPLÄTZE Flossenbürg; Trausnitz

KARTE Die Generalkarte 1:200.000, Blatt 7

Der Burgruine Leuchtenberg konnte selbst der Dreißigjährige Krieg nichts anhaben. Erst ein Brand im Jahre 1842 und ein Blitzschlag im Jahre 1882 leitete ihren Untergang ein, bevor sie ab 1903 wieder teilweise restauriert wurde.

(Zum Gedenken an die Mitleidenden) allerdings auch daran, dass der Name Flossenbürg mit einem nahe gelegenen ehemaligen Konzentrationslager verbunden ist.
Über kurvenreiche Landstraßen, auf denen mir kaum ein anderes Fahrzeug begegnet, fahre ich durch kleine Ortschaften zum Markt Waldthurn, der für mich Ausgangspunkt zum Fahrenberg ist. Oben bei der Wallfahrtskirche, deren spitzer Turm weit im Lande sichtbar ist, habe ich mit 801 Metern den höchsten Punkt dieser Tour erreicht. Dies ist gleichzeitig auch einer der höchsten Punkte des Oberpfälzer Waldes, dessen Gipfel nirgends die 1.000-Meter-Grenze erreichen, sondern sich mit den 934 Metern des Gibacht bei Fürth zufrieden geben müssen.
Ich rolle hinunter ins Städtchen Pleystein, dessen Attraktion ein 38 Meter hoher, steil abfallender Rosenquarz-Felsstein ist, auf dem ein

SEHENSWÜRDIGKEITEN

Flossenbürg: Burgruine Flossenbürg

Oberbernrieth: Wallfahrtskirche

Pleystein: Rosenquarzfelsen mit Salesianerkloster und Kreuzbergkirche

Schönsee: Jagdmuseum Schönsee

Oberviechtach: Heimatmuseum mit Dr.-Eisenbarth-Ausstellung im Alten Rathaus

Leuchtenberg: Burgruine Leuchtenberg

Weiden: Stadtmuseum im Alten Schulhaus, gotisches Rathaus, Pfarrkirche St. Josef

Wer erinnert sich? Diese drei Tourenfahrer kennen wir doch schon von der Fahrt entlang der Donau.

Salesianerkloster und die neu erbaute Kreuzbergkirche anstelle der Burg der Grafen von Leuchtenberg errichtet wurde. Bald danach bin ich auf der B 14, und obwohl ich auf Nebenstraßen ausweichen könnte, folge ich mehr aus einer Laune heraus dieser Trasse, die nach dem Fall des Eisernen Vorhangs zu einer der wichtigsten Verkehrsverbindungen von Nürnberg über Pilsen nach Prag geworden ist. Da sie außer einem erheblichen Verkehrsaufkommen eigentlich nichts mehr zu bieten hat, wechsle ich schon nach knapp drei Kilometern bei Lohma wieder auf fahrerisch viel interessantere Nebenstraßen über.

Diese führen mich nach Eslarn und weiter auf der Böhmerwaldstraße zur Tillyschanz.

Ich stoppe vor einer Grenzübertrittsstelle in die Tschechische Republik, die derzeit allerdings nur von Fußgängern und Radfahrern benutzt werden kann, und erfahre bei einer Tasse Kaffee im nahe gelegenen Restaurant Goldberg, dass im Dreißigjährigen Krieg Graf Tilly hier einst ein Standquartier bezogen hat. Hinter Schönsee fahre ich noch eine kurze Schleife über die Ortschaften Dietersdorf, Stadlern und Weiding aus, denn die Straßen sind hier im Grenzwinkel zwischen Oberpfälzer Wald, Böhmerwald und Bayerischer Wald viel zu kurvig und ruhig, als dass man sie sich entgehen lassen könnte.

Ich halte erst wieder am Ortsausgang von Obermurach bei der imposanten Burgruine des Ortes, die zwar noch die Hussitenkriege und den Dreißigjährigen Krieg gut überstanden haben soll, im 19. Jahrhundert dann aber zusehends zerfiel. Da sie in einer Sackgasse liegt, fahre ich etwas zurück und werde im Heimatmuseum von Oberviechtach darüber

DER SPEZIALTIPP

Von den Anfängen der Chirurgie

Wer hat nicht schon von ihm gehört, dem »Wunderdoktor« Johannes Andreas Eisenbarth (1663 – 1727). In Oberviechtach, wo er das Licht der Welt erblickte, erinnert eine Ausstellung im Heimatmuseum im Alten Rathaus an sein Leben und Wirken. Wenn man die chirurgischen Geräte von Knochensägen über Rippenheber bis zu Brenneisen betrachtet, erscheint die heutige Medizin in anderem Licht. Geöffnet ist im Sommerhalbjahr Dienstag, Donnerstag, Samstag und Sonntag von 10.00 bis 12.00 Uhr.

Der Obere Marktplatz mit Rathaus von Weiden in der Oberpfalz. Die Stadt selbst liegt am Rande des Oberpfälzer Waldes in einer Ausbuchtung des Naabtals.

aufgeklärt, dass dies die Heimatstadt des Wunderdoktors Johannes Andreas Eisenbarth (1663–1727) war, der seinen Ruhm allerdings mindestens ebenso seinen marktschreierischen Fähigkeiten wie seiner medizinischen Kunstfertigkeit verdankte.
Weiter geht es über ruhige Nebenstraßen durch kleine Ortschaften, nur hin und wieder eine Hauptstraße überquerend nach Leuchtenberg, zu den immer noch imposanten Resten der einstmals bedeutendsten Burganlage des oberpfälzischen Raumes. Der Eintritt in diese zwischen dem 12. und 16. Jahrhundert vom Landgrafen und späteren Reichsfürsten von Leuchtenberg erbauten Anlage ist mit einem Preis von 1,– DM mehr als günstig.
Nach diesem Ausflug ins Mittelalter fahre ich über die der Auffahrtsroute gegenüberliegende Bergseite abwärts, erkenne weit im Osten den Kirchturm auf dem Fahrenberg und beende meine Reise eigentlich viel zu schnell wieder in Neustadt an der Waldnaab.

Gruppenfahren macht Spaß – aber Vorsicht: Was ist, wenn hier Gegenverkehr kommt?

157

WESTDEUTSCHLAND
DURCH DIE MITTELGEBIRGE GEGEN NORDEN

Die prachtvolle Burganlage über dem Mainufer (links) bewacht die malerisch verwinkelten Fachwerkhäuser von Wertheim (oben).

Fast kann man direkt von einem der zahlreichen Mittelgebirge Deutschlands ins andere touren, wären da nicht die trennenden Flüsse. Die Mosel ist wohl einer der schönsten, ob seiner vielen Mäander, seiner Weinhänge und Fachwerkstädtchen.
Und am Ende? Das Meer! Auf einer Fahrt entlang der Ostfriesischen Küste kann man sie spüren, die gleichzeitige Begrenztheit der Landschaft durch das Wasser und auch die lockende Weite des Meeres.

15 DURCH DIE RHÖN

Zur Wiege des Segelfliegens

Streckenverlauf

Fulda – Petersberg – Dipperz – Langenbieber – Danzwiesen – Dörmbach – Dietges – Abtsroda – Obernhausen – Gersfeld – Oberweißenbrunn – Bischofsheim – Sandberg – Schmalwasser – Steinach – Aschach – Großenbrach – Bad Kissingen – Garitz – Hassenbach – Singenrain – Schondra – Unterleichtersbach – Oberleichtersbach – Bad Brückenau – Züntersbach – Oberzell – Heubach – Büchenberg – Rothemann – Fulda

Aus den Reiseführern, die ich vor dieser Tour gewälzt habe, ist nicht allzu viel über die Rhön in Erfahrung zu bringen: Auf der Höhe von Fulda dehnt sie sich nach Osten aus und wird dabei von der Fulda im Westen und der Werra im Osten eingegrenzt. Es gibt die Vorderrhön im nördlichen Teil, die etwa auf der Höhe von Fulda in die Hochrhön mit der höchsten Erhebung, der 950 Meter hohen Wasserkuppe übergeht und an die sich nach Süden hin die Bayerische Rhön anschließt, und ein kleiner Zipfel ganz im Nordosten gehört zu Thüringen. Die Berge sind wie Kuppen geformt und vulkanischen Ursprungs, aus Basalt und Phonolith, und sind von weiten Hochmooren, Wiesen, Gehölzen und Wäldern bedeckt. Das Klima in der Rhön ist rau, und der regenreichste Monat ist der Juli.

STRECKENLÄNGE 186 km

AUSGANGS- UND ENDPUNKT Fulda (273 m)

ANFAHRT ZUM AUSGANGSPUNKT Autobahn Würzburg–Kassel A 7, Ausfahrt Fulda

SERVICESTELLEN **Fulda:** Kawasaki, Honda, BMW; **Bad Bocklet:** Aprilia, Moto Guzzi, Triumph; **Eichenzell:** Honda, Kawasaki, Yamaha

ÜBERNACHTUNG **Bischofsheim:** Gasthof Zum Lamm, Gasthof Adler

CAMPINGPLÄTZE Gersfeld; Bischofsheim; Bad Kissingen; Oberleichtersbach; Sinntal/Oberzell

STRECKENSPERRUNG Im Ortsteil Staatsbad von Bad Brückenau besteht in der Ernst-Ritz-Straße zwischen dem 1. April und 31. Oktober Nachtfahrverbot zwischen 22.00 und 6.00 Uhr.

KARTE Die Generalkarte 1:200.000, Blatt 11

Also lege ich meinen Reiseantritt nicht in den Sommer, sondern verschiebe ihn in den Herbst, auf Anfang Oktober. Als ich Fulda erreiche, regnet es zwar nicht, aber die alte Bischofsstadt ist in dichten Nebel gehüllt. Am Domplatz kann ich kaum die Spitzen der beiden Türme des von Ludwig Dientzenhofer 1704–1712 erbauten Doms erkennen, die bereits in den Wolken zu verschwinden scheinen. Ich überquere die Paulus-Promenade hinüber zum Stadtschloss, ehemals Residenz der Reichs- und Fürstäbte und heute Sitz der Stadtverwaltung. Wegen der ungemütlichen äußeren Bedingungen besichtige ich gerne das Schlossinnere, das neben prachtvoll ausgestatteten Sälen wie dem Fürstensaal, dem Kaisersaal und dem Spiegelsaal auch eine Sammlung der Fuldaer Porzellanmanufaktur aufweist. Durch den Schlossgarten, vorbei an der Orangerie, die 1721–1730 nach den Plänen von Maximilian von Welsch erbaut wurde und als vollendete Schöpfung des deutschen Barock gilt, gehe ich zur Maschine zurück und verlasse die Stadt in östlicher Richtung auf der B 458 Richtung Petersberg. Von der ehemaligen Benediktinerpropstei, die sich hier in beherrschender Lage auf einem gut 400 Meter hohen Basaltkegel über der Stadt erhebt, sehe ich des dichten Nebels wegen nichts. Ich bin schon froh, dass ich die Abzweigung bei Dipperz nicht übersehe und

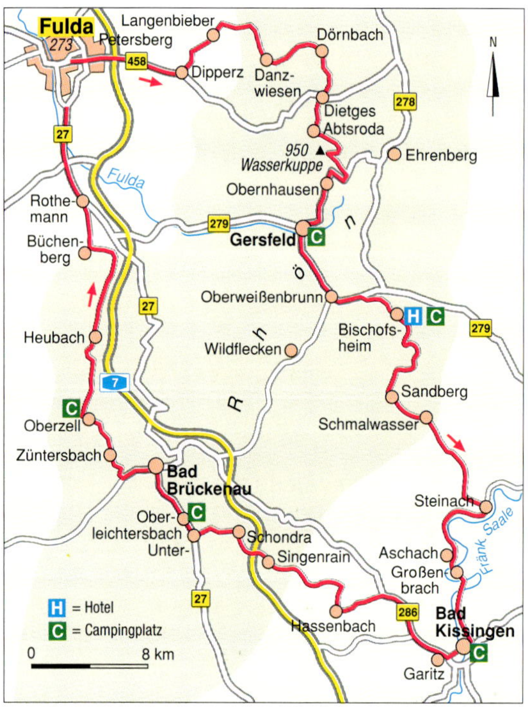

Nur der Betrachter des Fotos von der Hochrhönstraße bei Gersfeld hat die Wasserkuppe im Blickfeld (links).

auf die Landstraße Richtung Langenbieber abbiegen kann, die mich zur Milseburg bringen soll. Eigentlich ist es keine Burg, sondern eine Reihe von Ringwällen, die hier von den Kelten an einem Berghügel errichtet wurden. Der Sage nach sollen sie allerdings von einem Riesen namens Mils dort aufgeschichtet worden sein, weshalb der Berg, auf dem noch eine Kapelle und eine Kreuzigungsgruppe steht, heute noch als Milseburg bezeichnet wird.
Ich sehe weder Ringwälle noch Kapelle und Kreuzigungsgruppe und auch keine Riesen, sondern gerade noch die Hand vor Augen. Trotzdem möchte ich noch zur Wasserkuppe hoch, überquere bei Dietges die B 458 und folge weiter der Landstraße, die hinter Abtsrode immer stärker anzusteigen beginnt. Und plötzlich die Überraschung, fast schlagartig bleibt der Nebel unter mir zurück, und vor mir ist die Landschaft in gleißendes Sonnenlicht getaucht. Viel ist zwar von der Landschaft nicht zu sehen, nur die Spitze der Wasserkuppe ragt wie eine Insel aus einer dichten grauen Wolkendecke. Ich habe einen der in dieser Region nicht seltenen Tage mit Inversionswetterlage erwischt, wo sich die Tallagen unter einer dichten Nebeldecke verstecken, die jedoch wie mit dem Messer abgeschnitten in höheren Regionen der Sonne Platz macht.
Die Straße führt wenig unterhalb des Gipfels der Wasserkuppe vorbei und ich sehe linker Hand einen kleinen Flugplatz, auf dem kleine Motorflugzeuge und Motorsegler starten und landen. Ich zögere nicht lange, parke meine Maschine und frage einen der Piloten, was das Mitfliegen kostet.
Der Preis von 50,– DM erscheint mir durchaus erschwinglich, und wenige Minuten später blicke ich aus dem Cockpit hinter dem Piloten aus luftiger Höhe auf die endlos erscheinende Wolkenbank, aus denen die grünen Kuppen der höheren Rhönberge sich tatsächlich wie Inseln aus dem Meer zu erheben scheinen. Beinahe lautlos halten wir uns eine gute halbe Stunde in der Luft, bevor der Pilot wieder zur Landung ansetzt und uns sicher wieder auf den Boden zurückbringt.

Der Segler im Hintergrund ist ein Hochleister namens ASW 19. Die Maschinen im Vordergrund sind eher zum gemächlicheren Touren geeignet (unten).

SEHENSWÜRDIGKEITEN

Fulda: Michaelskirche, Kloster Frauenberg, Dom mit Bonifatiusgruft

Gersfeld: Barockschloss, evangelische Kirche, Hochwildschutzpark südöstlich des Ortes

Bischofsheim: Pfarrkirche St. Georg, Schwarzes Moor, Zehntturm

Bad Kissingen: Minnesängerbrunnen am Rathaus, Altes Rathaus mit Ratssaal

Bad Brückenau: Stadtpfarrkirche, Tätsch'r Brunnen

Ich fahre weiter Richtung Süden hinunter in den Nebel, in den Bayerischen Teil der Rhön nach Bad Kissingen, das ich über kurvige, wenig befahrene Landstraßen zuerst am Schmalwasserbach, dann an der Fränkischen Saale entlang erreiche.
Der stark frequentierte Kurort, der neben kohlensäurereichen und eisenhaltigen Kochsalzquellen, die vor allem zu Trink- und Badekuren bei Erkrankungen der Verdauungsorgane und des Stoffwechsels und auch bei Herz- und Gefäßleiden angewendet werden, auch eine Spielbank vorweisen kann, ist der Wendepunkt meiner Reise. Ich verschmähe sowohl Bundesstraße als auch Autobahn, die mich schneller nach Fulda zurückbringen würden, und folge lieber dem Landsträßchen nach Bad Brückenau, dessen Staatsbad seine Entstehung vor allem König Ludwig I. von Bayern verdanken soll, der hier allein 26-mal zur Kur geweilt haben soll. So viel Spaß das Fahren auf den kleinen Sträßchen macht, so spüre ich langsam, dass es auch anstrengt. Und als ich nach Fulda zurückkomme, brauche ich zwar noch keine Kur, aber eine Ruhepause kann ich nun gut vertragen.

Biebertal heißt diese Ecke. Aber die scheuen Nager wird man von der Straße aus nicht zu Gesicht bekommen

DER SPEZIALTIPP

Paradies für Segelflieger

Die Wasserkuppe gilt als Paradies für Segelflieger. Ohne große Formalitäten oder Voranmeldungen kann man dort bei einem der an schönen Tagen zahlreich startenden und landenden Motorsegler oder auch Piloten kleinerer Sportflugzeuge mitfliegen. Der Preis für einen etwa halbstündigen Flug liegt pro Person bei etwa 50,– DM. Wer nicht selbst in die Luft gehen will, dem bietet sich das in einem Hangar untergebrachte Segelflugmuseum zur Besichtigung an.
Hier wird einem nicht nur die Geschichte des Segelfliegens von den ersten Versuchen Otto Lilienthals bis heute erzählt, sondern man kann auch die skurrilsten Fluggebilde bewundern.

Das mittelalterliche Städtchen Schlitz liegt zwar nicht direkt auf unserer Strecke, gibt jedoch die Schönheiten dieser Region eindrucksvoll wieder (gegenüberliegende Seite).

16 DURCH DEN SPESSART

Durch den Wald der Spechte

Streckenverlauf

Aschaffenburg – Johannesberg – Rückersbach – Hörstein – Alzenau – Michelbach – Albstadt – Freigericht – Gondsroth – Hasselroth – Meerholz – Gelnhausen – Wächtersbach – Aufenau – Steinau – Seidenroth – Alsberg – Villbach – Wiesen – Sailauf – Laufach – Lohr – Wombach – Rothenfels – Hafenlohr – Einsiedel – Erlenfurt – Lichtenau – Rothenbuch – Waldaschaff – Aschaffenburg

»Vor vielen Jahren, als im Spessart die Wege noch sehr schlecht und nicht so häufig befahren waren, zogen zwei junge Burschen durch diesen Wald. Der Abend war schon heraufgekommen, und die Schatten der riesengroßen Fichten und Buchen verfinsterten den schmalen Weg, auf dem die beiden wanderten. Der Zirkelschmied schritt wacker vorwärts und pfiff ein Lied, aber Felix, der Goldarbeiter sah sich oft ängstlich um. Eine große Räuberbande sollte hier in diesem Wald ihr Unwesen treiben und viele Reisende waren in den letzten Wochen geplündert worden, ja man sprach sogar von einigen greulichen Mordgeschichten, die vor nicht langer Zeit dort vorgefallen seien.«

Wenn man solche Zeilen liest, wie sie am Anfang des Romans »Wirtshaus im Spessart« des Schriftstellers Wilhelm Hauff (1802–1827) stehen, überlegt man sich freilich zweimal, ob man in eine solche Gegend reisen soll. Aber keine Sorge, schon als der Autor jener Zeilen im Jahre 1826 den Spessart besuchte, gab es dort längst keine Räuberbanden mehr. Heute ist der Spessart, wie alle deutschen Mittelgebirge, eine herrliche Erholungslandschaft, die zwar keine allzu hohen Berge aufweisen kann – der Geiersberg im bayerischen Teil ist mit 585 Metern die höchste Erhebung, im hessischen Teil wird die 500-Meter-Marke mit dem Schwarzen Berg nur knapp überschritten –, dafür aber mit Wäldern reich gesegnet ist.
Ich habe Aschaffenburg als Ausgangspunkt meiner Tour gewählt, und als ich mich in der Stadtinformation in der Friedrichstraße über die Sehenswürdigkeiten von Stadt und Umgebung informieren will, fällt mir auf einigen Prospekten ein Wappen mit einem Specht auf. Eine freundliche Angestellte klärt mich auf, dass sich der Name Spessart von Spechteshart oder Spechtswald ableitet, der vielen Schwarz-, Bunt-, Erd-, Grün- und Grauspechte wegen, die in den Laubwäldern heimisch sind. Dann schickt sie mich hinunter zum Schloss Johannisburg, einem monumentalen Spätrenaissancebau aus rotem Sandstein, der das Mainufer beherrscht und ehemals als Residenz der Mainzer Kurfürsten diente. Interessant ist auch der Stiftsplatz mit der Stiftskirche St. Peter und Alexander und dem Rathaus sowie etwas flussaufwärts gelegen der Schlossgarten mit

STRECKENLÄNGE 229 km

AUSGANGS- UND ENDPUNKT Aschaffenburg (230 m)

ANFAHRT ZUM AUSGANGSPUNKT Autobahn Nürnberg – Frankfurt A 3, Ausfahrt Aschaffenburg

SERVICESTELLEN **Aschaffenburg:** Honda, KTM, Yamaha, Suzuki

ÜBERNACHTUNG **Steinau:** Grüner Baum; **Lohr:** Hotel Bundschuh

CAMPINGPLÄTZE Neustadt

KARTE Die Generalkarte 1:200.000, Blatt 5

Das Schloss Johannisburg aus leuchtend rotem Sandstein beherrscht das Mainufer bei Aschaffenburg.

einer Nachbildung eines in Pompeji ausgegrabenen Hauses, von dessen Terrasse der Blick weit ins Maintal und zu den Spessartbergen reicht.
Dorthin zieht es mich nun, und ich verlasse die Stadt in nördlicher Richtung gleich hinein in die hügelige Landschaft des Hahnenkamms, der sich hier gut 400 Meter hoch erhebt. Ein ernsthaftes Hindernis ist er freilich nicht, und bald bin ich in Alzenau, im Kahlgrund, dessen beherrschendes Wahrzeichen die weithin sichtbar aufragende Burg ist. Deutlich flacher präsentiert sich hier am nordwestlichen Rand des Spessarts die Landschaft, während ich hinter Michelbach die Grenze von Bayern ins Bundesland Hessen überquere und dem Kinzigtal zustrebe, das ich bei Gelnhausen erreiche. Ich lasse mir Zeit und besichtige die Ruine der alten Kaiserpfalz, auf einer Insel in der Kinzig gelegen, die an die beeindruckende Architektur der alten Staufer und den wohl bekanntesten Angehörigen

SEHENSWÜRDIGKEITEN

Aschaffenburg: Schloss Johannisburg, Schlossgarten mit Pompejanum, Stiftskirche St. Peter und Alexander, Park Schönbusch

Gelnhausen: Ruinentor Kaiserpfalz, Marienkirche, Rathaus, Romanisches Haus, Heimatmuseum

Wächtersbach: Schloss, Wehrkirche

Steinau: Ehemaliges Wohnhaus der Gebrüder Grimm, Schloss mit Gebrüder-Grimm-Museum, Teufelshöhle ca. 3 km nördlich, Thalhof-Park mit Tiergarten

Lohr: Bayersturm, Schloss mit Spessartmuseum, Pfarrkirche St. Michael

Rothenfels: Burg mit Bergfried

Dieser Plausch zwischen Flussschiffern und Chopperfahrer findet in Lohr am Main statt.

dieses Geschlechts, Kaiser Friedrich I. Barbarossa, erinnert. Beeindruckend in einem anderen Sinn ist dann allerdings der Verkehr auf der ebenfalls durch das Kinzigtal verlaufenden Autobahn, die mich zwar schnell nach Steinau an der Straße bringen würde, der ich dann aber doch lieber die Landstraße unmittelbar an der Autobahn entlang den Vorzug gebe.

Steinau ist ein ausgesprochen hübsches Städtchen mit Wehrmauern und alten Fachwerkhäusern, dessen dominierendes Bauwerk, das Schloss, fast ein Drittel der Stadt umfasst und dessen bekannteste Einwohner, die Gebrüder Grimm, hier von 1791–1796 ihre Jugendjahre verbrachten.

Jetzt aber ist Fahrgenuss angesagt, ich verlasse das Kinzigtal Richtung Süden mitten hinein in den Hessischen Spessart, wo dieser mit dem 521 Meter hohen Schwarzen Berg nicht nur am höchsten, sondern wohl auch am schönsten ist. Die wenigen kleinen Ortschaften unterbrechen den Fahrgenuss kaum, den die sich kurvenreich bergauf und bergab windende Straße bietet. Erst bei Hösbach endet vorläufig dieser Fahrspaß, und es wäre nur noch ein kurzer Dreh am Gasgriff zurück nach Aschaffenburg. Aber ich möchte noch etwas länger in dieser reizvollen Landschaft bleiben und folge deshalb der B 26 zurück nach Osten bis Lohr am Main, der den südlichsten Teil des Spessarts in einer mächtigen Schleife eingrenzt. Das östliche Tor zum Spessart, wie die von Bergen umgebene Stadt auch genannt wird, ist noch nicht ganz der Wendepunkt meiner Rundtour. Ich fahre noch mainabwärts, bis ich die spitzgiebeligen Fachwerkhäuser von Rothenfels erreiche, der kleinsten Stadt Bayerns, die von der trutzigen Burg gleichen Namens überragt wird und in der sich heute eine Jugendherberge befindet.

Noch ein kurzes Stück bis Hafenlohr, wo der gleichnamige Fluss in den Main mündet, aber während dieser seine Reise hinter sich hat, liegt vor mir noch die Rückfahrt nach Aschaffenburg. Und diese zählt mitten durch den Naturpark Bayerischer Spessart wieder mit zum Schönsten, was einem Motorradfahrer geboten werden kann. Herrliche Natur, schöne Kurven und auch der Verkehr hält sich hier, da ich nicht am Wochenende und in der Ferienzeit unterwegs bin, in Grenzen.

In Aschaffenburg setze ich mich am Mainufer in ein Café, und während ich in Gedanken die gesammelten Eindrücke dieser Tour zurückrufe, habe ich das Gefühl, dass irgendetwas gefehlt hat. Es dauert lange, bis ich darauf komme, aber dann wird es mir bewusst: Ich habe weder einen Specht noch das berüchtigte Wirtshaus gesehen.

DER SPEZIALTIPP

Ein Wirtshaus, in das niemand mehr einkehren kann

Wie es halt mit den Sagen so ist, Genaues weiß man halt nicht, und so bin ich bei meinen Recherchen über das berühmte »Wirtshaus im Spessart« auf zwei Quellen gestoßen. Eine dieser Quellen geht davon aus, dass es einstmals in Rohrbrunn gestanden haben, nunmehr aber durch die dortige Autobahnraststätte ersetzt worden sein soll. Die andere Quelle benennt das Gasthaus St. Hubertus in Rothenfels als die »kleinste Stadt Bayerns«. Nun haben Sie die Qual der Wahl, sich für eines von beiden zu entscheiden.

Kaum zu glauben, dass in dieser idyllischen Waldlandschaft einst Räuber gehaust haben sollen. Der Chopperfahrer macht jedenfalls einen furchtlosen Eindruck.

Das berühmte Wirtshaus im Spessart zeigt dieses Bild leider nicht, aber es gibt eine Vorstellung, wie es einmal ausgesehen haben könnte.

17 ENTLANG DER MOSEL

Von der Porta Nigra in Trier zum Deutschen Eck in Koblenz

Streckenverlauf

Trier – Kenn – Longuich – Mehring – Schleich – Ensch – Klüsserath – Trittenheim – Dhron-Neumagen – Niederemmel – Wintrich – Mühlheim – Bernkastel-Kues – Zeltingen-Rachtig – Machern – Ürzig – Kröv – Traben-Trarbach – Enkirch – Briedel – Alf – Bremm – Nehren – Ellenz-Poltersdorf – Ernst – Cochem – Klotten – Treis-Karden – Moselkern – Hatzenport – Löf – Kobern-Gondorf – Winningen – Koblenz

STRECKENLÄNGE 240 km

AUSGANGS- UND ENDPUNKT Trier (130 m)
Koblenz (65 m)

ANFAHRT ZUM AUSGANGSPUNKT Autobahn Koblenz–Saarbrücken A 1, Ausfahrt Autobahndreieck Moseltal und über die Tangente Ehrang nach Trier

SERVICESTELLEN **Trier:** Yamaha, Aprilia, Kawasaki u. a.; **Zell:** KTM, Yamaha; **Kobern-Gondorf:** KTM; **Koblenz:** alle Fabrikate

ÜBERNACHTUNGEN **Bernkastel-Kues:** Pension Gästehaus; **Zeltingen-Rachtig:** Haus Rebstock; **Enkirch:** Moselromantik-Hotel Dampfmühle; **Cochem:** Hotel Panorama, Hotel Rosenhügel; **Klotten:** Gästehaus Zur Post, Haus Hubertus; **Brodenbach:** Haus am Walde, Haus Christiane, Hotel Pfeifer

CAMPINGPLÄTZE Bernkastel-Kues; Zell; Nehren; Treis-Karden; Moselkern; Brodenbach; Winningen

TREFFS **Trier:** Mugo-Kneip; Forsthaus Altenhof in Trier-Biewer; **Cochem:** Tourenrast am Parkplatz auf der Uferpromenade, Samstag und Sonntag vormittags und nachmittags

KARTE Die Generalkarte 1:200.000, Blatt 5

Ich kannte die Mosel bisher nur von den Landkarten her, und was mich dabei am meisten beeindruckte, war vor allem ihr windungsreicher Verlauf. Irgendwie setzte ich diese Schleifen und Bögen mit Kurven und Kehren gleich, die man zum Motorradfahren ja braucht wie das Salz in der Suppe. Dass die Kurven dann in Wirklichkeit nicht so eng werden würden wie auf der Landkarte mit ihrem kleinen Maßstab, war mir schon klar, dennoch übte dieses Gebiet mit seinem milden Klima, der reizvollen Landschaft und den sehenswerten Städten einen solchen Reiz auf mich aus, dass ein Besuch für mich mit an oberster Stelle auf meiner Wunschliste stand. 243 Kilometer misst die Mosel von der luxemburgisch-französischen Grenze bis zur Mündung in den Rhein, in der Luftlinie allerdings nur 120 Kilometer, was ihren windungsreichen Verlauf bereits verdeutlicht. Der schönste Teil soll an der so genannten Mittelmosel zwischen Trier und Koblenz liegen, wohin dann auch meine Reise zielte.

Dort, wo sich das Moseltal nach Süden und Südwesten öffnet und die Bergrücken des Hunsrück im Südosten sanfter zum Ufer hin abfielen, suchten und fanden römische Siedlungsbauer im Jahr 16 vor Christus einen günstigen Platz für einen Brückenschlag. Am Schnittpunkt zweier wichtiger Heeres- und Handelsstraßen gelegen, entwickelte sich die zu Ehren des Kaisers Octavianus Caesar Augustus »Augusta Treverorum« genannte Siedlung zur wichtigsten Etappenstadt jenseits des Rheins. So kann die heutige Universitäts- und Domstadt Trier auf eine fast 2000-jährige Kulturgeschichte zurückblicken, die ihr auch den Beinamen »Das zweite Rom« eingebracht hat.
Übertrieben ist das nicht, denke ich, als ich meine Maschine am Pferdemarkt geparkt habe, die Kutzbad- und Simeonstraße hochgeschlendert bin und plötzlich vor dem imposantesten Bauwerk römischer Geschichte diesseits der Alpen, der Porta Nigra, stehe. Die Porta Nigra ist ein monumentaler Bau, 36 Meter breit, 22 Meter tief und 30 Meter hoch, mit rundbögigen Öffnungen und Doppeltürmen, den die Römer um 180 nach Christus als Zeichen der Macht aus Sandstein errichteten. Durch Witterungseinflüsse und in neuester Zeit wohl auch durch die Luftverschmutzung hat der ursprünglich helle Sandstein reichlich dunkle Patina angesetzt.

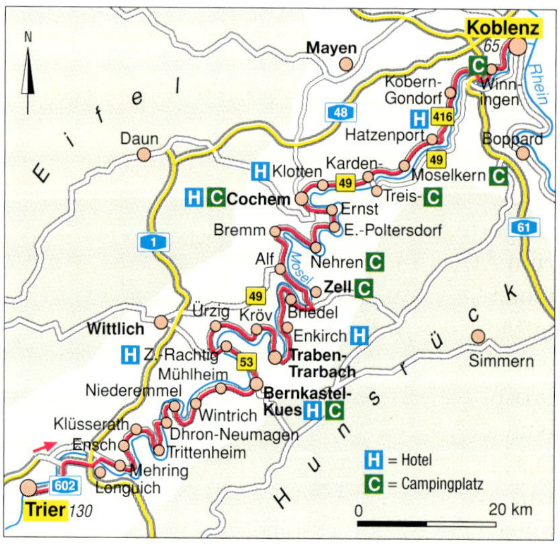

Die Porta Nigra in Trier, das imposanteste Bauwerk der Römer nördlich der Alpen, sollte unbedingt auf dem Programm stehen.

Über den Hauptplatz, wohl einen der schönsten Plätze Deutschlands, vorbei an Dom und Liebfrauenkirche, Konstantinbasilika und Kurfürstlichem Palais schlendere ich durch den Palastgarten mit den Kaiserthermen hinunter zum Amphitheater und vergesse ob der gebotenen Sehenswürdigkeiten zu zählen, ob es tatsächlich »Millepassus«, also 1.000 Schritte waren, wie es in einem Fremdenverkehrsprospekt geheißen hatte.

Nun aber rasch zurück zur Maschine und hinaus aus der Stadt, wo noch so viele Sehenswürdigkeiten auf mich warten. Zuerst einmal bin ich aber mehr zufällig als gewollt auf der Stadtautobahn und erkenne die sich in der Ferne am gegenüberliegenden Ufer träge ausdehnenden Orte wie Pfalzel und Quint. Beim Autobahndreieck Moseltal wechsle ich dann dort hinüber, aufs linke Moselufer nach Schweich. Ich folge der B 53 am Fluss entlang, der nun langsam die Talweitung des Trierer Beckens verlässt und sich in engen Windungen zwischen den steilen, weinbergbedeckten Hängen des Rheinischen Schiefergebirges seinen Weg sucht.

Nicht lange bleibe ich auf der linken Talseite, schon bei Trittenheim, wo sich die Mosel tief ins Tal hineingeschnitten und die Weinberge an

SEHENSWÜRDIGKEITEN

Trier: Porta Nigra, Hauptmarkt mit Marktbrunnen, Museum, Touristeninformation im Simeonstift mit Städtischem Museum, Kurfürstliches Palais, Kaiserthermen

Bernkastel-Kues: Kirche St. Michael mit frei stehendem Wehrturm, Burg Landshut, Fachwerkhäuser am Marktplatz

Traben-Trarbach: Ruine der Grevenburg, Aussichtspunkt Festungsruine Mont Royal, 20 Min. nördlich

Beilstein: Burgruine Metternich mit Restaurant

Cochem: Reichsburg, Sesselbahn zum Aussichtspunkt Pinnerkreuz, Marktplatz mit alten Giebelhäusern und historischen Gaststätten

Treis-Karden: Stiftskirche St. Castor

Moselkern: Burg Eltz

Alken: Burg Thurant, St.-Michaels-Kapelle, Wittburgscher Weinkeller

Koblenz: Festung Ehrenbreitstein, Deutsches Eck am Zusammenfluss von Rhein und Mosel

den steilen Hängen gerade noch bestellbar sind, wechsle ich über eine schön geschwungene Brücke ans andere Ufer, wo sich die Rebenhänge an schon wesentlich flacheren Hängen emporziehen. Der Fluss macht noch einige Schleifen, bevor er hinter Wintrich gemäßigter dem reizvollen Städtchen Bernkastel-Kues zusteuert, über dem sich die Burgruine Landshut erhebt. Im 14. Jahrhundert soll sich hier der sterbenskranke Erzbischof Boemund II. an einem Wein dieses Moselstrichs gesund getrunken haben, welcher folgerichtig nunmehr unter der Bezeichnung »Bernkasteler Doktor« kredenzt wird. Anstößiger erscheint da schon die Bezeichnung, die für den etwas moselabwärts im Örtchen Kröv gekelterten Rebensaft verwendet wird. Der berühmte Kröver Nacktarsch geht jedoch eigentlich auf das alte Wort Nektar zurück, also den himmlischen Trank, den schon die Römer und Griechen zu genießen wussten.

Weinberge soweit das Auge reicht. Man übersieht fast die architektonisch interessante Hängebrücke bei Wehlen.

Wer will, kann sich auf dieser Fähre von Winningen ans östliche Moselufer nach Lay übersetzen lassen.

Über Traben-Trarbach erkenne ich am südlichen Ufer die Ruine der Grevenburg, während auf einem Hochplateau über der nördlichen Seite des Flusses die Reste der ehemaligen Zwingburg Mont Royal ihre düsteren Absichten verkünden. Von 1687–1692 durch den berühmten Festungsbaumeister Vauban errichtet, sollte damals von hier aus das ganze von Frankreich eroberte Gebiet beherrscht werden.

Auf teils enger, kurvenreicher Straße geht es weiter nach Zell, dessen berühmte Lage »Schwarze Katz« auf den fast mosaikartig angeordneten Rebenfeldern über dem Ort abgeerntet wird. Hinter Alf verläuft die Mosel für ihre Verhältnisse fast gerade, nur von einer weiten Linksschleife bei Bremm unterbrochen, bevor sie bei Senhals wieder ihre gewohnten Windungen aufnimmt. Stimmungsvoll taucht auf der gegenüberliegenden Flussseite das Stadtbild von Beilstein auf, das jederzeit als kleinere Ausgabe von Rothenburg ob der Tauber durchgehen könnte. Verwischt wird dieser Eindruck dann aber von der zinnen- und türmebewehrten und mit Erkern verzierten Reichsburg von Cochem, die malerisch auf einem Hügel über dem Ort gelegen auftaucht. Der Fußmarsch von der Moselpromenade hinauf durch das Maut-Tor, vorbei an der St.-Rochus-Kapelle, wird mit einem herrlichen Blick hinunter ins Moseltal belohnt.

Der landschaftlich reizvollste Teil liegt nun hinter mir, die Mosel fließt geruhsamer, und die Berghänge sind nicht mehr so steil. Langweilig wird es trotzdem nicht, dafür sorgen auch weiterhin die verwinkelten Winzerstädtchen mit ihren alten Fachwerkhäusern und die Burgen und Ruinen auf den Höhen. Und in Koblenz lasse ich es mir nicht nehmen, zum Deutschen Eck zu fahren, wo die Mosel in den Rhein mündet.

DER SPEZIALTIPP

Philosophische Moselschifffahrt

Für eine Schifffahrt auf der Mosel bietet sich das Linienschiff zwischen Trittenheim und Bernkastel-Kues an. Es legt von Mai bis Oktober täglich um 9.30 Uhr in Trittenheim ab. In Bernkastel-Kues hat man dann zwei Stunden Aufenthalt, die man nutzen kann, um das Geburtshaus von Nikolaus von Kues zu besichtigen, einem Gelehrten des 15. Jahrhunderts, der als Begründer der deutschen Philosophie gilt. Er nahm unter anderem bereits früh die späteren physikalischen Vorstellungen von Erdbewegung und Trägheitsgesetz vorweg.

Cochem mit der Reichsburg ist einer der malerischsten Orte im Moseltal. Und die Uferpromenade ist ein bekannter Treffpunkt für Motorradfahrer.

Was hier so einfach aussieht, täuscht, die Weinlese selbst ist eine knochenharte Arbeit.

18

IN DER EIFEL

Zur legendären Nordschleife des Nürburgrings

Streckenverlauf

Wittlich – Großlittgen – Schwarzenborn – Oberkail – Kyllburg – Mürlenbach – Birresborn – Eigelbach – Hinterhausen – Gerolstein – Pelm – Betteldorf – Dreis – Boxberg – Kelberg – Müllenbach – Nürburg – Adenau – Kaltenborn – Weidenbach – Kesseling – Ahrbrück – Altenahr – Mayschoß – Bad Neuenahr-Ahrweiler – Ramersbach – Spessart – Kempenich – Hohenleimbach – Arft – Langenfeld – Mayen – Monreal – Niederelz – Oberelz – Uersfeld – Gefell – Darscheid – Daun – Üdersdorf – Bleckhausen – Manderscheid – Großlittgen – Wittlich

STRECKENLÄNGE 275 km

AUSGANGS- UND ENDPUNKT Wittlich (155 m)

ANFAHRT ZUM AUSGANGSPUNKT Autobahn Trier–Koblenz A 48, Ausfahrt Wittlich

SERVICESTELLEN **Wittlich:** , Yamaha; **Gerolstein:** Suzuki; **Adenau:** Honda, Yamaha, BMW; **Bad Neuenahr-Ahrweiler:** BMW; **Mayen:** Aprilia, Moto-Guzzi, Cagiva, Kawasaki, BMW

ÜBERNACHTUNGEN **Nürburg:** Gasthaus Lindenhof, Dorint Hotel am Nürburgring; **Adenau:** Hotel Blaue Ecke; **Mayen:** Hotel Zum Alten Fritz; **Monreal:** Pension Zum Obertor; **Daun/Pützborn:** Gaststätte Zur Alten Schmiede;

CAMPINGPLÄTZE Kyllburg; Müllenbach; Altenahr; Manderscheid

TREFFS **Nürburg:** Altes Forsthaus; **Adenau/Breitscheid:** Gasthaus Beim Hannes; **Daun-Pützborn:** Zur Alten Schmiede; **Ahrbrück:** Café Fahrtwind

STRECKENSPERRUNG Im Kurbereich von Bad Neuenahr-Ahrweiler besteht ganzjährig Nachtfahrverbot zwischen 22.00 und 7.00 Uhr und im Stadtkern von Daun zwischen 19.00 und 6.00 Uhr.

KARTE Die Generalkarte 1:200.000, Blatt 4

Die Eifel, das war bisher für mich immer nur der Nürburgring gewesen, vor allem mit seiner legendären Nordschleife. Aber ein Blick auf die Landkarte lehrte mich eines Besseren. Die Eifel ist ein riesengroßes Gebiet, das von Köln am Rhein im Norden bis Trier an der Mosel im Süden reicht. Im Osten mag Koblenz als grobe Eingrenzung dienen, während man im Westen eine Linie von Aachen entlang der belgischen Grenze Richtung Süden ziehen kann. Es gibt die nördliche Eifel, die südliche Voreifel, die Schneeifel, die Hohe Eifel, die Vulkaneifel und oben im Nordwesten die Rureifel. Die ganze Eifel scheint zudem ein einziges Gewirr von Straßen zu sein, deren kurvigen Verlauf man ihnen bereits auf der Karte ansieht, dass sie wie geschaffen zum Motorradfahren sind, und die häufig zu Orten führen, die ein »Bad« als Namenszusatz haben und allein schon deshalb als besuchenswert erscheinen.

Wo hier mit dem Motorradfahren beginnen und wo aufhören, eine ganze Woche würde wahrscheinlich nicht ausreichen, alle Kurven auszukosten und alle Sehenswürdigkeiten zu besichtigen. Ich habe nicht ewig Zeit, also beschränke ich mich schweren Herzens auf die östliche Hälfte der Eifel, mit der Vulkaneifel, der Hohen Eifel und natürlich dem Nürburgring.
Bei Wittlich verlasse ich die A 48 und fahre gleich weiter in westlicher Richtung nach Kyllburg. Ein längerer Aufenthalt in Wittlich wäre vor allem Mitte August interessant, wenn hier die »Säuerbrenner-Kirmes« gefeiert wird und in der ganzen Innenstadt Schweinebraten geräuchert und Wein ausgeschenkt wird. Jetzt mag ein kurzer Blick auf die historisch restaurierten Fassaden rund um den Marktplatz genügen. Denn bei Kyllburg wartet eines der landschaftlich schönsten und abwechslungsreichsten Täler der ganzen Eifel auf mich, das Kylltal hinauf nach Gerolstein. Nirgendwo sonst zeigt sich die Eifel in solcher Vielfalt,

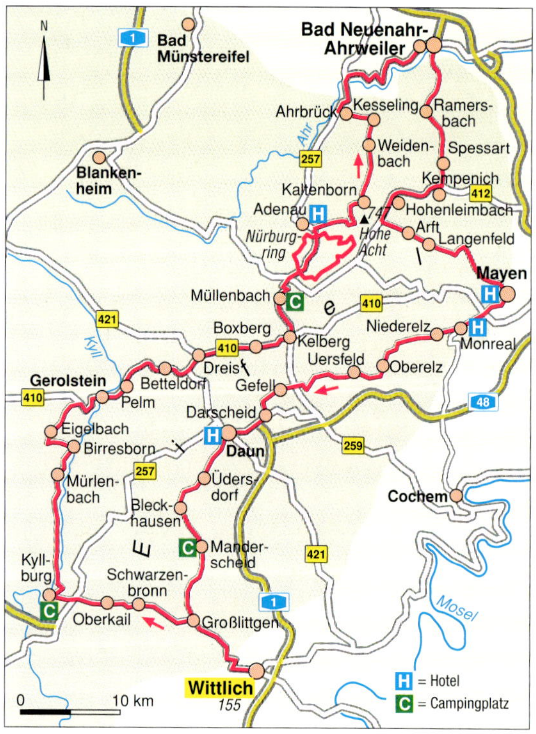

So richtig hoch ist sie mit ihren 747 Metern eigentlich nicht, aber in der Eifel ist die Hohe Acht damit bereits der höchste Berg.

die von einem weiten Hochplateau über tiefe Schluchten und malerische Auwiesen, umrahmt von steilen Berghängen bis hin zu Eishöhlen und erloschenen Vulkanen alles umfasst.
Bald erkenne ich rechter Hand, von hohen Waldhängen umgeben, das ehemalige Zisterzienserkloster St. Thomas, dessen spätromanische Kirche als eine der besterhaltensten Nonnenkirchen der Region gilt. Dann liegt Mürlenbach vor mir, dessen alte Häuser und Gasthöfe sich friedlich um die Pfarrkirche scharen, während die mächtige Burgruine über dem Ort allerdings sicher auch von unruhigeren Zeiten zu berichten weiß.
Ich habe von riesigen Eishöhlen bei Birresborn gehört und folge hier der nach Kopp abzweigenden Straße. Schon nach wenigen Metern sehe ich das Hinweisschild, folge der anfangs noch befestigten, dann in Schotter übergehenden Straße und keuche per pedes nochmals fast 20 Minuten einen Berghang hoch, bevor ich am Fuß eines alten Steinbruchs inmitten eines hoch gewachsenen Laubwaldes die Höhleneingänge entdecke.
Obwohl die Höhlen mit einer starken Taschenlampe gefahrlos zu begehen sein sollen, sind mir die pechschwarzen kalten Löcher dann doch zu unheimlich, und schon nach wenigen Metern kehre ich lieber wieder um.
Da ist der Vulkan von Kalem, gleich in der Nähe bei Eiglbad gelegen, schon viel angenehmer. Trockenmaar, von italienischem Wort »mare« = Meer abgleitet, nennt man hier diese Landschaftsform, bei der sich durch Einbrechen des Gesteins in durch Gase gebildete Hohlräume ein Becken in das Grundgestein absenkte, in das wegen der Wasserundurchlässigkeit der Gesteinsschichten kein Grundwasser einsickern konnte.
Jetzt aber hinüber nach Gerolstein, dessen steil aufragende Felswände des Monterley Reste eines vor 350 Millionen Jahren hier geformten Korallenriffs sind, und schnell weiter in die Hohe Eifel, Richtung Adenau, wo eine Attraktion ganz anderer Art auf mich wartet, die Nordschleife des Nürburgrings.
Fast wie ein Relikt aus der Steinzeit des Automobilsports wirkt heute die 1925–1927 angelegte klassische Nordschleife, die auf knapp 21 Kilometern Länge mit 71 Kurven um die Nürburg führt und lange Zeit als anspruchsvollste und schönste Rennstrecke der Welt galt. Untrennbar ist sie mit Namen wie Rudolf Carracciola, Juan Manuel Fangio, Stirling Moss, Graf Berghe von Trips und Nikki Lauda verbunden, dessen schrecklicher Feuerunfall im Jahre 1976 der Grund für die Einstellung des offiziellen Rennbetriebs auf dieser Strecke

SEHENSWÜRDIGKEITEN

Wittlich: Pfarrkirche St. Markus, Altes Rathaus, Meistermann Museum

Kyllburg: Schloss Malberg, Stiftskirche mit Renaissance-glasmalereien

Gerolstein: Naturkundliches Museum, Ruine Kasselburg mit Adlerflugvorführungen, römische Villa Sarabodis mit Prähistorischem Museum, Hustley-Felsen mit Klettergarten

Adenau: Pfarrkirche, Fachwerkhäuser am Marktplatz

Altenahr: Laurentiuskirche und Willibrordus-Kirche, römische Silberberg-Villa, Thermalhallenbad, Spielbank, Kurpark mit Trink- und Wandelhalle

Mayen: Genovevaburg mit Eifeler Landschaftsmuseum, St.-Clemens-Kirche mit schiefem Turm

Monreal: Aussichtsturm der Ruine Monreal, historisches Stadtbild

Das Bild zeigt die neue Grand-Prix-Strecke am Nürburgring, die zu den modernsten Strecken der Welt gehört. Von der alten Nordschleife kann man dies leider nicht behaupten.

war. Den Anforderungen des hoch technisierten modernen Rennsports war sie allein aus sicherheitstechnischen Gründen schon länger nicht mehr gewachsen, und so baute man hier 1984 eine neue, nur gut 4,5 Kilometer lange Grand-Prix-Strecke, die zwar zu den modernsten und sichersten Rennstrecken der Welt zählt, aber niemals den legendären Bekanntheitsgrad der alten Strecke erreichen wird.
Ich kann mir eine Runde auf der alten Nordschleife einfach nicht entgehen lassen, obwohl der Betrieb, der bei der Einfahrt in Nürburg herrscht, nicht unbedingt Gutes verheißt. Aber was soll's: Es ist einfach ein ganz besonderes Gefühl, die Maschine in Streckenteilen wie Schwedenkreuz, Fuchsröhre, Brünnchen, Schwalbenschwanz oder Döttinger Höhe einzulenken, wenngleich mein Adrenalinspiegel vor allem dann in die Höhe schnellt, wenn ich den kamikazehaften Fahrstil einiger Piloten beobachte, die offensichtlich den von Helmut Dähne mit einer getunten BMW aufgestellten Rundenrekord für Motorräder von 7 Minuten 48 Sekunden brechen wollen.
Obwohl meine Zeit noch meilenweit entfernt ist, dauert es zurück auf der Landstraße doch noch einige Kilometer, bis sich meine Nerven wieder beruhigt haben und der Fahrstil der

Die Ruine der Nürburg – sie geht bis auf das 12. Jahrhundert zurück und gab der Rennstrecke ihren Namen.

DER SPEZIALTIPP

Eine schnelle Runde

Wenn Sie vorhaben, eine Runde auf der Nordschleife des Nürburgrings zu drehen, erkundigen Sie sich unbedingt vorher über die Öffnungszeiten: unter der Telefonnummer 02691/302630, Fax 302650, Faxabruf 30266600, unter http://www.nuerburgring.de oder auch bei der Touristinfozentrale am Nürburgring. Sie könnten sonst vor verschlossenen Toren stehen. Eine Runde kostet 23,– DM, 6-Runden-Karte 120,– DM und 12-Runden-Karte 230,– DM, eine Jahreskarte gibt es für 995,– DM. Bitte beachten Sie, dass nur Fahrzeuge mit Straßenverkehrszulassung erlaubt sind und die Straßenverkehrsordnung Gültigkeit hat.

Abseits der Hauptstraßen hat man die kleinen Eifelsträßchen meistens für sich alleine. Nur an schönen Wochenenden herrscht auch hier regerer Ausflugsverkehr.

Viel wächst auf den kargen Eifelböden nicht, aber den Schafen scheint es zu jedenfalls genügen.

Straßenverkehrsordnung angepasst ist. Vor allem der schlechte Straßenbelag in der Region um Bad Neuenahr-Ahrweiler erfordert nämlich die ganze Konzentration.
Die Ahr ist dann auch mein Wendepunkt, und ich fahre hinunter in die von Vulkankuppen geprägte Landschaft von Mayen. Im Ort fällt mir der achteckige spitze Turmhelm der Kirche auf, welcher der Sage nach vom Teufel verdreht worden sein soll, tatsächlich aber durch einen Konstruktionsfehler zu einer schiefen Spirale gedreht wurde.
Durch das enge Elztal geht es nach Monreal mit seinen malerischen Fachwerkhäusern und den Burgen und über Daun dann leider viel zu schnell wieder zurück nach Wittlich.

19

IM HARZ

Durch das nördlichste Mittelgebirge

Streckenverlauf

Seesen – Lautenthal – Goslar – Altenau – Torfhaus – Bad Harzburg – Stapelburg – Ilsenburg – Wernigerode – Elbingerode – Königshütte – Elend – Braunlage – St. Andreasberg – Herzberg – Osterode – Lerbach – Bad Grund – Münchehof – Herrhausen – Seesen

Dass der Harz das nördlichste aller deutschen Mittelgebirge ist, ist unbestreitbar. Ob er auch, wie vielfach behauptet wird, das schönste Mittelgebirge ist, bleibt jedermanns eigener Einschätzung überlassen. Fest steht jedoch in jedem Fall, dass der Harz mit seinen dunklen Wäldern, den tief eingeschnittenen Tälern mit steil aufragenden Klippen, seinen Bächen, Stauseen, Burgen und Höhlen einem Idealbild schon sehr nahe kommt. Fest steht auch, dass der Harz neben seiner abwechslungsreichen Landschaft auch eine außergewöhnliche Kunst- und Kulturgeschichte, insbesondere der Romanik und Gotik, vorweisen kann, die sich vor allem in den Städten von der ehemaligen Kaiserpfalz Goslar bis zur Fachwerkstadt Wernigerode niedergeschlagen hat, aber auch in zahlreichen Klosteranlagen, Schlössern und Burgen bis heute lebendig geblieben ist.

STRECKENLÄNGE 186 km

AUSGANGS- UND ENDPUNKT Seesen (209 m)

ANFAHRT ZUM AUSGANGSPUNKT Autobahn Kassel – Hannover A 7, Ausfahrt Seesen

SERVICESTELLEN **Goslar:** BMW, Honda, Kawasaki, Yamaha; **Clausthal-Zellerfeld:** Aprilia

ÜBERNACHTUNG **Lautenthal:** Hotel Waldkater; **Goslar:** Altstadthotel Gosequell, Hotel Das Brusttuch; **Braunlage:** Haus Fernblick; **Claustahl-Zellerfeld:** Haus Schubert; **Osterode:** Pension Simona, Hotel Glück auf

CAMPINGPLÄTZE Altenau; Bad Harzburg; Elbingerode; Braunlage

STRECKENSPERRUNG Im Kurbereich von Bad Harzburg besteht ganzjährig Nachtfahrverbot zwischen 20.00 und 7.00 Uhr.

TREFFS B 498 zwischen **Oker** und **Altenau**: täglich nachmittags hinter der Staumauer der Okertalsperre; B 4 am Großparkplatz **Torfhaus**: täglich nachmittags, Samstag und Sonntag vormittags und nachmittags; B 27 am Ortsende von **Elend**: täglich nachmittags

KARTE Die Generalkarte 1:200.000, Blatt 3

Während der Anfahrt fällt mir ein, dass ich mich nun auf den Spuren so berühmter Persönlichkeiten wie Heinrich Heine, Heinrich von Kleist, Theodor Fontane und Johann Wolfgang von Goethe bewege, die alle den Harz besucht und in ihren Gedichten und Roman beschrieben haben. Goethe etwa lässt im ersten Teil des Faust die

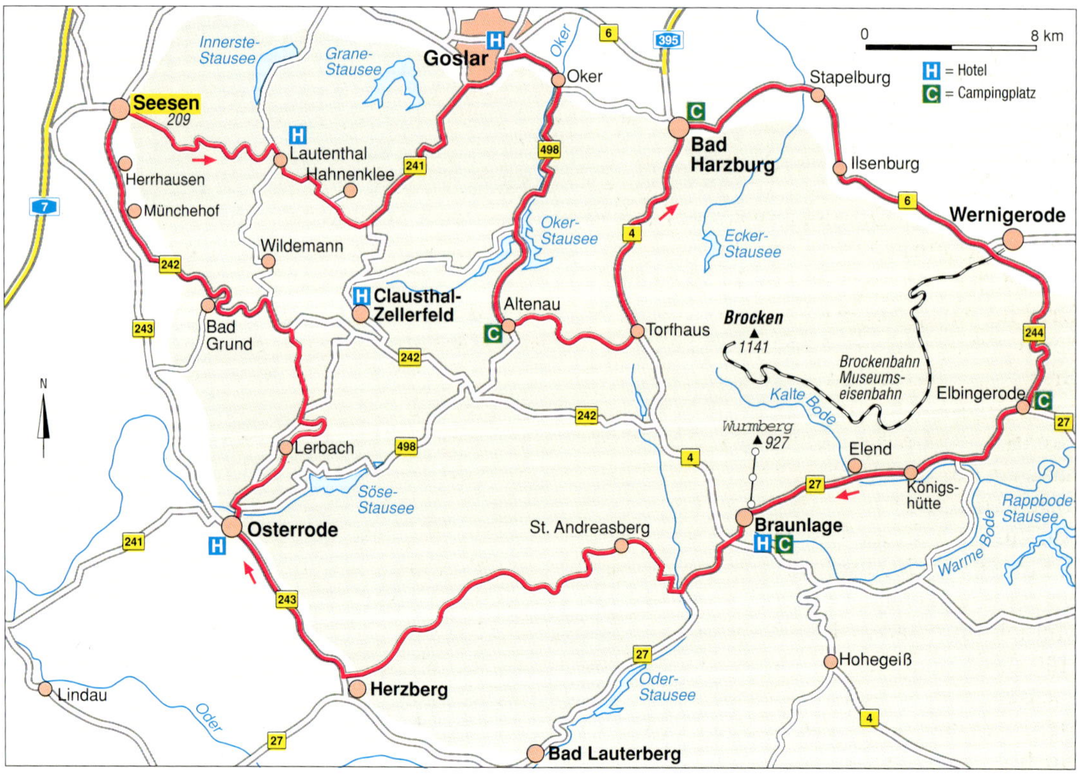

Die Kaiserpfalz in Goslar, wo einst Kaiser und Könige, von Otto I. über Friedrich I., auch Barbarossa genannt, bis zu König Wilhelm von Holland Hof hielten.

Hexen mit dem Teufel auf dem Brocken tanzen, Heine schildert die Natur in seiner Harzreise und Fontane Landschaft und Mensch in seinem Roman »Ellernklipp«.
Ob sie auch in Seesen waren, weiß ich nicht. Ich wähle diesen Ort als Ausgangspunkt, weil er verkehrsgünstig über die A 7 zu erreichen ist. Stattliche Fachwerkhäuser bestimmen das Ortsbild, ein kurzer Blick auf den Wohnturm der ehemaligen Burg, dem man nach einem Brand im 17. Jahrhundert ein schlichtes Walmdach aufgesetzt hat, und die barocke Pfarrkirche St. Andreas, die einst Schlosskirche war, dann geht es der Beschilderung »Lautenthal« folgend hinein in den Naturpark Harz.
Auf kurvigen Straßen erreiche in die im Tal der Innerste gelegene Oberharzer Bergstadt, wo der Bergbau aber nur noch in Form einer Multivisionsschau in der »Bergwerks- und Hüttenschau« sowie einem Besuch des »Tiefen Sachsenstollens« betrieben wird.
Der Laue folgend gelange ich auf eine wellige Hochfläche, auf der sich auch der Erholungsort Hahnklee-Bockswiese ausbreitet. Die hier alljährlich am 30. April stattfindende Walpurgisfeier ist weit über den Ort hinaus bekannt, und mindestens ebenso bekannt ist die Gustav-Adolf-Kirche, die 1908 nach dem Vorbild norwegischer Stabkirchen gebaut wurde. Drei Dächer wurden hier übereinander gesetzt, darauf nochmals drei Dachreiter mit einem spitz zulaufenden Turm. Kirche und freistehender Glockenturm wurden aus dunklem Holz errichtet, das Kaiser Wilhelm II. gestiftet haben soll.
An der Abzweigung Kreuzeck folge ich der Beschilderung nach Goslar, dessen bedeutendstes Bauwerk, die Kaiserpfalz, schon am Beginn der Altstadt auf mich wartet. Kaiser und Könige, von Otto I. über Friedrich I., auch als Barbarossa bekannt, bis König Wilhelm von Holland, hielten hier im Kaiserhaus Hof, aber so beeindruckend die monumentalen Wandgemälde des Kaisersaals auch sind, den besonderen Reiz Goslars machen die dekorativ verzierten Fachwerkhäuser aus verschiedenen

SEHENSWÜRDIGKEITEN

Seesen: Wilhelm-Busch-Museum im Stadtteil Mechtshausen ca. 8 km nordwestlich, Herzögliches Jagdschloss, Burg Sehusa

Lautenthal: Niedersächsisches Bergbaumuseum

Hahnklee-Bockswiese: Gustav-Adolf-Kirche

Goslar: Kaiserpfalz mit Ulrichskapelle, Marktplatz mit Glockenspiel, Rathaus, Rammelsberger Bergbaumuseum, alte Stadtbefestigung

Bad Harzburg: Bergbahn zum 500 m hohen Burgberg, Spielbank

Wernigerode: Harzmuseum, Krell'sche Schmiede mit Schmiedemuseum, Reste der alten Stadtbefestigung mit Westerntor

Braunlage: Kabinenseilbahn auf den 927 m hohen Wurmberg, Trinitatiskirche

Bad Grund: Iberger Tropfsteinhöhle

Jahrhunderten aus, die sich vor allem rund um den Marktplatz, mit dem von einem vergoldeten Reichsadler verzierten Brunnen verteilen. Nur ungern verlasse ich das pittoreske Städtchen wieder, aber mit dem Okertal wartet eines der schönsten Flusstäler des Harzes auf

Nur für den Fotografen missachtete diese Gruppe ausnahmsweise das Rechtsfahrgebot.

mich. 60 Meter hoch ist der Wasserfall, der bei Romkerhall zu Tale stürzt, und damit fast so hoch wie die 67 Meter hohe und 250 Meter lange Staumauer des Okerstausees, des größten Stausees im Harz. In landschaftlich herrlicher Kulisse ist er ein Paradies für Wassersportler jeder Art, und für diejenigen, die partout nicht nass werden wollen, steht sogar ein Motorboot zur Verfügung.

Bei Altenau verlasse ich das Tal der Oker und wechsle über eine kleine Landstraße hinüber nach Torfhaus, wo vor nicht allzu langer Zeit die innerdeutsche Grenze verlief. Die Grenze ist Vergangenheit, gegenwärtig aber ist der sagenumwobene Brocken, mit 1142 Meter höchster Berg des Harzes, der sich von hier im Osten als lang gestreckter, teils bewaldeter, teils begrünter Bergrücken präsentiert.

Kaum zu glauben, dass dort oben, wo der Aussichtsturm vom höchsten Punkt herübergrüßt, das Brockengespenst sein Unwesen treiben soll. Leider ist der Brocken nur zu Fuß oder mit der von Wernigerode aus startenden Brockenbahn zu erreichen, und so bleibt mir der Gipfel verwehrt. Aber das Gespenst soll ohnehin nur eine harmlose Luftspiegelung sein, wenn unter bestimmten Wetterverhältnissen der Schatten von Wanderern auf gegenüberliegende Wolken fällt und dabei riesenhaft vergrößert wird.

Über Bad Harzburg, Wernigerode und Braunlage umfahre ich den Berg großräumig und wechsle erst beim Forsthaus Oderhaus auf kleinere kurvenreiche Sträßchen über.

St. Andreasberg liegt dabei noch mitten im Harz, während Herzberg und Osterode schon am Rande angesiedelt sind. Hinter Osterode fällt mir siedend heiß ein, dass ich ja auch noch die berühmten Tropfsteinhöhlen des Harzes besuchen wollte, wozu ich aber bei Elbingerode einen kurzen Abstecher nach Rübeland machen hätte müssen, wo sich mit der Baumannshöhle und der Hermannshöhle die bekanntesten finden.

Aber zum Glück bietet sich bei Bad Grund noch die Iberger Tropfsteinhöhle für eine Besichtigung an. Deren bizarre Gesteinsformationen tragen Namen wie »Backofen der Zwerge«, »Hand des Riesen« oder »Madonna«. Den Rest der Fahrt zurück nach Seesen bin ich damit beschäftigt nachzudenken, ob mit der letzten Bezeichnung eine amerikanische Popsängerin gemeint ist.

DER SPEZIALTIPP

Zwergenöfen und Riesenhände

Auch im Harz kommen Höhlenforscher voll und ganz auf ihre Kosten. Die Iberger Tropfsteinhöhle etwa einen Kilometer nördlich von Bad Grund ist eine der bekanntesten. Die Tropfsteingebilde haben Namen wie »Backofen der Zwerge«, »Hand des Riesen« und »Madonna«. Neben den von oben nach unten wachsenden Stalaktiten gibt es auch so genannte Heliktiten, die hakenförmig gekrümmt sind und entgegen der Schwerkraft nach oben wachsen. Die Höhle ist geöffnet von April bis Oktober, täglich 9.00 bis 17.00 Uhr, im November, Februar und März Dienstag bis Sonntag, Dezember und Januar Donnerstag bis Sonntag täglich 10.00 bis 16.00 Uhr.

Das Rathaus von Wernigerode aus der Mitte des 16. Jahrhunderts beeindruckt durch seine filigrane Fachwerkgestaltung.

So mancher Biker schmückt seine Maschine mit einem Maskottchen am Schutzblech.

20

DURCH DEN TEUTOBURGER WALD

Zu Hermann dem Cheruskerfürsten

Streckenverlauf

Ibbenbüren – Tecklenburg – Ledde – Niedermark – Hagen – Bad Iburg – Bad Laer – Bad Rothenfelde – Dissen – Borgholzhausen – Werther – Kirchdornberg – Hoberge-Uerentrup – Bielefeld – Sennestadt – Heidenoldendorf – Fromhausen – Holzhausen – Berlebeck – Schlangen – Paderborn

STRECKENLÄNGE 184 km

AUSGANGS- UND ENDPUNKT Ibbenbüren (70 m) Paderborn (120 m)

ANFAHRT ZUM AUSGANGSPUNKT Autobahn Osnabrück–Hengelo A 30, Ausfahrt Ibbenbüren

SERVICESTELLEN **Ibbenbüren:** Honda, Yamaha; **Bad Iburg:** Honda

ÜBERNACHTUNG **Bielefeld:** Novotel Bielefeld-Johannisberg

CAMPINGPLATZ Tecklenburg/Leeden

TREFFS **Tecklenburg:** Parkplatz »Schöne Aussicht« Samstag und Sonntag; **Paderborn:** Bikerinnen treffen sich im Rizz in der Innenstadt jeden ersten, dritten und fünften. Mittwoch im Monat ab 20.00 Uhr.

STRECKENSPERRUNGEN In Bad Rothenfelde sind die Salinerstraße, die Bahnhofstraße und die Hannoversche Straße zwischen Freitag 19.00 Uhr und Sonntag 24.00 Uhr sowie an Feiertagen gesperrt.

KARTE Die Generalkarte 1:200.000, Blatt 6 und 9

Bereits weit im Norden, bevor die Landschaft flach und die Straßen gerade werden, gibt es nochmals ein Gebirge, in dem vor allem geschichtsbewusste Motorradfahrer auf ihre Kosten kommen. Bewaldetes Hügelgebiet wäre eigentlich der richtigere Ausdruck, denn mit Höhen bis zu 468 Metern ist der Teutoburger Wald, von dem hier die Rede ist, kein richtiges Gebirge. Zum Motorradfahren eignet er sich trotzdem vortrefflich, und zur Geschichte ist zu sagen, dass Hermann der Cheruskerfürst im Jahre 9 nach Christus in dieser Gegend die Legionen des römischen Feldherrn Quinctilius Varus kräftig vermöbelt haben soll. Die Schlacht muss sich dabei ziemlich in die Länge gezogen haben, denn der Teutoburger Wald ist mit durchschnittlich 7 bis 15 Kilometern nicht sehr breit, aber mit grob gerechnet 100 Kilometern Ausdehnung zwischen Osnabrück und Paderborn reichlich lang.

Ich lege meinen Startort etwas außerhalb des Teutoburger Waldes, nach Ibbenbüren, etwa 20 Kilometer westlich von Osnabrück, wo der Sammler Robert Stockmann in einem alten Schulgebäude ein Motorradmuseum eingerichtet hat, bei dem alle Liebhaber von originalgetreu restaurierten Oldtimern ins Schwärmen geraten können. Es ist erstaunlich, auf welch hohem technischem Stand die Zweiräder bereits um 1930 waren, und trotzdem möchte

Hier findet eher die Schlacht am kalten Büffet statt und nicht die berühmte Schlacht im Teutoburger Wald.

ich den Komfort meiner modernen Maschine nicht missen, mit der ich mich nun auf den Weg nach Tecklenburg mache. Malerisch liegt der Ort mit seinen alten Fachwerkhäusern am Rande des Teutoburger Waldes. Kleinere Landstraßen verbinden dörfliche Ansiedlungen, über die ich, dem in südöstlicher Richtung verlaufenden Bergkamm folgend, Bad Iburg erreiche.

Klimatisch begünstigt am Südfuß des immerhin bereits 331 Meter hohen Dörenberges gelegen, weist es ein sehenswertes Schloss auf, das als Geburtsstätte der ersten Königin von Preußen gilt: Sophie Charlotte, der Großmutter Friedrichs des Großen. Bad Laer hat dafür einen Wehrturm aus dem 10. Jahrhundert sowie eine neugotische Kirche mit romanischen Treppenturm und Bad Rothenfelde, das ich als Nächstes ansteuere, hält mit der über 800 Jahre alten St. Mauritiuskirche dagegen.

Landschaftlich besticht wieder die dicht bewaldete Strecke von Dissen Richtung Melle mit der Nöller Schlucht. Bei Placke am Fuße des Beutling weiche ich jedoch auf Nebenstraßen aus, hinüber nach Borgholzhausen. Ich bleibe auf den kleinen Straßen und erreiche langsam das Einzugsgebiet von Bielefeld.

Die dortigen Sehenswürdigkeiten lasse ich für dieses Mal unbesehen links liegen. Ich möchte mir schließlich heute noch zwei der größten

Bad Iburg ist der Geburtsort der ersten Königin von Preußen, Sophie Charlotte, der Großmutter Friedrichs des Großen.

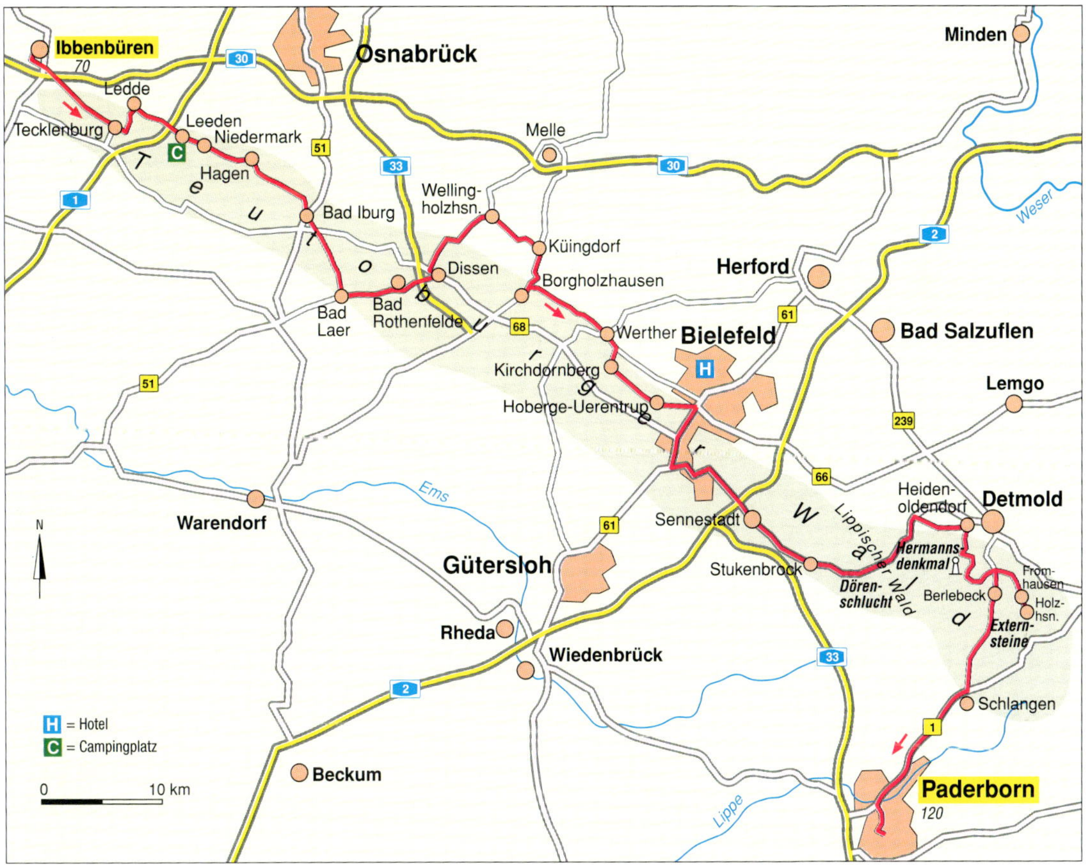

SEHENSWÜRDIGKEITEN

Ibbenbüren: Motorradmuseum Stockmann

Tecklenburg: Burgruine mit Aussichtsturm, Fachwerkhäuser im Ortskern, Wasserschloss »Haus Marck« ca. 2 km südlich

Bad Iburg: Schloss mit Rittersaal und Klosterkirche, Töpferei- und Münzmuseum im Schloss, Uhrenmuseum gegenüber dem Rathaus

Bad Laer: Puppen- und Trachtenmuseum, alte Fachwerkhäuser

Bad Rothenfelde: Oldtimer-Museum: Heimatmuseum, Vogelpark

Borgholzhausen: Ravensburg, Luisenturm ca. 2 km südlich, Schloss Brinke

Berlebeck: Größte und älteste Adlerwarte Europas mit Freiflug-Demonstration

Paderborn: Dom, Diözesanmuseum mit Imad-Madonna, 200 Quellen der Pader in Domnähe, karolingische Kaiserpfalz, Schloss Neuhaus

Sehr wahrscheinlich findet man in dieser Landschaft bei Schlangen noch echte Schlangen. Seinen Namen dürfte der Ort vermutlich nicht von diesen scheuen Tieren haben.

Attraktionen des Teutoburger Waldes ansehen, von denen die erste das Hermannsdenkmal ist. Ich folge der B 68 über Sennestadt und Schloss Holte-Stuckenbrock Richtung Detmold. Ab dem Lippischen Wald präsentiert sich die Landschaft wieder recht reizvoll und ich durchfahre die Döresschlucht, von der Historiker behaupten, dass die legendäre Schlacht hier ausgetragen worden sein soll. Hundertprozentig weiß man es wohl immer noch nicht, ganz sicher aber ist, dass sie nicht dort stattgefunden hat, wo sich das Hermannsdenkmal befindet: auf der 386 Meter hohen Bergkuppe der Grottenburg, unweit von Detmold. Beeindruckend ist das vom Sockel bis zur Schwertspitze 53,5 Meter messende steinerne und kupferne Monument, das vom Bildhauer Ernst von Bandel in jahrzehntelanger Arbeit zwischen 1838 und 1875 errichtet wurde. Ich steige zur Aussichtsgalerie empor und genieße den Rundblick über die kuppige Wald- und Wiesenlandschaft.

Die zweite Attraktion ist nicht weit entfernt. Über Heiligenkirchen und Fromhausen bin ich rasch in Holzhausen, wo die Externsteine auf mich warten. Es sind 13 bis zu annähernd 40 Meter hohe Sandsteinfelsen, die teilweise bestiegen werden können und von denen manche mit Brücken verbunden sind. Man vermutete einst eine heidnische Kultstätte, aber schon im 12. Jahrhundert entstanden hier zwei christliche Kapellen. Der Sage nach soll der Teufel für den heidnischen Sachsenführer Widukind einen riesigen Tempel errichtet haben, den er, als sich dieser doch taufen ließ, wutentbrannt zerstörte, sodass nur die Externsteine stehen blieben.

Bei der Anfahrt sind mir die Hinweisschilder zum Vogelpark Berlebeck aufgefallen. Ich fahre deshalb einige Kilometer zurück und besuche dort die älteste und größte Adlerwarte Europas. Mehr als 80 Raubvögel, vom Steinadler über Falken bis hin zu Geiern, sind hier zu besichtigen, von denen einige zweimal täglich frei fliegen dürfen.

Der Umweg von den Externsteinen über Berlebeck lohnt sich aber noch aus einem anderen Grund: Die Straße, die von hier über den 350 Meter hohen Gausekötepass hinüber nach Schlangen führt, ist fahrerisch ein Genuss, der mit Erreichen der B 1 leider viel zu früh edet. Schlangen macht seinem Ortsnamen leider keine Ehre, die Weiterfahrt in Richtung Paderborn gestaltet sich ziemlich geradlinig.

DER SPEZIALTIPP

Maschinenmuseum

Wem das Motorradmuseum in Ibbenbüren Lust auf mehr gemacht hat, der sollte noch das Oldtimermuseum in Bad Rothenfelde in der Parkstraße 7a besuchen. 55 Modelle von zwei bis vier Rädern aus den letzten fünf Jahrzehnten sind in dem Bauernhaus aus dem 18. Jahrhundert zu besichtigen. Darunter ein Automag mit Handanlasser und Kettenantrieb und ein dreisitziges Vehikel namens »Kleeblatt« von Citroën. Neben motorisierten Fahrzeugen gibt es noch allerlei altes Gerät von Schreibmaschinen über Fotoapparate bis hin zu Radios zu bestaunen. Geöffnet ist das Museum täglich von 10.00 bis 17.00 Uhr.

Die Externsteine bei Holzhausen sind bis zu 40 Meter hoch. Bei ihnen soll einst eine heidnische Kultstätte gewesen sein.

Hier scheinen Landschaft und Fahrer miteinander zu verschmelzen.

21

DIE STÖRTEBEKER-STRASSE

Auf den Spuren des Piraten »Stürzbecher«

Streckenverlauf

Emden – Rysum – Loquard – Campen – Greetsiel – Grimersum – Marienhafe – Norden – Neßmersiel – Dornumersiel – Neuharlingersiel – Minsen – Horumersiel – Hooksiel – Wilhelmshaven – Sande – Bockhorn – Varel – Stollhamm – Tossens – Langwarden – Burhave – Nordenham-Blexen

Auf den Spuren des berüchtigsten Seeräubers der deutschen Geschichte leitet mich diese Tour längs der Nordseeküste von der Mündung der Ems zur Mündung der Weser.

Drei Stunden vor dem Hochwasser treffe ich auf der Autobahn A 31 in der Seehafenstadt Emden ein. Für meinen Trip über die Störtebekerstraße haben ich mich genau nach den Gezeiten erkundigt, denn es wäre allzu frustrierend, an der Nordseeküste entlangzufahren und »das Meer ist fort«. An der Ampelanlage am Ende der Autobahn zweige ich rechts auf die Landstraße in Richtung »Larrelt/Rysum« ab und sind auf der Störtebekerstraße. 70 km/h ist offiziell das Höchste der Gefühle auf der zweispurigen Straße, die mit ständig wechselnden Belägen aufwartet und an manchen Sommerwochenenden Hunderten von Bikern den Weg zur Knock weist. Die ausgeschilderte Knock, erreichbar in einem kurzen Abstecher, ist das Südkap der Krummhörn an der Mündung der Ems. Jenseits des Stroms zeigt sich die Küste des niederländischen Groningerlands, weiter stromaufwärts weitet sich die Wasserfläche der Dollartbucht, an deren Gestaden das Rheiderland liegt. Aussicht, Weite und Wasser locken hier zu jeder Jahreszeit Spaziergänger an die Knock, die zugleich ein bedeutendes Surf- und Lenkdrachenrevier ist.
Zurück auf der Störtebekerstraße passiere ich – nun auf erbärmlichem Flickenteppichbelag – die drei alten Warfendörfer Rysum, Loquard und Campen. Ich sehe zu meiner Linken den 65 Meter hohen Campener Leuchtturm. Dieser ist von Campen aus in wenigen Minuten in einem ausgeschilderten Abstecher erreichbar und bietet eine einzigartige Rundschau (Öffnung des Leuchtturms und des Restaurants daneben meist nur an Wochenenden). Weiter geht

STRECKENLÄNGE 248 km

AUSGANGS- UND ENDPUNKT Emden (1 m)
Nordenham-Blexen (1 m)

ANFAHRT ZUM AUSGANGSPUNKT Autobahn Leer–Emden A 31

SERVICESTELLEN **Emden:** Yamaha; **Norden:** BMW, Aprilia, Kawasaki, Ducati, Yamaha; **Wilhelmshaven:** Aprilia

ÜBERNACHTUNGEN **Upgant–Schott/Osterupgant:** Hotel Nordstern; **Eversmeer:** Pension Kunze; **Stadland/Rodenkirchen:** Gasthof Hilsmann

CAMPINGPLÄTZE Dornumersiel; Neuharlingersiel; Wilhelmshaven; Butjadingen

STRECKENSPERRUNG In Tossens/Butjadingen besteht im Kurbereich während der Saison Nachtfahrverbot zwischen 22.00 und 6.00 Uhr.

KARTE Die Generalkarte 1:200.000, Blatt 3

Wie auf diesem Denkmal in Marienhafe soll er ausgesehen haben, der berühmteste Pirat, den Deutschland vorzuweisen hat: Klaus Störtebeker.

es auf meist schlechtem, geflicktem Asphalt und auf rilligen, teilweise zerbrochenen Betonplatten durch die aussichtsreiche, landschaftlich einzigartige Gegend, die sich Krummhörn nennt. Mehrere alte Dörfer bleiben zurück, links zeigt sich der bunte Leuchtturm von Pilsum, der leider nicht bestiegen werden kann, dann erreiche ich das Fischerdorf Greetsiel mit seinem malerischen Krabbenkutterhafen. Das Ortszentrum dieses ehemaligen Häuptlingssitzes, vor dem als Wahrzeichen die Zwillingswindmühlen stehen, ist für Autos und Motorräder gesperrt; es gibt dort mehrere Cafés und Kneipen.
»Das platte Land ist wunderschön«, denke ich, als ich unter blauem Himmel durch Wiesen- und Feldmark an den Dörfern Eilsum, Grimersum und Wirdum mit ihren uralten Kirchtürmen vorbei in Richtung Marienhafe holpere, »aber warum können die ihre Straße nicht asphaltieren?« Doch da grüßt schon die Windmühle von Upgant-Schott, und ich bin in der alten Störtebeker-Festung Marienhafe. Überlebensgroß steht die Statue des »Stürzbechers« vor dem massigen Turm der ehemaligen Kirche, in der der Seeräuber und seine Freibeuter sich in den Jahren 1396–1400 verschanzten. Bei guter Sicht ist die Besteigung des als Aussichtsturm und Störtebekermuseum eingerichteten Turms wärmstens zu empfehlen.

In Marienhafe schwenke ich auf die B 72 in Richtung Norden ein und habe endlich wieder guten Asphalt unter den Rädern, aber dafür verstopfen jede Menge Autos von Inseltouristen die Straße. Ich lasse mich aber nicht nerven, auch nicht vom Stau vor den Bahnschranken in Norden – der Interregio nach Norddeich überholt uns –, und mache kurz Pause in der Fußgängerzone von Norden, der alten Hauptstadt des Norderlands: Eiscafés, Restaurants – ein hübsches Städtchen.
Die Straße zwischen Norden und dem Seebad Norddeich, wo die Fähren nach Norderney und Juist abfahren, ist exzellent asphaltiert, aber die Masse der Autos, die sich in dieselbe Richtung bewegen wie ich, lässt in der Hauptsaison kaum mehr als Stop-and-go zu. Um Stress zu vermeiden, schenke ich mir den Abstecher nach Norddeich, biege rechts Richtung »Flugplatz« ab und folge der Störtebekerstraße, die sich aussichtsreich an der Küstenlinie entlangzieht. Auf der Störtebekerstraße gibt es wieder schlechten Belag und jede Menge Schlaglöcher – dafür aber eine wirklich gigantische Aussicht. Jetzt versperrt mir nur noch eine Gruppe Wanderer oder Demonstranten die Straße, einer wirft eine Kugel auf die Straße, die anderen schreien und gestikulieren, ich muss anhalten und erkundige mich: Von wegen Wanderer oder Demonstranten – »Boßeln, ostfriesischer Volkssport«, lautet die Erklärung. Vorsichtig lenke ich an der Boßelgruppe vorbei und fahre weiter über winzige

»Zwillinge von Greetsiel« werden diese Windmühlen am Dorfeingang genannt.

SEHENSWÜRDIGKEITEN

Emden: Renaissancerathaus mit Ostfriesischem Landesmuseum, Hafentor von 1635, Kunsthalle mit zeitgenössischer Kunst und klassischer Moderne, »Otto Huus« des Komikers Otto Waalkes

Greetsiel: »Zwillinge von Greetsiel« genannte Windmühlen am Dorfeingang, evangelische Kirche (15. Jahrhundert)

Neuharlingersiel: Buddelschiffmuseum

Wilhelmshaven: Küstenmuseum, Nationalparkzentrum »Das Wattenmeerhaus«, Rosarium mit Schaugarten, Jade-Windenergie-Park

Bockhorn: Friesenkirche, Klinkerzentrum mit Keramiksammlung

Varel: Schlosskirche mit Altar im Stil des norddeutschen Manierismus

Die Knock, das Südkap der Krummhörn an der Emsmündung, ist ein beliebter Treff für Motorradfahrer.

Dörfer und durch weites Feld- und Wiesenland. Highlights sind die Fährhafendörfer mit Blick zu den Inseln: In Neßmersiel (Abstecher) schaue ich hinüber auf die Insel Baltrum, die sich mit dem links davor liegenden Norderney fast zu berühren scheint. In Dornumersiel (kurzer Abstecher zum Hafen) und erneut in Bensersiel fällt der Blick auf die Insel Langeoog. Neuharlingersiel ist Startpunkt der Fähre nach Spiekeroog. In Carolinensiel (links kurzer Abstecher zum Wangerooge-Hafen Harlesiel) verlasse ich Ostfriesland und rolle durch das Wangerland dem Jadebusen zu. Dort finde ich an der Nordküste von Schillig einen wunderschönen Sandstrand mit kleinen Dünen (das Strandbad von Schillig liegt am Jadebusen und kostet Eintritt). Nach dieser erfrischenden Pause fahre ich südwärts in den Badeort Horumersiel mit seinen zahlreichen Cafés, dann geht es rasch weiter via Hooksiel in die junge Industriestadt Wilhelmshaven und in die alte Stadt Varel (mit dem Nordseebad Dangast: Abstecher) an der Südküste des Jadebusens. Varel war der Hauptort der Friesischen Wehde, in vorchristlicher Zeit befand sich hier eine der vier heiligen Tingstätten von Rüstringen, des friesischen Gaus an der Wesermündung.
Von Varel aus folge ich der Störtebekerstraße fast immer an der eingedeichten Küste des Jadebusens entlang, schwinge oben im Land Butjadingen der Küstenlinie folgend rechts und erreiche in Nordenham-Blexen an der Wesermündung den Endpunkt der Störtebekerstraße und meiner Tour.

DER SPEZIALTIPP

Seefahrergeschichte in Miniatur

Wie passt ein originalgetreu nachgebauter Windjammer mit einer Masthöhe von 50 Millimetern in eine Flasche, hier auch Buddel genannt, mit einer Halsöffnung von 15 Millimeternin? Das ist hier die Frage.
Im Buddelschiffmuseum in Neuharlingersiel erhalten Sie Aufklärung. 150 Buddels mit einem Fassungsvermögen von 0,5 bis zu 60 Litern gibt es dort samt Inhalt zu bestaunen. Die Palette reicht vom Einbaum bis zum Unterseeboot. Erfunden wurde dieses Gedulds- und Geschicklichkeitsspiel wohl von Seeleuten, die sich während einer Flaute langweilten und dabei feststellten, dass es mehr leere als volle Flaschen auf dem Schiff gab. Geöffnet ist das Museum von April bis Oktober von 10.00 bis 13.00 Uhr und 14.30 bis 18.00 Uhr.

Der Leuchtturm von Campen mag schon einigen verirrten Seeleuten den rechten Weg gewiesen haben.

Es war ein weiter Weg von München bis hierher auf diesen Deich an der Nordseeküste.

IM OSTEN UND NORDEN DEUTSCHLANDS

Tangermünde an der Elbe überrascht nicht nur durch eine idyllische Postkartenansicht, sondern auch durch ein Katzenkopfplaster (links). Keinerlei Problem stellt die Abfahrt von der Elbfähre dar; insgesamt gibt es noch drei davon: bei Havelberg, Sandau und Arneburg (oben).

Obwohl wir zehn Jahre freie Fahrt im Osten Deutschlands genießen, mag er aus motorradfahrerischer Sicht für manche noch »terra incognita« sein, Land das es jedoch unbedingt zu erkunden gilt! Es warten neben einer überwältigenden Zahl geschichtsträchtiger Stätten ausgesprochen schön zu fahrende Strecken durch sanfte Hügel, schattige Alleen, entlang schroffer Felsen, Seen über Seen und schließlich noch: das Meer, wo wir uns auch wieder in den Westen wagen.

22 DURCH DEN THÜRINGER WALD

Rundfahrt durch das Herz der deutschen Kultur

Streckenverlauf

Eisenach – Ruhla – Brotterode – Kleinschmalkalden – Floh-Seligenthal – Schnellbach – Schöntal – Steinbach-Hallenberg – Unterschönau – Oberschönau – Oberhof – Schmücke – Allzunah – Neustadt/Rennsteig – Großbreitenbach – Meuselbach-Schwarzmühle – Mellenbach-Glasbach – Oberhain – Sitzendorf – Bad Blankenburg – Saalfeld – Arnsgereuth – Reichmannsdorf – Lichte – Neuhaus/Rennweg – Scheibe-Alsbach – Goldisthal – Masserhammer – Gießübel – Waldau – Schleusingen – Themar – Untermaßfeld – Meiningen – Wasungen – Breitungen – Barchfeld – Waldfisch – Etterwinden – Willhelmsthal – Eisenach

STRECKENLÄNGE 307 km

AUSGANGS- UND ENDPUNKT Eisenach (250 m)

ANFAHRT ZUM AUSGANGSPUNKT Autobahn Chemnitz–Frankfurt A 4/A 5, Ausfahrt Eisenach

SERVICESTELLEN **Eisenach:** Aprilia, Triumph; **Floh-Seligenthal:** Honda; **Sitzendorf:** Suzuki; **Saalfeld:** Yamaha; **Schleusingen:** Aprilia, Suzuki; **Meiningen:** Suzuki

ÜBERNACHTUNGEN **Eisenach:** Arkona Hotel Thüringer Hof; **Oberhof:** Treff Hotel Panorama; **Sitzendorf:** Gaststätte Zum Bergmann; **Bad Blankenburg:** Hotel Weinhaus Eberitzsch

CAMPINGPLÄTZE Großbreitenbach; Eckardshausen/Wilhelmsthal

KARTE Die Generalkarte 1:200.000, Blatt 11

Ziemlich genau in der Mitte Deutschlands, zumindest in der Längsachse gesehen, liegt das Bundesland Thüringen, das wohl wie kein zweites mit den bekanntesten Namen der deutschen Geistesgeschichte verbunden ist. Hier lebten und arbeiteten nahezu alle, die in der deutschen Kunst und Kultur Rang und Namen hatten.

In Arnstadt hatte Johann Sebastian Bach seine erste Kantorstelle, der Maler Lucas Cranach verbrachte seine letzten Lebensjahre in Weimar, das untrennbar mit Johann Wolfgang von Goethe und Friedrich Schiller verbunden ist. Nach deren Tod kam Franz Liszt, und Walter Gropius versammelte Maler von Kandinsky über Klee bis Feininger um sich. In Jena lehrten Johann Gottlieb Fichte, Friedrich Wilhelm Schelling und Friedrich Hegel. Theodor Storm schrieb in Heiligenstadt unter anderem seinen »Pole Poppenspäler«, und Heinrich Heine ließ sich hier taufen. Nun könnte man allein mit der Aufzählung weiterer Persönlichkeiten bequem die Zeilen für diese Tour füllen, aber dann käme das Motorradfahren zu kurz. Dabei ist es beileibe nicht so, dass sich Kunst und Motorradfahren ausschließen, aber schöne Landschaft und kurvige Sträßchen sollten dann schon auch sein. Und auch damit kann Thüringen aufwarten im Thüringer Wald und dem unmittelbar anschließenden Thüringischen Schiefergebirge, einem insgesamt gut 160 Kilometer langen Gebirgszug, der sich von Eisenach in südöstlicher Richtung erstreckt, bevor er hinter dem Flüsschen Haßlach allmählich abflacht und in den Frankenwald übergeht.

Liebevoll dekoriert strahlt diese Garage irgendwo in Thüringen einen ganz eigenen Charme aus.

Landschaft hin, Kurven her, ich beginne die Tour in Eisenach mit Kultur. Die Wartburg steht auf dem Programm, die geschichtsträchtigste aller deutschen Burganlagen. Schon um das Jahr 1200 soll hier der berühmte Sängerwettstreit zwischen Walther von der Vogelweide, Heinrich von Ofterdingen und Wolfram von Eschenbach ausgetragen worden sein. Martin Luther lebte hier unter dem Decknamen Junker Jörg in den Jahren 1521 und 1522, und sein Stübchen, in dem er die Bibel ins Deutsche übersetzte, kann besichtigt werden. Es gibt dort eine Zugbrücke, ein romanisches Torhaus, zahlreiche Wehrgänge, ein Ritterhaus,

die Vogtei und im spätromanischen Landgrafenhaus, dem Palas, den Rittersaal und den historischen Speisesaal. Noch ein Blick von der Burg hinüber nach Norden zu den Hörselbergen, wo neben Wotan und dem Wilden Heer auch Frau Holle wohnen soll, dann mache ich mich wieder auf den steilen Abstieg hinunter zum Parkplatz.
Auf die Maschine und raus aus der Stadt auf der B88, die ich bei Heiligenstein verlasse und auf die Landstraße nach Ruhla abbiege. Bald erkenne ich linker Hand den Großen Inselberg, der mit 916 Metern zwar nicht die höchste Erhebung des Thüringer Waldes, das ist mit seinen 982 Metern der Große Beerberg, dafür aber die bekannteste und meist besuchte ist. Ich bleibe in gebührender Entfernung und fahre weiter in südöstlicher Richtung, wobei mir auffällt, dass viele Ortschaften hier Doppelnamen haben, Floh-Seligenthal etwa, Rotterode-Altersbach oder Steinbach-Hallenberg. Oberhof, das ich nach steil ansteigender Straße erreiche, hat nur einen Namen, dafür kann der Luftkurort mit seinem anerkannten Heilklima eine Bobbahn und Skisprungschanzen bieten – allerdings auch Besucherzahlen, die sich über das Jahr auf eine sechsstellige Zahl summieren und den Kurort zu überschwemmen scheinen, weshalb ich gleich weiterfahre.

Er musste noch ohne PC auskommen: Luthers Arbeitszimmer in der Wartburg.

Ich bleibe auf den kleinen Sträßchen, die sich entlang des Rennsteigs halten, einem uralten Kurierpfad, der dem Kamm des Thüringer Waldes folgt und der zu einem der schönsten Höhenwanderwege Europas zählt.
Bei Meuselbach-Schwarzmühle verlasse ich den Rennsteig und biege nach Norden ab, ins Schwarzatal, um nach Saalfeld zu gelangen. Etwa in der Mitte des malerischen Flusstales thront auf einem steilen Bergsporn stolz

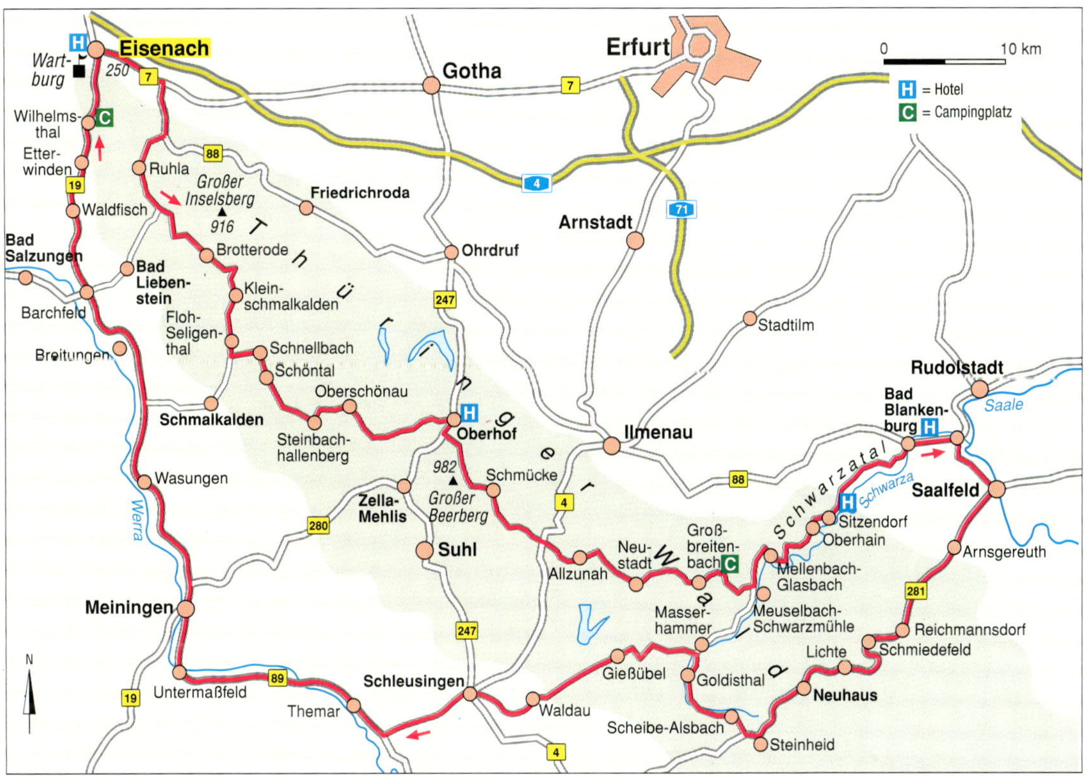

SEHENSWÜRDIGKEITEN

Eisenach: Wartburg, Lutherhaus, Lutherdenkmal, Stadtschloss, Nikolaikirche

Oberhof: Biathlonstadion, Sprungschanzen, Rennsteiggarten ca. 1 km südlich

Schwarzburg: Schloss Schwarzburg

Bad Blankenburg: Ruine Greifenstein, Friedrich-Fröbel-Museum

Saalfeld: Rathaus, Burgruine Hoher Schwarm, Feengrotten, Schloss mit Schlosskapelle

Schleusingen: Stadtkirche St. Johannis, Schloss Bertholdsburg mit Museum und Spielzeugausstellung, Naturtheater bei Steinbach

Meiningen: Schloss Elisabethenburg, Schloss Landsberg, Goethe-Park

Wasungen: Stadtkirche mit spätgotischem Turm

Schloss Schwarzenburg über der gleichnamigen Ortschaft, während von Burg Greifenstein am Talausgang nur eine Ruine übrig geblieben ist. Wenig später bin ich in Saalfeld, das seiner zahlreichen historischen Bauwerke wegen auch die »Steinerne Chronik Thüringens« genannt wird. Aber mich interessieren vor allem die Feengrotten am Rande der Stadt, Überreste eines ehemaligen Alaunschieferbergwerkes, in deren stillgelegten Höhlen Ablagerungen verschiedenfarbiger Mineralien Tropfsteingebilde von märchenhafter Schönheit geschaffen haben.

Entlang des Rennsteiges findet man immer Gleichgesinnte zum Fachsimpeln.

Zurück im Freien verstaue ich meine Regenkombi, die ich zum Schutz vor dem Tropfwasser übergestreift habe wieder im Tankrucksack und fahre weiter in südlicher Richtung auf der B 281 bis Limbach, wo ich wieder auf Landstraßen ausweiche und zugleich die Rückfahrt antrete. Ich fahre noch kurze Zeit an der Schwarza entlang, wechsle aber bald zur Schleuse über, mit der ich auch den hohen Teil des Thüringer Waldes verlasse und der Werra zustrebe, deren breites Tal mich nach Eisenach zurückbringen soll.

Klassikerstraße nennt man die hier verlaufende B 89, die bei Meiningen in die B 19 übergeht, aber nicht etwa klassischer Motorräder oder Autos, sondern der klassischen Dichter und Denker wegen, die hier wie eingangs bereits erwähnt, so überreichlich gewirkt haben. So gilt Meiningen, die erste größere Stadt, die ich wieder erreiche, als Thüringens berühmteste Theater- und Musikstadt, in deren Hofkapelle schon Richard Strauss und Max Reger dirigierten. Ich dirigiere mein Orchester in Form klangvoller Phonzahlen aus den Auspufftöpfen meiner Maschine weiter auf der zwischen der Rhön im Westen und dem Thüringer Wald im Osten verlaufenden Bundesstraße. Bei Barchfeld verlasse ich den Fluss, der hier noch einen langen Weg zur Weser vor sich hat. Ich habe es nicht mehr so weit, die düstere Drachenschlucht trennt mich noch von Eisenach und der Wartburg, in deren Schatten ich mir nun eine Thüringer Bratwurst genehmige.

DER SPEZIALTIPP

Eisenach – Autostadt

Wenn Sie auf den Straßen von Eisenach keinen Wartburg – gemeint sind die knatternden Zweitaktvehikel – mehr entdecken, besuchen Sie den Automobil-Ausstellungs-Pavillon in der Wartburgallee. Hier stehen Oldtimer, der älteste von 1898, die in der ehemaligen Fahrzeugfabrik Eisenach AG gefertigt wurden. Dort erfahren Sie auch, dass die Bayerischen Motorenwerke das Unternehmen um 1920 aufkauften und bis 1945 dort fertigen ließen. Ab dann trugen die dort hergestellten Autos den Schriftzug »EMW« für Eisenacher Motoren Werke.

Die Wartburg in Eisenach ist eine der bekanntesten und geschichtsträchtigsten Burganlagen Deutschlands.

Frühling im Thüringer Wald. Kinnriemen schließen, Visier herunterklappen, dann kann's losgehen.

23 VOM ELBSANDSTEINGEBIRGE INS LAUSITZER BERGLAND

Auf Panoramastraßen durch die Sächsische Schweiz

Streckenverlauf

Loschwitz – Pillnitz – Pirna – Wehlen – Bastei – Lohmen – Rathewalde – Hohnstein – Porschdorf – Bad Schandau – Lichtenhain – Sebnitz – Langburkersdorf – Steinigtwolmsdorf – Wehrsdorf – Sohland – Neusalza-Spremberg – Eibau – Leutersdorf – Spitzkunnersdorf – Großschönau – Jonsdorf – Oybin – Olbersdorf – Zittau

STRECKENLÄNGE 165 km

AUSGANGS- UND ENDPUNKT Dresden-Loschwitz (133 m) Zittau (240 m)

ANFAHRT ZUM AUSGANGSPUNKT Autobahn Dresden–Bautzen A 4, Ausfahrt Ottendorf-Okrilla und auf der Landstraße über Radeberg, Bühlau nach Loschwitz

SERVICESTELLEN **Pirna:** Aprilia, Honda, Kawasaki, u. a.; **Rathewalde:** Honda; **Hohnstein:** Aprilia; **Zittau:** Alle japanischen Fabrikate

ÜBERNACHTUNGEN **Wehlen:** Gaststätte und Pension Am Nationalpark; **Bad Schandau:** Hotel Sigl's; **Sebnitz:** Hotel Sebnitzer Hof; **Spitzkunnersdorf:** Jägerstube; **Jonsdorf:** Pension und Gaststätte Am Buchberg

CAMPINGPLÄTZE Hohnstein; Bad Schandau; Sebnitz; Großschönau

TREFFS In **Dresden:** »Marios Feierabendtreff« in der Wehlener Straße 35, täglich, an Werktagen jedoch nur bis 23 Uhr. Jeden Freitag gibt es eine Bikerfete. I In **Eibenau** trifft man sich am Wochenende bei der »Eisdiele«.

KARTE Die Generalkarte 1:200.000, Blatt 8

So berühmt das Elbsandsteingebirge ist, umso weniger bekannt ist das Lausitzer Bergland, von dem vor allem das Zittauer Gebirge, ganz in der Südostecke Sachsens gelegen, am liebenswertesten ist. Beim Studium der Strecke fiel mir auf, dass sich hier eine recht abwechslungsreiche und für Motorradfahrer gut geeignete Straßenführung ergeben müsste, und so machte ich mich von der Elbniederung bei Loschwitz auf den Weg in eine recht unbekannte Region. Bereut habe ich es nicht, denn nach dem Trubel im Elbsandsteingebirge war die Ruhe im zweiten Teil der Strecke wirklich wohltuend. Die Naturschönheiten um die Bastei gehören zweifellos zu den herausragenden Erlebnissen, aber auch Höhenwege mit ihren weiten Kurven und traumhaften Ausblicken sind gerade für Motorradfans das Tüpfelchen auf dem i für eine genussreiche Tour. Schönste Zeiten sind das Frühjahr, wenn frisches Grün in allen Schattierungen auf den Höhen und in den Niederungen das Auge erfreut, und der Herbst mit seiner leuchtenden Farbenpracht im beeindruckenden Kontrast zum hellen Sandstein.

In Loschwitz erreiche ich unmittelbar das Ufer der Elbe, wo eine stählerne Brücke namens »Blaues Wunder« als technisches Denkmal den Fluss überspannt, und folge erst einmal seinem Lauf, bevor es wieder aufwärts geht. Ich befinde mich auf der Sächsischen Weinstraße, die sich zwischen Rebhängen dahinzieht, einen schönen Blick auf die Elbniederung freigibt und sich zum Schloss Pillnitz schlängelt. Vom Schloss selbst sieht man von dieser Seite nicht viel, aber vom Parkplatz aus sind es nur wenige Meter, eine Besichtigungspause lohnt sich.

Weinberge begleiten mich zunächst noch, dann umgibt mich ein dichter Mischwald fast bis Pirna mit seiner sehenswerten Altstadt und einem empfehlenswerten Naturbad. Auf Kopfsteinpflaster nehme ich Kurs auf Wehlen, dem Tor zum Elbsandsteingebirge. Waldstreifen wechseln hier mit Wiesen, und immer ist die

Blick vom Elbufer auf das Dörfchen Wehlen. Hier darf man die Abzweigung zur Bastei nicht verpassen.

Landschaft von welligen Hügeln geprägt. Obwohl in Wehlen ein Schild auf eine Sackgasse hinweist, fahre ich abwärts bis zum Ende, das sich als ein großer Parkplatz direkt an der Elbe offenbart. Von hier aus lässt sich der hübsche Ort sehr bequem erkunden, nur wenige Meter sind es bis zum Markt mit seinen schönen Fachwerkhäusern, und wer sich einen besonders eindrucksvollen Blick sichern möchte, steigt vom Markt aus zum Burgberg hinauf. Nach einem gemütlichen Aufenthalt fahre ich wieder aufwärts, beim Dorf Wehlen muss ich aufpassen, um den Abzweig zur Bastei nicht zu verpassen. Ich hatte mir aber den schönen Gasthof Zur Eiche auf der rechten Seite gemerkt, hier schwenke ich scharf nach rechts und komme auf eine herrliche Panoramastraße. Die Hügellandschaft des Elbsandsteingebirges liegt mir wahrlich zu Füßen, in der Ferne rechts sehe ich den Lilienstein, den schönsten Tafelberg der Gegend, der sich aus der Ebene erhebt. Links erscheint am

SEHENSWÜRDIGKEITEN

Loschwitz: Blaues Wunder

Pillnitz: Schloss mit Wasserpalais, Bergpalais, Schlosspark mit Kamelie

Pirna: Markt mit schönen Bürgerhäusern, Kirche (um 1300)

Wehlen: Aussicht vom Burgberg, Aufstieg vom Markt, sehenswerter Pflanzengarten

Hohnstein: Malerisches Stadtbild mit Burg, Stadtkirche und Fachwerkhäusern

Bad Schandau: Markt mit ehemaligem Brauhof aus der Renaissance, Kirche mit Sandsteinkanzel von 1572

Sebnitz: Umgebindehäuser

Sohland: Stausee der Spree

Eibau: Umgebindehäuser mit schönen Gärten

Oberkunnersdorf: Denkmalgeschützter Ort mit vielen Umgebindehäusern

Großschönau: Weber- und Damastmuseum

Jonsdorf: Barocke Türstöcke aus Sandstein, schöner Kurort mit zahlreichen Umgebindehäusern, Kurpark

Oybin: Berg Oybin mit Ruine der Klosterkirche, Bergkirche (18. Jahrhundert)

Zittau: Historischer Stadtkern mit Rathaus im italienischen Renaissancestil, Rolandbrunnen von 1585, Weberkirche mit Weberfriedhof, Glockenuhr aus Meißner Porzellan, Kloster Marienthal 8 km nördlich

Horizont die Hügellandschaft um Stolpen, in dessen Burg die berühmte Mätresse Augusts des Starken, Gräfin Cosel, 49 lange Jahre schmachten musste.
Während ich genüsslich die Landschaft betrachte, erscheint rechts der Hinweis zur Bastei. Nun heißt es erst mal die Straße verlassen

Wenn diese Sitzgelegenheit vor der Feste Königstein auch unbequem sein mag, anmerken lässt sich dies die Gruppe jedenfalls nicht.

und das Motorrad am großen Parkplatz abzustellen. Mit einem Pendelbus geht es zur Bastei, der bekanntesten und sicherlich auch der imposantesten Aussicht in der Sächsischen Schweiz. Knapp 200 Meter hoch über der Elbe, die sich malerisch zwischen den Felsen, Wäldern und Wiesen dahinschlängelt, bietet sich ein grandioses Panorama. Basteibrücke, Burg Neurathen und der Lilienstein gehören zu den bemerkenswerten Blickpunkten, interessant zu beobachten sind auch mehrere Kletterer an den senkrechten Wänden. Eine Gaststätte auf der Bastei sorgt für das leibliche Wohl – erstmals zu Pfingsten 1812, als zwei Rindenhütten zur Bewirtung von Gästen aufgestellt wurden.
Zurück auf der Panoramastraße fahre ich langsam und genieße nochmals die schöne Aussicht, bevor es nach Rathewalde erst mal abwärts geht. Eine Haarnadelkurve folgt der nächsten, Wald umgibt mich, bis im Talgrund die saftigen Wiesen dominieren. Ich bin im Polenztal angekommen, der Sandstein wurde vom Lausitzer Granit abgelöst und die Wiesen stehen im März und April voller Märzenbecher. Hier klapperten einst zahlreiche Mühlen, heute ist es still geworden, Bock- und Russigmühle sind als Gaststätten eingerichtet.
Nun umgibt mich Laubwald, die Straße schlängelt sich wieder aufwärts und auf einem Felssporn entdecke ich die Burg Hohnstein, schon 1200 böhmische Grenzfeste zur Markgrafschaft Meißen. Majestätisch prägt sie das Ortsbild, das noch mehr reizvolle Motive bieten kann. Da ist das Alte Rathaus mit dem Ratskeller in historischen Gewölben oder die Apotheke, ein sehenswertes Fachwerkhaus. Die Hauptstraße führt durch eine schmale Gasse aufwärts, ich halte nochmals an und genieße den eindrucksvollen Blick auf den Ort, bevor ich Bad Schandau ansteuere.
Eine Obstbaumallee begleitet mich anfangs, dann fahre ich im Wald hinab nach Bad Schandau. Der Kurbetrieb begann hier 1936, und seitdem beherrschen prächtige Gebäude die Elbfront. In Bad Schandau muss ich mich entscheiden, ob ich den Weg nach Sebnitz durch das Kirnitzschtal mit dem Lichtenhainer Wasserfall oder über den Ort Lichtenhain wähle. Ich nehme die zweite Variante, weil ich weiß, dass das Kirnitzschtal sehr überlaufen ist und keine tollen Aussichten bietet. Wieder windet sich die Straße aufwärts, rechts sehe ich ein Hinweisschild zu den Schrammsteinen, aber

Spaziergang über die Basteibrücke, hoch über der Elbe.

DER SPEZIALTIPP

Die Elbe per Raddampfer

Wer den Motorradsattel mit einer Schifffahrt vertauschen möchte, hat dazu mehrfach Gelegenheit. Die Raddampfer, die übrigens zur ältesten und größten Raddampferflotte der Welt gehören, verkehren zwischen Seußlitz und Dêcin und halten auch an Stationen, die an unserer Reiseroute liegen. Gelegenheiten zum Umsteigen bieten sich in Loschwitz, Pillnitz, Pirna, Wehlen oder Bad Schandau. Ein besonders attraktives Reiseziel ist Königstein, wo sich ein Spaziergang hinauf zur berühmten Festung anbietet.

Wer in Eibau einen kurzen Stopp einlegt, kann die Fassade dieses Umgebindehauses bewundern. Umgebindehäuser sind ein Haustyp, den es nur in der Lausitz gibt, er ist eine Mischung aus Blockbauweise und Fachwerk.

ich folge lieber weiter der schönen Asphaltstraße über Lichtenhain nach Sebnitz, das mir bald zu Füßen liegt. Es ist wegen seiner Kunstblumen weit über die Grenzen Sachsens hianus bekannt.

Die Landschaft wird sanfter und die Architektur anders. Auffällig sind in Wehrsdorf die ersten Umgebindehäuser, ein Baustil der Lausitz mit dicken Balken und sehenswerten Türstöcken aus Sandstein. Diese interessante Bauweise begleitet uns auch weiter. In Sohland verlockt ein schöner Stausee direkt an der Straße zum Rasten, und kurz danach sehe ich rechts das große Freizeitbad Weißbachtal.

Ich genieße die herrliche weite Landschaft, Greifvögel kreisen, das Asphaltband schlängelt sich zwischen Feldern und Wiesen, und am Horizont bildet das Zittauer Gebirge eine markante Kulisse. Diese Kreidesandsteinplatte hebt sich etwa 600 Meter aus dem Zittauer Becken und ähnelt am Nordabfall den bizarren Felsformen im Elbsandsteingebirge. Während ich allmählich näher komme, nimmt mich der schöne Kurort Jonsdorf gefangen. Hier dominieren wieder farbenprächtige Umgebindehäuser mit schönen Gärten, im Kurpark bietet sich eine Rast an, und wer Lust zum Wandern hat, kann sich auf den Weg zu den Mühlsteinbrüchen machen, eine vierstündige Rundwanderung zwischen bizarren Felsen.

Während ich wieder abwärts fahre, verengt sich die Straße, steile Felswände ragen zu beiden Seiten auf und geben kurz danach den Blick auf den Kurort Oybin frei. Er breitet sich am Fuße des gleichnamigen Felsens aus, auf dem Kaiser Karl IV. im Mittelalter eine Burg gebaut hatte, von der nur noch Ruinen übriggeblieben sind.

Kurze Zeit später bin ich in Zittau, im Länderdreieck Polen, Tschechien und Deutschland gelegen. Wegen ihrer Lage an alten Fernhandelswegen erlangte die Stadt früh eine bedeutende Stellung in der Oberlausitz. Davon kann ich mich im historischen Stadtkern überzeugen und darüber hinaus auch zahlreiche klassizistische Gebäude bewundern.

Zwischen Oybin und Jonsdorf verkehrt noch diese Schmalspur-Dampflok, ein Stück sächsische Verkehrsgeschichte (links).

24 ZWISCHEN BERLIN UND DER WÖRLITZER PARKLANDSCHAFT

Klöster, Parks und Alleen im Süden Berlins

Streckenverlauf

Trebbin – Luckenwalde – Kloster Zinna – Jüterbog – Annaburg – Prettin – Pretzsch – Bad Schmiedeberg – Kemberg – Radis – Oranienbaum – Wörlitz – Coswig – Lutherstadt Wittenberg – Treuenbrietzen – Trebbin

Schon oft habe ich die Region Teltow-Fläming südlich von Berlin durchquert, aber so richtig Zeit genommen habe ich mir für die Sehenswürdigkeiten bisher nicht. Dabei gibt es hier eine ganze Menge zu entdecken, mal ganz abgesehen von der reizvollen, leicht welligen Landschaft, die ihren Stempel durch die Eiszeit aufgedrückt bekam und bei Radwanderern sehr beliebt ist. Nun habe ich mich entschlossen, diese Gegend einmal näher unter die Lupe zu nehmen und dabei auch die weltberühmte Parklandschaft um Wörlitz einzubeziehen. Das Ergebnis kann sich sehen lassen – zu verstecken braucht sich diese außerordentlich abwechslungsreiche Landschaft mit schönen Baumalleen, interessanten Städten und viel Natur ganz und gar nicht.

STRECKENLÄNGE 228 km

AUSGANGS- UND ENDPUNKT Trebbin (38 m)

ANFAHRT ZUM AUSGANGSPUNKT Autobahn Berliner Ring A 10, Ausfahrt Genshagen und auf der B 101 bis Trebbin

SERVICESTELLEN **Jüterbog:** Honda, Suzuki; **Griebo:** Yamaha; **Lutherstadt Wittenberg:** Suzuki

ÜBERNACHTUNGEN **Luckenwalde:** Hotel Pelikan, Hotel Zur Stadt Magdeburg, Hotel Vierseithof; **Kloster Zinna:** Hotel Klostereck; **Jüterbog:** Hotel Zum Goldenen Stern, Pension Wiesenblick; **Treuenbrietzen:** Rosendiele Hotel Garni

CAMPINGPLÄTZE Gribow

STRECKENSPERRUNG Die Elbfähren Prettin und Coswig verkehren nur zwischen 6.30 und 20.00 Uhr, bei schlechten Witterungsverhältnissen wird der Fährbetrieb eingestellt.

KARTE Die Generalkarte 1:200.000, Blatt 10

Schon bald nach Trebbin umgibt mich eine leicht hügelige Landschaft, die von Feldern und Kiefernwäldern geprägt ist, zwischen denen sich eine kurvenreiche Straße schlängelt. Auf sehr guter Fahrbahn komme ich gut voran, Pferdeweiden vor Woltersdorf lenken kurz den Blick nach rechts und schon

bald bin ich in Luckenwalde. Über diese Stadt der Hut- und Tuchmacher geben Sammlungen im Heimatmuseum am Markt Auskunft. Weiter geht die Fahrt in Richtung Süden, zwischen großen Waldgebieten beiderseits der Straße wechseln Felder mit Waldinseln, und bald ist Kloster Zinna erreicht. Am Ortseingang suche ich den Hinweis zum Kloster und wäre beinahe daran vorbeigefahren. Kurz bremsen und nach rechts abbiegen heißt es, dann stehe ich vor dem eindrucksvollen Gebäude aus Granitquadern. In der Kirche stammen Teile des Chorgestühls aus dem 14. Jahrhundert, sehenswerte Glasmalereien in den Seitenfenstern der Hauptapsis stellen die Heiligen Benedikt und Bernhard dar.

Nach Kloster Zinna überquere ich die Nuthe, ein kleines Flüsschen, das mich schon eine Weile begleitete und genieße die wunderschöne Allee. Bald bietet sich ein schöner Fernblick über die Felder.

Auf der langen geraden Strecke hinter Jüterbog macht das Fahren Spaß. Am Horizont ist bereits Hohenahlsdorf zu erkennen. Schnurgerade verläuft die Straße weiter, rechts lugt die Kirche von Langenlipsdorf zwischen den Bäumen hervor und zahlreiche schön restaurierte Bauernhöfe bestimmen das Bild des Ortes.

Auf einer schmalen Landstraße, die sich ohne die geringste Krümmung durch Kiefernwälder

Bevor Sie Trebbin verlassen, sollten Sie vielleicht noch einen Blick auf die Annenkapelle werfen.

zieht, komme ich gut voran, rechts lädt ein Rastplatz zum Verweilen ein, und kurz nach Schweinitz überquere ich die Schwarze Elster. Besonders schön ist diese Landschaft hier im Frühsommer, wenn die gelben Rapsfelder zwischen den dunklen Kiefernwäldern leuchten. Im Osten erkenne ich das Renaissanceschloss von Annaburg auf einer Anhöhe, und rechts an der Straße bietet der Schauraum einer Porzellanfabrik, dem, der noch Platz im Gepäck hat und für Bruchsicherheit garantieren kann, die Gelegenheit zum Einkaufen.

Bald erreiche ich die Elbe, lasse mich von der Fähre übersetzen und mache im Restaurant Fährhaus auf der anderen Seite Rast.

Weiter geht nun die Fahrt auf der deutschen Alleenstraße in den Naturpark Dübener Heide, wo zahlreiche Wanderwege durch die ausgedehnten Wälder führen. Hinter Bad Schmiedeberg wird die Landschaft hügeliger, der Ort Meuro bietet auf einem kleinen Hügel ein schönes Panorama, und bald zeigt sich der schlanke neogotische Westturm der Kirche von Kemberg. Rechts fällt mir ein Hinweis zum Parkplatz beim Bergwitzsee auf, und sofort nutze ich die Gelegenheit für eine kleine Erfrischung.

Nachdem ich mich im Heidegasthof in Nadekau noch gestärkt habe, erreiche ich frohen Mutes Oranienbaum, einen gepflegten Ort mit holländischer Tradition. Den Marktplatz ziert ein Orangenbaum, und der Ort sowie Schloss und Park sind nach Entwürfen des niederländischen Architekten Ryckwaert erbaut.

SEHENSWÜRDIGKEITEN

Trebbin: Stadtkirche St. Marien, Annenkapelle auf dem ehemaligen Friedhof

Luckenwalde: Marktturm, der als Glockenturm für die Kirche St. Johannes fungiert

Kloster Zinna: Kirche des Klosters, Alte und Neue Abtei, Abtshaus mit Heimatmuseum

Jüterbog: Stadtmauer mit drei Stadttoren, Liebfrauenkirche und Kirche St. Nikolai

Annaburg: Renaissanceschloss, Pfarrkirche und Fachwerkbauten

Prettin: Renaissanceschloss mit Schlosskirche, Pfarrkirche mit Flügelaltar

Pretzsch: Renaissanceschloss mit Bergfried, Schlosspark

Bad Schmiedeberg: Rathaus mit reich geschmückten Portalen

Kemberg: Teile der Stadtbefestigung, spätgotisches Rathaus mit Maßwerkgiebeln

Oranienbaum: Schloss im holländischen Barockstil, Park mit großem Parterre, Pagode und Teehaus

Wörlitz: Großer Landschaftspark mit Kanälen, Brücken, Grotten, Bauten, vielen seltenen Gehölzen

Lutherstadt Wittenberg: Renaissancerathaus, Residenzschloss mit spätgotischer Schlosskirche, Lutherhaus

Glanzpunkt von Wörlitz, meiner nächsten Station, ist der Landschaftspark, der maßgeblich von Fürst Franz von Anhalt-Dessau und seinen Gartenkünstlern geschaffen wurde. Hier lohnt sich ein längerer Aufenthalt, und besonders schön ist der Park mit seinen vielen verschiedenen Baumarten im Herbst, wenn er sich in ein Farbenmeer verwandelt.
Hinter Wörlitz wird die Straße schlechter, Kopfsteinpflaster begleitet mich bis zur Elbe, wo ich wieder eine Fähre zum Übersetzen nach Coswig benutze. Auf einer schönen Allee nähere ich mich Gribow, wo ein Waldbad zur Rast einlädt.

Auf schnurgerader Straße, fahre ich genüsslich dahin, teilweise in leichtem Auf und Ab inmitten der Hügellandschaft des Fläming, und nähere mich der Lutherstadt Wittenberg. Hier schlug Martin Luther 1517 an der Schlosskirche seine Thesen zur Reformation an.

Eine willkommene Abwechslung ist das Übersetzen mit der Fähre nach Coswig.

Das letzte Stück meiner Fahrt führt beinahe schnurgerade auf der B 2 nach Norden, wo ich über Treuenbrietzen nach Beelitz komme. Hier bestimmen riesige Spargelfelder das Bild. Wiederum begleitet mich dann eine Allee zurück zum Ausgangspunkt in Trebbin, wo ich etwas müde, aber glücklich über diese schöne Fahrt ankomme.

DER SPEZIALTIPP

Gondelfahrt in Wörlitz

Bereits von der Straße aus ist der Wörlitzer See zu sehen, der den Kern der großen Parkanlage bildet. Zahlreiche Seearme und Kanäle bieten ausreichend Fahrwasser für eine Gondelfahrt, die am Gasthof Eichenkranz beginnt. Unweit davon befindet sich das klassizistische Schloss. Am anderen Ufer steht das Nymphäum, einst als Eiskeller gebaut, und zurückschauend erkennt man den englischen Sitz. An der Amtsfähre wird der Vestatempel sichtbar, der für die Bewohner jüdischen Glaubens errichtet wurde. An schönen Parkszenerien und der Mündung des Sonnenkanals vorbei gelangt man unter der Neuen Brücke hindurch zur Goldenen Urne, dem Grabmal eines Kindes. Die Gondel erreicht den kleinen Walloch mit Floratempel und Venustempel. In der Ferne sieht man das Schloss. Durch die weiße Brücke fahrend, erkennt man den Kuhstall und nach der Hornzackenbrücke das Gotische Haus mit seiner venezianischen Front.

Der Landschaftspark in Wörlitz gehört zu den Glanzpunkten auf dieser Route. Der Floratempel ist nur eine der Sehenswürdigkeiten in dieser großartigen Anlage.

Das Rathaus der alten Lutherstadt Wittenberg kann mit einer Renaissancefassade aufwarten.

25

IM ODERBRUCH

Durch den »Gemüsegarten von Berlin«

Streckenverlauf

Angermünde – Parstein – Oderberg – Neuranft – Neureetz – Neubarnim – Groß Neuendorf – Letschin – Golzow – Gorgast – Manschnow – Lebus – Frankfurt/Oder – Carzig – Friedersdorf – Seelow – Gusow – Neuhardenberg – Wriezen – Altranft – Bad Freienwalde – Niederfinow – Eberswalde – Chorin – Angermünde

In die Schlagzeilen kam der Oderbruch 1997, als dort das Jahrhunderthochwasser Wiesen und Felder überflutete und viele Menschen aus den Häusern vertrieb. Inzwischen hat sich das Leben wieder normalisiert, die Wunden aber sind noch nicht völlig verheilt, und jedes Jahr macht sich erneut Angst breit. Dabei gehören Überschwemmungen dort eigentlich zum Alltag der Menschen, jedes Frühjahr wieder, wenn die Schneeschmelze in den Sudeten einsetzt. Schon seit der Eiszeit vor 20.000 Jahren transportiert die Oder Schmelzwasser aus den Sudeten und in Jahrtausenden entstand eine sehr fruchtbare Auen- und Sumpflandschaft. Wegen der regelmäßigen Überschwemmungen ließen sich hier nur wenige Menschen nieder, siedelten vorwiegend auf höher gelegenen Stellen und errichteten als Schutz vor dem Hochwasser Kuhmistwälle.

STRECKENLÄNGE 210 km

AUSGANGS- UND ENDPUNKT Angermünde (48 m)

ANFAHRT ZUM AUSGANGSPUNKT Autobahn Berlin–Prenzlau A 11, Ausfahrt Joachimsthal und auf der B 198 über Groß Ziethen nach Angermünde

SERVICESTELLEN **Neuenhagen:** Yamaha; **Frankfurt/Oder:** Honda, BMW, Yamaha, Kawasaki, Simson

ÜBERNACHTUNGEN **Angermünde:** Hotel Am Seetor; **Oderberg:** Restaurant & Pension Grüne Aue; **Letschin:** Gasthof Zum Alten Fritz; **Golzow:** Gasthaus & Pension Wagner; **Frankfurt/Oder:** Pension & Gasthof am Schloss; **Seelow:** Hotel Brandenburger Hof, Waldhotel; **Gusow:** Motel Derfflinger

CAMPINGPLÄTZE Parstein; Neuküstrinchen; Gorgast; Zechin; Alt-Zeschdorf; Herzsprung bei Angermünde

KARTE Die Generalkarte 1:200.000, Blatt 10

Erst als vor etwa 250 Jahren Preußenkönig Friedrich II. den Oderbruch trockenlegen ließ, wurde aus einer sumpfigen Wildnis fruchtbares Ackerland und bald der Gemüsegarten für Berlin. Die Oder mit ihren Auen, Deichen und Fließen ist eingebettet in eine reizvolle Landschaft, die sich entweder zu markanten Höhenzügen wie bei Lebus aufschwingt oder sich als Niederung bis 20 Kilometer Breite am Fluss entlangzieht – für Motorradfahrer ein ideales Gelände, wo sich ein schwungvolles Asphaltband zwischen Getreide- oder Sonnenblumenfeldern schlängelt und nur in den verschlafenen Dörfern noch Kopfsteinpflaster übrig geblieben ist.

Schon kurz nach Angermünde mit seiner sehr schönen alten Stadtmauer und dem Pulverturm umgibt mich wellige Landschaft, allerlei Gebüsche begleiten die Straße, und der spitze Kirchturm von Parstein zeigt mir die Nähe des Ortes. Hier verlockt der Parsteiner See, ein Eldorado für Wasserratten und wegen seiner Sauberkeit berühmt. Wer zum Wandern aufgelegt ist, dem empfiehlt sich ein Abstecher zum Pehlitzwerder. Hier befinden sich Reste des Vorgängerbaus vom Kloster Chorin und alte Baumriesen von seltener Schönheit.

In mehreren Kurven schlängelt sich die Märkische Eiszeitstraße zwischen Mischwäldern abwärts, ich nähere mich der Alten Oder und der wichtigsten Siedlung im Niederoderbruch. Erstmals 927 als slawisches Dorf Barsdyn erwähnt, bauten Anfang des 13. Jahrhunderts die Askanier auf dem heutigen Albrechtsberg eine

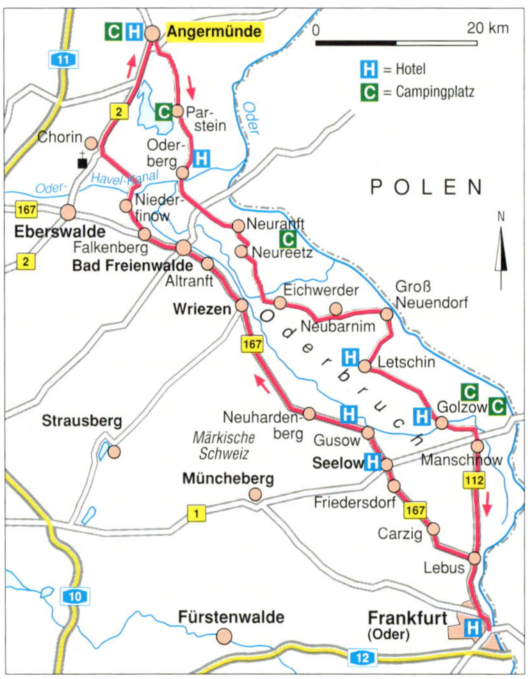

In Oderberg finden wir dieses Museumsschiff, das Einblicke in die Binnenschifffahrt vermittelt.

Burg und 1231 gilt als Gründungsjahr von Oderberg. Während ich mich dem Fluss bei der Brücke nähere, fällt mir am Ufer ein Schiff auf feuchtem Grund liegend auf, es gehört zum Heimat- und Binnenschifffahrt-Museum.
Bald umgibt mich der Neuenhagener Sporn, ein Schwemmsandwall zwischen zwei Endmoränenzügen, wo der Oder ein neues Bett gegraben wurde und vor 250 Jahren die Trockenlegung des Oderbruchs begann.
Durch eine schöne Allee fahre ich weiter, wo die Bäume nicht so dicht stehen, kann ich den Blick in eine weite Landschaft mit Feldern und Bauminseln genießen. Obwohl die lang gezogene Streckenführung schnelles Fahren ermöglicht, genieße ich die Weite, eine herrliche Birkenalle begleitet mich nach Neureetz. Alte Fachwerkhäuser und schmuckvoll verzierte Vorgärten mit Buchsbaumeinfassungen der Beete geben diesem Dorf seinen ganz besonderen Charakter.
Zur Rast lädt ein Sitzplatz bei Neumädewitz ein, dann mache ich mich wieder auf den Weg durch die schöne Landschaft. Pappelalleen

SEHENSWÜRDIGKEITEN

Angermünde: Turm einer slawischen Burg, Heiliggeistkapelle und Marienkirche

Oderberg: Kirche von Stüler, Museum für Binnenschifffahrt

Groß Neuendorf: Alter Oderhafen, schöner Blick auf die Oder

Rathsdorf/Altgaul: Storchenmuseum

Lebus: Reste der Burg, Heimatstube

Frankfurt/Oder: Rathaus mit Prunkgiebeln, Kleist-Gedenkstätte mit Museum, Ruine der Marienkirche, barockes Junkerhaus

Carzig: Oderhänge mit Adonisröschen als Seltenheit

Friedersdorf: Kirche mit reicher barocker Innenausstattung

Seelow: Kirche von Karl Friedrich Schinkel

Gusow: Wasserschloss mit Museum

Neuhardenberg: Kirche und klassizistisches Schloss von Karl Friedrich Schinkel, Landschaftspark von Lenné

Altranft: Freilichtmuseum

Bad Freienwalde: Georgenkirche in Fachwerkbauweise von 1696, klassizistisches Schloss von David Gilly, Oderlandmuseum

Niederfinow: Schiffshebewerk im Oder-Havel-Kanal

Eberswalde: Forstbotanischer Garten und Tierpark

Chorin: Zisterzienserkloster mit grandios gestaltetem Schaugiebel

Im Oderbruch gibt es immer wieder schöne und lauschige Plätzchen zum Rasten.

unterbrechen die großen Äcker, von Altlewin nach Niederbarnim nimmt mich eine herrliche Eichenallee auf, und in Groß Neuendorf betrachte ich vom Damm beim alten Hafen die Weite der Oderniederung.
Obwohl die gut ausgebaute, fast geradeaus führende Straße eine ideale Rennstrecke ist, lasse ich mir Zeit. Die leuchtend gelben Sonnenblumen auf den Feldern gleichen dem Gemälde van Goghs und bieten vor dem blauen Himmel mit den schnell dahinziehenden Wolkenfetzen einen romantischen Anblick. Wer könnte da nicht ins Schwärmen geraten. Der Sonnenblume widmet Golzow jährlich ein Fest, das meist Mitte September stattfindet und vielleicht auch ein Grund ist, zu einer Motorradtour in den Oderbruch aufzubrechen. Hinter Manschnow schiebt sich links eine grüne Kulisse ins Blickfeld, es sind die über 80 Meter hohen bewaldeten Endmoränen, die am Horizont eine Barriere bilden. Am Steilhang einer zur Oder abfallenden Hochfläche liegt Lebus, von 1124 bis zum Ende des 13. Jahrhunderts Bischofssitz, die Kirche St. Marien ist allerdings erst 1810 gebaut worden. Kurz danach erreiche ich Frankfurt/Oder, Grenzort und wichtige Straßen- und Eisenbahnverbindung nach Polen. Bereits im Mittelalter war es wegen seiner Lage an wichtigen Handelswegen von Ost nach West und Nord nach Süd eine der bedeutendsten Städte der Mark. Daran erinnert nicht viel, denn die meisten herausragenden Bauwerke der Blütezeit wurden im Zweiten Weltkrieg zerstört.
Eine Hügellandschaft mit Getreidefeldern begleitet mich nun nach Norden, in Friedersdorf lohnt sich ein Besuch der Kirche mit sehenswerter Barockausstattung, und in Seelow kreuze ich die B 1, eine alte Reichsstraße von Aachen nach Königsberg, die zweifellos als Handelsstraße Bedeutung hatte.
In Gusow suche ich den Hinweis zum Baggersee, zuerst sehe ich allerdings den Wegweiser zum Schloss Gusow, einem Gebäude aus dem 17. Jahrhundert, in dem eine Zinnfigurenausstellung zu besichtigen ist. Schon am Ortsausgang angekommen, finde ich endlich beim Motel Derfflinger den Hinweis »Strandbad« und stürze mich dort erst einmal in die Fluten.
Gemütlich nähere ich mich zwischen Tabakfeldern fahrend Neuhardenberg, dessen Ortsbild von einer lang gestreckten Allee mit Bürgerhäusern, Schloss und Kirche, deren Pläne aus der Feder des klassizistischen Baumeisters Karl Friedrich Schinkel stammen, bestimmt wird.
Wer Lust hat, kann von Neuhardenberg aus noch einen Abstecher in die Märkische Schweiz nach Buckow unternehmen, das am Schermützelsee liegt.

DER SPEZIALTIPP

Besondere Blütenpracht

Für Naturfreunde empfiehlt sich eine Wanderung zu den Oderhängen bei Carzig. Vom Ort führt ein ausgeschilderter Wanderpfad in die richtige Richtung. Besonders im April ist diese Wanderung ein besonderes Erlebnis, weil dann die Adonisröschen einen Blütenteppich bilden und die trockenen Hänge an der Oder kurzzeitig in ein Blütenmeer verwandeln. Die Oderhänge gehören zu den nördlichsten Refugien dieser geschützten Pflanze, die vor allem in den osteuropäischen Steppen ihre Heimat hat.

Das Zisterzienserkloster Chorin mit seinem grandios gestalteten Schaugiebel an der Westwand des Langhauses.

Bewaldete Hügel und kleine Seen begleiten mich weiter über Altranft, ein Angerdorf mit Fachwerkhäusern, das zum Freilichtmuseum ausgebaut wurde, bis nach Bad Freienwalde. Neben mehreren Kirchen ist hier vor allem das Schloss auf dem Apothekerberg zu erwähnen, das von David Gilly als Witwensitz für die Königin Friederike-Luise von Preußen gebaut wurde.
Wieder nimmt mich die Märkische Eiszeitstraße auf, diesmal sind es zahlreiche Kurven, die meine Aufmerksamkeit erfordern, bis ich beim Abzweig nach Niederfinow dem Schiffshebewerk zusteuere, das einen Höhenunterschied von 36 Metern überbrückt und zwischen 1924 und 1927 errichtet wurde. Dieses gigantische Bauwerk des Oder-Havel-Kanals ist beeindruckend, besonders schön auch die Aussicht von der Plattform auf die Landschaft.
Bei Liepe verlasse ich die Landstraße und fahre auf fester Sandstraße durch einen herrlichen Buchenwald nach Chorin, wo ich das 1270 bis 1273 gegründete Zisterzienserkloster besichtige. Eindrucksvoll ist der grandiose Schaugiebel an der Westseite des Langhauses, aber auch das Kirchenschiff und der Kreuzgang, in denen spätromanische Details und hochgotische Formen vereint sind. Zur Rast begebe ich mich zur nahen, oberhalb gelegenen Klosterschenke und genieße von dort den herrlichen Blick auf die Wälder und den Amtssee am Kloster. Auf der gut ausgebauten Fernstraße komme ich schnell voran und bin kurze Zeit später wieder in Angermünde.

Interessant für Technikfans: Das Schiffshebewerk Niederfinow im Oder-Havel-Kanal.

26 IN DER MECKLENBURGER SEENPLATTE

Durch die größte Seenlandschaft Deutschlands

Streckenverlauf

Rheinsberg – Canow – Diemitz – Mirow – Röbel – Plau – Malchow – Waren – Prenzlin – Neubrandenburg – Neustrelitz – Wesenberg – Wustrow – Rheinsberg

Schon lange ist die Mecklenburger Seenplatte für mich eine sehr eindrucksvolle Reiselandschaft, denn nirgends breiten sich so viele Seen dicht nebeneinander aus, sind durch unzählige Fließe und Flussarme miteinander verbunden und sorgen immer wieder für traumhafte Szenerien. Dazu kommt, dass die Umgebung noch recht unberührt ist, sodass sich nicht selten Störche und Kraniche, Enten und Schwäne, aber auch zahlreiche andere Tierarten im Bereich der Seen ein Stelldichein geben. Schon oft bin ich in dieser reizvollen Gegend unterwegs gewesen, immer wieder locken die glasklaren Gewässer zum Baden, gibt es zur Rast einladende stille Winkel oder verträumte Dörfer mit Feldsteinkirchen und Kopfsteinpflaster zu entdecken. Es macht einfach Spaß, den kurvenreichen Ufern der Seen zu folgen oder auf schnurgeraden Landstraßen mit herrlichen Alleebäumen das nächste Ziel anzusteuern.

STRECKENLÄNGE 217 km

AUSGANGS- UND ENDPUNKT Rheinsberg (56 m)

ANFAHRT ZUM AUSGANGSPUNKT Autobahn Berlin-Hamburg A 24, Ausfahrt Neuruppin und über Neuruppin und Köpernitz nach Rheinsberg. Oder Ausfahrt Birkenwerder und auf der B 96 über Oranienburg und Grausee nach Rheinsberg.

SERVICESTELLEN **Waren:** Kawasaki; **Neubrandenburg:** Honda, Kawasaki, Suzuki; **Burg Stargard:** Honda

ÜBERNACHTUNG **Rheinsberg:** Pension Zu den vier Jahreszeiten, Gast- und Logierhaus Zum jungen Fritz; **Zechlinerhütte:** Haus am See; **Klink:** Hotel Müritz; **Waren:** Apart-Hotel

CAMPINGPLÄTZE Fürstenberg/Havel; Zechlinerhütte; Canow; Röbel; Plau; Alt Schwerin; Malchow; Waren; Neubrandenburg

KARTE Die Generalkarte 1:200.000, Blatt 9

Also breche ich wieder auf, diesmal von Rheinsberg, wo sich am Grienericksee schon der preußische Kronprinz Friedrich 1736 niederließ. Sein Lustschloss war einst ein Ort der Geselligkeit, Künstler und Wissenschaftler versammelten sich damals, heute schlendern Urlauber und Touristen durch den idyllischen Ort.
Wald begleitet mich fast bis Zechlinerhütte, dann sehe ich links den von dunklen Wäldern umgebenen Schlabornsee, an dessen Ufer der

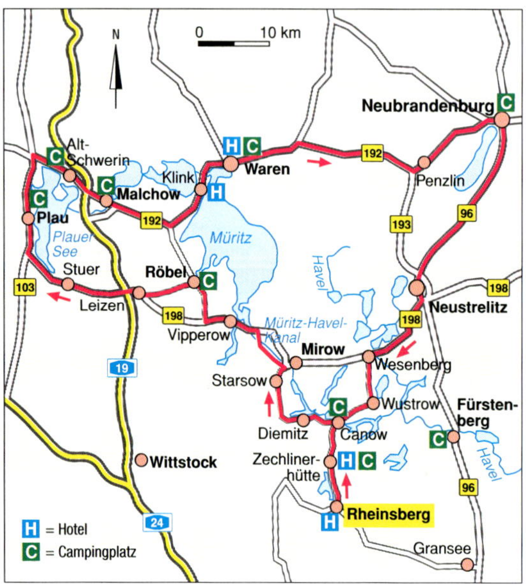

kleine Ferienort liegt. Hier erinnert eine Gedenkstätte im Haus der Eltern an die Brüder Wegner, von denen Alfred Wegner, der Grönlandforscher, der bekanntere ist.
Die Straße führt wieder durch Wald, bei der Canower Schleuse überquere ich einen kleinen Kanal, der eine Verbindung zwischen dem Canower See und dem Labussee herstellt, und fahre nun auf holpriger Sandstraße durch einen dichten Wald. Bald erreiche ich die Endmoränenlandschaft südlich von Mirow, vom 94 Meter hohen Mühlenberg bei Schwarz bietet sich mir ein schönes Panorama: Zu Füßen liegen mir Schwarzer See, Fehlingsee, Vilzsee und Zotzensee, von einem Sitzplatz aus bequem zu genießen.
Mirow ist eine Kleinstadt am unteren Ende des lang gezogenen Mirower Sees. Das Renaissancetorhaus von 1588 gehört zur ehemaligen Residenz der mecklenburgischen Herzöge, im Barockschloss sind mehrere Räume mit reichem Stuckdekor ausgestattet.
Ich fahre am Mirower Kanal entlang und komme auf einer herrlichen Kastanienallee durch das Dorf Lärz, wo zahlreiche Wanderwegweiser zur Erkundung der Seenlandschaft zwischen Mirow und Müritz einladen. An der Kleinen Müritz, dem südlichsten Teil der Müritz, erhalte ich schon mal den ersten Eindruck von der Größe des Sees.

Schloss Rheinsberg war einst das Lustschloss von Kronprinz Friedrich von Preußen.

Der beste Überblick bietet sich allerdings vom Turm der Marienkirche in Röbel, den ich unbedingt besteigen muss. Traumhaft die Aussicht mit den buchtenreichen Ufern, Segelbooten und zahlreichen kleinen Orten am Ufer. Eine gut ausgebaute Landstraße führt mich nach Westen zum Plauer See, den ich an der Südspitze bei Stuer erreiche. Hier nahm 1845 eine Kaltwasserbadeanstalt ihren Betrieb auf, um die zahlreichen Quellen nahe dem Plauer See zu nutzen. Zu den berühmten Gästen gehörte auch Fritz Reuter, der niederdeutsche Volksdichter.
Die gut ausgebaute Straße veranlasst mich, etwas schneller zu fahren, und so bin ich bald in Plau, einer reizvollen Kleinstadt an der Mündung der Elde in den Plauer See. Dank der günstigen Lage versammeln sich hier viele Wassersportler, und Plau ist auch Ausgangspunkt für Wasserwanderungen. Wahrzeichen der Stadt ist der 12 Meter hohe Burgturm als Rest der einstigen Stadtmauer.

Ich nähere mich dem Naturpark Nossentiner-Schwinzer Heide, einem Waldgebiet mit sehr schönen Wanderwegen, bleibe aber nur in Tuchfühlung, denn Alt Schwerin ist meine nächste Station. Hier schaue ich mir das interessante Freilichtmuseum mit zahlreichen Schnitterhäusern und einer Bockwindmühle an, bevor ich weiter nach Malchow fahre.
Diese Stadt breitet sich an einer reizvollen Kette schmaler Rinnenseen aus, die den Plauer See mit dem Fleesensee verbindet. Am Ufer bildet die Klosterkirche eine reizvolle Kulisse, und in der historischen Innenstadt ist das Fachwerkrathaus besonders schön.
Zwischen Äckern und Wiesen fahre ich auf einer gut ausgebauten Asphaltstraße und nähere mich wieder der Müritz, diesmal bei Klink. Hier lädt das große Muritz-Hotel zum Bleiben ein, ein Badestrand zum Verschnaufen. Ich steuere am Seeufer weiter nach Norden und überquere den Reeck-Kanal, die Verbindung zwischen Müritz und Kölpinsee. Von

SEHENSWÜRDIGKEITEN

Rheinsberg: Schloss mit Schlosspark, Obelisk für Prinz August Wilhelm

Mirow: Barockschloss, Renaissancetorhaus, Grabmal von Großherzog Adolf Friedrich VI. auf der »Liebesinsel« im Mirower See

Röbel: Fachwerktraufenhäuser im Stadtbild, Pfarrkirche St. Marien mit spätgotischen Schnitzkunstwerken im Inneren

Plau: Schlichte Fachwerkbauten, mittelalterlicher Burgturm

Malchow: Neogotische Klosterkirche von Friedrich Wilhelm Buttel, historische Innenstadt mit Fachwerkhäusern

Waren: Kirche St. Georg am Markt (14. Jahrhundert), gotische Marienkirche, Rathaus am Stil der Tudorgotik orientiert

Neubrandenburg: Gut erhaltene Stadtmauer mit vier Stadttoren, Stadtkirche St. Marien als Hauptwerk der Backsteingotik mit schönem Ostgiebel

Neustrelitz: Barocke Stadtkirche und klassizistisches Rathaus, Schlosspark mit Hebetempel, Götterallee und Orangerie

Wesenberg: Reste der Burg mit quadratischem Bergfried, Kirche

Logisch, dass die Mecklenburger Seenplatte ein Paradies für Wassersportler jeglicher Art ist.

der Brücke schaue ich eine Weile den zahlreichen Motorbooten und Seglern zu, bevor ich mich in Waren umsehe. Hier wird das Bild des Alten Marktes von der St.-Georgs-Kirche beherrscht, die hinter dem Alten Rathaus emporragt. Den Neuen Markt beherrscht die gotische Marienkirche, ihr Turm prägt das Stadtbild.
Die Straße zieht sich teilweise schnurgerade in leichtem Auf und Ab durch eine ausgesprochene Ackerlandschaft dahin und erreicht Prenzlin, das sich bereits im 13. Jahrhundert im Schutze einer Burg entwickelte. Erhalten blieben zwei Backsteingebäude aus dem 16. Jahrhundert, und als besondere Sehenswürdigkeit gilt der »Hexenkeller«, ein schwalbennestartig angebauter Aborterker am Nordgiebel des Burgkomplexes mit Steinsitzen, in dem die Hexen angekettet wurden.

Hinter Prenzlin wird die Landschaft wieder abwechslungsreicher, die weite Hügellandschaft wird von kleinen Waldinseln geprägt, und stellenweise begleiten die Straße niedrige Gebüsche, die vor allem im Frühjahr in voller Blüte stehen.
Schließlich empfängt mich Neubrandenburg, auch Stadt der Vier Tore genannt. Hier ließ der Markgraf von Brandenburg ab 1248 am Tollensee eine Stadt erbauen, die mit einer 2.300 Meter langen Mauer umgeben wurde. Diese mittelalterliche Stadtmauer ist vollständig erhalten, und auch die vier Stadttore sind in alter Schönheit zu bewundern. Innerhalb des Stadtringes fällt besonders die Kirche St. Marien ins Auge, deren Ostgiebel besonders reich mit Maßwerk und Wimpergen geschmückt ist.

Das beeindruckende Ruppiner Tor in Gransee befindet sich in der Nähe des Ausgangsortes für unsere Mecklenburgische Runde.

DER SPEZIALTIPP

Vogelparadies Müritz

Am Ostufer der Müritz bietet sich eine sehr schöne Wanderung zur Beobachtung von Kranichen am Rederangsee an. Am besten fährt man von Waren bis Schwarzenhof und wandert vom dortigen Parkplatz auf dem mit einem roten Eichhörnchen markierten Weg. Am See erlauben zwei Beobachtungsplätze den Blick über die Wasserfläche, wo man die Kraniche auf ihren Rastplätzen sehen kann. Durch Schutzmaßnahmen ist die Zahl der Kraniche gestiegen, und da einige Pärchen im Nationalpark brüten, können Kraniche den ganzen Sommer über beobachtet werden. Im Herbst nimmt die Zahl der Vögel zu, da sie sich an ihren Schlafplätzen im Uferbereich sammeln. Eine Beobachtung ist dann allerdings schwieriger, weil sie sich erst mit einbrechender Dämmerung einfinden.

In Malchow müssen wir teilweise noch mit holprigem Kopfsteinpflaster vorlieb nehmen.

Südlich von Neubrandenburg bestimmen wieder Endmoränenhügel das Bild, ab und zu erheische ich noch einen Blick auf den Tollensee, bevor ich mich durch wald- und seenbestimmte Landschaft fahrend Neustrelitz nähere. Diese einstige Ackerbürgerstadt verdankt ihren Ursprung dem »Hamburger Vergleich« im Jahre 1701. Damals wurde Mecklenburg in die Herzogtümer Mecklenburg-Schwerin und Mecklenburg-Strelitz geteilt, und Strelitz wurde als Residenz auserkoren. Es entstand unweit des Zierker Sees ein Schloss, heute nicht mehr vorhanden, und ein Park, der zu den schönsten in Mecklenburg gehört.
Bald nimmt mich Wesenberg auf, das Ende des 13. Jahrhunderts im Schutze einer Burg entstand, von der nur Reste des Bergfrieds erhalten sind. Eine große Linde neben der Kirche, die mit geschätzten 800 Jahren und einem Stammumfang von acht Metern als Naturdenkmal geschützt ist, lädt zum Verweilen unter dem grünen Blätterdach ein.
An der etwas erhöht stehenden wuchtigen Kirche in Wustrow vorbeifahrend, nähere ich mich Canow, zwischen Labussee und Canower See gelegen. Am letztgenannten See bietet sich ein Sitzplatz zum Rasten an, und eine kleine Gaststätte gleich daneben sorgt für das leibliche Wohl.
Nachdem ich mich gestärkt habe, bin ich bald wieder in Rheinsberg und damit am Ausgangspunkt meiner Tour.

In Rheinsberg wendet uns Kronprinz Friedrich hier nur seine Rückseite zu.

27

AN DER OSTSEEKÜSTE

Von Wismar nach Rügen

Streckenverlauf

Wismar – Groß Strömkendorf – Neubukow – Ostseebad Rerik – Ostseebad Kühlungsborn – Bad Doberan – Warnemünde – Markgrafenheide – Seeheilbad Graal Müritz – Klockenhagen – Ribnitz-Damgarten – Ostseebad Dierhagen – Ostseebad Ahrenshoop – Ostseebad Prerow – Ostseebad Zingst – Barth – Stralsund – Putbus – (Bergen) – Ostseebad Göhren

Auch wenn an der deutschen Ostseeküste nicht immer die Sonne scheint, hat sich diese mit Naturschönheiten reich gesegnete Küste seit Ende des letzten Jahrhunderts immer mehr zum Eldorado für Sonnenanbeter und Badefans entwickelt. Kein Wunder, denn die zahlreichen Buchten mit schönen Sandstränden, aber auch die Halbinseln und Inseln laden zum Verweilen ein. Beeindruckend sind ebenfalls die kulturhistorischen Sehenswürdigkeiten mancher Städte, idyllisch die kleinen Fischerdörfer und für echte Motorradfans die flachen Landstriche mit schnurgeraden Straßen.

Ich stehe auf dem Marktplatz von Wismar, der mit 10.000 Quadratmetern der größte von Mecklenburg-Vorpommern ist und von der so genannten »Wasserkunst« geziert wird. Dieser pavillonartige Bau im Stil der holländischen Renaissance ist ein Wahrzeichen der Stadt und versorgte bis Ende des 19. Jahrhunderts etwa 220 Häuser und zahlreiche öffentliche Wasserstellen mit dem kostbaren Nass. Von hier strebe ich mal auf Kopfsteinpflaster, mal auf glattem Asphalt nach Norden, genieße den Blick zur Wismarbucht und werde fast verleitet, in Groß Strömkendorf im Hotel Schäfereck eine Rast einzulegen. Dieses große schilfgedeckte Hotel und Restaurant bietet eine große Terrasse und erlesene Speisen. Ich

STRECKENLÄNGE 230 km

AUSGANGS- UND ENDPUNKT Wismar (5 m)
Ostseebad Göhren/Rügen (35 m)

ANFAHRT ZUM AUSGANGSPUNKT Über die Autobahn Berlin–Hamburg A 24 bis Dreieck Schwerin, dann Autobahn A 241 bis Schwerin und über B 106 bis Wismar

SERVICESTELLEN **Wismar:** Yamaha; **Satow bei Rostock:** Yamaha; **Rostock:** Aprilia, Honda, Yamaha u. a.

ÜBERNACHTUNGEN **Wismar:** Pension Gästehaus Wismaria, Hotel Altes Brauhaus; **Groß Strömkendorf:** Hotel Restaurant Café Schäfereck; **Ostseebad Kühlungsborn:** Hotel am Strand; **Warnemünde:** Hotel Am Alten Strom, Kur- und Ferienhotel Sanddorn; **Barth:** Hotel Stadt Berlin; **Stralsund:** Pension Klabautermann, Pension Villa Beer

CAMPINGPLÄTZE Ostseebad Rerik; Ostseebad Kühlungsborn; Markgrafenheide; Ostseebad Prerow; Ostseebad Zingst; Altefähr/Rügen; Lobbe/Rügen

KARTE Die Generalkarte 1:200.000, Blatt 9

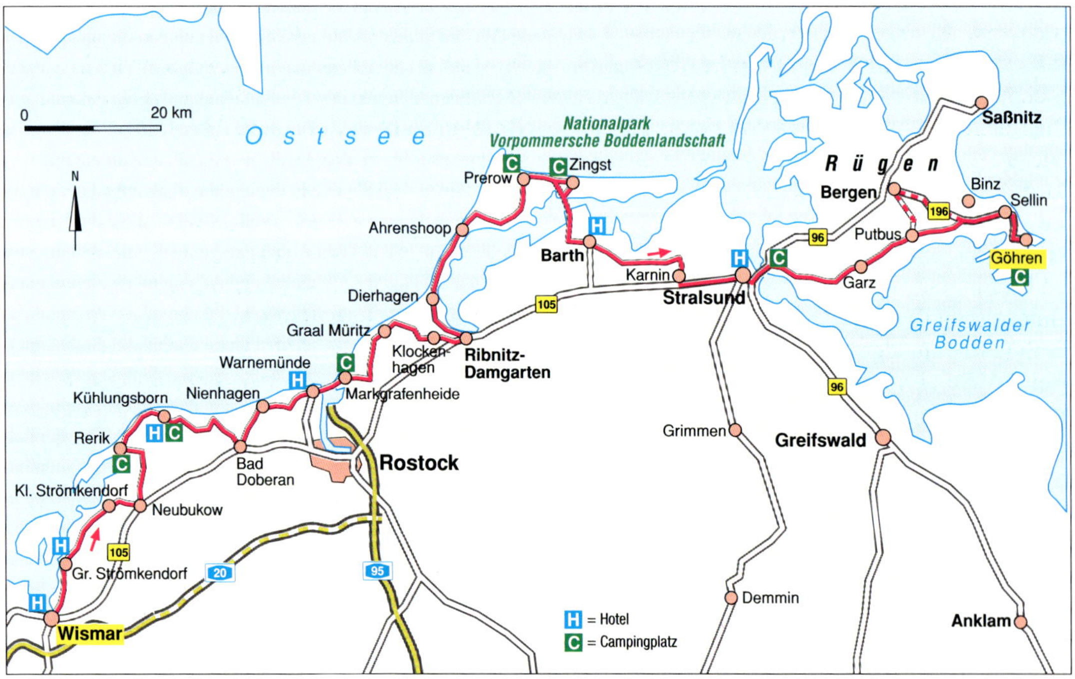

Auch eine geruhsame Art, seine Freizeit zu verbringen: auf einem Kutter im Hafen von Wismar.

bleibe hart, fahre weiter, lasse mich links von der schönen Sicht auf den Breitling, ein schmales Wasser zwischen der Insel Poel und dem Festland ablenken. Bald schiebt sich auf einem kleinen Hügel die Windmühle von Stove in mein Blickfeld, die zur Rast einlädt. Nach einer kurzen Besichtigung packe ich noch ein paar Brote aus Mehl ein, das in dieser Mühle gemahlen wurde. Auf einer Lindenalle nähere ich mich Neubukow, das um 1250 hinter dem Salzhaff entstand und an dessen Gründungszeit noch die weithin sichtbare Kirche erinnert.
Die flache Landschaft wird von Feldern und Wiesen geprägt, nur von der schmalen Straße durchzogen, und bald erreiche ich die Ostseeküste von Kühlungsborn. Am feinen Sandstrand bietet sich eine Rast an und natürlich ein Bad in den Fluten. Erfrischt geht es weiter, romantische Baumalleen begleiten mich nach Heiligendamm, der weißen Stadt am Meer. Weiße Villen im klassizistischen Baustil lassen noch den alten Glanz erkennen, der hier – im ersten Seebad an der Osteeküste – im vorigen Jahrhundert vorherrschte.
Nur einen Katzensprung entfernt liegt Bad Doberan, das seinen Aufschwung dem Großherzog Friedrich Franz I. von Mecklenburg verdankt, der den Ort zu seiner Sommerresidenz machte. Ein Spaziergang durch den Ort lohnt sich ebenso wie eine Fahrt mit dem Molli, der »Bäderbahn« zwischen Kühlungsborn und Bad Doberan.
Auf angenehm zu fahrender Asphaltstraße nähere ich mich Warnemünde, das »Liebe auf den ersten Blick« für sich in Anspruch nehmen kann. Die breite Strandpromenade hinter den Dünen mit dem feinen Sandstrand ist Bummelmeile, im alten Strom dümpeln Segler und Kutter, kleine Restaurants locken mit Fischgerichten. Der feine Sandstrand wird nur dort unterbrochen, wo die Unterwarnow in die Ostsee mündet. Für Motorradfahrer ist das kein Problem, gibt es doch eine Autofähre, die regelmäßig übersetzt.
Während sich der lange Strand von Markgrafenheide – der vor allem hüllenlos Badende anzieht – hinter einer bewachsenen Düne an der Straße hinzieht, ist Graal Müritz ein Ostseebad mit Tradition. In dieses schöne, von den Wäldern der Rostocker Heide und einem fünf Kilometer langen Sandstrand geprägte Seebad kamen schon im 19. Jahrhundert viele Badelustige; richtigen Aufschwung erhielt es jedoch erst um die Jahrhundertwende. Wer im Mai oder Juni hier weilt, kann sich an den herrlichen Rhododendronblüten im Kurpark erfreuen.
Wald- und kurvenreich ist die Strecke Richtung Ribnitz-Damgarten, der Asphalt schlecht und rutschig. Bevor wir dort ankommen, präsentiert sich in Klockenhagen ein sehenswertes

SEHENSWÜRDIGKEITEN

Wismar: Turm der Ratskirche St. Marien, Marktplatz mit der Wasserkunst, Wismars ältestes Bürgerhaus, der »Alte Schwede«, Schabbel-Haus im Stil der niederländischen Renaissance

Neubukow: Kirche aus dem 13. Jahrhundert

Ostseebad Rerik: Pfarrkirche mit reicher Barockausstattung

Bad Doberan: Klosterkirche mit reich vergoldetem Hochaltar, Parkanlage Kamp in der Stadtmitte

Warnemünde: Alter Strom mit Fischerbooten und Segeljachten, hübsche Giebelhäuser, Strandpromenade

Klockenhagen: Freilichtmuseum

Ribnitz-Damgarten: Klosterkirche und Bernsteinmuseum, Rostocker Tor als Rest der Stadtmauer

Ostseebad Ahrenshoop: Kunstkaten, ein Reetdachhaus und die Dorfkirche in Form eines kieloben liegenden Bootes

Ostseebad Prerow: Kirche als ältestes Gotteshaus auf dem Darß, zahlreiche bunt bemalte Haustüren

Ostseebad Zingst: Dorfkirche und Pfarrhaus im neogotischen Stil

Barth: Dammtor und runder Backsteinturm

Stralsund: Gotisches Rathaus und Wulflam-Haus, am Markt die Kirche St. Nikolai, Kniepertor, Katharinenkloster

Bergen: Kirche mit spätromanischen Fresken, Ernst-Moritz-Arndt-Turm auf dem Rugard

Freilichtmuseum. Mehrere eingerichtete alte Bauernhäuser, Scheunen, Katen und eine Bockwindmühle gehören zu den Sehenswürdigkeiten, die aus verschiedenen Dörfern Mecklenburgs zusammengetragen wurden.

Diese Strandkörbe stehen in Kühlungsborn, aber man findet sie überall entlang der Ostseeküste.

Eine besondere Rarität ist das als »Tweipott« bezeichnete Hallenhaus, das vorher 200 Jahre in Stäbelow bei Rostock stand.
Dort, wo die Recknitz in den Ribnitzer See mündet, stiftete 1323 Herzog Heinrich von Mecklenburg ein Klarissinnenkloster, die Wiege von Ribnitz-Damgarten. Seltenheitswert hat im Kloster das Bernsteinmuseum, das mit Broschen, Ketten und Ringen aus Bernstein einen Einblick in die Natur- und Kulturgeschichte dieses fossilen Harzes gibt. Unweit steht die dreischiffige Backsteinkirche St. Marien, an der B 105 erinnert das Rostocker Tor an die einstige Stadtbefestigung.
Der Ribnitzer See begleitet mich eine Weile, dann steuere ich auf die Künstlerkolonie Ahrenshoop auf dem Darß zu, die auf der schmalen Landbrücke zwischen dem Saaler Bodden und der Ostsee liegt. Hier verstecken sich zwischen dichtem Buschwerk reetgedeckte Häuser, hier breitet sich ein schöner Sandstrand aus. Baden ist auch zwischen Prerow und Zingst angesagt. Bevor ich mich nach Süden wende, verweile ich kurz in Zingst, das seit 1850 Badegäste zählen kann. An die Zeit, als hier vor allem Schiffsbauer und Seefahrer lebten, erinnern schöne Seemannshäuser mit Krüppelwalmdach.
Weiter geht die Fahrt nach Barth, wo der dreigeschossige Speicher in der Badstübnerstraße an die Zeit erinnert, als Barther Segelschiffe im 19. Jahrhundert über die Weltmeere fuhren. Durch flaches Land und kleine Dörfer nähere ich mich auf guter Straße Stralsund, der pulsierenden Hansestadt am Strelasund. Wegen der Stadttore, sehenswerter Kirchen und einer schönen Fußgängerzone lohnt sich hier eine Besichtigungspause, bevor ich über den Rügendamm die Insel Rügen erreiche. Gleich nachdem ich die B96 nach der Brücke verlassen habe, zeigt sich die idyllische Seite der Insel. Weite Wiesen, kleine Fischerdörfer und eine urige Baumallee begleiten mich bis Putbus, das der kunstsinnige Fürst Malte I. zu seiner Residenz auserkoren hatte. An ihn erinnert ein Denkmal im schönen Landschaftspark mit Schwanenteich und vielen seltenen Bäumen.
Um der »Inselhauptstadt« Bergen einen Besuch abzustatten, unternehme ich einen kurzen Abstecher dorthin. Glanzpunkt ist die Kirche St. Marien mit spätromanischen Fresken, die die Freuden des Paradieses und die Schrecken der Hölle darstellen, sowie ein slawischer Grabstein, der den Ranengott Swantevit darstellen soll. Vom Marktplatz aus unternehme ich eine genüssliche Wanderung zum Rugard,

DER SPEZIALTIPP

Abstecher nach Poel

Vor rund 7.000 Jahren trennte sich in der Wismar-Bucht die Insel Poel vom Festland, mit dem sie vor 200 Jahren mittels einer Brücke über den Breitling wieder verbunden wurde. Im Norden und Westen erhebt sich ein 12 Meter hohes Kliff über der Ostsee, im Süden und Osten dagegen läuft das Ufer sanft ins Meer. Lohnend ist ein Besuch der ältesten Kirche der Insel in Kirchdorf, deren 47 Meter hoher Kirchturm die Wallanlagen überragt. Sie sind der Rest einer Festung, die 1620 als Bollwerk gegen die skandinavischen Staaten errichtet wurde, und bieten heute einen schönen Blick auf den Hafen von Kirchdorf. Wegen seiner malerischen Lage ist Gollwitz berühmt, das an der Nordspitze der Insel liegt. Im Westen steht der Leuchtturm von Timmendorf, der 1871 für die Hafeneinfahrt von Wismar gebaut wurde.

Grüßen ist auch an der Ostseeküste ein Muss unter Motorradfahrern.

einem 91 Meter hohen Berg mit dem Ernst-Moritz-Arndt-Turm, von dem sich ein zauberhafter Blick über die Insel bis zu den Kirchtürmen von Stralsund bietet.
Nach Putbus zurückgekehrt genieße ich wieder die Fahrt auf der Deutschen Alleenstraße, in Nadelitz fällt ein rohrgedecktes niederdeutsches Hallenhaus am Dorfeingang auf, und nach Groß Stresow versetzt mich eine Pflasterstrecke mit uralten Alleebäumen in frühere Zeiten. Auf der B 196 ist es damit schlagartig vorbei, bei Lancken-Granitz bietet sich ein kurzer Abstecher zu einem Gräberfeld aus der Zeit um 2.000 vor Christus an.
Bequem fährt es sich auf dem letzten Stück die-ser Tour bis zum Ostseebad Göhren, einem beliebten Seebad, von dem aus sich ein fünf Kilometer langer Sandstrand weit nach Norden und im Süden bis nach Lobbe hinzieht. Nichts wie raus aus den Klamotten und hinein in das kühle Nass, heißt jetzt meine Devise. Mal sehen was der Abend noch bringen wird. Vielleicht ein kleiner Ausflug nach Groß Zicker mit dem sehenswerten Pfarrwitwenhaus oder eine kleine Wanderung auf den 66,5 Meter hohen Bakenberg mit schöner Aussicht auf das Mönchsgut. Möglichkeiten gibt es viele, auch eine Fahrt mit dem »Rasenden Roland« wäre nicht schlecht, aber dazu ist auch morgen noch Zeit, denn ich habe mir vorgenommen, Rügen in den nächsten Tagen auf eigene Faust zu entdecken. Ein echter Tipp!

Das Marienmünster ist nur eine von drei Stadtkirchen in Stralsund.

28 ENTLANG DER LÜBECKER BUCHT

Von Lübeck nach Fehmarn

Streckenverlauf

Lübeck – Lensahn – Heiligenhafen – Burg – Puttgarden – Lemkenhafen – Neukirchen – Cismar – Grömitz – Neustadt – Ratekau – Lübeck

Ich wollte schon immer einmal nach Fehmarn, das sich auf zahlreichen Fotos immer wieder mit goldgelben Rapsfeldern vor tiefblauem Himmel präsentiert. Eine Bilderbuchlandschaft, wie ich mich überzeugen konnte. Dazu schenkte mir die Großwetterlage über der Ostsee einen blauen Himmel mit weißen Wattewölkchen und herrliches Badewetter. Übrigens gehört Fehmarn mit seinen knapp 2.000 Sonnenstunden im Jahr und 511 Millimeter Regen im Jahr zu den sonnenreichsten und regenärmsten Gebieten Deutschlands.

STRECKENLÄNGE 224 km

AUSGANGS- UND ENDPUNKT Lübeck (15 m)

ANFAHRT ZUM AUSGANGSPUNKT Autobahn Hamburg–Oldenburg A1 bis Lübeck

SERVICESTELLEN **Lübeck:** Kawasaki, Aprilia; **Oldenburg**: Triumph, Honda, Aprilia u. a.; **Sahrensdorf auf Fehmarn:** Aprilia, Honda, Kawasaki u. a.

ÜBERNACHTUNG **Lübeck:** Hotel Jensen am Holstentor, Hotel Stadtpark Garni, Hotel Garni Arnimsruh; **Heiligenhafen:** Hotel Mira Mare; **Burg auf Fehmarn:** Hotel Garni; **Puttgarden:** Johnsen's Gasthof; **Timmendorfer Strand:** Hotel Fuchsbau

CAMPINGPLÄTZE Wulfen auf Fehmarn; Landkirchen auf Fehmarn; Gammendorf; Katharinenhof auf Fehmarn; Grube; Scharbeutz

TREFF Täglich ab 21 Uhr, samstags und sonntags ab 15 Uhr, ist das »Riders Café« in Lübeck, Leinweberstraße 4, Treffpunkt für Motorradfahrer.

KARTE Die Generalkarte 1:200.000, Blatt 1

Bevor ich mich auf den Weg nach Fehmarn begebe, verweile ich noch einige Stunden in der Hansestadt Lübeck, eigentlich viel zu kurz für dieses Kleinod unter deutschen Städten. Um mich von der herrlichen Lage der Stadt zu überzeugen, steige ich auf den Turm der Kirche St. Petri an der Holstenstraße. Ausgesprochen schön ist die Aussicht auf die Stadt, aber ebenso der Blick entlang der Ostseeküste Richtung Fehmarn. Vom nahen Holstenplatz mit dem Holstentor, einem Backsteinbau mit wuchtigen Kegelhelmen, ist es nicht weit zum Markt mit dem Rathaus aus dem 12. Jahrhundert. Beeindruckend ist dessen Marktfront im Stil der Gotik und als Pendant dazu die Kirche St. Marien, eine hochgotische Basilika, deren Mittelschiff mit einer Höhe von 40 Metern als das höchste Backsteingewölbe der Welt gilt.

Über die Breitestraße komme ich zur Schiffergesellschaft, einem mittelalterlichen Versammlungshaus, das mit seiner originalen Einrichtung die Zeit überdauerte.
Reich an historischen Gebäuden ist auch die Königsstraße mit der Kirche St. Katharinen aus dem frühen 14. Jahrhundert, dem Behnhaus (klassizistisch) und Drägerhaus (spätklassizistisch) sowie der Kirche des Heilig-Geist-Hospitals (1227) mit sehenswerten Malereien aus dem 14. Jahrhundert und einer fast vollständig erhaltenen Klosteranlage mit Kreuzgang, Kapitelsaal und Sakristei. Über die Mühlenstraße komme ich zur Mühlenbrücke, rechts ist der gewaltige Dom nicht zu übersehen.
Nun verlasse ich Lübeck in Richtung Norden und entdecke hinter Bad Schwartau allmählich die Naturlandschaft der Holsteinischen Schweiz: Sanfte Hügel heben sich aus dem Flachland, zwischen Feldern breiten sich kleine Laubwaldinseln aus, der Lauf des Flüsschens

Die Kirche St. Marien in der Hansestadt Lübeck gilt als das höchste Backsteingebäude der Welt.

Schwartau begleitet mich eine Weile. Schon bald erreiche ich Neustadt in Holstein, das als »Nova Crempe« bereits 1244 gegründet wurde. Als natürlicher Hafen bot sich die Engstelle auf einem Höhenrücken am Binnenwasser an, wo der mächtige Kornspeicher steht, der wegen seines eigentümlich abgestuften Walmdachs auch Pagodenspeicher genannt wird. Auf sich dahinschlängelnder Straße am Rande des Naturparks Holsteinische Schweiz nähere

SEHENSWÜRDIGKEITEN

Lübeck: Kirche St. Petri, Holstentor, Rathaus mit schöner Renaissancetreppe, Kirche St. Marien mit bronzenem Tauffass, Schiffergesellschaft, Buddenbrookhaus mit Rokokofassade, Kirche St. Jakobi, Heilig-Geist-Hospital, gotisches Burgtor, Burgkloster, Kirche St. Katharinen, Kirche St. Aegidien, Museum St. Annen im ehemaligen Kloster der Augustinerinnen mit der größten Sammlung vollständig erhaltener Schnitzaltäre in Deutschland, Dom (13./14. Jahrhundert)

Lensahn: Freilichtmuseum

Oldenburg: Wallmuseum, Markt mit Rathaus

Heiligenhafen: Kirche St. Nikolaus (Ende 15. Jahrhundert), Alter Salzspeicher mit Obergeschoss aus Fachwerk

Burg: Kirche St. Nikolai, Kapelle St. Jürgen mit sehenswerter Ausmalung aus der Erbauungszeit

Lemkenhafen: Segelwindmühle mit Mühlenmuseum

Cismar: Kloster mit großartiger gotischer Backsteinkirche

Neustadt: Stadtkirche mit mittelalterlicher Ausmalung und prächtigem Altar, Pagodenspeicher

Ratekau: Feldstein-Wehrkirche

Dieser mächtige Kornspeicher in Neustadt wird wegen seines eigentümlichen Walmdachs auch Pagodenspeicher genannt.

ich mich Lensahn, wo ich die Gelegenheit wahrnehme, dem Museumshof einen Besuch abzustatten.
Bald erreiche ich Oldenburg in Holstein, dessen Grundstein gelegt wurde, als im 7. Jahrhundert auf einem Moränenhügel die mächtige Ringwallanlage Starigard entstand. Heute noch ein bedeutsames archäologisches Bodendenkmal Schleswig-Holsteins, überragt sie mit einer Höhe von 18 Metern manche Häuser Oldenburgs. Wer sich näher dafür interessiert, kann auf einem großen Diorama im Wallmuseum die weitläufige Fürstenburg mit Graben, Wallanlage und Palisadengang betrachten.
Mit jedem Kilometer in Richtung Norden wird die Landschaft flacher, ich nähere mich allmählich der Ostseeküste und damit Heiligenhafen. Aus einem idyllischen Hafenort hat sich ein moderner Kurort mit großem Yachthafen entwickelt, in manchen Gassen um die Kirche St. Nikolaus vom Ende des 15. Jahrhunderts laden dennoch gemütliche Lokale ein.
Über die gigantische Stahlbogenbrücke, die mit 965 Meter Länge den Fehmarnsund überspannt, erreiche ich Fehmarn. In der schmalen Passage tummeln sich Segelboote und Yachten, die auch die einstigen Fährhäfen anlaufen. Die Weite der Insel breitet sich vor mir aus, die mit saftigen Wiesen und gelben Rapsfeldern im Frühjahr und goldgelben Getreidefeldern im Sommer ein fruchtbarer Landstrich ist.
Hier, in der Kornkammer Schleswig-Holsteins, zeugen vom Reichtum der Bauern früherer Zeiten prachtvolle Kirchen, von denen Burg die größte hat.
Bereits 1231 erstmals erwähnt, ist Burg mit schmalen, kopfsteingepflasterten Gassen, alten Fachwerkhäusern und reichem Blumenschmuck eine romantische Kleinstadt und zugleich Inselmetropole.
Mit Puttgarden erreiche ich die Nordküste Fehmarns, und eine Stippvisite zum Fährbahnhof ist immer ein Erlebnis. Hier herrscht hektische Betriebsamkeit, denn die zur dänischen Insel Lolland auslaufenden Schiffe schlucken im Stundentakt zahlreiche Eisenbahnzüge, Autos und Lastwagen.
Genüsslich fahre ich zwischen Feldern mit Raps und Getreide, ein mächtiger Sendeturm zieht die Blicke auf sich und in Gammendorf lädt das Café zum Backhus zur Rast ein. Um mich zu erfrischen, unternehme ich einen kurzen Abstecher zum schönen Sandstrand, an dem das Niobe-Denkmal an den tragischen

DER SPEZIALTIPP

Museumshof Lensahn

Lohnend ist eine Rast auf dem 200 Jahre alten Prienfeldhof, wo über 3.000 historische Exponate zu bewundern sind. Schleifsteine, alte Wagen, Stampfbutterfässer, Petroleumlampen, Schermaschinen, Sensen, Honigschleuder und vieles mehr ist hier zu bestaunen. Außerdem können alte Geräte und Maschinen aus Landwirtschaft und Haushalt ausprobiert werden: Nach alter Tradition lässt sich mit Mahlsteinen und alter Schrotmühle Korn malen, im Holzbackofen kann man Brot backen, und der »Tierkinnerstall« bietet Gelegenheit, mit Kleintieren auf Tuchfühlung zu gehen. Auf einem Naturlehrpfad stehen alle Wald- und Obstbäume Deutschlands, dazwischen sind Bachmäander, Knicks und Teichbiotope angelegt worden. Außerdem finden zahlreiche Feste auf dem Museumshof statt (Auskunft Tel. 0 43 63/9 11 22).

Diese Landschaftsaufnahme gibt anschaulich die Stimmung im Hinterland der Küste wieder.

Untergang des Segelschulschiffs »Niobe« im Jahr 1932 erinnert, bei dem 69 Besatzungsmitglieder ertranken.
Eine Besichtigungspause bietet sich im gemütlichen Ort Petersdorf an, und wer am Familienleben der Vögel teilnehmen möchte, kann im Wasservogelreservat Wallnau bei Petersdorf Bekassinen, Brandenten, Gänsesäger, Graugänse, Uferschnepfen oder auch Turmfalken beobachten.
Auf schmaler Straße komme ich nach Lemkenhafen, wo 1787 ein Fehmarner Kornhändler und Schiffsreeder eine Segelwindmühle errichten ließ. Bis 1953 in Betrieb, wurde sie restauriert und dient heute als Museum mit Aussichtsplateau.
Die wohl bedeutsamste Kirche der Insel steht in Landkirchen. In dieser reich ausgestatteten Kirche St. Petri tagte bis 1867 die Landesversammlung, die gleichzeitig als Verwaltungszentrum diente.
Nun verlasse ich Fehmarn wieder und unternehme während meiner Fahrt nach Süden gelegentlich einen Abstecher zur Küste. Hier bieten schöne Sandstrände ausreichend Gelegenheit zur Rast und zum Baden.
Allmählich nähere ich mich Cismar, wo 1256 ein Kloster gegründet wurde, das von Heinrich dem Löwen eine Reliquie mit dem Blutstropfen Christi geschenkt bekam. 1560 schließlich wurde das Kloster aufgelöst. Heute wird es touristisch genützt. Im alten Refektorium speisen heute Touristen, und im Brunnenkeller kann man sich über die einstige Bedeutung des Klosters informieren.
Nachdem ich in dem beliebten Badeort Grömitz nochmals eine kurze Pause eingelegt habe, erreiche ich wieder Neustadt und setze meine Tour nun entlang der Neustädter Bucht fort. Sie ist weniger von kulturhistorischen Höhepunkten geprägt, als vielmehr einfach der Erholung gewidmet. Vor Sierksdorf lädt der Hansa-Park mit Wildwasser- und Loopingbahn ein, Haffkrug kann mit erkennbaren Traditionen eines Fischerdorfes sowie schönem Sandstrand aufwarten und der Timmendorfer Strand bietet als moderner Kurort alle Annehmlichkeiten eines Ostseeurlaubs.
In Travemünde angekommen, verschnaufe ich noch einmal und genieße die ursprüngliche Natur und den schönen Sandstrand auf dem Priwall. Der Blick schweift noch einmal über das Wasser bis Travemünde, wo die Passat als schwimmendes Museum vertäut liegt, bevor ich mich wieder Richtung Lübeck, dem Endziel meiner Reise, bewege.

Auch Sporttourer brauchen hin und wieder eine kurze Verschnaufpause.

DEUTSCH-LANDS FERNROUTEN

Die Fränkische Schweiz zählt ganz bestimmt zu den schönsten Landschaften Deutschlands (links).

Ohne Motorkraft treibt diese Gierseilfähre bei Arneburg über die Elbe (oben).

Auch so lässt es sich durch Deutschland touren – auf ausgewählten Themenrouten: Auf der Alpenstraße bestechen vor allem die überwältigende Landschaften, eine Fahrt durch Kultur und Geschichte ist die Märchenstraße und die Romantische Straße, vereint alle drei Aspekte. So fügt sich nach und nach aus den Puzzleteilen verschiedenster Regionen ein buntes und liebenswertes Bild deutscher Lande zusammen.

29

DIE DEUTSCHE ALPENSTRASSE, 1. ABSCHNITT

Vom Berchtesgadener Land zum Wendelstein

Streckenverlauf

Berchtesgaden – Obersalzberg – Roßfeld-Höhenringstraße – Oberau – Unterau – Berchtesgaden – Ramsau – Schneizlreuth – Weißbach – Reit im Winkl – Unterwössen – Oberwössen – Marquartstein – Grassau – Rottau – Bernau – Aschau – Frasdorf – Achenmühle – Törwang – Hundham – Roßholzen – Schadhub – Nußdorf – Brannenburg – Degerndorf – Tatzelwurm – Sudelfeldsattel – Bayrischzell

Was die landschaftliche und fahrerische Schönheit dieser Tour anbelangt, nimmt sie einen der ganz vorderen Ränge ein. Führt sie doch nicht nur durch einige der schönsten Landschaften Deutschlands – wovon mit den Berchtesgadener Alpen, dem Karwendel und Wettersteingebirge, dem Werdenfelser Land bis hin zum östlichen und westlichen Allgäu nur einige zu nennen wären –, sondern setzt auf einigen Streckenabschnitten wie etwa der Roßfeld-Höhenringstraße, dem Sudelfeld oder dem Oberjoch auch einige fahrerische Glanzpunkte. Und wer sich damit noch nicht zufrieden gibt, dem bieten sich künstlerische und kulturelle Leckerbissen, die von prächtig bemalten Häuserfassaden über barocke Kirchen und Klöster bis hin zu den weltberühmten Königsschlössern von Hohenschwangau und Neuschwanstein reichen.

STRECKENLÄNGE 194 km

AUSGANGS- UND ENDPUNKT Berchtesgaden (650 m) Bayrischzell (800 m)

ANFAHRT ZUM AUSGANGSPUNKT Autobahn München–Salzburg A 8, Ausfahrt Knoten Salzburg-Süd oder Hallein

SERVICESTELLEN **Berchtesgaden/Unterau:** Honda; **Brannenburg:** Alle Marken

ÜBERNACHTUNGEN **Ramsau:** Gasthof Baltram; **Grassau:** Pension Türkenhof, Gasthaus Kampenwand; **Frasdorf:** Landgasthof Karner; **Oberaudorf:** Hotel Alpenhof

CAMPINGPLÄTZE Ramsau; Reit im Winkl; Unterwössen; Bernau

TREFFS **Großparkplatz Tatzelwurm:** Täglich nachmittags, Samstag und Sonntag vormittags und nachmittags; **Sudelfeldsattel:** Café Kotz, täglich außer Dienstag 8.00 bis 19.00 Uhr

MAUTGEBÜHR Die Auffahrt von Brannenburg durch das Förchenbachtal zum Großparkplatz Tatzelwurm ist mautpflichtig. Die Mautgebühr beträgt 2,– DM.

KARTE Die Generalkarte 1:200.000, Blatt 8

Ein letzter Blick auf die Karte, bevor ich in Berchtesgaden den Anlasserknopf meiner Maschine drücke, den Gang einlege und zuerst der Beschilderung »Obersalzberg« folge. Für den zweiten Gang reicht es noch, dann heißt es Drehzahl halten, den mit 24 Prozent Steigung zählt dieser etwa drei Kilometer lange Streckenabschnitt bis zum Hotel Obersalzberg zu den steilsten Straßenstücken im gesamten Alpenraum. War bis dahin eher ein kräftiges Drehmoment gefragt, kommen hinter der Mautstelle Ofnerboden die Fahrwerksqualitäten voll zum Tragen, denn die folgenden Kehren hinauf zum Roßfeld zählen mit zum Schönsten, was man sich als Sportfahrer wünschen kann.

Beim Parkplatz Hennenköpfl gönne ich mir und meiner Maschine etwas Erholung und genieße in hochalpiner Umgebung eine weitreichende Aussicht über das Salzburger Land tief unten. Trotz der wärmenden Frühlingssonne ist es hier in 1540 Meter Höhe noch recht frisch, und so beginne ich bald die Abfahrt über die nicht ganz so kurvenreiche Nordseite der Roßfeld-Höhenringstraße und bin bald darauf wieder in Berchtesgaden.

Die Roßfeld-Höhenringstraße ist eine der beliebtesten und schönsten Motorradstrecken Deutschlands. Auch wenn die Strecke gut ausgebaut ist, sollte man seine Fahrkünste nicht überschätzen...

Ich folge nun dem Verlauf der breit ausgebauten B 305 und schaudere bei dem Gedanken, dass das mächtig vor mir aufragende Massiv des Watzmanns der Legende nach ein zu Stein erstarrter König samt Frau und Kindern sein soll. Ein kurzer Abstecher noch hinüber zum Königssee, dem wohl bekanntesten Alpensee überhaupt, dessen klares, grünes Wasser sich gut 190 Meter tief zwischen den Felswänden des Watzmanns, des Hagengebirges und des Steinernen Meeres absenkt.

Um den See in seiner gesamten Schönheit erfassen zu können, müsste ich eigentlich die Berggipfel der Umgebung besteigen oder zumindest mit dem Schiff hinüber zur Halbinsel St. Bartholomä, zu Füßen der berüchtigten Ostwand des Watzmanns, fahren, aber dafür fehlt mir leider die Zeit.

Also zurück zur Bundesstraße, hinauf zum Schwarzbachwachtsattel und durch die düstere Weißbachschlucht hinunter ins Ruhpoldinger Becken. Zwischen Löder- und Mittersee zur Rechten und dem Weitsee zur Linken schlängelt sich die Straße über Seegatterl nach Reit im Winkl, wo ich langsam ins Chiemgau überwechsle, das mich neben der beeindruckenden Aussicht auf Gipfel wie Hochplatte, Geigelstein, Kampenwand und Hochgern auch mit einem weiterhin recht kurvenreichen Straßenverlauf verwöhnt.

Durch schmucke Ortschaften wie Grassau, Bernau oder Aschau nähere ich mich langsam einem weiteren Höhepunkt dieser Tour: der Auffahrt über den Tatzelwurm zum Sudelfeld. Kurz hinter Brannenburg sehe ich dann auch schon die Beschilderung »Bayrischzell/ Tatzelwurm«, bevor eine Mautstelle nochmals kurz meinen Tatendrang stoppt. Dann geht es auf bis zu 18 Prozent ansteigender Trasse durch das düstere, schluchtartige Förchenbachtal

SEHENSWÜRDIGKEITEN

Berchtesgaden: Salzbergwerk mit Salzmuseum und Floßfahrt auf Salzsee, Königliches Schloss

Marquartstein: Rodelbahn im Erlebnispark bei Marquartstein

Grassau: Pfarrkirche Mariä Himmelfahrt

Aschau: Schloss Hohenaschau

Brannenburg: Fahrt mit der Zahnradbahn bis auf 1724 m Höhe auf den Wendelstein (1838 m)

Tatzelwurm: Sehenswerte Schlucht mit Wasserfällen beim Gasthof Feuriger Tatzelwurm

Bayrischzell: Pfarrkirche St. Margaretha, Alpenfreibad

Fotostopp in Reit im Winkl, einem herausgeputzten Fremdenverkehrsort in Oberbayern (rechts).

hinauf zum Tatzelwurm-Straßendreieck. Aber auch wer dem Schild zum Gasthof Feuriger Tatzelwurm folgt, wird dort keinen Drachen finden – allenfalls eine sehenswerte Felsklamm hinter dem Gasthof, die von einem tosenden Wildbach durchzogen wird und in welchem der Sage nach einst tatsächlich ein Tatzelwurm gehaust haben soll. Sagenumwoben, zumindest in den Geschichten der Motorradfahrer, sind dann auch die zahlreichen Kehren, die sich vom Parkplatz am Tatzelwurm-Straßendreieck zum Sudelfeld hinaufziehen. Im Gegensatz zum Tatzelwurm kann man die meisten Geschichten, die sich vor allem auf Schräglage, Kurvengeschwindigkeit und den damit verbundenen Fahrspaß

beziehen, aber ruhig glauben. Darüber hinaus sollte man aber die herrliche Umgebung, die in den felsigen Wänden des Großen Traithen gipfelt, nicht einfach links liegen lassen. Gelegenheit für schöne Aussichten bietet sich an den vielen Parkmöglichkeiten entlang der Strecke bis hinauf zum Sudelfeldsattel in 1092 Meter Höhe, wo das bekannte Café Kotz als Motorradfahrertreffpunkt schon weit mehr als regionale Bedeutung gewonnen hat. Nur noch zwei Kehren liegen dann auf meinem Weg hinunter nach Bayrischzell am Fuße des Wendelsteins.

Unterwegs auf der deutschen Alpenstraße bei Aschau im Chiemgau. Ganz klein im Hintergrund ist Schloss Hohenaschau zu erkennen.

DER SPEZIALTIPP

Rutschfahrt ins Salzbergwerk Berchtesgaden

Zuerst werden Sie zünftig wie ein Bergmann eingekleidet: Kappe, schwarze Jacke, schwarze Hose für Männer, weiße Hose für Frauen. Dann geht es zuerst mit der Grubenbahn, schließlich via Rutsche 600 Meter tief unter die Erde. Nach einer Floßfahrt über einen Salzsee geht es über eine weitere Rutsche wieder zurück zur Grubenbahn. Geöffnet ist das Bergwerk vom 1. Mai bis 15. Oktober täglich von 8.30 bis 17.00 Uhr. Außerhalb dieses Zeitraums werktags von 12.30 bis 15.30 Uhr.

Maibäume – wie hier in Oberaudorf – sind Teil des bayerischen Brauchtums.

Das Café Kotz am Sudelfeldsattel ist der Motorradfahrertreffpunkt dieser Region schlechthin.

30 DIE DEUTSCHE ALPENSTRASSE, 2. ABSCHNITT

Vom Wendelstein nach Oberammergau

Streckenverlauf

Bayrischzell – Schliersee – Hausham – Ostin – Tegernsee – Rottach-Egern – Kreuth – Achenpaß – Kaiserwacht – Fall – Vorderriß – Wallgau – Krün – Klais – Garmisch-Partenkirchen – Farchant – Oberau – Ettal – Oberammergau

Wie aus einem Bildband über die schönsten Orte und Landschaften Oberbayerns entnommen, präsentiert sich Bayrischzell zu Füßen des Wendelsteins. So ruhig und gepflegt sich der Urlaubsort auch zeigt, größere Sehenswürdigkeiten hat er nicht zu bieten, und so breche ich gleich nach dem Frühstück wieder auf. Fast schnurgerade und eben zieht sich die B 307 durch das Leitzachtal. Schon nach wenigen Kilometern Fahrt halte ich am Parkplatz der Wendelsteinseilbahn bei Osterhofen. So früh am Morgen habe ich den großen Parkplatz fast für mich alleine, und nur wenige Gäste stellen sich mit mir am Fahrkartenschalter an. Ich genieße das ruhige, fast schwerelose Höhergleiten und bin am Gipfel doch etwas überrascht: Fast schon eine kleine Stadt ist es, die hier oben auf engstem Raum entstanden ist. Neben einem Hotel und einem Sonnenobservatorium finde ich noch eine kleine Kapelle, und ein gut zwei Kilometer langer Spazierweg rund um den Gipfel eröffnet eine weit reichende Aussicht mit wechselnden Panoramen von den Alpen bis in die Münchner Tiefebene.

STRECKENLÄNGE 130 km

AUSGANGS- UND ENDPUNKT Bayrischzell (800 m) Oberammergau (850 m)

ANFAHRT ZUM AUSGANGSPUNKT Anschluss Tour 29 oder Autobahn München–Salzburg A 8, Ausfahrt Irschenberg und über Miesbach, Hausham, Schliersee nach Bayrischzell

SERVICESTELLEN **Hausham:** Kawasaki; **Garmisch-Partenkirchen:** Yamaha; **Oberau:** Cagiva

ÜBERNACHTUNGEN **Kreuth:** Gasthof Glashütte; **Wallgau:** Gasthof Karwendelhof; **Garmisch-Partenkirchen:** Gasthof Zum Hirschen; **Ettal:** Hotel Zur Post; **Oberammergau:** Hotel Turmwirt Minotel

CAMPINGPLÄTZE Schliersee; Rottach-Egern; Klais; Oberammergau

TREFFS **Sudelfeldsattel:** Café Kotz, außer Dienstag täglich 8.00 bis 19.00 Uhr

MAUTGEBÜHR Die Straße zwischen Vorderriß und Wallgau ist mautpflichtig. Die Mautgebühr beträgt 2,– DM.

KARTE Die Generalkarte 1:200.000, Blatt 8

Wieder zurück im Tal weisen mich bei Aurach riesige Hinweisschilder auf den Abstecher hinauf zum Spitzingsee hin. Ich muss den Gasgriff recht kräftig aufdrehen, denn mit Steigungen zwischen 12 und 14 Prozent ist die Trasse recht steil, leider weist sie dafür aber kaum Kurven auf, sondern zieht sich recht geradlinig nach oben.

An schönen Wochenenden ist entlang des Sees kaum noch ein Parkplatz zu ergattern, aber an Wochentagen und außerhalb der Ferienzeiten hält sich der Trubel um dieses beliebte Ausflugsziel doch in Grenzen.

Ohnehin sind es meist Wanderer, und im Winter auch Skifahrer, welche von der herrlichen Bergwelt rund um den kleinen See profitieren, während Motorradfahrer mangels größerer Alternativen meist am Südende des Sees nur kurz Zeit verweilen, um dann wieder die Rückfahrt anzutreten.

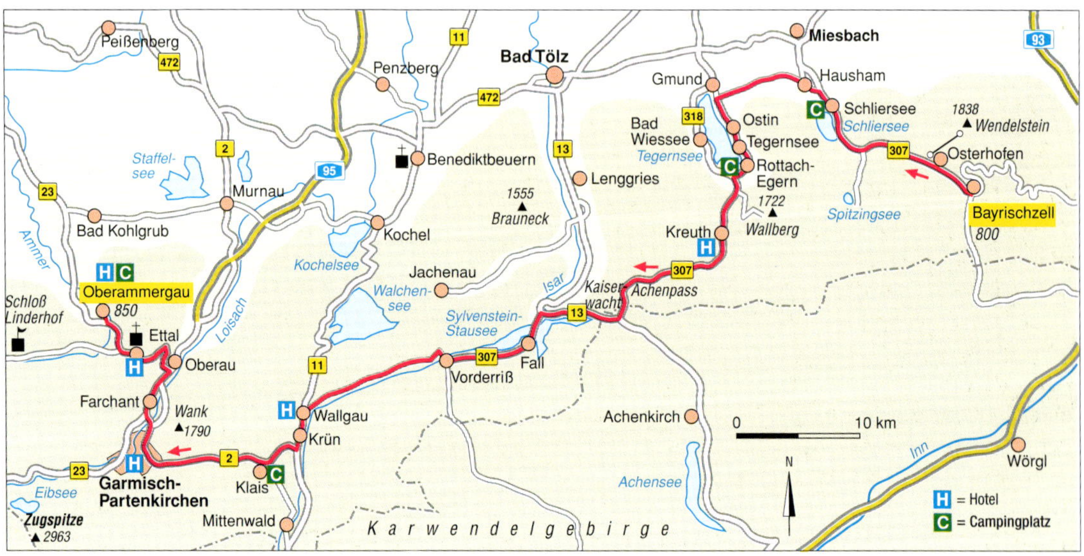

Diese Glaskugeln zieren einen Garten bei Glashütte an der Deutschen Alpenstraße. Ihr praktischer Nutzen ist Gärtnern sicher ein Begriff.

In der kleinen, aber betriebsamen Marktgemeinde Schliersee lege ich nochmals einen Stopp ein. Der spitze Kirchturm der Pfarrkirche St. Sixtus, der direkt neben der Straße aufragt, hat meine Aufmerksamkeit geweckt. Ich betrete das Gotteshaus und bin vom prachtvollen Innenraum der Kirche mit schönen Stuckaturen und Schnitzereien aus dem Spätbarock von. J. B. Zimmermann überrascht. Das Heimatmuseum unweit der Kirche im alten Schrödelhaus aus dem 15. Jahrhundert hat leider geschlossen, genauso wie das Schlierseer Bauerntheater, die wohl bekannteste Bauernbühne Deutschlands.

In diesem Bauerntheater werden regelmäßig Theaterstücke über den Wildschütz Jennerwein aufgeführt, der in dieser Gegend gelebt und bei Ausübung seiner illegalen Tätigkeit dann von einem Förster auf tragische Weise ums Leben gebracht wurde. Sein Grab befindet sich auf dem Friedhof der Kirche im Ortsteil Westenhofen, deren Turm mir bei der Ortsausfahrt ebenfalls ins Auge sticht.

Ich wechsle hinüber zum Tegernsee, der gleichsam als größerer und auch bekannterer Bruder des Schliersees gilt. Auch die Villen, die sich hier über dem Ostufer erheben, sind deutlich protziger als am Schliersee, aber meine Aufmerksamkeit gilt diesmal etwas anderem. Über dem Südufer des Sees erhebt sich, wie ein gewaltiger Riegel, gut 1.700 Meter hoch, der Wallberg, ein klassisches Ausflugsziel der Münchner Skifahrer, Wanderer und neuerdings auch der Gleitschirm- und Drachenfliegerszene. Aber auch Motorradfahrer können ihn nutzen, führt doch eine Panoramastraße bis zum Parkplatz Wallbergmoos in etwa 1.100 Meter Höhe, die nicht nur reizvolle Ausblicke bietet, sondern auch fahrerisch recht anspruchsvoll ist und früher als Rennstrecke für Autos und Motorräder diente. Ich genieße die Auf- und Abfahrt über die etwa 3,5 Kilometer lange Mautstraße, denn fahrerisch anspruchsvoll wird die Strecke auf der Weiterfahrt erst wieder nach dem Achenpass und dem Sylvensteinstausee zwischen Vorderriß und Wallgau. Gefordert werden auf

SEHENSWÜRDIGKEITEN

Bayrischzell: Pfarrkirche St. Margaretha, Alpenfreibad, Seilbahn auf den Wendelstein bei Osterhofen

Schliersee: Kabinenseilbahn zur Schliersbergalm mit Sommerrodelbahn, barocke Pfarrkirche St. Sixtus, Ortsteil Westenhofen mit Pfarrkirche und Grabstätte des Wildschütz Jennerwein

Bad Wiessee: Jod-Schwefel-Heilbäder, Spielbank

Rottach-Egern: See- und Warmbad, Museum, Pfarrkirche St. Laurentius

Kreuth: Leonhardi-Kirche

Wallgau: Alte Bauernhäuser aus dem 16. Jahrhundert

Garmisch-Partenkirchen: Werdenfelser Heimatmuseum, Kirche St. Martin, Auffahrt zum höchsten Berg Deutschlands, der Zugspitze (2963 m), mit Zahnrad- oder Seilbahn

Ettal: Benediktinerkloster Ettal, Abstecher ins Graswangtal zum Schloss Linderhof, ca. 10 km westlich

Oberammergau: Heimatmuseum, Wellenbad, Passionsspielhaus, Lüftlmalerei an Häuserfassaden

dem etwa 13 Kilometer langen Mautsträßchen aber in erster Linie die Federungselemente meiner Maschine, denn es präsentiert sich von seinem Belag her nicht immer in bestem Zustand. Vorsichtige Fahrweise erfordert zudem der unübersichtliche Straßenverlauf mit vielen Kuppen, Fahrbahnverengungen und Brückenüberfahrten.

Von Wallgau wäre es übrigens gar nicht weit hinüber zum Kesselberg, der den Kochelsee mit dem Walchensee verbindet und eines der beliebtesten Ausflugsziele der Motorradfahrer im oberbayerischen Raum ist (siehe Tour 9). Ich muss leider in die entgegengesetzte Richtung und werde dafür aber bald mit einem Blick auf Deutschlands höchsten Berg, die

Der Sylvensteinspeicher stellt ein unverzichtbares Wasserreservoir für das Alpenvorland dar. Leider musste das Dorf Fall dafür weichen (oben).

Im Werdenfelser Land, zu Füßen des höchsten Bergs Deutschlands, der 2963 Meter hohen Zugspitze, scheint die Stimmung recht ausgelassen zu sein (rechts).

DER SPEZIALTIPP

Ins erste runde Wellenbad der Welt

Wer sich nach dieser Tour eine Abfrischung verdient hat, sollte das erste runde Wellenbad der Welt in Oberammergau besuchen. Es liegt am östlichen Ortsrand nahe der Talstation der Laber-Bergbahn und heißt sinnigerweise »Wellen Berg«. Es ist ein modernes Freizeitzentrum mit Frei- und Hallenbad, Sprungbecken, Sauna und Restaurant. Bei den angenehmen Wassertemperaturen von 25 °C in der Halle und sogar 34 °C im Freien dürfte die Regeneration nicht schwer fallen.

2.963 Meter hohe Zugspitze entschädigt. Es ist schon beeindruckend, wie dieses mächtige Kalksteinmassiv fast übergangslos aus der Ebene des Werdenfelser Landes in die Höhe schießt, aber leider wird meine Aufmerksamkeit bald ganz vom Verkehrsgewühl um Garmisch-Partenkirchen in Anspruch genommen. Ich lasse den Ort deshalb buchstäblich links liegen, folge der B 2 Richtung Farchant, um in Oberau die Kehrenstrecke hinauf zum Ettaler Sattel voll auszukosten.

Vorbei an der riesigen Kuppel vom Kloster Ettal, dessen Gründung bis ins 14. Jahrhundert auf Kaiser Ludwig IV. zurückgeht, erreiche ich bald Oberammergau, den Endpunkt der zweiten Etappe.

Lüftlmalereien wie hier an einer Hausfassade in Wallgau sind im Werdenfelser Land recht häufig anzutreffen (oben).

Auffallendes Merkmal von Kloster Ettal, das direkt auf unserer Strecke liegt, ist seine zentrale Kuppel mit einem Durchmesser von 25 Metern und einer Höhe von fast 60 Metern.

31 DIE DEUTSCHE ALPENSTRASSE, 3. ABSCHNITT

Von Oberammergau zum Bodensee

Streckenverlauf

Oberammergau – Unterammergau – Saulgrub – Bayersoien – Echelsbach – Wildsteig – Steingaden – Trauchgau – Halblech – Buching – Schwangau – Füssen – Weißensee – Oberkirch – Pfronten – Nesselwang – Oy-Mittelberg – Wertach – Oberjoch – Hindelang – Sonthofen – Immenstadt – Ratholz – Bad Oberstaufen – Weiler-Simmerberg – Scheidegg – Schlachters – Weißensberg – Lindau

STRECKENLÄNGE 169 km

AUSGANGS- UND ENDPUNKT Oberammergau (850 m) Lindau (402 m)

ANFAHRT ZUM AUSGANGSPUNKT Anschluss Tour 30 oder Autobahn München–Garmisch A96 Richtung Garmisch, am Autobahnende weiter bis Oberau, von dort über Ettal nach Oberammergau

SERVICESTELLEN **Bad Bayersoien:** Honda; **Sonthofen:** Honda, Suzuki, Yamaha

ÜBERNACHTUNGEN **Oberammergau:** Hotel Turmwirt Minotel; **Füssen:** Landhaus Sommer Minotel; **Nesselwang:** Alpenrose Minotel, Pension Silberdistel; **Sonthofen:** Gasthof Schwäbele Eck; **Weiler-Simmerberg:** Hotel Tannenhof; **Lindau:** Insel Hotel Garni

CAMPINGPLÄTZE Pfronten; Oy-Mittelberg; Wertach; Sonthofen; Weiler-Simmerberg; Lindau

STRECKENSPERRUNG Im gesamten Ortsbereich von Bad Oberstaufen besteht ganzjährig Nachtfahrverbot zwischen 22.00 und 6.00 Uhr.

KARTE Die Generalkarte 1:200.000, Blatt 6 und 8

Ich kannte Oberammergau bisher nur dem Namen nach wegen der hier alle zehn Jahre stattfindenden Passionsspiele. Die Zeitungsberichte, die ich darüber in Erinnerung habe, waren nicht immer positiv: Viel war über Streitigkeiten zwischen den Darstellern über die Besetzung von Hauptrollen die Rede, und auch Art und Text der Aufführung selbst waren oftmals sehr umstritten. Mit gemischten Gefühlen besichtige ich deshalb den Ort, der sich mir blitzsauber und freundlich präsentiert. Vor allem die reich bemalten Häuserfassaden beeindrucken mich. »Lüftlmalerei« wird diese Arbeitstechnik genannt und geht auf den hier früher ansässigen Maler Franz Seraph Zwinck zurück, der sein Handwerk in luftiger Höhe ausübte, worauf wohl auch die Namensgebung zurückzuführen ist. Als die schönsten Arbeiten gelten übrigens das »Geroldhaus« und das »Pilatushaus«, beide aus dem späten 18. Jahrhundert, sowie die Häuser im Mühlgraben 5, die Ettaler Straße 1O sowie im Lüftlmalereck 1.

In Unterammergau, das ich der Beschilderung »Füssen« folgend nach kurzer Fahrzeit erreiche, erblicke ich weitere dieser bemalten Häuserfassaden, die denen von Oberammergau in keinster Weise nachstehen. Im breiten Ammergauer Becken zieht sich die Straße über Saulgrub nach Echelsbach, wo sie plötzlich einen scharfen Knick nach Westen macht.

Der kleine Schwaigsee ist Teil eines Naturschutzgebietes und liegt direkt an unserer Strecke kurz vor Wildsteig.

Dies wäre nicht weiter erwähnenswert, wenn da nicht die Echelsbacher Brücke wäre, wo man unbedingt anhalten sollte, um den Tiefblick in die Ammerschlucht zu genießen. Allerdings ist dies nur schwindelfreien Personen zu empfehlen, denn gut 80 Meter geht es hier senkrecht nach unten.

Nach Überquerung der Brücke bin ich im Pfaffenwinkel, wie das Gebiet zwischen Lech und Ammer im Volksmund genannt wird. Dieser Name soll allerdings keine geringschätzige Bewertung des geistlichen Standes bedeuten, sondern eher in leichter Ironie die Anerkennung darüber ausdrücken, was die verschiedenen Mönchsorden von den Benediktinern über die Augustiner und Prämonstratenser bis hin zu den Franziskanern hier seit dem Mittelalter geleistet und geschaffen haben.

Beeindruckendstes Beispiel ist sicherlich die Wieskirche, zu der mich ein kurzer Abstecher hinter Wildsteig führt. Selbst unter der Woche herrscht ein gewaltiger Trubel auf dem mit Bussen und Pkws vollgestopften Parkplatz vor der Kirche, und mit einer Busladung Touristen schiebe ich mich in die nur wenige

Ein Mitbringsel von der Reise sollte es schon sein, aber wie verstaue ich das gute Stück auf meiner Maschine?

Schritte entfernte Kirche. Dort bin ich allerdings von dem festlichen Charakter, den Deckenbemalungen und der überreichen Fülle von vergoldeten Stuckornamenten an Decken, Wänden und Säulen tief beeindruckt. Ich blättere kurz in einem Kirchenführer und erfahre, dass Mönche des nahe gelegenen Klosters Steingaden 1730 hier für die Karfreitagsprozession einen aus Holzteilen gefertigten »Gegeißelten Heiland« aufgestellt hatten, der im Jahre 1738 echte Tränen geweint haben soll, worauf diese Stelle bald zum Wallfahrtsort aufblühte.

Da Steingaden ohnehin auf meinem Weiterweg liegt, besuche ich auch das dortige Kloster, dessen Kirche St. Johann Baptist aus dem Jahre 1176 als zweiter bedeutender Kirchenbau in dieser Gegend gilt. Von der Lage her kann sie mit der Wieskirche jedoch nicht mithalten, dennoch ist der Kontrast zwischen dem romanischen Äußeren und dem Rokokoinneren recht reizvoll.

Reizvoll ist auch die Landschaft des östlichen Allgäus, die der eiszeitliche Lechgletscher hier geschaffen hat und die mich bei der Weiterfahrt in ihren Bann zieht. Hügelige Wiesen wechseln mit dunklen Wäldern und teils verschilften und vermoorten kleinen Seen ab, von denen sich die ausgedehnte Wasserfläche des künstlich geschaffenen Forggensees und des natürlichen Bannwaldsees abheben. Aufgewertet wird dies alles zudem durch den Kontrast zur fast übergangslos ansteigenden Felsmauer der Allgäuer Alpen, die diese weite Landschaft nach Süden hin fast drohend abzuschließen scheinen.

SEHENSWÜRDIGKEITEN

Oberammergau: Heimatmuseum, Wellenbad, Passionsspielhaus, Lüftlmalerei an Häuserfassaden

Echelsbach: Echelsbacherbrücke, 76 m hoch über der Ammer

Steingaden: Prämonstratenserkloster mit Stiftskirche St. Johann Baptist

Schwangau: Schloss Neuschwanstein, Schloss Hohenschwangau

Füssen: Stadtmuseum im Kloster St. Mang, Staatsgalerie im Hohen Schloss, Lechfall mit König-Max-Steig

Sonthofen: Starzachklamm, Heimatmuseum Hofmühle

Bad Oberstaufen: Bauernhausmuseum im Ortsteil Knechtenhofen

Lindau: Hafenpromenade mit Mangturm, dem früheren Leuchtturm, Peterskirche am Schrannenplatz, spätgotische und barocke Häuser im Stadtkern

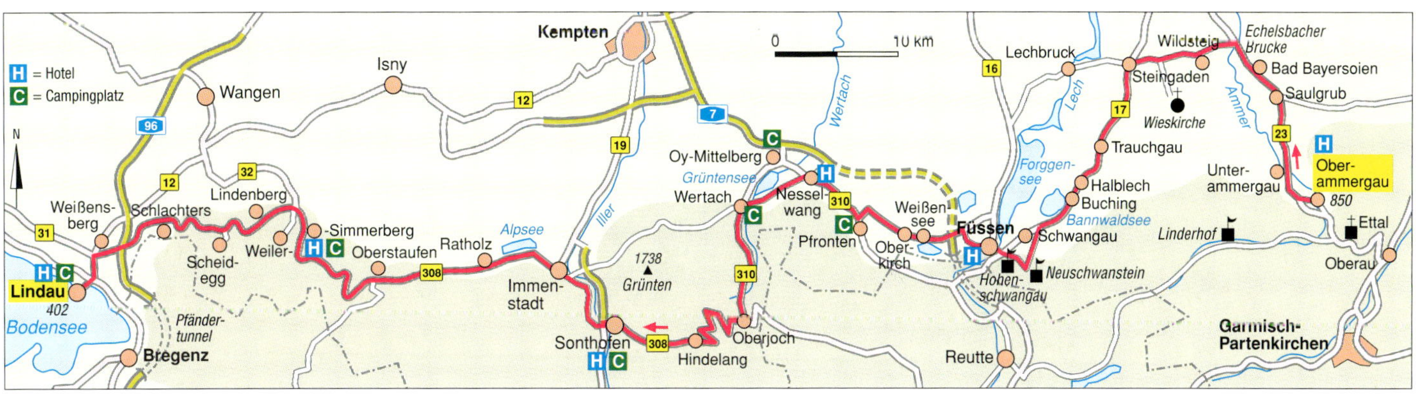

Schloss Hohenschwangau war früher Sitz der Herren von Schwangau; nach Zerstörung in den Napoleonischen Kriegen wurde es 1833 im Stil der englischen Neugotik wieder errichtet (oben).

Doch noch kann ich mich nicht ausschließlich auf Landschaft und Fahren konzentrieren.
Es warten zwei absolute touristische Höhepunkte auf mich: die Königsschlösser Hohenschwangau und Neuschwanstein. Neuschwanstein, das Traumschloss des Märchenkönigs Ludwig II., ist schon von weitem zu erkennen. Die schlanken Türme scheinen eine Verlängerung der spitzen Felsnadel zu sein, auf der sie hoch über der Pöllathschlucht errichtet wurde. Der König selbst erlebte die Fertigstellung 1886 nicht mehr, er ertrank kurz zuvor unter myste-riösen Umständen im Starnberger See. Der Rummel um Ludwif II. findet kein Ende und seit April 2000 gibt es sogar ein König-Ludwig-Musical…
Hohenschwangau versteckt sich etwas am Ufer des Alpsees. Kronprinz Maximilian II. ließ den romantischen Bau auf einem Felsvorsprung über dem See als Sommerresidenz errichten. Ich schließe mich einer Führung durch die schönsten Räume an, die 45 Minuten dauert und mir Einblick in das herrschaftliche Leben des vorigen Jahrhunderts vermittelt.
Der Verkehr in Füssen bringt mich wieder ins 20. Jahrhundert zurück – ich folge der Beschilderung »Pfronten/Weißbach«. Jetzt ist Fahren angesagt, kurvenreich geht die Straße abwärts, an Oy und Faistenoy am Grüntensee vorbei bis Wertach. Auch die kurvenreiche Seite des Oberjochs, Deutschlands höchste und kurvenreichste Passstraße, bewältige ich bei der Abfahrt. Zwischen dem Alpsee im Norden und der Nagellfluhkette im Süden steigt die Straße zum »Paradies« an, eine durch eine Steinmauer unterteilte weite Kehre bei Oberstaufen, mit einem schönen Blick auf die Berge des Bregenzer Waldes. Ich fahre gemächlich durch die hügelige Landschaft des Westallgäus, schwinge die sieben Kehren des Rohrachberges hinab, bevor ich die Maschine in Lindau am Bodensee ausrollen lasse.

Am kurvenreichen Oberjoch kommen Fahrer aller Maschinen auf ihre Kosten (rechts).

DER SPEZIALTIPP

Zu den Königsschlössern

Fast schon Pflicht ist eine Besichtigung der beiden Königsschlösser Neuschwanstein und Hohenschwangau bei Schwangau, etwa fünf Kilometer vor Füssen. Vor allem Schloss Neuschwanstein, das Märchenschloss König Ludwigs II. von Bayern, das 1869–1886 durch den Baumeister E. Riedel errichtet wurde, gilt als Inbegriff der Romantik dieses Zeitalters. Wandern Sie nach einer Führung durch das prunkvolle Schloss noch etwa 15 Minuten auf gutem Weg zur Brücke über die Pöllath-Schlucht hinauf, und genießen Sie von dort eine unvergleichliche Aussicht über Schloss und Landschaft. Gutes Wetter natürlich vorausgesetzt.

Wenn Nebel aufzieht, weiß jeder Schiffer den Leuchtturm im Lindauer Hafen erst richtig zu schätzen.

Blumenverziertes Fachwerkhaus in der Maximiliansstraße in Lindau.

32

DIE ROMANTISCHE STRASSE, 1. ABSCHNITT

Von den Weinbergen des Mains ins Nördlinger Ries

Streckenverlauf

Würzburg – Randersacker – Kist – Gerchsheim – Großrinderfeld – Tauberbischofsheim – Lauda-Königshofen – Bad Mergentheim – Igersheim – Weikersheim – Röttingen – Creglingen – Tauberzell – Rothenburg/Tauber – Insingen – Diebach – Schillingsfürst – Wörnitz – Dorfgutingen – Feuchtwangen – Schopfloch – Dinkelsbühl – Diederstetten – Regelsweiler – Tannhausen – Itzlingen – Dirgenheim – Benzenzimmern – Wallerstein – Baldingen – Nördlingen

STRECKENLÄNGE 194 km

AUSGANGS- UND ENDPUNKT Würzburg (182 m) Nördlingen (431 m)

ANFAHRT ZUM AUSGANGSPUNKT Autobahn Nürnberg–Frankfurt A 3, Ausfahrt Würzburg

SERVICESTELLEN **Würzburg:** Kawasaki, Triumph; **Tauberbischofsheim:** Yamaha; **Bad Mergentheim:** Kawasaki, Triumph, Yamaha; **Weikersheim:** Aprilia, Honda; **Feuchtwangen:** Suzuki, Yamaha; **Dinkelsbühl:** Honda, Aprilia, Kawasaki, KTM, Ducati; **Nördlingen:** Yamaha, Suzuki, Aprilia, Cagiva

ÜBERNACHTUNGEN **Lauda-Königshofen:** Landhaus Gemmrig; **Rothenburg/Tauber:** Hotel Reichsküchenmeister, Gasthof Klingentor; **Schillingsfürst:** Gasthof Zum Adler; **Dinkelsbühl:** Weißes Roß

CAMPINGPLÄTZE Bad Mergentheim; Rothenburg/Tauber; Schillingsfürst

STRECKENSPERRUNG Im Stadtgebiet von Bad Mergentheim besteht ganzjährig Nachtfahrverbot zwischen 22.00 und 6.00 Uhr.

KARTE Die Generalkarte 1:200.000, Blatt 7

Ob die Kaufleute und Fuhrmänner, die im Mittelalter das kostbare Salz von Würzburg nach Füssen transportierten, diesen Handelsweg als romantisch empfunden haben, sei dahingestellt. Es waren die Fremdenverkehrsmanager der Neuzeit, die diese Strecke zur »Romantischen Straße« erhoben. Unzweifelhaft ist jedoch, dass man der mit Romantik bezeichneten Kunst- und Geistesrichtung aus dem ersten Drittel des 19. Jahrhunderts hier am Nächsten kommt. Auch weniger kunstinteressierten Menschen sind etwa die Wieskirche oder die bayerischen Königsschlösser Neuschwanstein und Hohenschwangau, die Glanzpunkte der Romantischen Straße, ein Begriff. Und auch die Landschaften von den Weinbergen des Mains, über das Taubertal hinunter zum Nördlinger Ries und bei Donauwörth am Lech entlang bis zu den Allgäuer Alpen sind sehenswert. Nicht zu vergessen sind natürlich die Städte von Würzburg über Rothenburg nach Nördlingen und weiter über Augsburg, Landsberg, Schongau und Füssen, die allein schon die Reise wert wären.

Die Residenz von Würzburg kann, muss man aber nicht gesehen haben, den Riemenschneideraltar auf der folgenden Seite dagegen schon.

Wo ist die gute alte Zeit geblieben, als man mit dem Pferdefuhrwerk nur durch ein Stadttor fahren musste und auf dem richtigen Weg war, denke ich, als ich in Würzburg einfach nicht die richtige Ausfahrt finde. Vielleicht blenden mich auch die in der Sonne silbrig glitzernden Blätter der Weinstöcke, die sich in schnurgeraden Zeilen an den Hügeln rund um die Stadt emporziehen. Wie dem auch sei, bei Würzburg-Randersacker fahre ich auf die Autobahn, nur um diese etwas westlich bei der Ausfahrt Würzburg-Kist bald wieder zu verlassen. Ich habe die richtige Ausfahrt gewählt und bin auf der Landstraße nach Tauberbischofsheim. Ich verbinde den Namen weniger mit der Tauber, auf die ich hier treffe, sondern mehr mit den Fechtern, deren Leistungszentrum sich hier befindet und die bei Weltmeisterschaften und Olympiaden zahlreiche Titel und Medaillen geholt haben.
Von Weinbergen begleitet, die auf ihren Kuppen Wälder tragen, fahre ich auf der B 290 flussaufwärts und sehe bald das in einer weiten

Der Riemenschneideraltar in der Herrgottskirche bei Creglingen ist ein einzigartiges Kunstwerk, dessen Anblick man sich auf keinen Fall entgehen lassen sollte.

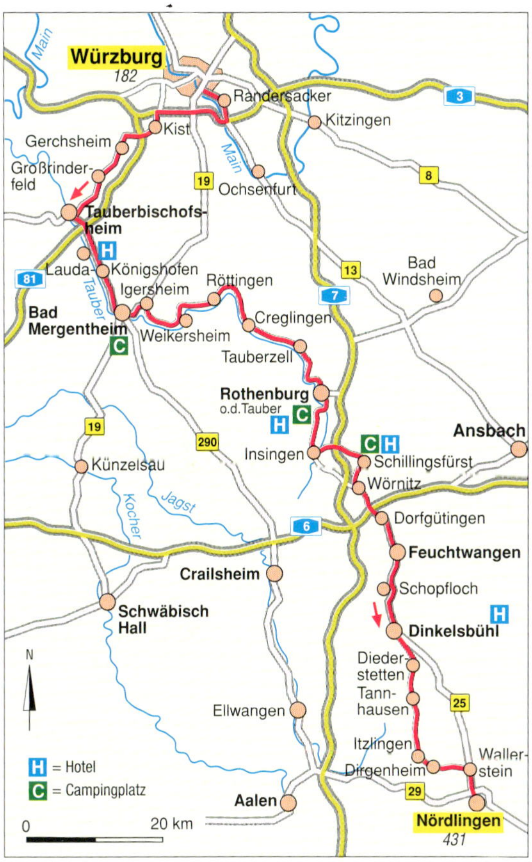

Mulde auftauchende Städtchen Bad Mergentheim. Scharf biegt die Tauber und ich mit ihr nach Westen in den Taubergrund ab. Vorbei am Marktplatz mit seinen alten Wirtshäusern und malerischen Fachwerkhäusern rolle ich langsam durch Weikersheim, bevor ich dann am Ortsende wieder Gas gebe, um an dem von Weiden und Erlen gesäumten Fluss rascher nach Creglingen zu kommen. Hier möchte ich es nicht versäumen, ein einzigartiges Kunstwerk zu begutachten, den Riemenschneideraltar in der Herrgottskirche, die schon etwas außerhalb der Stadt gelegen ist. Man behauptet, dass Tilman Riemenschneider mit diesem Altar das Schönste geschaffen hat, was die deutsche Kunst in der Spätgotik in Deutschland hervorbrachte. Meine Fachkenntnisse reichen nicht aus, den Wahrheitsgehalt dieser Aussage bestätigen zu können, aber beeindruckend ist diese Arbeit in jedem Fall.

Als sich meine Augen nach dem dunklen Inneren der Kirche wieder an die Helligkeit im Taubertal gewöhnt haben, folge ich der leicht ansteigenden Straße nach Rothenburg, und – wenn da nicht die Autos und die moderne Kleidung der Menschen wären, würde ich mich ins Mittelalter zurückversetzt fühlen.

SEHENSWÜRDIGKEITEN

Würzburg: Dom, Feste Marienburg, Mainfränkisches Museum mit Werken von Tilman Riemenschneider, Würzburger Residenz

Tauberbischofsheim: Rathaus mit Glockenspiel, Kurmainzisches Schloss mit Landschaftsmuseum, St.-Peters-Kapelle

Bad Mergentheim: Deutschordensschloss mit Schlosskirche, historischer Marktplatz mit Michlingsbrunnen, Stadtpfarrkirche St. Johannes

Weikersheim: Schloss Hohenlohe mit Landesmuseum, Tauberländer Dorfmuseum im ehemaligen Kornbau vor dem Schloss

Creglingen: Herrgottskirche ca. 2 km südlich im Herrgottstal, Feuerwehrmuseum im Schloss Waldmannshofen

Rothenburg/Tauber: Schönstes mittelalterliches Stadtbild Deutschlands, Burggarten, Mittelalterliches Kriminalmuseum, Rathaus am Markt

Feuchtwangen: Kloster mit Kreuzgang und traditionellen Kreuzgangspielen, Fränkisches Museum

Dinkelsbühl: Mittelalterliche Stadtbefestigung, Münster, historisches Museum im ehemaligen Spitalgebäude, Marktplatz mit sehenswerten Giebelhäusern

Nördlingen: Kirchturm Daniel mit Besteigung, Gerberviertel, historische Altstadt, Kirche St. Georg

Rothenburg ob der Tauber hat sich sein mittelalterliches Stadtbild bis in die heutige Zeit bewahrt (rechts).

Um auf diese ruhige Landstraße zu gelangen, muss man hinter Dinkelsbühl die B25 verlassen (unten).

Fast unverändert hat sich das Stadtbild mit seinen alten Türmen, Mauern und Wehrgängen, Fachwerkhäusern und verwinkelten Gassen seit dieser Zeit gehalten, und erstaunlicher Weise konnten weder Feuersbrünste noch die Wirren des Dreißigjährigen Krieges oder die Bomben des Zweiten Weltkrieges dem Stadtbild größeren Schaden zufügen.
Beim Klingentor parke ich im Schutze der Stadtmauer und steige den Wehrgang hoch, blicke nach links ins Tal und rechts über die Dächerflut und stelle mir vor, wie im Dreißigjährigen Krieg die Landsknechte des kaiserlichen Generals Tilly die Stadt belagerten und schließlich stürmten. Die Überlieferung erzählt, dass die Stadt vor der Zerstörung verschont bliebe, wenn es einem Einwohner gelänge, einen riesigen Humpen Wein auf einen Zug zu leeren. Der Altbürgermeister Nusch soll dies geschafft und somit die Stadt gerettet haben.
Manche Geschichten machen durstig, aber ich begnüge mich mit einer großen Apfelschorle, denn schließlich muss ich noch weiter nach Feuchtwangen. Auf der Fahrt dorthin fällt mir zuerst auf, dass sich die Landschaft verändert hat: Nach dem engen Taubertal weitet sich vor mir das Land, und ungestört reicht der Blick nach Süden, bevor sich aus der Ebene des Sulzachtales langsam die niedrigen Türme von Feuchtwangen fast schüchtern erheben.
Da ist Dinkelsbühl schon viel interessanter, das beinahe mit Rothenburg um das schönste und besterhaltenste mittelalterliche Stadtbild wetteifern kann. Obwohl mich die B25 schnell nach Nördlingen, dem Endpunkt der ersten Etappe bringen würde, ziehe ich die ruhigeren Nebenstraßen vor, um vor lauter Stadtbesichtigungen das Motorradfahren wieder etwas in den Vordergrund zu rücken.

DER SPEZIALTIPP

Rothenburger Folterkammer

Im Mittelalter wurde in Rothenburg wie anderswo auch mit ziemlicher Akribie gefoltert. Wer sich darüber informieren will, kann dies im »Mittelalterlichen Kriminalmuseum« im ehemaligen Johanniterkloster in der Burgstraße 3 tun. Bei den damals angewendeten Strafen ist man froh, bei Verkehrsverstößen heute meist nur ein mildes Bußgeld bezahlen zu müssen.
Geöffnet ist das Museum von November bis März täglich von 14.00 bis 16.00 Uhr und von April bis Oktober von 9.30 bis 18.00 Uhr.

Nördlingen aus der Vogelperspektive gesehen. Der 89 Meter hohe Georgsturm, besser als Daniel bekannt, macht es möglich.

In Feuchtwangen gibt es schöne Übernachtungsmöglichkeiten.

33

DIE ROMANTISCHE STRASSE, 2. ABSCHNITT

Vom Nördlinger Ries zu den Märchenschlössern König Ludwigs II.

Streckenverlauf

Nördlingen – Harburg – Donauwörth – Nordheim – Asbach-Bäumenheim – Meitingen – Langweid – Gersthofen – Augsburg – Göggingen – Kaufering – Landsberg – Stoffen – Vilgertshofen – Reichling – Epfach – Denklingen – Dienhausen – Schwabsoien – Altenstadt – Schongau – Peiting – Steingaden – Trauchgau – Schwangau – Hohenschwangau – Füssen

STRECKENLÄNGE 204 km

AUSGANGS- UND ENDPUNKT Nördlingen (431 m) Füssen (800 m)

ANFAHRT ZUM AUSGANGSPUNKT Anschluss Tour 32 oder Autobahn Würzburg–Ulm A 7, Ausfahrt Aalen/Westenhausen und auf der B 38 über Bopfingen nach Nördlingen

SERVICESTELLEN **Nördlingen:** Suzuki, Aprilia, Cagiva, Yamaha; **Donauwörth:** Moto Guzzi, Suzuki, Honda, Kawasaki, Triumph, Yamaha; **Gersthofen:** Aprilia; **Augsburg:** Moto Guzzi, Ducati, Cagiva, Honda, Kawasaki, Yamaha, Suzuki; **Landsberg:** Honda, Kawasaki, Yamaha, Cagiva; **Epfach:** Kawasaki; **Schongau:** Honda, Kawasaki, Yamaha, BMW

ÜBERNACHTUNGEN **Augsburg:** Ringhotel Alpenhof, Intercity Hotel Augsburg; **Füssen:** Landhaus Sommer

CAMPINGPLÄTZE Landsberg; Schwangau

TREFF **Pfaffenberg auf der B 472** (zwischen Schongau und Weilheim): Am Parkplatz auf einer Kuppe, Samstag und Sonntag vormittags und nachmittags, teilweise auch werktags nachmittags

KARTE Die Generalkarte 1:200.000, Blatt 8

Von wehrhaften Mauern umgeben, liegt Nördlingen inmitten des Ries, einem kreisförmigen, völlig ebenen Becken von etwa 18 Kilometern Durchmesser, dessen Rand ein Kranz von 100 bis 200 Meter hoch aufsteigenden Jurabergen bildet. Ich parke meine Maschine am Kirchplatz nahe der Georgskirche und gehe hinüber zum Reimlinger Tor, dessen massig schwerer Unterbau in einem schmalen Dachaufsatz endet. Hier steige ich zum Wehrgang hinauf, der mit einer Länge von vier Kilometern die ganze Stadt umläuft.

Etwas misstrauisch setze ich auf den alten Holzbalken zuerst einen Fuß vor den anderen, bevor ich Vertrauen zu dem Gebälk fasse. Durch die alten Schießscharten sehe ich hinunter auf Wall und Graben, während sich zur linken die Firste und Giebel der Altstadthäuser in den Schutz der Mauer ducken. Beim Deininger Tor steige ich wieder herab und gehe zurück zum Kirchplatz. Aber bevor ich meine Maschine starte, möchte ich noch hinauf auf den Daniel, eigentlich Georgsturm, der mit seiner Höhe von 89 Metern als Wahrzeichen von Nördlingen gilt. 350 Stufen sind es bis zur Brüstung, und ich komme mächtig ins Schnaufen. Oben werde ich dann aber mit einem schönen Ausblick über Stadt und Landschaft, die erst im Dunst der Ferne zu verschwimmen scheint, belohnt.

Reichlich verwinkelt ist die Harburg, die auf einem Jurasporn oberhalb der gleichnamigen Ortschaft liegt.

Bevor ich auf den Anlasser drücke, studiere ich aufmerksam die Landkarte. Ich könnte anstelle der fahrerisch anspruchslosen B 25 auf reizvollere Nebenstraßen ausweichen, die mich über Höchstädt und Wertingen nach Langweid brächten, wo ich kurz vor Augsburg wieder auf die Bundesstraße träfe. Nach kurzer Überlegung entscheide ich mich für die Bundesstraße, die mich geradlinig aus der Stadt führt und erst kurz vor Harburg, an der Wörnitz entlang, wieder schöne Kurven aufweisen kann. Harbug selbst liegt malerisch in einer Talenge zwischen dem Fluss und den Ausläufern der Jurahöhen und wird von der alten Harburg bewacht. Ich fahre weiter an der Wörnitz entlang, die viel gemächlicher als die Straße in weit ausholenden Schleifen den Jura überwindet, an dessen letzten Ausläufern sich die ehemals Freie Reichsstadt Donauwörth ausdehnt. Auch wer es eilig hat – die alte Reichsstraße, deren Straßenzug mit seinen Giebelhäusern aus dem 16. bis 19. Jahrhundert im Stile schwäbischer Donaustädte erbaut wurde, sollte sich niemand entgehen lassen. Ausgehend von der Rathaustreppe in einem leichten Bogen hinaufziehend zum Fuggerhaus zählen diese stolzen Bürgerhäuser mit ihren spätgotischen Erkern und frühbarocken Formen zum Schönsten, was ein Stadtbild in Deutschland aufweisen kann. Geradlinig zieht sich die Bundesstraße weiter durch die breiten Niederungen des Lechtals nach Augsburg, der Hauptstadt des Regierungsbezirkes Schwaben und drittgrößten Stadt Bayerns mit viel Verkehr und einem verwirrenden Straßennetz. Augsburg ist vor allem mit dem Namen der Familie Fugger verbunden, die ihren Reichtum sowohl auf ihrer Handelstätigkeit als auch auf dem Besitz von Silberminen in Tirol und Kupferbergwerken in Ungarn gründete. Ein Denkmal setzten sie sich mit der Fuggerei, einer Wohnsiedlung in der Jakobervorstadt mit 53 Häusern mit 106 Wohnungen, die gegen eine bis heute nicht erhöhte Jahresmiete von nur einem Gulden (heute etwa 2,– DM) vergeben wurden. Obwohl sie recht günstig im Stadtzentrum nahe des Doms St. Maria liegt, verzichte ich auf einen Besuch, da ich an meine eigene Miete denken muss und bei solchen Preisen nur neidisch würde.
Ich fahre weiter Richtung Landsberg und bleibe auch hier auf der Bundesstraße, da die Landstraßen links und rechts zwar weniger stark befahren sind, dafür aber meist auch nur

Etwa 2,– DM beträgt die Jahresmiete in der Ausgburger Fuggerei. Da könnte man doch glatt neidisch werden.

SEHENSWÜRDIGKEITEN

Nördlingen: Kirchturm Daniel mit Besteigung, Gerberviertel, historische Altstadt, Kirche St. Georg

Harburg: Burg Harburg

Donauwörth: Heilig-Kreuz-Kirche, Rathaus, Münster »Zu unserer lieben Frau«, Landratsamt im ehemaligen Fuggerhaus

Augsburg: Dom, Fuggerei, Schaezler-Palais mit Gemäldegalerie altdeutscher Meister, u. a. Dürer, Perlachturm in der Altstadt, Maximilianstraße

Landsberg: Gotisches Bayertor, Pfarrkirche Mariä Himmelfahrt, Hauptplatz mit Brunnen und Bürgerhäusern

Altenstadt: Romanische Hallenkirche

Schongau: Pfarrkirche Mariä Himmelfahrt, Ballenhaus am Hauptplatz, mittelalterliche Stadtmauer

Steingaden: Münster

Hohenschwangau: Schloss Neuschwanstein, Schloss Hohenschwangau

Füssen: Stadtmuseum im Kloster St. Mang, Staatsgalerie im Hohen Schloss, Lechfall mit König-Max-Steig

schnurgerade verlaufen. Aus dem Flachland heben sich nun die ersten Hügel, und über den Baumkronen auf einem Steilufer des Lechs zeigt ein Turmpaar die Stadt Landsberg an. Am Hauptplatz stoppe ich, zum einen wegen des sehenswerten frühgotischen Schmalzturms – so genannt, weil hier im Mittelalter die Bauern mit ihren Schweinen durczogen –, der Fassade des von Domenikus Zimmermann errichteten Rathauses und des Brunnens mit der Marienstatue aus dem 18. Jahrhundert, zum anderen aber, weil ich endlich die Bundesstraße verlassen und auf die Landstraßen links des Lechs ausweichen will.

Das Märchenschloss schlechthin, Schloss Neuschwanstein, ein zu Stein gewordener Traum, den sich König Ludwig II. erfüllte.

Ich folge zuerst den Hinweisschildern nach Wertheim, dann denen Richtung Stoffen und Vilgertshofen. Vorbei an der Wallfahrtskirche zur Schmerzhaften Maria geht es nach Reichling, wo die Straße rasant zum Lech hin abfällt, um am gegenüberliegenden Ufer etwas mühsamer wieder hochzusteigen. Ein kurzes Stück fahre ich noch auf der Bundesstraße, die ich bei Hohenfurch wieder verlasse, um mir in Altenstadt die älteste romanische Gewölbebasilika anzusehen.

Ab Schongau, dessen Stadtbefestigung im 15. und 17. Jahrhundert entstand, also in einer Zeit, als mit der Via Claudia Augusta von Italien nach Augsburg hier noch eine Welthandelsstraße verlief, folge ich wieder der Bundesstraße nach Peiting, überquere den Lech und komme nach Steingaden, das sich in einer flachen, von bewaldeten Hügeln umsäumten Mulde zu verbergen scheint. Nur die Türme der Klosterkirche stehen hoch aufragend in der Landschaft und behaupten sich stolz gegen die Hügellandschaft.

Stolz präsentieren sich auch die Königsschlösser Neuschwanstein und Hohenschwangau, zu denen die Straße bei Schwangau abzweigt, vor der nicht minder beeindruckenden Kulisse der Allgäuer Alpen. So beeindruckend die Schlösser von innen und außen auch sind, unvergessen bleibt ebenfalls der Ausblick von der Marienbrücke über die Pöllathschlucht noch etwas oberhalb von Schloss Neuschwanstein, zu der ein Wanderweg hochführt.

Noch immer habe ich die aus einem Steilfelsen herauswachsenden Zinnen und Türme des Schlosses vor Augen, zu dessen Füßen aus einer harmonisch geformten grünen Landschaft sich die blauen Flächen des Bannwaldsees und des Forggensees ausbreiten, als ich diese Tour im nahen Füssen beende.

DER SPEZIALTIPP

Billig wohnen in Augsburg

Damit wird es wohl heutzutage nichts werden: Eine Wohnung in der Fuggerei, der ältesten Sozialsiedlung der Welt, werden Sie nicht bekommen. Trotzdem lohnt ein Spaziergang durch die historischen Gassen der Siedlung, die Jacob Fugger 1519 für schuldlos verarmte Bürger der Stadt errichten ließ. Ganze 1,72 DM beträgt derzeit die Miete, pro Jahr wohlgemerkt, da kann der soziale Wohnungsbau von heute nicht mithalten. Für die Siedlung gilt noch heute eine eigene Verfassung, und die Besichtigung sollten Sie bis 22.00 Uhr beendet haben, denn dann werden die Tore geschlossen.

Die barocke Wallfahrtskirche St. Koloman bei Schwangau in einmaliger Lage vor den Allgäuer Alpen.

Orientierungsschwierigkeiten gibt es entlang der Romantischen Straße jedenfalls nicht.

34 DIE DEUTSCHE MÄRCHENSTRASSE, 1. ABSCHNITT

Von den Bremer Stadtmusikanten zum Rattenfänger von Hameln

Streckenverlauf

Worpswede – Pennigbüttel – Osterholz-Scharmbeck – Niederende – Trupermoor – Lilienthal – Bremen – Achim – Etelsen – Langwedel – Verden – Dörverden – Hassel – Eystrup – Nienburg – Leeseringen – Estorf – Landesbergen – Leese – Wasserstraße – Petershagen – Minden – Bückeburg – Steinbergen – Ostendorf – Hessisch Oldendorf – Hameln

STRECKENLÄNGE 264 km

AUSGANGS- UND ENDPUNKT Worpswede (54 m)
Hameln (68 m)

ANFAHRT ZUM AUSGANGSPUNKT Autobahn Bremen–Bremerhaven A 27, Ausfahrt 19 Bremen-Horn/Lehe und über Lilienthal, Worpshausen

SERVICESTELLEN **Lilienthal:** Yamaha; **Bremen/Osterfeuerberg:** Alle Fabrikate; **Verden:** Kawasaki, Harley-Davidson; **Nienburg:** Honda, Kawasaki, Yamaha; **Hessisch Oldendorf:** Kawasaki, Ducati, Cagiva

ÜBERNACHTUNG **Achim:** Novotel Bremer Kreuz; **Auetal/Westerwald:** Jägerhof Christopherus

CAMPINGPLÄTZE Auetal/Westerwald; Hameln

TREFF **Bremen:** täglich nachmittags in der Horten-Passage in der Innenstadt

KARTE Die Generalkarte 1:200.000, Blatt 1 und 3

Wer mit dem Motorrad unterwegs ist, sollte mit beiden Rädern fest auf dem Boden der Tatsachen bleiben. Zeit zum Träumen oder gar für Märchen bleibt da nicht. Doch es gibt eine Ausnahme: die Deutsche Märchenstraße, die von Worpswede bei Bremen, nahe der Nordseeküste, bis hinunter nach Hanau, schon gut in Deutschlands Mitte gelegen, führt. In den Städten entlang der Strecke werden die alten Fabeln und Geschichten wieder wahr, die wohl jeder aus den Märchenbüchern seiner Kindheit noch in Erinnerung hat. Aber auch landschaftlich wird einiges geboten, geht es doch von der Norddeutschen Tiefebene, anfangs an der Weser entlang, dann mit der Fulda hinein in die Deutsche Mittelgebirgsschwelle, bis Hanau am Rande des Spessarts, der dem Dichter Wilhelm Hauff (1802–1827) als Kulisse für seine Geschichte vom »Wirtshaus im Spessart« diente.

Auch Worpswede, am Fuße des immerhin 57 Meter hoch aus der Norddeutschen Tiefebene herausragenden Weyerberges gelegen, hat bekannte Wirtshäuser und auch reichlich Sagen und Geschichten zu bieten. Eine davon ist die vom Riesen Hüklüt, der die ihn drückenden Sandkörner aus seinen Holzschuhen geschüttelt haben soll, wovon eines davon der heutige Weyerberg gewesen ist. Ich erfahre davon im Café Worpswede, in der Bergstraße, wo ich mich mit einem reichhaltigen Frühstück stärke, bevor ich die Ortschaft

Der Roland in Bremen gilt als das Symbol der bremischen Freiheit.

nach Norden verlasse, Richtung Hüttenbusch, um bereits kurz hinter Neu Sankt Jürgen nach links ins Teufelsmoor zur gleichnamigen Ortschaft abzubiegen. Obwohl längst trockengelegt und landwirtschaftlich genutzt, vermittelt das Moor mit seinen Moorgräben und Moorkanälen, kleinen Waldstücken und Torfbrüchen mit dunkler Bruchkante einen Eindruck von Weite und Schwermütigkeit. Um wieder auf heitere Gedanken zu kommen, fahre ich auf Nebenstraßen über Pennigbüttel, Osterholz-Scharmbeck und Lilienthal zurück und bin bald in Bremen, der Stadt der Bremer Stadtmusikanten. Ich parke in der Umgebung

Die Bremer Stadtmusikanten sind vor dem Ratskeller und nicht darin zu finden.

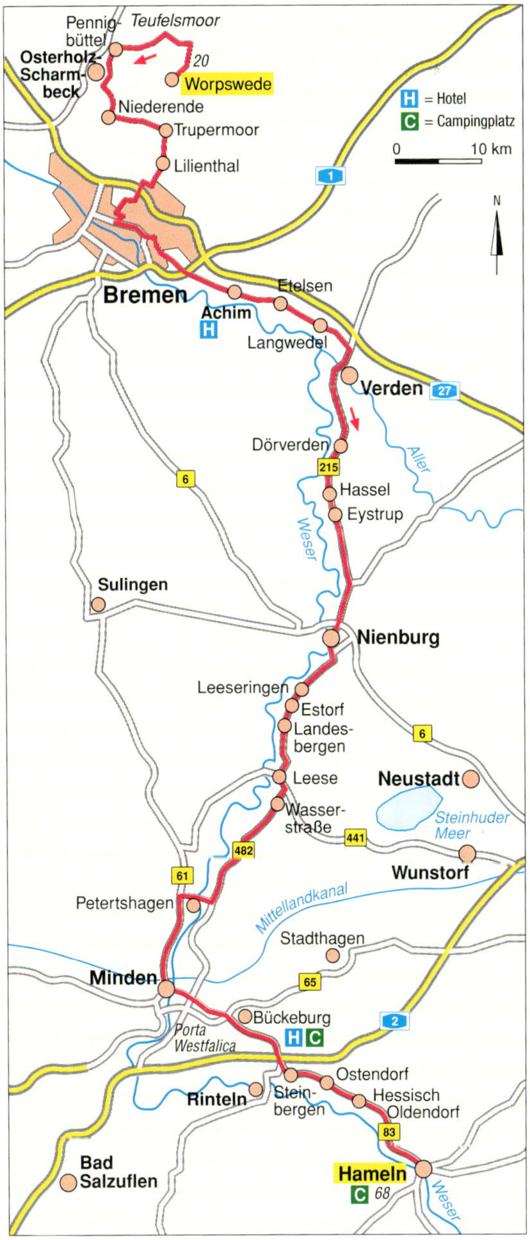

des Marktplatzes, um durch die Fußgängerzone so rasch wie möglich zum Rathaus zu gelangen. Weder den Backsteinbauten der Bürgerhäuser, der beeindruckenden Fassade des Rathauses, dem spitzen Turmhelmpaar des Doms St. Petri noch der auf einem dreistufigen Unterbau stehenden Gestalt des Roland, dem Symbol der bremischen Freiheit, gilt mein Interesse. Ich suche die Bremer Stadtmusikanten und finde sie in Bronze gegossen vor dem Eingang zum Ratskeller.

Furcht erregend sehen sie ja eigentlich nicht aus, der Esel, der Hund, die Katze und der Hahn, die, als sie alt und nutzlos geworden waren, von ihren Herrschaften verjagt wurden und sich auf nach Bremen machten, um dort als Stadtmusikanten ihr Geld zu verdienen. Auf dem Weg dorthin sollen sie aber, den Gebrüdern Grimm zufolge, eine ganze Räuberbande in Angst und Schrecken versetzt haben. Auch der Weiterweg nach Verden, wohin ich mich nun auf den Weg mache, ist keinesfalls Furcht erregend. Im Gegenteil, die Landstraßen über Achim, Etelsen und Langwedel führen hinein in eine flache Marschlandschaft mit behäbig daliegenden Orten inmitten fruchtbarstem Acker- und Weideland. Verden sieht man an, dass es eine durchaus wohlhabende Gemeinde ist. Sie nimmt das Recht in Anspruch – wie allerdings noch einige Ortschaften der Region – Geburtsort des Piraten Klaus Störtebeker zu sein. Zu Lebzeiten gejagt und geächtet, wurde jetzt sogar eine ganze Küstenroute nach ihm benannt (siehe Tour 21).

Wer sich weniger für Piraten, sondern mehr für Pferde interessiert, ist hier richtig, gilt Verden doch als eines der Zentren für Pferdezucht und Pferdesport in Norddeutschland, mit einem

SEHENSWÜRDIGKEITEN

Osterholz-Scharmbeck: Gut Sandberg, Kreisheimatmuseum, romanische Klosterkirche, Hünengrab

Lilienthal: Zisterzienserinnenkloster, Kutschenmuseum im Michaelis-Hof

Bremen: Rathaus (15. Jahrhundert), Ratskeller von 1408 mit bemalten Weinfässern und Weinschänke, davor Bronzedenkmal der Bremer Stadtmusikanten, Rolandfigur, Dom St. Petri mit Bleikeller, Bürgerpark mit Tiergehege, Restaurants und Cafés, Schnoorviertel in der östlichen Altstadt

Verden: Deutsches Pferdemuseum, Sachsenhain mit Findlingen, Dom und Johanniskirche

Nienburg: Kirche St. Martin, Stadtwall, Rathaus

Landesbergen: Hochzeitsmühle, Münchhausen-Schloss in Brokeloh

Minden: Altes Rathaus mit Laubengang, Altstadt mit Hanse-Haus, Windloch und Schwedenschänke, Mittellandkanal mit Kanalbrücke und Schachtschleuse

Bückeburg: Barocke Stadtkirche, Wasserschloss, Idaturm mit Aussicht, Hubschraubermuseum

Hessisch Oldendorf: Münchhausenhof, evangelische Stadtkirche

Hameln: Osterstraße mit Stiftsherrenhaus und Hochzeitshaus, Rattenfänger-Freilichtspiele, Rattenfängerhaus und Rattenkrug mit historischen Gastwirtschaften, Leist'sches Haus mit Museum

Wenn nur das lästige Helm auf, Helm ab nicht wäre.

eigenen Pferdemuseum in der Andreasstraße in der Süderstadt. Mir genügen die Pferdestärken meiner Maschine, die ich mit einem leichten Dreh am Gasgriff wecke, um auf der B 215 nach Nienburg zu gelangen.

Hin und wieder begleitet mich die Weser ein kurzes Stück, Waldgebiete lockern die Fahrtroute bis zur alten Festungsstadt immer wieder auf, Nienburg passiere ich aber schnell, um dafür bei Leese einen kurzen Abstecher zum Steinhuder Meer zu machen, das mit seiner Ausdehnung von etwa 30 Quadratkilometern und einer Wassertiefe von drei Metern zwar keine imponierenden Ausmaße vorzuweisen hat, aber immerhin als Deutschlands größter Binnensee gilt.

Zurück auf der Bundesstraße führt mich diese durch eine weiterhin flache und ruhige Landschaft nach Minden, das neben vielen reich geschmückten Bürgerhäusern auch einen Freizeitpark mit einer Märchenspinnstube aufweisen kann. Mehr Eindruck auf mich macht allerdings der folgende Streckenabschnitt durch die Westfälische Pforte, die Porta Westfalica, wo die Weser das Wiehengebirge im Westen und die Weserberge im Osten durchbricht.

Vom Kaiser-Wilhelm-Denkmal auf dem gut 270 Meter hohen Wittekindberg reicht mein Blick noch einmal weit zurück über die Norddeutsche Tiefebene, bevor ich in Hameln den ersten Abschnitt der Märchenstraße beende.

In Bückeburg finden wir zum einen dieses Wasserschloss, zum anderen das einzige Hubschraubermuseum der Welt (siehe Spezialtipp).

DER SPEZIALTIPP

Fluggeräte der besonderen Art

In Bückeburg befindet sich das einzige Hubschraubermuseum der Welt. Unter den 40 Ausstellungsstücken befinden sich dabei recht skurrile Konstruktionen, die vom Versuch eines »Fliegenden Jeeps« über mit Muskelkraft angetriebene Prototypen bis hin zu einem mittels Uhrwerk betriebenen Veteranen reicht, der mit Fallschirm zur Landung aufsetzen soll. Geöffnet ist das Museum täglich von 9.00 bis 17.00 Uhr. Wer sich mehr für Kulturgüter interessiert, dem sei ein Besuch im Heimatmuseum in der Langen Straße im ehemaligen Burgmannshof angeraten (geöffnet März bis Oktober von 11.00 bis 17.00 Uhr).

Das Ortsbild von Hameln besticht mit einer Reihe sehenswerter Häuserfassaden, hier das Demptersche Haus.

Sehenswert ist allerdings auch dieser V-Twin.

35 DIE DEUTSCHE MÄRCHENSTRASSE, 2. ABSCHNITT

Vom Lügenbaron zu Dornröschens Märchenschloss

Streckenverlauf

Hameln – Hämelschenburg – Bad Pyrmont – Bodenwerder – Pegestorf – Polle – Holzminden – Neuhaus – Amelith – Nienover – Bodenfelde – Lippoldsberg – Gieselwerder – Gottsbüren – Sababurg – Reinhardshagen – Vaake – Hannoversch Münden – Kassel

STRECKENLÄNGE 176 km

AUSGANGS- UND ENDPUNKT Hameln (68 m) Kassel (163 m)

ANFAHRT ZUM AUSGANGSPUNKT Anschluss Tour 20 oder Autobahn Dortmund–Hannover A2, Ausfahrt Bad Eilsen. Von der Autobahn Kassel–Hannover A7, Ausfahrt Hildesheim. Direkt von Hannover kommend auf der A27 über Springe und Hochmühle

SERVICESTELLEN **Holzminden:** Honda, Kawasaki, KTM; **Kassel/Süd:** KTM

ÜBERNACHTUNGEN **Hannoversch Münden:** Hotel Rathausschänke; **Kassel:** Hotel Garni

CAMPINGPLÄTZE Bad Pyrmont; Bodenwerder; Holzminden; Reinhardshagen; Kassel

TREFFS **Reinhardshagen-Veckershagen:** An der Weserfähre zwischen der B3 und der B80, täglich außer Montag; **Kassel:** Yamaha-SR500- und -XT-Fahrer treffen sich jeden ersten Mittwoch im Monat ab 19.30 Uhr im Fosters Garden in der Innenstadt.

KARTE Die Generalkarte 1:200.000, Blatt 3

Leise Flötentöne wecken mich. Ich stehe auf, ziehe mich an und gehe hinunter auf die Straße. Draußen steht eine ganze Schar von Kindern und ein Flötenspieler in seltsamem Gewand. Er trägt ein buntes Wams mit lilafarbenem Umhang, die Beine stecken in Strumpfhosen, deren eines Bein lila und gelb, das andere rot und grün gefärbt ist. Auf dem Kopf sitzt ein roter Hut mit zwei langen Federn, und an den Füßen hat er gelbe Lederschuhe, deren Spitzen fast kreisförmig gebogen sind. Auch die Kinder tragen Leinenhemden und -hosen, und in meiner schweren Motorradmontur passe ich schon rein bekleidungsmäßig gar nicht dazu. Trotzdem folge ich dem Zug, der sich lachend und scherzend in Bewegung setzt und durch die Straßen von Hameln zieht. Vorneweg der Flötenspieler geht es aus der Stadt hinaus über Wiesen und Wälder bis zu einem Berg. Das Flötenspiel wird lauter, ein Spalt öffnet sich, durch den wir den Berg betreten, der sich mit einem lauten Krachen plötzlich hinter uns wieder schließt.

Ich schrecke hoch und stelle fest, dass alles glücklicherweise nur ein Traum war. Aber so oder so ähnlich soll es sich zugetragen haben im Jahre 1284, als ein bunt gekleideter Fremder gegen einen Geldbetrag versprach, Hameln von der Mäuse- und Rattenplage zu

Verliebte aufpassen: Das Hochzeitshaus findet man in der Osterstraße in Hameln.

befreien. Von den Stadtvätern um seinen gerechten Lohn betrogen, soll er aus Rache 130 Kinder mit seinem Flötenspiel aus dem Ort gelockt und durch das Ostertor entführt haben. So schildern es zumindest die Gebrüder Grimm in ihren »Deutschen Sagen«, und wenn es wahrscheinlich für das Verschwinden dieser Kinder andere Erklärungen gibt, etwa dass diese Werbern für die Besiedelung osteuropäischer Gebiete gefolgt oder als jugendliche Söldner für die Schlacht zwischen den Hamelnern und Mindenern Bischöfen rekrutiert wurden, so hat sich die erste Version doch durchgesetzt. Vielleicht auch, weil sie fremdenverkehrsmäßig am besten zu vermarkten ist, und

Im Museum im Leist'schen Haus in Hameln wird die Rattenfängersage nachgestellt.

so steht Hameln dann ganz im Zeichen des Rattenfängers. Am Westgiebel des wuchtigen Hochzeitshauses etwa spielt täglich mehrmals das Rattenfänger-Glockenspiel, am Rattenfängerhaus mit Restaurant am östlichen Ende der Osterstraße erinnert eine Inschrift an den Auszug der Kinder, im Heimatmuseum im Stiftsherrenhaus wird eine Ausstellung zur Rattenfängersage präsentiert, und von Mitte Mai bis Mitte September wird jeden Sonntag um 12.00 Uhr am Marktplatz die Rattenfängersage nachgespielt.

Jetzt aber genug von Ratten und Rattenfängern, auf mich wartet eine anderesagenhafte Gestalt: Freiherr von Münchhausen, auch als Lügenbaron bekannt, dessen Geburtshaus in Bodenwerder steht. Ich ziehe dabei den Umweg über Bad Pyrmont dem direkten Weg auf der B 83 vor, um auf der kurven- und waldreichen Strecke durch das Weserbergland, vorbei an Schloss Hämelschenburg mit seinen eindrucksvollen Wehrgräben, wieder etwas Gefühl für die Schräglage meiner Maschine zu bekommen.

Im Gegensatz zur Sagengestalt des Rattenfängers lebte Karl Friedrich Hieronymus Freiherr von Münchhausen (1720 – 1797) tatsächlich. Er führte als Offizier ein ereignisreiches Leben und trug seine Kriegs- und Reiseerlebnisse auch gerne einem begeisterten Publikum vor. Ohne sein Zutun machten sich diese Geschichten dann quasi selbstständig und wurden, natürlich heillos übertrieben, in mehreren Zeitschriften gedruckt und auch ins Englische übersetzt. Der Dichter Gottfried August Bürger (1747–1794) sammelte und erweiterte diese Geschichten, die später in alle Kultursprachen der Welt übersetzt wurden.

SEHENSWÜRDIGKEITEN

Hameln: Osterstraße mit Stiftsherrenhaus und Hochzeitshaus, Rattenfänger-Freilichtspiele, Rattenfängerhaus und Rattenkrug mit historischen Gastwirtschaften, Leist'sches Museum

Hämelschenburg: Burganlage im Stile der Weser-Renaissance

Bad Pyrmont: Brunnenplatz mit Wandelhalle, Kurpark mit Palmengarten, Schlossmuseum

Bodenwerder: Rathaus am Münchhausenplatz mit Münchhausenzimmer, Münchhausenbrunnen, Klosterkirche im Ortsteil Kemnade mit Münchhausen-Grabstätte

Polle: Burganlage mit Bergfried und Restaurant

Holzminden: Puppen- und Spielzeugmuseum, Museumsschiff »Stör« am Westufer beim Hallenbad, Haus der Jugend mit Glockenspiel

Bodenfelde: Romanische Klosterkirche St. Georg und Maria, Schäferhausmuseum im Ortsteil Lippoldsberg

Sababurg: Ruine der Sababurg, Urwildpark Sababurg mit Wisenten, Urponys und Volieren

Vaake: Wehrkirche aus dem 13. Jahrhundert

Kassel: Wilhelmshöhe mit Schloss, Brüder-Grimm-Museum im Schloss Bellevue, Karlskirche mit Glockenspiel, Naturkundemuseum im Ottoneum, Kurhessentherme mit Thermalsolebad

Ausgiebig bestaunt werden Fahrer und Maschine auf der Weserfähre.

Nur folgerichtig ist, dass die meisten Sehenswürdigkeiten der Stadt mit deren berühmtestem Sohn in Verbindung stehen, der übrigens in der Klosterkirche des ehemaligen Benediktinerinnenklosters im malerischen Ortsteil Kemnade seine letzte Ruhestätte gefunden hat. Ich werfe noch einen Blick in das Münchhausenzimmer im Heimatmuseum im Rathaus und stelle mir bei einem Blick aus dem Fenster vor, wie der Baron auf einer Kanonenkugel sitzend vorbeifliegt.

Ich verlasse die Stadt dagegen ordnungsgemäß auf meiner Maschine und kann mir, als ich in einer kurzen Beschleunigungsphase den Gasgriff voll aufdrehe, ungefähr vorstellen, wie sich der Baron auf der Kanonenkugel gefühlt haben musste. Ich drehe das Gas aber gleich wieder zurück, denn die den Schleifen der Weser teilweise in kühnen Schwüngen folgende und in die Kalksteinfelsen gesprengte Straße lässt eine entspanntere Fahrweise ratsam erscheinen. Schließlich wartet Dornröschen in der Sababurg im Reinhardswald auf mich, um nach hundertjährigem Schlaf von mir wachgeküsst zu werden.

Um zu ihr zu gelangen, verlasse ich die Weser bei Holzminden, tauche in das riesige Waldgebiet des Solling ein, das sich hier östlich der Weser erstreckt, um bei Gieselwerder wieder auf das andere Weserufer zu wechseln und den Kurven im Reinhardswald zur Sababurg zu folgen. Etwas enttäuscht bin ich dann schon, denn die Burg selbst ist nur noch eine Ruine, von der im Wesentlichen die teilweise restaurierten Ecktürme mit ihren Hauben sowie einige Mauern erhalten geblieben sind.

Dornröschen finde ich hier leider nicht und auch nicht im Hotel Dornröschenschloss, das im ehemaligen Torbau aus dem 16. Jahrhundert untergebracht ist, wo ich mich dafür mit einer Auswahl aus der vorzüglichen Speisekarte tröste. Die nette Kellnerin erzählt mir, dass das Hotel und das Restaurant gerne von frisch vermählten Paaren und Hochzeitsgesellschaften besucht werden, um hier in traditionellen Gewändern wie einstmals Dornröschen Hochzeit zu feiern.

Bei der Weiterfahrt durch das Fuldatal geht mir dann nicht mehr aus dem Kopf, ob Dornröschen überhaupt verheiratet war, und ich nehme mir fest vor, darüber in Kassel genauere Nachforschungen anzustellen.

DER SPEZIALTIPP

Ein Park für fast vergessene Tierarten

Zu Füßen von Dornröschens Märchenschloss Sababurg hat sich einer der ältesten Tierparks Europas niedergelassen. Dort werden vom Aussterben bedrohte Tierarten gezüchtet wie etwa die Urponys, die es sonst nur noch in den Hochmooren von Cornwall gibt. Auch Wisente können bewundert werden. Die Freunde der gefiederten Artgenossen kommen in den Volieren auf ihre Kosten.

Ungefähr eine Stunde dauert der Rundgang durch den mit 250 Jahre alten Eichen durchsetzten Park. Und wer es bequemer will, kann eine etwa 20-minütige Kutschfahrt buchen.

Das Herkulesdenkmal auf der Wilhelmshöhe mit seinen Wasserkaskaden ist wohl die größte Sehenswürdigkeit Kassels (links).

Im hessischen Bergland lässt es sich gemütlich touren.

36 DIE DEUTSCHE MÄRCHENSTRASSE, 3. ABSCHNITT

Auf den Spuren der Gebrüder Grimm

STRECKENLÄNGE 256 km

AUSGANGS- UND ENDPUNKT Kassel (163 m) Hanau (100 m)

ANFAHRT ZUM AUSGANGSPUNKT Anschluss Tour 21 oder Autobahn Würzburg–Hannover A 7, Ausfahrt Kasseler Kreuz oder Kassel Wilhelmshöhe

SERVICESTELLEN **Kassel/Süd:** KTM; **Baunatal:** BMW; **Gudensberg:** Yamaha; **Fritzlar:** Honda; **Schwalmstad/Ortsteil Treysa:** Suzuki; **Alsfeld:** Aprilia; **Schlüchtern:** Yamaha

ÜBERNACHTUNG **Kassel:** Hotel Garni KÖ 78; **Steinau:** Hotel Grüner Baum

CAMPINGPLÄTZE **Kassel;** Niedenstein; Frielendorf

TREFFS **Kassel:** Yamaha-SR500- und -XT-Fahrer treffen sich jeden ersten Mittwoch im Monat ab 19.30 Uhr im Fosters Garden in der Innenstadt. **Grebenhausen:** Inselcafé, jeden ersten Sontag im Monat ab 20.00 Uhr; Oldtimer-Café

STRECKENSPERRUNG Die Ernst-Arnold-Straße im Wohngebiet am Ortseingang von Alsfeld ist für Motorradfahrer gesperrt.

KARTE Die Generalkarte 1:200.000, Blatt 3 und 5

Streckenverlauf

Kassel – Baunatal – Niedenstein – Gudensberg – Fritzlar – Wabern – Homberg – Frielendorf – Schwalmstadt – Schrecksbach – Alsfeld – Schwalmtal – Reuters – Lauterbach – Herbstein – Altenschlirf – Vaitshain – Grebenhain – Gunzenau – Freiensteinau – Kiesberg – Schlüchtern – Steinau – Aufenau – Wächtersbach – Gelnhausen – Hasselroth – Hanau

Um die am Ende des zweiten Abschnitts aufgeworfene Frage zu klären, ob Dornröschen denn verheiratet war, bietet sich die alte Residenzstadt Kassel geradezu optimal an. Lebten und arbeiteten hier doch jahrelang die Gebrüder Jakob und Wilhelm Grimm als Bibliothekare des Landgrafen Friedrich I. und machten als Sammler und Herausgeber ihrer Märchen- und Sagenbücher sowohl sich als auch die darin enthaltenen Figuren unsterblich. Also suche ich als erstes den Gebrüder-Grimm-Platz auf, um dort auf Hausnummer 5 allerdings nur das Deutsche Tapetenmuseum vorzufinden. Ich erfahre, dass sich das Brüder-Grimm-Museum in der Oberstadt über dem Fuldaufer im Palais Bellevue befindet, wo ich mich dann auch ausführlich über Leben und Werke der Gebrüder informieren kann.

Ich verlasse die Stadt allerdings nicht ohne noch zur Wilhelmshöhe mit dem Herkulesdenkmal hochgefahren zu sein, wo in dem parkähnlichen Gelände neben zahlreichen Teichen und künstlichen Grotten sich auch das 1786 errichtete Schloss Wilhelmshöhe befindet, das als größte und bekannteste Sehenswürdigkeit Kassels gilt. Die Märchenstraße folgt nun nicht direkt der Fulda, sondern verläuft etwas weiter westlich über Baunatal in

Am Stadtrand von Kassel fährt man an der Löwenburg vorbei.

leicht hügeliger ländlicher Gegend über Niedenstein und Gudensberg nach Fritzlar, dessen vieltürmiges Stadtbild mit alten Fachwerkhäusern und spätgotischen Steinhäusern teilweise noch von gut erhaltenen mittelalterlichen Befestigungsanlagen umrahmt ist. Auch Homberg, wo ich die Talniederungen von Eder und Schwalm verlasse, um dem Verlauf des Flüsschens Ohm zu folgen, hat ein recht ansehnliches Stadtbild und kann zudem noch eine Burgruine aus dem 12. Jahrhundert vorweisen. Links von mir dehnt sich die kuppige Landschaft des Knüllgebirges aus, mit dem 634 Meter hohen Knüllköpfchen als höchstem Punkt,

Hopfgarten heißt diese für das Vogelsberggebiet typische Ortschaft.

an dessen Hängen die Ortschaft Schwarzenborn liegt. Die Schwarzenborner sollen sich durch ihre Streiche den Ruf einer Art hessischer Schildbürger erworben haben, aber, man möge mir dies nachsehen, die ganz große Bekanntheit haben sie damit leider nicht erreicht. Da verhält es sich mit einer weiteren Märchengestalt dieser Gegend schon ganz anders, nämlich mit Rotkäppchen, das in der Landschaft des Schwalm, einer durch Talengen weitgehend abgeriegelten Flussniederung südlich von Schwalmstadt, beheimatet gewesen sein soll. Zumindest diente die Tracht der Schwälmerinnen als Vorbild für ihre Kleidung. Herausragendes Merkmal war das winzige Käppchen, unter dem der zusammengesetzte Zopf, der so genannte Schnatz, verborgen war. Im Gegensatz zu den grünen Käppchen der jung verheirateten Frauen trugen die jungen Mädchen rote Käppchen. In Schrecksbach, etwa auf halbem Weg hinunter nach Alsfeld gelegen, gibt es ein kleines Heimatmuseum, in dem man solche Trachten bewundern kann.
Mit Alsfeld erreiche ich das Gebiet des Vogelsberges, einer Landschaft von herber Schönheit, die sich im Oberwald bis auf 774 Meter Höhe aufschwingt und vulkanischen Ursprungs ist. Der Sage nach soll der Teufel hier einst mit einem Schmied gewettet haben, dass es ihm gelänge, einen Vogel zu erraten. Der Teufel tippte auf einen Raben, aber tatsächlich war es die verkleidete, mit Federn bedeckte Frau des Schmieds, die in einem Zwetschgenbaum saß. Der Schmied durfte seine Seele behalten, und der Teufel soll wütend den Ausspruch »Das ist einmal ein verdammter Vogelsberg« getan haben, bevor er wieder in der Hölle verschwand. Zugetragen haben soll sich diese Geschichte bei einer Mühle in Ilbeshausen.

SEHENSWÜRDIGKEITEN

Kassel: Wilhelmshöhe mit Schloss, Brüder-Grimm-Museum im Schloss Bellevue, Karlskirche mit Glockenspiel, Naturkundemuseum im Ottoneum, Kurhessentherme

Fritzlar: Dom St. Petri, Marktplatz mit Rolandsbrunnen und gotischen Steinhäusern, Stadtmauer

Homberg: Marktplatz mit Fachwerkhäusern, Burgruine (12. Jahrhundert), gotische Marienkirche

Schwalmstadt: Museum der Schwalm im Steinernen Haus

Alsfeld: Mittelalterlicher Stadtkern mit Mauerring, Marktplatz mit Weinhaus, Walpurgiskirche und Hochzeitshaus, Leonhardsturm

Herbstein: spätgotische Pfarrkirche, Stadtmauer mit Wehrtürmen , Thermal-Bewegungsbad

Schlüchtern: Benediktinerkloster, Bergwinkelmuseum mit Hobby-Eisenbahnanlage 1:32 im Lauter'schen Schlösschen

Steinau: Ehemaliges Wohnhaus der Brüder Grimm im Alten Amtshaus, Schloss Steinau mit Brüder-Grimm-Museum, Teufelshöhle ca. 3 km nördlich, Freizeitanlage Thalhofpark mit Tiergarten

Wächtersbach: Wehrkirche, Schloss

Gelnhausen: Marienkirche am Untermarkt, Rathaus am Obermarkt, ältestes Fachwerkhaus Hessens (1356), Ruinen der Kaiserpfalz, Geburtshäuser von Philipp Reis und J. C. von Grimmelshausen

Hanau: Neustädter Rathaus mit Brüder-Grimm-Denkmal, Deutsches Goldschmiedehaus, evangelische Marienkirche, Schloss Philippsruhe

Ein kurzer Abstecher führt uns zum zinnenbewehrten Schloss Eisenbach im Naturpark Vogelsberg.

Ich lasse mir den Abstecher dorthin nicht entgehen und finde etwa fünf Kilometer hinter Herbstein die Beschilderung. Nach noch einmal gut der gleichen Strecke stehe ich vor einem recht ansehnlichen Fachwerkbau aus dem 17. Jahrhundert, dessen Brüstungen mit Andreaskreuzen, Rauten und barocken Ornamentfenstern geschmückt sind. Mit dem alten Mühlrad und dem vorbeifließenden Mühlbach eher ein idyllischer Ort, an dem man solche teuflischen Geschehnisse eigentlich gar nicht vermuten möchte.

Hinter Grebenhain verlasse ich die B 275 und folge der Landstraße hinüber ins Kinzigtal, das ich bei Schlüchtern erreiche. Wenig später halte ich in Steinau an der Straße, wo ich wieder auf

Von Birken gesäumte Landstraßen findet man des Öfteren entlang der Deutschen Märchenstraße.

DER SPEZIALTIPP

Spielzeuglandschaft für Modelleisenbahnfans

Wer sich für Modelleisenbahnen interessiert, der ist in Schlüchtern richtig. Im Bergwinkelmuseum im Laut'erschen Schlösschen wurde eine Anlage im HO-Maßstab 1:32 nachgebaut, die das Kind in Mann und Frau wieder zum Leben erweckt. Auf über 60 Quadratkilometer Fläche wurden nicht weniger als 528 Meter Schienen verlegt, die durch 215 Weichen miteinander verbunden sind. 32 Lokomotiven ziehen insgesamt 200 Waggons, und wenn sich einer der Züge erst einmal in Bewegung setzt, kehrt er erst nach 60 Minuten zum Bahnhof zurück.

Das gut erhaltene Schloss ist das dominierende Bauwerk von Steinau. Im Inneren befindet sich das Gebrüder-Grimm-Gymnasium.

die Gebrüder Grimm treffe. Parallel zur Gebrüder-Grimm-Straße verläuft eine Gasse, in der sich das Amtshaus befindet, ein malerischer Bruchsteinbau mit Fachwerkstock aus dem 16. Jahrhundert. Hier verbrachten die Grimm-Brüder, neben Jacob und Wilhelm waren dies noch Ludwig Emil und Ferdinand Philipp, einen Teil ihrer Kindheit, als ihr Vater Philipp Wilhelm Grimm als Stadtsekretär hier tätig war.

Geboren wurden Jacob und Wilhelm 1785 beziehungsweise 1786 im nicht einmal 50 Kilometer entfernten Hanau, das sich mit Recht rühmen kann, die Geburtsstadt der wohl bekanntesten Märchenerzähler der Welt zu sein.
Dort beende ich dann auch meine Reise, am Marktplatz in der Neustadt, wo die beiden in Bronze gegossen, vor dem Rathaus einen würdigen Platz gefunden haben.

Das Amtshaus in Steinau, in dem die Gebrüder Grimm ihre Jugendjahre verbrachten.

VON DEN ALPEN ZUR OSTSEE

Größer könnte der Unterschied in den Landschaftsformen nicht sein wie hier am Hohen Göll in den Berchtesgadener Alpen (links) und dem Ostseestrand (oben), dem Ziel unserer Route.

Deutschland in seiner ganzen Länge – das heißt Touren abseits der Hauptverkehrsadern und viel Fahrgenuss ohne Eile, mit genügend Zeit, sich auf die wechselnden Landschaften, Stadtbilder und auch auf die verschiedensten Mentalitäten der Menschen entlang der Strecke einzulassen… Diese ausgedehnte Tour kann und soll Lust auf mehr machen – vielleicht einmal Deutschland quer?

37

VON DEN ALPEN ZUR OSTSEE, 1. ABSCHNITT

Vom Berchtesgadener Land nach Bayerisch-Schwaben

STRECKENLÄNGE 367 km

AUSGANGS- UND ENDPUNKT Berchtesgaden (630 m) Augsburg (496 m)

ANFAHRT ZUM AUSGANGSPUNKT Autobahn München–Salzburg A 8, Ausfahrt Salzburg-Süd oder Hallein

SERVICESTELLEN **Berchtesgaden/Unterau:** Honda; **Brannenburg:** Alle Fabrikate; **Hausham:** Kawasaki; **Bad Tölz:** Yamaha; **Sindelsdorf:** Alle Fabrikate; **Huglfing:** Ducati, Laverda; **Pürgen:** Yamaha; **Landsberg:** Honda, Kawasaki, Yamaha; **Mering:** Bimota; **Augsburg:** Moto Guzzi, Ducati, Cagiva, Honda, Kawasaki, Yamaha, Suzuki

ÜBERNACHTUNGEN **Ramsau:** Gasthof Baltram; **Grassau:** Pension Türkenhof, Gasthaus Kampenwand; **Frasdorf:** Landgasthof Kerner; **Bad Heilbrunn:** Pension Resi; **Augsburg:** Ringhotel Alpenhof, Intercity Hotel Augsburg

CAMPINGPLÄTZE Ramsau; Reit im Winkl; Unterwössen; Bernau; Schliersee; Landsberg

TREFFS **Großparkplatz Tatzelwurm:** Täglich nachmittags, Samstag und Sonntag vormittags und nachmittags; **Sudelfeldsattel:** Café Kotz, täglich außer Dienstag 8.00 bis 19.00 Uhr

MAUTGEBÜHR Die Auffahrt von Brannenburg durch das Förchenbachtal zum Großparkplatz Tatzelwurm ist mautpflichtig. Die Mautgebühr beträgt 2,– DM.

KARTE Die Generalkarte 1:200.000, Blatt 8

Streckenverlauf

Berchtesgaden – Unterau – Oberau – Roßfeld-Höhenringstraße – Obersalzberg – Berchtesgaden – Ramsau – Schneizlreuth – Weißbach – Reit im Winkl – Entfelden – Unterwössen – Marquartstein – Grassau – Bernau – Aschau – Frasdorf – Achenmühle – Törwang – Samerberg – Roßholzen – Nußdorf – Oberaudorf – Tatzelwurm – Sudelfeld – Bayrischzell – Schliersee – Hausham – Gmund am Tegernsee – Moosrain – Waakirchen – Bad Tölz – Bad Heilbrunn – Bichl – Sindelsdorf – Peißenberg – Hohenpeißenberg – Zellsee – Wessobrunn – Ludenhausen – Pürgen – Landsberg – Weil – Beuerbach – Scheuring – Unterbergen – Mehring – Augsburg

Die Süd-Nord-Durchquerung von Deutschland beginne ich nicht dort, wo die Bayerischen Alpen am höchsten sind. Dazu hätte ich meinen Ausgangspunkt weiter westlich, etwa nach Garmisch-Partenkirchen, unterhalb Deutschlands höchstem Berg, der 2963 Meter hohen Zugspitze, verlegen müssen. Aber auch wenn die Gipfel um Berchtesgaden, mit dem immerhin 2713 Meter hohen Watzmann nicht ganz diese Höhe erreichen, so stehen sie denen um die Zugspitze an alpiner Schönheit in nichts nach. Und aus fahrerischer Sicht kann es das Berchtesgadener Land ohnehin mit jeder anderen Region Deutschlands aufnehmen.

Dies beginnt schon mit der Auffahrt zur Roßfeld-Höhenringstraße, einer der schönsten Motorradstrecken, die man sich vorstellen kann. Viel zu schnell enden die Kurven und Kehren beim Parkplatz Hennenköpfl in 1540 Meter Höhe, dem höchsten öffentlich anfahrbaren Punkt in den Bayerischen Alpen, mit einer weit reichenden

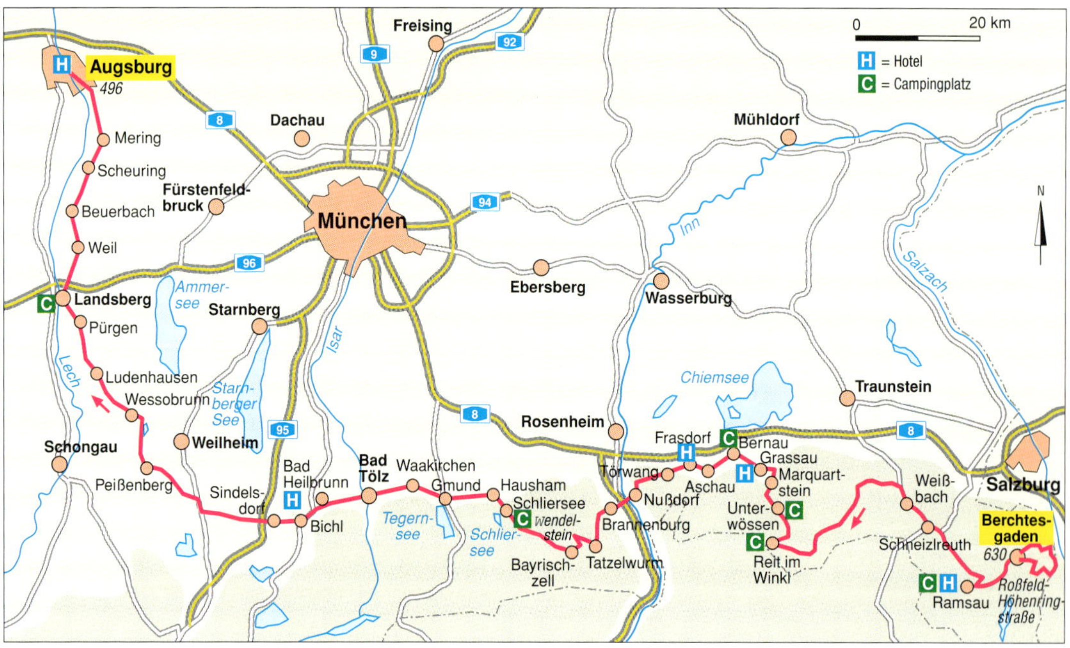

Aussicht über das Salzburger Land. Fast noch schöner ist die Kehrenfolge bei der Abfahrt über die Südseite, unterhalb der mächtigen Felsschluchten des Hohen Göll, bevor auf den letzten Kilometern zurück nach Berchtesgaden eine Gefällstrecke bis 24 Prozent meine Bremsen mächtig fordert.
Am Königssee, dem ich kurz darauf noch einen Besuch abstatte, können die Bremsscheiben wieder abkühlen, dann wechsle ich der B 305 folgend hinauf zum Schwarzbachwachtsattel und durch die Weißbachschlucht hinüber in das weite Ruhpoldinger Becken. Den Ort selbst lasse ich dabei rechts liegen und bleibe lieber auf dem Teilstück der Deutschen Alpenstraße, das sich hier überraschend kurvig Richtung Reit im Winkl zieht.
Eine harmonische Voralpenlandschaft nimmt mich auf, deren Bergwelt nichts mehr mit der schroffen Felswelt um Berchtesgaden gemein hat. Nur die Kampenwand, gut 1669 Meter hoch, trägt noch felsige Züge wie ich von Grassau aus gut erkennen kann.
Ich bin im Chiemgau, und nur ein Katzensprung wäre es von hier hinüber zum Chiemsee, dem mit einer Größe von über 80 Quadratkilometern größten See Bayerns, der die Bezeichnung »Bayerisches Meer« somit nicht zu Unrecht trägt.
Aber da sich über den Berggipfeln der Chiemgauer Alpen bereits erste Wolken auftürmen und sich in diesem Eck, wo Berge und See recht nahe zusammentreffen, rasch Gewitter zusammenbrauen, fahre ich lieber gleich weiter zum Samerberg. Dort, wo im Mittelalter die Samer das Transportmonopol hatten, um mit ihren schwer beladenen Pferdefuhrwerken das kostbare Salz über den Berg zu transportieren, verläuft heute eine beliebte Motorradstrecke hinüber ins Inntal.
Die wird von der folgenden Strecke allerdings nochmals übertroffen. Mit dem Tatzelwurm und dem Sudelfeld liegt eine der an Bekanntheit und Beliebtheit im bayerischen Alpenraum kaum mehr zu überbietende Strecke vor

SEHENSWÜRDIGKEITEN

Berchtesgaden: Salzbergwerk mit Salzmuseum und Floßfahrt auf Salzsee, königliches Schloss

Marquartstein: Rodelbahn im Erlebnispark bei Marquartstein

Grassau: Pfarrkirche Maria Himmelfahrt

Aschau: Schloss Hohenaschau

Brannenburg: Auffahrt mit der Zahnradbahn bis auf 1724 m Höhe auf den Wendelstein (1838 m)

Tatzelwurm: sehenswerte Schlucht mit Wasserfällen (beim Gasthof Feuriger Tatzelwurm)

Bayrischzell: Pfarrkirche St. Margaretha, Alpenfreibad

Schliersee: Kabinenseilbahn zur Schliersbergalm mit Sommerrodelbahn, barocke Pfarrkirche St. Sixtus, Ortsteil Westenhofen mit Pfarrkirche und Grabstätte des Wildschütz Jennerwein

Bad Tölz: Wallfahrtskirche Maria Hilf, Kalvarienberg mit Leonhardikapelle, Thermalhallenbad Alpamare

Wessobrunn: Ehemalige Benediktinerabtei mit »Tassilolinde«, Pfarrkirche

Landsberg: Pfarrkirche Maria Himmelfahrt, Hauptplatz mit Schönem Turm, Marienbrunnen und Rathaus, gotisches Bayertor

Augsburg: Dom, Fuggerei, Schaezler-Palais mit Gemäldegalerie altdeutscher Meister, u. a. Dürer, Perlachturm in der Altstadt, Maximilianstraße

Etwas oberhalb von Ramsau hat man einen schönen Blick auf Watzmann und Hochkalter (oben).

Jeder, der bereits dort war, wird es bestätigen, das Sudelfeld ist eine Motorradstrecke vom Feinsten (links).

mir. Um dorthin zu gelangen, muss ich hinter Brannenburg eine geringe Mautgebühr entrichten, die mir Einlass in die düstere Förchenbachschlucht gewährt. Nach deren Überwindung liegt beim Großparkplatz Tatzelwurm eine Serpentinenstrecke vor mir hinauf zur baumarmen Hochfläche des Sudelfeldes, deren Befahrung ein einziger Genuss ist. Am Sattel, beim Motorradfahrertreffpunkt vor dem Café Kotz erfahre ich, dass der Tatzelwurm ein Feuer speiender Drache gewesen sein soll, der in einer Schlucht am Beginn der Kehrstrecke sein Unwesen getrieben hat.
Mich treibt leider die fortschreitende Zeit weiter, aber im breiten Leitzachtal komme ich auf ebener, geradlinig verlaufender Straße gut voran. In Osterhofen fahre ich an der Talstation der Wendelsteinbahn vorbei, die sich hier in luftiger Höhe über die felsige Südseite zum 1838 Meter hohen Gipfel hochschwingt. Auch die Abzweigung hinter Aurach zum sehr schön gelegenen Spitzingsee lasse ich außer Acht, sie weist mir einfach zu wenige Kehren auf. Vorbei am kleinen Schliersee geht es hinüber zum größeren Tegernsee, der sich nach Überfahrung einer Hügelkuppe unterhalb vor mir ausbreitet. Ich berühre ihn nur an seiner nördlichen Spitze bei Gmund, dann folge ich kleineren Nebenstraßen zur B 472 nach Bad Tölz. Hügeliges Moränenland nimmt mich auf, und mit Überfahrung der Isar tausche ich die Bergwelt gegen eine Seenlandschaft ein. Den größten dieser Seen, den Starnberger See berühre ich an seiner Südspitze bei Seeshaupt, um über Weilheim gleich hinüber nach Peißenberg und zur gleichnamigen Erhebung zu fahren.
Man sieht es diesem von unten recht unscheinbar wirkenden Bergrücken nicht an, dass sich von seiner 988 Meter hohen Spitze eine Aussicht allererster Güte eröffnet. Nicht weniger als elf Seen, darunter Staffelsee, Ammersee, Starnberger See, Pilsensee und Wörthsee, zähle ich, und im Süden hebt sich deutlich die Alpenkette gegen den Horizont ab.
Die Bundesstraße meidend, wähle ich nun die Landstraßen über dem östlichen Lechufer nach Landsberg, um bei Wessobrunn noch einmal einen kurzen Halt einzulegen. Aber nicht der bekannten Benediktinerabtei gilt

Ein Grundstück am Tegernsee ist fast unbezahlbar, dieser Blick hinüber zum Wallberg dagegen ist kostenlos (oben).

Die ehemalige Benediktinerabtei Wessobrunn wurde bereits 753 durch Herzog Tassilo III. gegründet, an den heute noch die gleichnamige Linde etwas außerhalb der Klostermauern erinnert (rechts).

DER SPEZIALTIPP

Wasservergnügen vor Bergkulisse

Das Alpamare in Bad Tölz ist eines der bekanntesten und beliebtesten Bäder im bayerischen Oberland. Hier wird einiges geboten: Eine Riesenrutsche, zu jeder halben und vollen Stunde wird das große Becken zum Wellenbad, das Wasser ist 32 °C warm im Sprudelbecken, im Freien sogar 34 °C, Liegestühle unter Palmen am Beckenrand, Sauna, Solarium und ein Selbstbedienungsgrill. Ganz billig ist das Vergnügen aber nicht, der Eintrittspreis für vier Stunden liegt bei 30,– DM.

Das Bayertor in Landsberg am Lech ist eines der schönsten gotischen Stadttore in ganz Deutschland.

Und dieser Chopper aus Bayern ist eines der schönsten Motorräder Deutschlands.

mein Interesse, sie behielt nach der Säkularisation ohnehin nur noch ein Viertel ihrer ursprünglichen Größe, sondern der Tassilolinde hinter der östlichen Klostermauer, die auf 700 Jahre geschätzt wird und einen Umfang von mehr als 13 Metern aufweist.
Ich verlasse den Pfaffenwinkel, wie dieses Gebiet seiner reichhaltigen kirchlichen Kunstschätze wegen auch genannt wird und glaube mich in Landsberg ins Mittelalter zurückversetzt. Teile der Befestigungsmauer und Türme stammen noch aus der Zeit, als Heinrich der Löwe die damals »Landespurc« genannte Stadt im Jahre 1160 zum Schutz der hier verlaufenden Salzstraße gründete. Besonders lange betrachte ich das Bayertor, eines der schönsten gotischen Tore ganz Deutschlands.
Auf der Weiterfahrt bleibe ich auf den Landstraßen östlich des Lechs, die allerdings recht geradlinig verlaufen, und nähere mich über Mering der Stadt Augsburg, wo ich mir ein Nachtquartier suche.

38

VON DEN ALPEN ZUR OSTSEE, 2. ABSCHNITT

Von Bayerisch-Schwaben in die Fränkische Schweiz

Streckenverlauf

Augsburg – Affing – Pöttmes – Ehekirchen – Rohrenfels – Neuburg/Donau – Nassenfels – Adelschlag – Eichstätt – Dollnstein – Mörnsheim – Solnhofen – Pappenheim – Treuchtlingen – Markt Berolzheim – Dittenheim – Aha – Gunzenhausen – Obererlbach – Wassermungenau – Schwabach – Wolkersdorf – Nürnberg – Lauf – Reichenschwand – Hersbruck – Hohenstadt – Vorra – Artelshofen – Velden – Rothenbruck – Neuhaus – Ranna – Auerbach – Michelfeld – Pegnitz – Pottenstein – Waischenfeld – Plankenfels – Hollfeld – Eckersdorf – Bayreuth

STRECKENLÄNGE 364 km

AUSGANGS- UND ENDPUNKT Augsburg (496 m), Bayreuth (342 m)

ANFAHRT ZUM AUSGANGSPUNKT Anschluss Tour 37 oder Autobahn München–Stuttgart A 8, Ausfahrt Augsburg

SERVICESTELLEN **Augsburg:** Moto Guzzi, Ducati, Cagiva, Honda, Kawasaki, Yamaha, Suzuki; **Markt Berolzheim:** Kawasaki, Ducati, Cagiva, Bimota; **Gunzenhausen:** Aprilia; **Schwabach:** Honda, Yamaha; **Nürnberg:** Honda, Suzuki; **Lauf:** Aprilia, Moto Guzzi, Cagiva, BMW, Kawasaki; **Hersbruck:** KTM, Yamaha; **Pegnitz:** Honda; **Bayreuth:** Yamaha, BMW

ÜBERNACHTUNGEN **Augsburg:** Ringhotel Alpenhof, Intercity Hotel Augsburg; **Eichstätt:** Hotel Garni Fuchs, Gasthof Zum Hirschen; **Nürnberg:** Hotel Pension Vater Jahn, Intercity Hotel Nürnberg; **Neuhaus:** Hotel Burg Veldenstein, Gasthof Pension Wolfsberg; **Waischenfeld:** Gasthof Krug-Bräu; **Bayreuth:** Hotel Goldener Anker

CAMPINGPLÄTZE Dollnstein; Pappenheim; Pommelsbrunn/Hohenstadt; Waischenfeld

STRECKENSPERRUNG Im Spindeltal bei Eichstätt besteht ganzjährig Nachtfahrverbot zwischen 22.00 und 6.00 Uhr.

KARTE Die Generalkarte 1:200.000, Blatt 7 und 8

Unüberhörbar, ich bin im Schwäbischen angelangt. Im Regierungsbezirk Bayerisch-Schwaben, um geanu zu sein, dessen Hauptstadt Augsburg ist. Ihre Wurzeln gehen weit zurück, bis ins erste Drittel des ersten Jahrhunderts nach Christus, als die Römer auf dieser strategisch günstig gelegenen Höhenschwelle zwischen Lech und Wertach einen Kreuzungspunkt anlegten, der die Via Claudia Augusta mit der West-Ost-Straße von Gallien zum Schwarzen Meer verband. Zu Ehren des Kaiser Augustus wurde die Siedlung Augusta Vindelicum genannt. Ich weiß auch nicht, warum ich bei diesem Namen immer an die Motorräder der Marke MV Agusta denken muss.

So sehr ich mich auch bemühe, kann ich im Straßenbild keines der Edelbikes sehen, die durch eine neu aufgelegte Serie im Jahre 1999 eine Renaissance erfahren sollten. Dafür sehe ich aber andere schöne Dinge: den Dom St. Maria, der bis auf das 10. Jahrhundert zurückgeht, einige alte Patrizierhäuser aus dem 15. und 16. Jahrhundert und die älteste soziale Wohnsiedlung Deutschlands, die Fuggerei, zwischen 1516 und 1525 angelegt.

Augsburg: Patrizierhäuser aus dem 15. und 16. Jahrhundert.

Um aus der Stadt zu kommen, folge ich dem Autobahnzubringer Augsburg-Ost und fahre weiter Richtung Pöttmes und Neuburg. Bald bin ich in einer hügeligen Landschaft, in der Wiesen und Ackerflächen mit Fichten- und Buchenwäldern abwechseln. Die Straße passt sich dem leichten Auf und Ab an und vermittelt mit ihren schön geschwungenen Kurven mehr Fahrspaß, als ich es hier vermutet hätte. Obwohl ich immer wieder durch kleine ländliche Siedlungen fahre, herrscht erstaunlich wenig Verkehr, der erst vor Neuburg wieder zunimmt. Als ich über die Donaubrücke in die Altstadt einfahren will, ist diese von der Polizei abgesperrt, plötzlich ein Trommelwirbel,

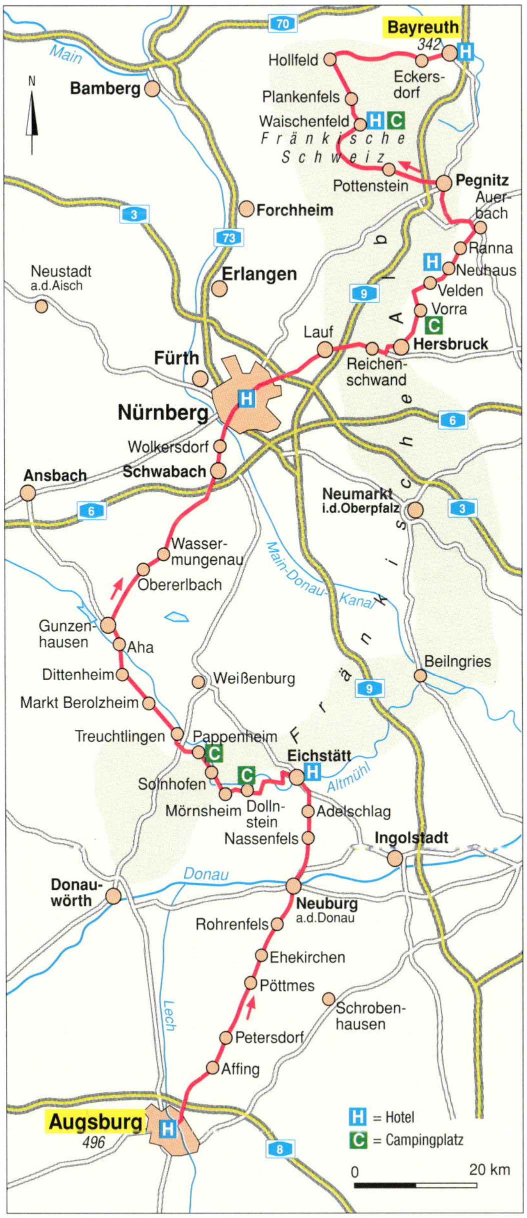

Historisches Stadtfest in Neuburg an der Donau.

Landsknechte mit schweren Hellebarden, begleitet von Reiterei, denen Gaukler und Marketenderinnen folgen, ziehen in naturgetreu nachgebildeten Kostümen an mir vorbei. Es ist ein Stadtfest, bei dem von ortsansässigen Vereinen Szenen aus dem Mittelalter nachgestellt werden. Ich folge dem Umzug, der beim Schloss endet, dem zentralen Bau von Neuburg, der von Pfalzgraf Ottheinrich 1573 errichtet wurde und dessen barocker Osttrakt mit seinen runden Flankentürmen das Stadtbild beherrscht.

Vor der Donau wechsle ich hinüber zur Altmühl nach Eichstätt mit seinem vieltürmigen Stadtbild, in einer Flussschleife am Rande der Fränkischen Alb gelegen. Geografie-Interessierten sei hier ein kleiner Umweg durch das Wellheimer Trockental, das weite Urdonautal empfohlen, das von Rennertshofen nach Dollstein verläuft. Oberhalb von Eichstätt erkenne ich die Willibaldsburg, die 1609 bis 1620 nach den Plänen des Augsburger Baumeisters Elias Holl zum Schutz der Bischöfe gegen äußere, aber auch innere Feinde errichtet wurde und nun einen markanten Punkt der Altmühllandschaft bildet.

Dann fahre ich flussaufwärts, folge dem Mäanderband des Flusses, das mitten hinein in die herrliche Landschaft des Frankenjuras führt und mich mit ihren von malerischen Burgen überragten Orten gar nicht mehr aus dem Staunen herauskommen lässt. Der Marktflecken Dollnstein etwa, vollständig umfriedet von der alten Stadtmauer aus dem 15. Jahrhundert, aus deren Mitte noch der zackige Bergfried der ehemaligen Burg herausragt, oder

SEHENSWÜRDIGKEITEN

Augsburg: Dom, Fuggerei, Schaezler-Palais mit Gemäldegalerie altdeutscher Meister, u. a. Dürer, Perlachturm in der Altstadt, Maximilianstraße

Neuburg: Schloss mit Schlosskapelle und Schlossmuseum, Karlsplatz mit Marienbrunnen und ehemalige Hofkirche

Eichstätt: Willibaldsburg mit Juramuseum, Residenzplatz mit Residenz, Dom mit Kreuzgang und Willibaldsaltar, kurze Wanderung über die Herzoggasse zum Herzogsteg an der Altmühl

Dollnstein: Mittelalterliche Stadtmauer, Bergfried mit Burgruine, Pfarrkirche mit gotischen Fresken, Petersturm

Solnhofen: Bürgermeister-Müller-Museum im Rathaus mit Versteigerungen

Pappenheim: Altes Schloss und Burgruine mit 30 m hohem Burgturm, Galluskirche (9. Jahrhundert)

Treuchtlingen: Schloss Treuchtlingen, »Denkmalslok«, Lambertuskirche, Abstecher zum Karlsgraben (Fossa Carolina) in Graben, ca. 2,5 km nördlich

Gunzenhausen: Färberturm, Blasturm, Altmühlsee

Nürnberg: Kaiserburg, alte Stadtmauer mit Toren und Türmen, Albrecht-Dürer-Haus, Altstadthof mit Museumsbrauerei und Felsgängen, Germanisches Nationalmuseum, Verkehrsmuseum

Hersbruck: Reste der alten Stadtmauer, Hirtenmuseum

Neuhaus: Burg Veldenstein mit Hotel und Restaurant, Maximiliansgrotte

Bayreuth: Richard-Wagner-Festspielhaus, Haus Wahnfried mit Richard-Wagner-Museum, Neues Schloss mit Archäologischem Museum und Hofgarten, Markgräfliches Opernhaus

Mörnsheim, von dessen 1.000-jähriger Geschichte noch Reste der Befestigungsmauer und die Ruine des Kastenschlosses auf dem Schlossberg zeugen. Nicht zu vergessen Solnhofen, das durch seine Kalkschieferbrüche Berühmtheit erlangt hat, in denen immer

Die Kaiserburg in Nürnberg ist das Wahrzeichen der Stadt. Der Fünfeckturm links im Bild geht bis auf das Jahr 1050 zurück.

wieder Versteinerungen vorgeschichtlicher Tiere wie etwa des Urvogels Archaeopteryx gefunden werden. Eine besonders schöne Sammlung von Fossilien kann im Solnhofer Rathaus besichtigt werden, das sich in einer Flussschlinge um den Burgberg drängt und vor allem durch den Ausspruch des bayerischen Generalfeldmarschalls Gottfried Heinrich Graf von Pappenheim berührt wurde: »Ich kenne meine Pappenheimer.«
Nun weitet sich das Tal und eine Bauernlandschaft mit Wiesen und Feldern, aus denen sich kleine mit Fichten und Laubwaldinseln bedeckte Bergriedel hervorheben, breitet sich entlang der Altmühl aus, der ich bis Gunzenhausen folge. So verlockend sich die spiegelglatte Wasserfläche des Altmühlsees auch zeigt, das Wasser ist noch zu kalt zum Baden, und so fahre ich ohne Aufenthalt Richtung Nürnberg weiter, um erst unterhalb der alten Kaiserburg wieder anzuhalten.
Die auf einem roten Sandsteinfelsen errichtete Anlage ist das Wahrzeichen der Stadt. Ihre erste urkundliche Erwähnung geht auf das Jahr 1050 zurück, und war seitdem immer wieder Zerstörungen, Umbauten und Renovierungen unterworfen. Nur noch der Fünfeckturm ist Bestandteil der ältesten Anlage, die vor allem durch den berüchtigten Raubritter Eppelein von Gailingen weit über die Region hinaus bekannt wurde, welcher der Sage nach den Nürnbergern 1381 kurz vor seiner Hinrichtung durch einen kühnen Sprung seines Pferdes über den Burggraben entkam. Eine Einbuchtung in der Brüstungsmauer soll von diesem Pferdesprung stammen.
Mir stehen mehrere Pferdestärken zur Verfügung, mit denen ich auf friedlicherem Weg die Stadt in nördlicher Richtung verlasse. Die Fränkische Schweiz wartet auf mich, die malerische Landschaft der Wiesent und ihrer Tälern mit saftigen Wiesen und bewaldeten Talflanken, aus denen sich teilweise skurril geformte Felsgebilde hervorheben. Gekrönt wird alles von reizvollen kleinen Städtchen und Weilern, die von trutzigen Burgen überragt werden und mit der Landschaft aus Fels, Berg, Wald und Fluss eine traumhafte Symbiose eingehen.
Ich folge dem Lauf der Pegnitz bis zum gleichnamigen Städtchen, das als Eingangstor zur Fränkischen Schweiz bezeichnet wird.
Aber auch unterirdisch hat dieses Gebiet einiges zu bieten, mit seinem Reichtum an Höhlen etwa, zu deren bekanntester, der südlich von Pottenstein gelegenen Teufelshöhle, ich einen kurzen Abstecher mache. An der Wiesent entlang lasse ich mir viel Zeit, genieße die eindrucksvolle Landschaft und bin trotzdem viel zu schnell in Bayreuth.

DER SPEZIALTIPP

Urzeitliche Lebewesen

Wenn Sie sich dafür interessieren, welche Flora und Fauna vor gut 150 Millionen Jahren auf der Erde vertreten war, sollten Sie das Bürgermeister-Müller-Museum im Rathaus von Solnhofen besuchen. Hier finden Sie Versteinerungen von Pflanzen und Lebewesen aus dieser Zeit, vom Urvogel »Archaeopteryx« über Flugsaurier und Fische bis hin zu Schnecken und Pflanzen, die hier im Plattenkalk erhalten blieben. Das Museum ist im Sommerhalbjahr täglich von 9.00 bis 12.00 und 13.00 bis 17.00 Uhr geöffnet.

Pottenstein in der Fränkischen Schweiz ist eine für diese Region typische Ansiedlung.

Warum sich nicht einmal Zeit für ein Sonnenbad nehmen?

39 VON DEN ALPEN ZUR OSTSEE, 3. ABSCHNITT

Von der Fränkischen Schweiz in den Harz

STRECKENLÄNGE 391 km

AUSGANGS- UND ENDPUNKT Bayreuth (342 m)
Goslar (320 m)

ANFAHRT ZUM AUSGANGSPUNKT Anschluss Tour 38 oder Autobahn Nürnberg–Hof A 9, Ausfahrt Bayreuth

SERVICESTELLEN **Bayreuth:** BMW; Yamaha; **Selbitz**: Ducati, Cagiva; **Saalfeld:** Yamaha; **Rudolstadt**: Honda, Kawasaki, Yamaha; **Bad Berka**: alle Fabrikate; **Weimar**: Kawasaki; **Niedersachswerfen**: Suzuki

ÜBERNACHTUNGEN **Bayreuth:** Hotel Goldener Anker; **Bischofsgrün:** Landgasthof Käppel, Sporthotel Kaiseralm; **Selbitz**: Gasthof Leupold; **Leutenberg:** Biker-Herberge Sormitzblick; **Weimar:** Intercity Hotel Weimar; **Braunlage:** Haus Fernblick

CAMPINGPLÄTZE Lichtenberg; Kelbra; Braunlage; Bad Harzburg

TREFFS **Leutenberg** (zwischen Saalfeld und Lobenstein): Biker-Herberge Sormitzblick; an der **B 85 bei Rothsfeld** zwischen Bad Frankenhausen und Kelbra: Kyffhäuser, Samstag und Sonntag; an der **B 85 von Kelbra nach Frankenhausen:** Am Parkplatz; an der **B 4 zwischen Bad Harzburg und Braunlage:** Täglich nachmittags, Samstag und Sonntag vorm. und nachmittags

STRECKENSPERRUNG Im Kurbereich von Bad Harzburg besteht ganzjährig Nachtfahrverbot zwischen 20.00 und 7.00 Uhr.

KARTE Die Generalkarte 1:200.000, Blatt 7, 11und 13

Streckenverlauf

Bayreuth – Mengersreuth – Warmensteinach – Bischofsgrün – Gefrees – Friedmannsdorf – Münchberg – Helmbrechts – Selbitz – Naila – Bad Steben – Lichtenberg – Blankenstein – Harra – Lobenstein – Wurzbach – Kaulsdorf – Saalfeld – Bad Blankenburg – Rudolstadt – Teichröda – Teichel – Neckeroda – Blankenhain – Bad Berka – Weimar – Buttelstedt – Olbersleben – Kölleda – Schillingstedt – Oldisleben – Bad Frankenhausen – Rottleben – Bendeleben – Steinthaleben – Kelbra – Berga – Görsbach – Nordhausen – Niedersachswerfen – Ilfeld – Rothesütte – Braunlage – Goslar

Der Name Bayreuth besagt nichts anderes, als dass der Ort von Bayern in einer Rodung angelegt wurde. Das war im 12. Jahrhundert unter der Herrschaft der Grafen von Andechs, deren Namen man aber eher mit dem westlich von München, über dem Ammersee gelegenem Kloster Andechs in Verbindung bringt, dessen Gerstensaft es zu überregionaler Bedeutung gebracht hat. Bayreuth verdankt seine Weltberühmtheit hingegen dem Komponisten Richard Wagner, der hier noch unter König Ludwig II. ein Festspielhaus errichten ließ, in dem seither jährlich im Juli und August seine Opern aufgeführt werden. Mit so großem Erfolg übrigens, dass gewöhnliche Musikliebhaber Karten mehrere Jahre im Voraus bestellen oder auf dem Schwarzmarkt zu horrenden Preisen kaufen müssen. Ich begnüge mich mit einem Besuch des Richard-Wagner-Museums in der Villa Wahnfried in der Richard-Wagner-Str. 48, ganz in der Nähe des Neuen Schlosses, wo sich auch die Grabstätte des Komponisten befindet.

Ich verlasse die Stadt in östlicher Richtung auf die dunkel bewaldeten Granithöhen des Fichtelgebirges zu, die hier vom 1024 Meter hohen Ochsenkopf, mit seinem 176 Meter hohen Fernsehturm, beherrscht werden. In Warmensteinach erkenne ich eine Sprungschanze und Skilifte, dann folge ich der stark ansteigenden Straße, bis sich diese nach Bischofsgrün wieder absenkt. Bei Gefrees verabschiede ich mich schon wieder vom Fichtelgebirge und fahre über die Münchberger Hochfläche hinüber nach Helmbrechts, wo der Frankenwald auf mich wartet. Ich bleibe am östlichen Rand der waldreichen Landschaft, folge dem Lauf des Flüsschens Selbitz und sehe mich unvermittelt in einer düsteren Schlucht, deren gut 160 Meter hohe Talseiten von dunklem Tannenwald bedeckt sind. Hölle wird dieser landschaftliche Glanzpunkt des Frankenwaldes genannt. Dann öffnet sich das Tal bei Lichtenberg wieder, und wenig später habe ich thüringischen Asphalt unter meinen Reifen.

Der Frankenwald geht hier ohne große landschaftliche Veränderungen in das Thüringer Schiefergebirge über, und auch die Ortschaften mit ihren kleinen, schiefergedeckten Häusern wirken irgendwie noch fränkisch.

Zu Festspielzeiten voller Prominenz: das Richard-Wagner-Festspielhaus in Bayreuth.

Diese Aufnahme entstand bei Helmbrechts. Solche Landschaftsbilder sind zwischen Alpen und Ostsee immer wieder anzutreffen.

Über Lobenstein erkenne ich den mächtigen runden Bergfried der Burganlage, die einst den Ort bewachte, dann rolle ich hinter Wurzbach

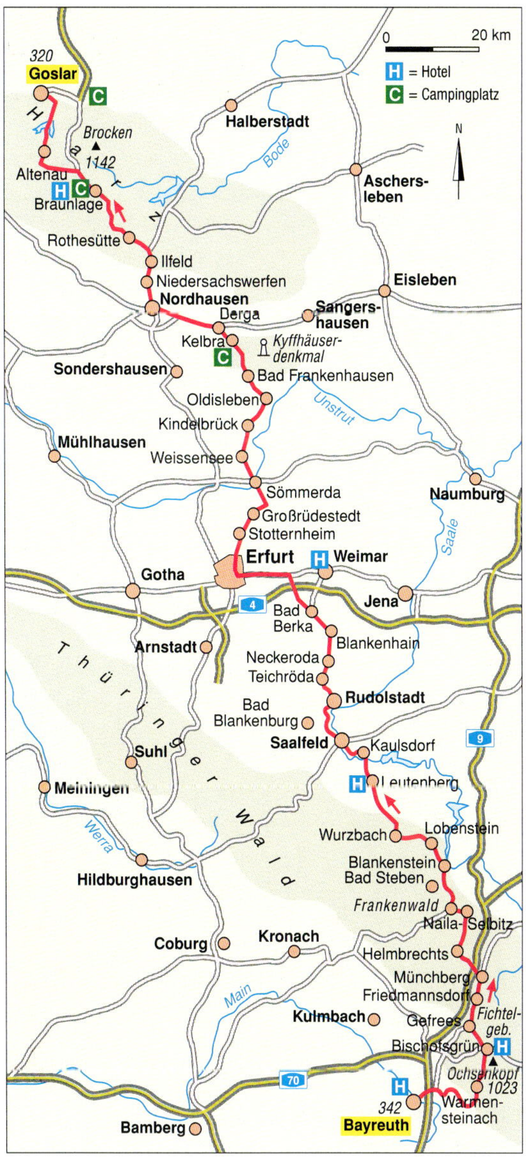

gemächlich an der Sorbitz entlang, bis diese bei Saalfeld in die Saale mündet.
Auf einen Besuch der überaus sehenswerten Feengrotten im Süden der Stadt verzichte ich, ich kenne sie bereits von meiner Tour durch den Thüringer Wald (siehe Tour 22) und folge gleich der Beschilderung Rudolstadt. Der Ort ist nach den Fürsten von Schwarzbach-Rudolstadt benannt, deren ehemalige Residenz, Schloss Heidecksburg, majestätisch über der von sanften begrünten Hügeln umschlossenen Ortschaft am Saaleknie thront.
Ich halte allerdings weder hier noch in Weimar, das mich mit seinem industriereichen Vorstadtgürtel empfängt. Dabei hätte der Altstadtkern mit seinen engen, gewundenen Gassen einiges an Sehenswürdigkeiten zu bieten: das Goethe-Schiller-Denkmal etwa am Theaterplatz vor dem Deutschen Nationaltheater, das Stadtmuseum in der Weimarhalle in der Karl-Liebknecht-Straße,oder das Schloss mit dem Schlossmuseum direkt am Ilmufer gelegen, die Stadtmauer und den Kasseturm am Goetheplatz. Nicht zu vergessen ist auch das Goethehaus an der Frauentorstraße, Weimars allererste kulturhistorische Adresse, die in eindrucksvollster Weise an das Leben und Schaffen des vielleicht berühmtesten Deutschen erinnert.
Ein anderer nicht minder bekannter Deutscher ist der Stauferkaiser Friedrich I. Barbarossa, der in einem unterirdischen Schloss im Kyffhäusergebirge schlafen soll, bis die Raben, die um diesen Berg kreisen, ihn dereinst wecken sollen. Um dorthin zu gelangen, überwinde ich auf geradlinig verlaufender Straße das langweilige Thüringer Becken, bis die waldbestandenen Höhen der Hainleite zur Linken und der Schmücke zur Rechten auftauchen, durchbreche mit der Unstrut die

SEHENSWÜRDIGKEITEN

Bayreuth: Richard-Wagner-Festspielhaus, Haus Wahnfried mit Richard-Wagner-Museum, Neues Schloss mit Archäologischem Museum und Hofgarten, Markgräfliches Museum

Helmbrechts: Textilmuseum

Bad Steben: Wehrkirche St. Walburga, Alexander-von-Humboldt-Haus

Lobenstein: Pfarrkirche St. Michaelis, Burg Lobenstein

Saalfeld: Feengrotten, Burgruine Hoher Schwarm, Schloss Saalfeld, Rathaus

Bad Blankenburg: Ruine Greifenstein, Friedrich-Fröbel-Museum

Rudolstadt: Schloss Heidecksburg, Schloss Ludwigsburg, Stadtkirche

Weimar: Stadtschloss mit Kunstsammlungen, Goethe-Wohnhaus, Schiller-Haus, Lucas-Cranach-Haus, Herder-Museum

Bad Frankenhausen: Kyffhäuserdenkmal, Barbarossahöhle, Schloss mit Kreisheimatmuseum, Schlachtberg mit Bauernkriegspanorama

Braunlage: Trinitatiskirche,
Bad Harzburg: Bergbahn zum 500m hohen Burgberg, Märchenwald nahe der Talstation der Burgbergbahn, Wildgehege in Bündheim

Goslar: Kaiserpfalz, Bürger- und Gildehäuser, Stadtbefestigung mit Breitem Tor und Zwinger, Pfarrkirche St. Jakobi, Dom

Der Marktplatz von Weimar mit dem Stadthaus und dem Cranachhaus (rechts).

Man kann es nicht oft genug sagen: Eine Rast und eine kräftigende Brotzeit sind nie verkehrt.

Thüringer Pforte bei Sachsenburg, und das Kyffhäusermassiv liegt vor mir. Bis Bad Frankenhausen verlasse ich die B 85 und folge dem kleinen Umweg über Rottleben zur Barbarossahöhle, einer gewaltigen Gipshöhle, wo zwar Tisch und Thron des alten Herrschers aufgestellt sind, seine Majestät selbst allerdings noch nicht gesichtet wurde. Zurück auf der Hauptstraße sehe ich auf einer bewaldeten Höhe das monumentale Kaiser-Wilhelm-Nationaldenkmal, das um die Ruinen der ehemaligen Reichsburg der letzten Salierkaiser errichtet wurde, wo auch Friedrich I. Barbarossa seinen Hofsitz innehatte.
Nach Bayern und Thüringen liegt nun hinter Kelbra, am Nordfuß des Kyffhäusers, mit Niedersachsen das dritte Bundesland dieses Abschnitts vor mir. Und es empfängt mich auch gleich mit einem der schönsten deutschen Mittelgebirge, dem Harz. Noch ist es nur eine leicht wellige Hochfläche mit Ackerland und Buchenwäldern, auf das ich bei Nordhausen treffe, und die Stadt selbst wirkt mit ihren Fabrikhallen und Werksgeländen nicht unbedingt anziehend. Aber Städte und Landschaftsbild ändern sich bald, und schon in Braunlage, in einem weiten Wiesenhochtal der Warmen Bode gelegen, bin ich mitten in einem der schönsten Ferienorte des Harzes.
Ich folge der Harz-Hochstraße hinüber nach Clausthal-Zellerfeld, biege aber vorher nach Altenau ab, dessen Glanzstück, die Gustav-Adolf-Kirche, ich bereits von einer früheren Reise her kenne (siehe Tour 23). Dann liegt bis Goslar eines der schönsten Täler des ganzen Harzes vor mir, das wildromantische Okertal mit seinen prachtvollen Felsszenerien und Wasserfällen.

DER SPEZIALTIPP

Bei den Glaskünstlern

Seit dem 13. Jahrhundert ist das Glasbläserhandwerk im Fichtelgebirge zu Hause. Von Bayreuth bis Warmensteinach folgen wir der historischen Glasstraße. Eine Besichtigung der Glaswerke Warmensteinach sollte man sich nicht entgehen lassen: Das Glas wird bei 1400 °C geschmolzen, dann durch Blasen, Gießen, Schleifen und Polieren in Form gebracht. Infos zu den Öffnungszeiten gibt es unter der Telefonnummer 09277/551.

Am Marktplatz der einstigen Kaiser- und Reichsstadt Goslar finden wir das ehrwürdige Hotel Kaiserwörth, ehemals das Gildehaus der Gewandschneider.

Die Oker-Talsperre schließt eines der romantischsten Täler des Harzes ab.

40

VON DEN ALPEN ZUR OSTSEE, 4. ABSCHNITT

Vom Harz zum Timmendorfer Strand

Streckenverlauf

Goslar – Beuchte – Schladen – Ohrum – Wolfenbüttel – Stöckheim – Braunschweig – Rötgesbüttel – Gifhorn – Wagenhoff – Dedelstorf – Sprakensehl – Weyhausen – Faßberg – Müden – Dethlingen – Munster – Amelinghausen – Embsen – Lüneburg – Hohnstorf – Lauenburg – Dalldorf – Büchen – Ratzeburg – Groß-Grönau – Lübeck – Ratekau – Timmendorfer Strand

STRECKENLÄNGE 372 km

AUSGANGS- UND ENDPUNKT Goslar (320 m)
Timmendorfer Strand (10 m)

ANFAHRT ZUM AUSGANGSPUNKT Anschluss Tour 39 oder Autobahn Kassel–Hannover A 7, Ausfahrt Rhüden und über Langelsheim nach Goslar

SERVICESTELLEN **Goslar:** Honda, Kawasaki, Yamaha, BMW; **Wolfenbüttel:** Cagiva; **Braunschweig:** Aprilia, Moto Guzzi, Kawasaki; **Bonhorst:** Cagiva, Suzuki, Honda; **Gifhorn:** Aprilia, Suzuki; **Lüneburg:** Honda, Kawasaki, Yamaha, Suzuki; **Ratzeburg:** Honda; **Lübeck:** Aprilia, Moto Guzzi

ÜBERNACHTUNGEN **Goslar:** Altstadthotel Gosequell, Hotel Das Brusttuch; **Lübeck:** Motorrad Landhotel Rothebeck; **Timmendorfer Strand:** Hotel Mühlenpark

CAMPINGPLÄTZE Wolfenbüttel; Faßberg; Munster; Lüneburg

TREFF **Lübeck:** Riders Café (Leinweberstraße 4), täglich ab 21.00 Uhr, Samstag und Sonntag ab 15.00 Uhr

KARTE Die Generalkarte 1:200.000, Blatt 1 und 3

Die einstige Kaiser- und Reichsstadt Goslar ist ein hübsches Städtchen, dessen mittelalterliche Kirchen und Fachwerkhäuser noch unter dem Schutz einer gut erhaltenen Stadtbefestigung mit mächtigen Tortürmen und Zwingern stehen. Durch das Breite Tor fahre ich in die Altstadt ein und rolle auf der Breiten Straße zum Marktplatz mit dem »Marktbecken«, einem Brunnen mit zwei Bronzeschalen und einem vergoldeten Reichsadler. Der Hauptbau des Rathauses stammt aus dem 15. Jahrhundert, aber besser gefällt mir das an der Südseite des Marktes gelegene Kaiserworth, das ehemalige Gildehaus der Gewandschneider mit acht Kaiserstandbildern. An einer Ecke erkenne ich das »Dukatenmännchen«, das mich daran erinnert, dass meiner Reisekasse eine Auffrischung gut tun würde.

Den Gang zum Bankautomaten verschiebe ich aber bis Braunschweig, das ich nach einer gut halbstündigen Fahrt durch die fruchtbare Okerebene erreiche.
Die Stadt steht ganz im Zeichen Heinrich des Löwen, dem ich vor allem deshalb verbunden bin, da er auch Gründer meiner Heimatstadt München ist. Also fahre ich zum Burgplatz, dessen Mittelpunkt ein in Erz gegossener Löwe bildet. Auch der Dom wurde im 12. Jahrhundert unter Heinrich dem Löwen erbaut, in dessen Mittelschiff er zusammen mit seiner Gemahlin Mathilde seine letzte Ruhestätte gefunden hat. Ich spaziere noch zum Hagenmarkt mit dem Brunnendenkmal Heinrich des Löwen, dann mache ich mich wieder auf den Weg nach Norden.
Ich überquere den Mittellandkanal und folge der B 4, die sich an Gifhorn vorbei schnurgerade in die norddeutsche Tiefebene hineinzieht. In Sprakensehl, der ersten größeren Ortschaft nach Gifhorn, biege ich links ab nach Unterlüß, das sich eingebettet in stattliche Wälder etwas aus der Tiefebene erhebt. Ich bin in der Südheide, wie der südliche Teil der Lüneburger Heide genannt wird. Obwohl ich hier eigentlich keine Rast eingeplant habe, komme ich nicht umhin, in Müden an der Örze anzuhalten. Selten habe ich so prachtvolle Fachwerkhöfe gesehen, die im Schatten von mächtigen, bis zu 600 Jahre alten Eichen, Kastanien und Linden stehen und sich um eine alte Kirche mit hölzernem Glockenturm scharen.
Über Munster schlängelt sich die Straße zwischen militärischem Sperrgebiet hindurch, bis ich kurz vor der Autobahn auf die B 209 nach Lüneburg komme. Ich folge ihr, obwohl der schönste Teil der Lüneburger Heide eigentlich westlich der Autobahn im Gebiet des Wilseder Berges liegt. Aber zum einen ist es eine eher

Das gotische Rathaus am Marktplatz von Goslar.

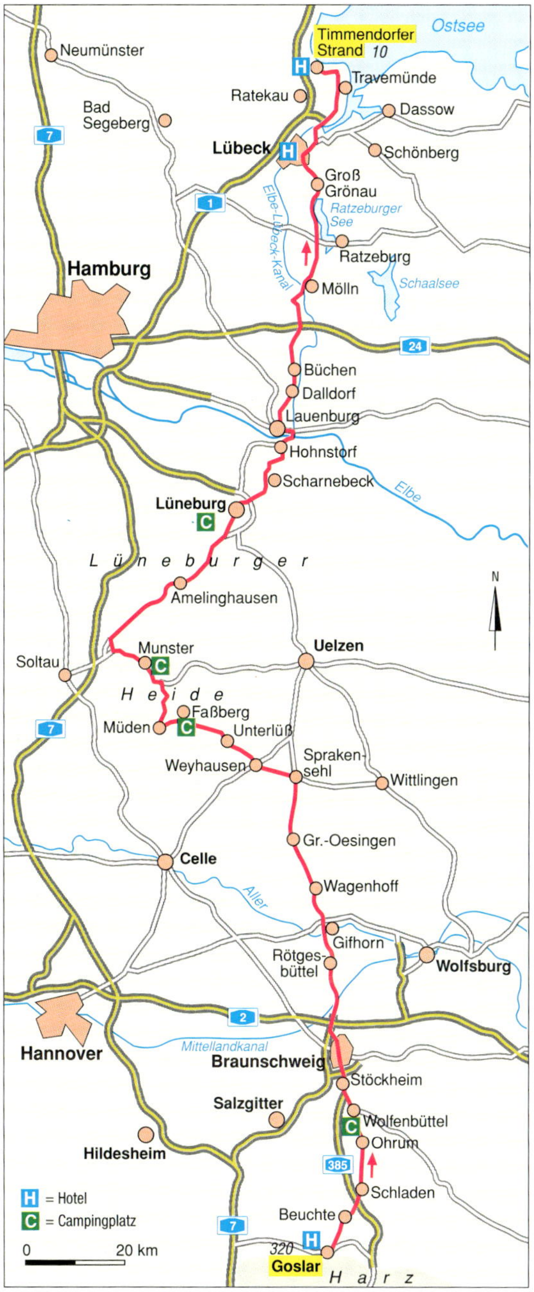

Herzog August der Starke, dessen Denkmal in Wolfenbüttel steht (oben), musste mit nur einem PS auskommen, dem Fahrer der Suzuki (unten) stehen dagegen erheblich mehr zur Verfügung.

schwermütige Landschaft, die nur in freundlicherem Licht erscheint, wenn im August das Heidekraut blüht, zum anderen hat man hier die schönsten Landstriche zum Naturschutzgebiet erklärt und somit allein den Wanderern vorbehalten.

Mit der Maschine erreichbar ist dagegen die Altstadt von Lüneburg, der Stadt, die der Region ihren Namen gegeben hat. Ich parke meine Maschine am Platz Am Sande, der sich zwischen dem Brauereimuseum und der St. Johanniskirche erstreckt, und kann den Blick gar nicht mehr von den Hauswänden lösen, deren Giebelfassaden die Stilepochen von der Gotik bis zum Klassizismus in einzigartiger Weise widerspiegeln. Dann bummle ich die Fußgängerzone durch die Bäckerstraße hoch zum Rathaus mit seiner Barockfassade, das als größtes unversehrt gebliebenes mittelalterliches Rathaus ganz Norddeutschlands gilt. Den Rückweg trete ich über das Wasserviertel an, wo an der Ilmenau, nahe dem Alten Kaufhaus, ein weiteres Wahrzeichen der Stadt steht, der bereits im Jahre 1346 erwähnte »Alte Kran«.

SEHENSWÜRDIGKEITEN

Goslar: Kaiserpfalz mit Ulrichskapelle, Marktplatz mit Glockenspiel, Rathaus, Rammelsberger Bergbaumuseum, Stadtbefestigung

Wolfenbüttel: Marienkirche, Residenzschloss, Lessinghaus mit Museum, sehenswerte Fachwerkhäuser in der Altstadt

Gifhorn: Schloss mit Schlosskapelle, Wind- und Wassermühlenmuseum

Faßberg: Pfarrkirche Laurentius

Munster: Panzermuseum, Museumsanlage Ollershof mit Wassermühlen und Bienenmuseum, St.-Urbani-Kirche

Amelinghausen: Heimatmuseum

Lüneburg: Ostpreußisches Landesmuseum, Alter Kran an der Ilmenau, Brauereimuseum

Lauenburg: Elbschiffahrtsmuseum, Stecknitzkanal (älteste Schleuse Europas von 1724)

Ratzeburg: Stadtkirche, Anton-Paul-Weber-Museum

Lübeck: Dom, Marienkirche, Holstentor mit Museum, Buddenbrookhaus in der Mengstraße, St.-Anna-Museum

Timmendorfer Strand: Strandpromenade, Seewasser-Hallenschwimmbad, Vogelpark in Niendorf

Kein Kran, sondern das größte Schiffshebewerk der Welt steht in Scharnbeck, wenige Fahrminuten außerhalb Lüneburgs, wo bis zu 1300 Tonnen schwere Binnentanker aus der tellerflachen Marschlandschaft in Minutenschnelle fast 40 Meter höher gehoben werden, um ihre Fahrt auf dem Elbe-Seiten-Kanal fortsetzen zu können.
Bevor ich über die Große Elbbrücke nach Lauenburg ins Bundesland Schleswig-Holstein überwechsle, stärke ich mich noch im kleinen Fischerdorf Hohnstorf mit einer vorzüglichen Aalsuppe und folge dann der Alten Salzstraße hinauf nach Lübeck. In Mölln, mitten in der lauenburgischen Seenlandschaft, noch ein kurzer Besuch im Eulenspiegelmuseum, das an den Erzvater aller Schalknarren, Till Eulenspiegel, erinnert, der hier 1350 gestorben sein soll, dann geht es am lang gestreckten Ratzeburger See entlang bis nach Lübeck, dessen Wahrzeichen das wuchtige, doppeltürmige Holstentor aus dem 15. Jahrhundert ist, in dem auch das Stadtgeschichtliche Museum untergebracht ist.
Jetzt ist es nur noch ein Katzensprung, und ich bin an der Ostsee, auf die ich in Timmendorfer Strand treffe, einem der beliebtesten Feriengebiete an der ganzen Ostsee. Während ich gemächlich die schier nicht enden wollende Uferpromenade entlangfahre, bedauere ich etwas, dass meine Reise hier nun zu Ende ist, aber die Weiterfahrt nach Flensburg, dem nördlichsten Hafen Deutschlands erscheint mir wenig reizvoll, verbinde ich den Namen doch mit dem dort ansässigen Verkehrszentralregister, der so genannten Verkehrssünderkartei. Also parke ich meine Maschine, miete mir einen der in langen Reihen aufgestellten bunten Strandkörbe und lasse mit Blick auf die weißen Schaumkronen der Wellen im Meer meine Reiseerlebnisse nochmals in Gedanken aufleben.

Mölln in der Lauenburgischen Seenlandschaft zeigt stolz die Nikolaikirche. Bekannt wurde der Ort aber durch Till Eulenspiegel, den Erzvater aller Schalknarren (oben).

Ein Bad am Ostseestrand haben wir uns redlich verdient (gegenüberliegende Seite).

DER SPEZIAL-TIPP

Seeurlaub mit Flair

Acht Kilometer lang ist die Uferpromenade von Timmendorfer Strand mit ihren unzähligen Geschäften, Hotels, Straßencafés, Restaurants, Bars und Diskotheken. Wenn Sie es etwas weniger lebhaft haben wollen, besuchen Sie den Kurpark, oder wenn es zum Baden im Meer zu kalt ist, das Meerwasser-Schwimmbad. Versäumen Sie nicht die Fußgängerzone. Hier verläuft nämlich, im Pflaster deutlich markiert, der 54. Grad nördlicher Breite. Hier können Sie mit einem Schritt von Nord nach Süd wechseln. Das geht erst wieder rund 110 Kilometer süd- beziehungsweise nördlich.

Hotels/Gasthöfe in der Tourenreihenfolge

Tournummer Tourname	Ort	Name des Hotels/Gasthofs, Straße	Preise in DM
Tour 1	88690 Uhldingen	Gästehaus Schechter, Hallendorferstraße 3 c, Tel. 07556/5497	EZ 60–75,–; DZ 75–80,–
Um den Bodensee	88709 Meersburg	Hotel zum Bären, Marktplatz 11, Tel. 07532/43220	EZ 80–90,–; DZ 120–170,–
	88097 Eriskirchen	Landgasthof Adler, Mariabrunnstraße 71, Tel. 07541/82676	EZ ab 45,–
Tour 2	79098 Freiburg	Hotel Minerva, Poststraße 8, Tel. 07671/386490	EZ 115–150,–; DZ 175–195,–
Durch den	79674 Todtnau	Berghotel Rübezahl, Ennerbachstraße 34, Tel. 07671/392	EZ ab 62,–; DZ ab 124,–
Schwarzwald	79868 Feldberg	Emmendinger Hütte, Grafenmattenweg 3, Tel. 07676/236	DZ von 20–27,–
	79822 Titisee-Neustadt	Hotel Rauchfang, Bärenhofweg 2, Tel. 07651/82550	EZ 85–115,–; DZ 159–189,–
	79822 Hinterzarten	Hotel Alemannenhof, Bruderhalde 21, Tel. 07652/91180	EZ 98–160,–; DZ 196–270,–
Tour 3	72250 Freudenstadt	Hotel Bären, Lange Straße 33, Tel. 07441/2729	EZ 75–85,–; DZ 140–170,–
Über die Schwarzwald Hochstraße			
Tour 4	78567 Fridingen	Hotel Berghaus Knopfmacher, Tel. 07463/1058	EZ 50–100,–; DZ 102–112,–
In der Schwäbischen Alb			
Tour 5	78567 Fridingen/Donau	Hotel Berghaus Knopfmacher, Tel. 07463/1058	EZ 50–100,–; DZ 102–112,–
Entlang der Donau,	89073 Ulm	Intercity Hotel Ulm, Am Bahnhofsplatz 1, Tel. 0731/96850	EZ 181–201,–; DZ 222–242,–
1. Abschnitt	89233 Neu-Ulm	Hotel Sonnenkeller, Leipheimer Straße 97, Tel. 0731/71770	EZ 85–125,–; DZ 110–150,–
Tour 6	89073 Ulm	Intercity Hotel Ulm, Am Bahnhofsplatz 1, Tel. 0731/96850	EZ 181–201,–; DZ 222–242,–
Entlang der Donau,	89233 Neu-Ulm	Hotel Sonnenkeller, Leipheimer Straße 97, Tel. 0731/71770	EZ 85–125,–; DZ 110–150,–
2. Abschnitt			
Tour 7	93057 Regensburg	Hotel Götzfried, Wutzelhofen 1, Tel. 0941/69610	EZ/DZ 50–100,–
Entlang der Donau,	94474 Vilshofen	Albersdorfer Hof, Albersdorfer Hauptstraße 16, Tel. 08541/8792	EZ 40–70,–; DZ 70–90,–
3. Abschnitt	94032 Passau	Tourist Hotel, Kapuzinerstraße 36, Tel. 0851/3860	EZ/DZ 50–100,–
Tour 8			
Im Allgäu	87827 Sonthofen	Hotel Schwäbele Eck, Hindelanger Straße 9, Tel. 08321/4735	EZ 60–75,–; DZ 60–75,–
Tour 9	82431 Kochel	Hotel zum Rabenkopf, Kochelerstraße 23, Tel. 08857/8285	EZ 48–88,–; DZ 96–136,–
Zu Kochel- und Walchensee			
Tour 10	83080 Tatzelwurm/	Hotel Feuriger Tatzelwurm, Deutsche Alpenstraße,	EZ 75–105,–; DZ 130–220,–
Über Sudelfeld und	Brannenburg	Tel. 08034/30080	
Tatzelwurm	83080 Oberaudorf	Hotel Alpenhof, Rosenheimer Straße 97, Tel. 08033/30570	EZ 66–90,–; DZ 128–138,–
Tour 11	82402 Seeshaupt	Hotel Sterff, Penzberger Straße 6, Tel. 08801/90630	EZ ab 85,–; DZ ab 135,–
Im Fünf-Seen-Land	82266 Inning/Ammersee	Gasthof zur Post, Münchner Straße 2, Tel. 08143/323	EZ/DZ 50–100,–
Tour 12	85072 Eichstätt/Bayern	Gasthof zum Hirschen, Brückenstraße 9, Tel. 08421/968100	EZ 62–70,–; DZ 94–108,–
Durch das	85110 Kipfenberg	Gasthof Post, Marktplatz 1, Tel. 08465/3465	EZ 62–69,–; DZ ab 94,–
Altmühltal	92339 Beilngries	Hotel Gallus Minotel, Neumarkter Straße 25, Tel. 08461/247	EZ 90–140,–; DZ 124–190,–
	93309 Kelheim	Gasthof Stockhammer, Am oberen Zweck 2, Tel. 09441/70040	EZ 65–90,–; DZ 120–160,–
Tour 13	94209 Regen	Berggasthaus Pension Hinhart, Hinhart 18, Tel. 09921/94340	EZ/DZ ab 39,–
Durch den	93462 Lam	Hotel Lamer Winkel, Marktplatz 9, Tel. 09943/902696	EZ/DZ ab 25,–
Bayerischen Wald	93471 Arnbruck	Unterschaffer Landgasthof, Graf-Arno-Straße 7, Tel. 09945/94000	EZ 44–58,–; DZ 76–84,–
	94286 Drachselsried	Ferienpark Rieder Eck, Schusterhöhe 11, Tel. 09945/9500	EZ ab 52,–; DZ 43–51,–

Tournummer Tourname	Ort	Name des Hotels/Gasthofs, Straße	Preise in DM
Tour 14 Durch den Oberpfälzer Wald	92526 Oberviechtach	Gasthof Pösl, Marktplatz 4, Tel. 09671/1576	EZ 38–45,–; DZ 68–78,–
Tour 15 Durch die Rhön	97563 Bischofsheim	Gasthof Zum Lamm, Geigensteinstraße 26, Tel. 09772/93030	EZ 37–51,–; DZ 68–88,–
	97563 Bischofsheim	Gasthof Adler, Ludwigstraße 28, Tel. 09772/320	EZ ab 54,–; DZ 40–48,–
Tour 16 Durch den Spessart	36396 Steinau	Grüner Baum, Leipziger Straße 45, Tel. 06663/9740	EZ/DZ 50–100,–
	97816 Lohr am Main	Hotel Bundschuh, Am Kaibach 7, Tel. 099352/87610	EZ 88–135,–; DZ 140–200,–
Tour 17 Entlang der Mosel	54470 Bernkastel-Kues	Pension Gästehaus, Burgstraße 71, Tel. 06531/4075	EZ ab 50,–
	54492 Zeltingen-Rachtig	Hans Rebstock, Weingartenstraße 78, Tel. 06532/2024	EZ ab 50,–
	56850 Enkirch	Hotel Dampfmühle, Am Steffensberg 80, Tel. 06541/6867	EZ 65–80,–; DZ 110–140,–
	56812 Cochem	Hotel Panorama, Klostergartenstraße 44, Tel. 02671/914140	EZ 85–100,–; DZ 140–195,–
	56332 Brodenbach	Hotel Pfeifer, Moselufer 43, Tel. 02605/96300	EZ 60–70,–; DZ 100–120
Tour 18 In der Eifel	53520 Nürburg	Gasthaus Lindenhof, Hauptstraße 35, Tel. 02691/2608	EZ ab 45,–; DZ ab 80,–
	56727 Mayen	Hotel Zum Alten Fritz, Koblenzer Straße 56, Tel. 02651/43272	EZ 30–50,–; DZ 30–45,–
	56729 Monreal	Pension Zum Obertor, Bahnhofstraße 30, Tel. 02651/6729	EZ 28–45,–; DZ 50–65,–
Tour 19 Im Harz	38685 Lautenthal	Hotel Waldkater, Hahnenkleestraße 75, Tel. 05325/4151	EZ/DZ ab 30,–
	38640 Goslar	Altstadthotel Gosequell, An der Gose 23, Tel. 05321/34050	EZ ab 80,–; DZ ab 125,–
	38700 Braunlage	Haus Fernblick, Herzog-Johann-Albrecht-Str. 27, Tel. 05520/92270	EZ 35–50,–; DZ 70–90,–
	38678 Claustahl-Zellerfeld	Haus Raimund, Pulverweg 1, Tel. 05323/83484	EZ ab 25,–
	37520 Osterode/Harz	Pension Simona, Friedrich-Ebert-Straße 142, Tel. 05522/919567	DZ 25–30,–
Tour 20 Teutoburger Wald	33615 Bielefeld	Novotel Bielefeld-Johannisberg, Am Johannisberg 5, Tel. 0521/96180	EZ/DZ ab 89,–
Tour 21 Die Störtebekerstraße	26529 Upgant-Schott	Hotel Nordstern, Kirchstraße 68, Tel.04934//919090	EZ ab 60,–; DZ ab 90,–
	26935 Stadland/ Rodenkirchen	Gasthof Hülsmann, Stadlander Platz 2, Tel. 04732/92990	EZ ab 60,–; DZ ab 100,–
Tour 22 Durch den Thüringer Wald	99817 Eisenach/T.	Arkona Hotel Thüringer Hof, Karlsplatz 11, Tel. 03691/280	EZ 115–195,–; DZ ab 195,–
	98559 Oberhof/T.	Hotel Panorama, Theodor-Neubauer-Str. 29, Tel. 036842/500	EZ/DZ ab 96,– p.P.
	07422 Bad Blankenburg	Hotel Eberitzsch, Schwarzburger Str. 19, Tel.036741/2353	EZ 70–90,–; DZ 100–130,–
Tour 23 Vom Elbsandsteingebirge ins Lausitzer Bergland	01829 Wehlen	Pension Am Nationalpark, Hofewiese 19, Tel. 035024/70650	EZ 50–75,–; DZ 100–150,–
	01814 Bad Schandau	Hotel Sigl's, Kirnitzschtalstraße 17, Tel. 035022/40702	EZ 50–60,–; DZ 100–140,–
	02794 Spitzkunnersdorf	Jägerstube, Straße der Republik 5, Tel. 035842/26650	EZ 60,–; DZ 100,–
Tour 24 Zwischen Berlin und Wörlitzer Parklandschaft	14943 Luckenwalde	Hotel Pelikan, Puschkinstraße 27, Tel. 03371/612996	EZ 80–90,–; DZ 110–150,–
	14913 Kloster Zinna	Hotel Klostereck, Klosterstraße 16, Tel. 03372/432964	EZ 75,–; DZ 120,–
	14913 Jüterbog	Hotel Zum Goldenen Stern, Markt 14, Tel. 03372/401476	EZ 79,–; DZ 108–118,–
	14929 Treuenbrietzen	Rosendiele Hotel garni, Bäckerstraße 8, Tel. 033748/13723	EZ 85,–; DZ 135,–
Tour 25 Im Oderbruch	16278 Angermünde	Hotel Am Seetor, Jägerstraße 25, Tel. 03331/26560	EZ 78–88,–; DZ 108–118,–
	16248 Oderberg	Pension Grüne Aue, Hermann-Seidel-Straße 1, Tel. 033369/73620	EZ 80,–; DZ 110,–
	15328 Golzow	Gasthaus & Pension Wagner, Hauptstraße 67, Tel. 033472/50296	EZ 55,–; DZ 85,–
	15306 Gusow	Motel Derfflinger, Hauptstraße 33, Tel. 03346/233	EZ 45,–; DZ 70,–
	15324 Letschin	Gasthof Zum Alten Fritz, Friedrichstraße 1, Tel. 033475/223	EZ 30,–; DZ 60,–
	15234 Frankfurt/Oder	Gasthof am Schloss, Berliner Straße 48, Tel. 033605/4690	EZ 75–95,–; DZ 100–120,–
	15306 Seelow	Waldhotel, Waldsiedlung-Eichendamm 9, Tel. 03346/88883	EZ 80,–; DZ 99,–

MIT DEM MOTORRAD DURCH DEUTSCHLAND

Tournummer Tourname	Ort	Name des Hotels/Gasthofs, Straße	Preise in DM
Tour 26	16831 Rheinsberg	Pension Zu den vier Jahreszeiten, Rheinstraße 4, Tel. 033931/2424	EZ 70,–; DZ 90–100,–
In der Mecklenburger	16831 Rheinsberg	Gasthaus Zum jungen Fritz, Schlossstraße 8, Tel. 033931/4090	EZ 80–90,–; DZ 115–140,–
Seenplatte	16831 Zechlinerhütte	Haus am See, Zechliner Straße 5, Tel. 033921/7690	EZ 65–105,–; DZ 85–115,–
	17192 Klink	Hotel Müritz, Am Seeblick 1, Tel. 03991/140	EZ 71–96,–; DZ 114–148,–
	17192 Waren	Apart-Hotel, Lange Straße 1, Tel. 03991/611520	EZ 95,–; DZ 140,–
Tour 27	23966 Wismar	Hotel Altes Brauhaus, Lübsche Straße 37, Tel. 03841/283223	EZ 90–110,–; DZ 120–150,–
An der Ostseeküste	23974 Groß Strömkendorf	Hotel Restaurant Café Schäfereck, Tel. 038427/2910	EZ 85–90,–; DZ 140–150,–
	18225 Kühlungsborn	Hotel am Strand, Ostseeallee 16, Tel. 038293/800	EZ 60–80,–; DZ 120–160,–
	18119 Warnemünde	Kur- und Ferienhotel Sanddorn, Strandweg 12, Tel. 0381/543990	EZ 60–120,–; DZ 80–180,–
	18356 Barth	Hotel Stadt Berlin, Lange Straße 58–60, Tel. 038231/623	EZ 100,–; DZ 125,–
	18439 Stralsund	Pension Klabautermann, Am Querkanal 2, Tel. 03831/293638	EZ 70–80,–; DZ 120–140,–
Tour 28	23568 Lübeck	Hotel Stadtpark Garni, Roeckstraße 9, Tel. 0451/34555	EZ 50–68,–; DZ 88–125,–
Entlang der	23566 Lübeck	Hotel Garni Arnimsruh, Wesloer Landstraße 11, Tel. 0451/64231	EZ 50–80,–; DZ 90–120,–
Lübecker Bucht	23774 Heiligenhafen	Hotel Mira Mare, Bergstraße 20, Tel. 04362/90220	EZ 80,–; DZ 140,–
	23769 Burg auf Fehmarn	Hotel Garni, Osterstraße 35, Tel. 04371/865870	EZ 50,–; DZ 95,–
	23769 Puttgarden	Johnsen's Gasthof, Dorfstraße 20, Tel. 04371/6730	EZ 70,–; DZ 110,–
	23669 Timmendorfer Strand	Hotel Fuchsbau, Dorfstraße 11, Tel. 04503/8020	EZ 75–110,–; DZ 150–190,–
Tour 29	82486 Ramsau	Gasthof Baltram, Alpenstraße 10, Tel. 08657/572	EZ ab 40,–; DZ 70–90,–
Die Deutsche	83224 Grassau	Pension Türkenhof, Erlenweg 1, Tel. 08641/3923	EZ 20–25,–; DZ 40–60,–
Alpenstrasse,	83112 Frasdorf	Landgasthof Karner, Nussbaumstraße 6, Tel. 08052/17970	EZ 110–150,–; DZ 175–205,–
1. Abschnitt	83080 Oberaudorf	Hotel Alpenhof, Rosenheimer Straße 97, Tel. 0803371036	EZ 66–90,–; DZ 128–138,–
Tour 30	83708 Kreuth	Gasthof Glashütte, Glashütte 28, Tel. 08029/569	EZ 50–100,–; DZ 50–100,–
Die Deutsche	82449 Wallgau	Gasthof Karwendelhof, Walchenseestraße 18, Tel. 08825/1021	EZ 84–89,–; DZ 79–103,–
Alpenstrasse,	82467 Garmisch-Partenk.-	Gasthof Hirsch, Griesen 12, Tel. 08821/81417	EZ/DZ ab 30,–
2. Abschnitt	82488 Ettal	Hotel Zur Post, Kaiser-Ludwig-Platz 18, Tel. 08822/3596	EZ 65–106,–; DZ 110–180,–
	82487 Oberammergau	Hotel Turmwirt Minotel, Ettaler Straße 2, Tel. 08822/92600	EZ 100–120,–; DZ 140–190,–
Tour 31	87629 Füssen	Landhaus Sommer Minotel, Weidachstraße 74, Tel. 08362/91470	EZ 71–127,–; DZ 134–184,–
Die Deutsche	87484 Nesselwang	Alpenrose Minotel, Jupiterstraße 9, Tel. 08361/92040	EZ 80–120,–; DZ 110–170,–
Alpenstraße	87527 Sonthofen	Gasthof Schwäbele Eck, Hindelanger Straße 9, Tel. 08321/4735	EZ/DZ 60–75,–
3. Abschnitt	88171 Weiler-Simmerberg	Hotel Tannenhof, Lindenbergstraße 33, Tel. 08387/1236	EZ 125–155,–; DZ 210–230,–
	88131 Lindau/Bodensee	Insel Hotel Garni, Maximilianstraße 42, Tel. 08282/5017	EZ ab 102,–; DZ ab 184,–
Tour 32	97922 Lauda-Königshofen	Landhaus Gemmrig, Hauptstraße 68, Tel. 09343/7052	EZ ab 50,–; DZ ab 95,–
Die Romantische	91541 Rothenburg/Tauber	Hotel Reichsküchenmeister, Kirchplatz 8, Tel. 09861/9700	EZ 110–160,–; DZ 130–250,–
Straße, 1.Abschnitt	91541 Rothenburg/Tauber	Gasthof Klingentor, Mergentheimer Straße 14, Tel. 09861/3468	EZ 55–65,–; DZ 80–100,–
	91588 Schillingsfürst	Gasthof Zum Adler, Am Markt 8, Tel. 09868/1411	EZ/DZ 50–100,–
	91550 Dinkelsbühl	Weißes Roß, Steingasse 12, Tel. 09851/579890	EZ 80–95,–; DZ 80–160,–
Tour 33	86151 Augsburg	Ringhotel Alpenhof, Donauwörther Straße 233, Tel. 0821/42040	EZ 115–155,–; DZ 160–220,–
Die Romantische	86150 Augsburg	Inter-City Hotel Augsburg, Halderstraße 29, Tel. 0821/50390	EZ 140–190,–; DZ 160–230,–
Straße, 2. Abschnitt	87629 Füssen	Landhaus Sommer, Weidachstraße 74, Tel. 08362/91470	EZ 71–127,–; DZ 134–184,–
Tour 34	28832 Achim	Novotel Bremer Kreuz, Zum Klühmoor, Tel. 04202/5280	EZ ab 89,–; DZ ab 190,–
Deutsche Märchen-straße, 1. Abschnitt	31749 Auetal/ Westerwald	Jägerhof Christopherus, Tel. 05752/7381	Mehrbettzimmer ca. 17,50,– pro Person

Tournummer Tourname	Ort	Name des Hotels/Gasthofs, Straße	Preise in DM
Tour 35 Die Deutsche Märchenstraße, 2. Abschnitt	34346 Hannoversch-Münden	Hotel Rathausschänke, Ziegelstraße 12, Tel. 05541/8866	DZ 80–140,–
	34117 Kassel	Hotel Garni KÖ 78, Kölnische Straße 78, Tel. 0561/71614	EZ 74–98,–; DZ 115–149,–
	31785 Hameln	Hotel an der Altstadt, Deisterallee 16, Tel. 05151/40240	EZ 90-140.–; DZ 125-245,–
Tour 36 Die Deutsche Märchenstraße, 3. Abschnitt	34117 Kassel	Hotel Garni KÖ 78, Kölnische Straße 78, Tel. 0561/71614	EZ 74–98,–; DZ 115–149,–
	63796 Hanau	Hotel Am Leimritt, Leimrittstraße 2, Tel. 06188/91188-0	EZ 105,–; DZ 155,–
	36358 Herbstein	Hotel Landgasthof Bienenhaus, Talstraße 8, Tel. 06643/1790	DZ 50,– pro Person
Tour 37 Von den Alpen zur Ostsee, 1. Abschnitt	83486 Ramsau	Gasthof Baltram, Alpenstraße 10, Tel. 08657/572	EZ ab 40,–; DZ 70–90,–
	83224 Grassau	Pension Türkenhof, Erlenweg 1, Tel. 08641/3923	EZ 20–25,–; DZ 40–60,–
	83224 Grassau	Gasthaus Kampenwand, Mietenkamstraße 159, Tel. 08641/955030	EZ/DZ 35–45,–
	83112 Frasdorf	Landgasthof Kerner, Nußbaumstraße 6, Tel. 08052/17970	EZ 66–90,–; DZ 128–138,–
	83670 Bad Heilbrunn	Pension Resi, Kocheler Straße 30, Tel. 08046/383	EZ ab 50,–
	86151 Augsburg	Ringhotel Alpenhof, Donauwörther Straße 233, Tel. 0821/42040	EZ 115–155,–; DZ 160–220,–
	86150 Augsburg	Intercity Hotel Augsburg, Halderstraße 29, Tel. 0821/50390	EZ 140–190,–; DZ 160–230,–
Tour 38 Von den Alpen zur Ostsee, 2. Abschnitt	86151 Augsburg	Ringhotel Alpenhof, Donauwörther Straße 233, Tel. 0821/42040	EZ 115–155,–; DZ 160–220,–
	86150 Augsburg	Intercity Hotel Augsburg, Halderstraße 29, Tel. 0821/50390	EZ 140–190,–; DZ 160–230,–
	85071 Eichstätt/Bayern	Hotel Garni Fuchs, Ostenstraße 8, Tel. 08421/6788	EZ 85,–; DZ 100–120,–
	85072 Eichstätt/Bayern	Gasthof Zum Hirschen, Brückenstraße 19, Tel. 08421/968100	EZ 62–70,–; DZ 94–108,–
	90443 Nürnberg	Hotel Pension Vater Jahn, Jahnstraße 13, Tel. 0911/444507	EZ 40–60,–; DZ 70–90,–
	90443 Nürnberg	Intercity Hotel Nürnberg, Eilgutstraße 8, Tel. 0911/24780	EZ 190–280,–; DZ 240–350,–
	91284 Neuhaus	Hotel Burg Veldenstein, Tel. 09156/634	EZ ab 50,–; DZ ab 82,–
	91284 Neuhaus	Gasthof Pension Wolfsberg, Postheimstraße 14, Tel. 09156/998923	EZ ab 50,–
	91344 Waischenfeld	Gasthof Krug-Bräu, Breitenlesau 1 b, Tel. 09202/535	DZ ab 25,–
	95444 Bayreuth	Hotel Goldener Anker, Opernstraße 6, Tel. 0921/65051	EZ 98–135,–; DZ 100–200,–
Tour 39 Von den Alpen zur Ostsee, 3. Abschnitt	95444 Bayreuth	Hotel Goldener Anker, Opernstraße 6, Tel. 0921/65051	EZ 98–135,–; DZ 100–220,–
	95493 Bischofsgrün	Landgasthof Käppel, Birnstengel 21, Tel. 09276/290	EZ/DZ 24–30,–
	95493 Bischofsgrün	Sporthotel Kaiseralm, Fröbenshammer 31, Tel. 09276/800	EZ 110–190,–; DZ 99–200,–
	95152 Selbitz	Gasthof Leupold, Stegenwaldhaus 6, Tel. 09280/272	EZ 50–75,–; DZ 90–100,–
	07338 Leutenberg	Biker Herberge Sormitzblick, Hirschweg 14, Tel. 036734/22284	EZ ab 30,–; DZ ab 25,–
	99423 Weimar	Intercity Hotel Weimar, Carl-August-Allee 17, Tel. 03643/2340	EZ 182–202,–; DZ 200–220,–
	06537 Kelbra	Hotel Restaurant Heinicke, Jochstraße 14, Tel. 034651/6183	EZ 75–90,–; DZ 100–120,–
	38700 Braunlage	Haus Fernblick, Herzog-Johann-Albrecht-Straße 59, Tel. 034651/6189	EZ 35–50,–; DZ 70–90,–
	99432 Weimar	Hotel Alt Weimar, Prellerstr. 2, Tel. 03643/86190	EZ 150,–; DZ 195,–
Tour 40 Von den Alpen zur Ostsee, 4. Abschnitt	38640 Goslar	Altstadthotel Gosequell, An der Gose 23, Tel. 05321/34050	EZ ab 80,–; DZ ab 125,–
	38640 Goslar	Hotel Das Brusttuch, Hoher Weg 1, Tel. 05321/34600	EZ 119–165,–; DZ 195–265,–
	23560 Lübeck	Motorrad Landhotel Rothebeck, Kronforder Landstraße12, Tel. 0451/5829070	EZ ab 65,–; DZ ab 90,–
	23552 Lübeck	Klassik Altstadt Hotel, Fischergrube 52, Tel. 0451/702980	EZ 85-165,–; DZ 145-240,–
	23669 Timmendorfer Strand	Hotel Mühlenpark, Teichstraße 3, Tel. 04503/2274	EZ/DZ ab 45,–

MIT DEM MOTORRAD DURCH DEUTSCHLAND

Ort	Camping
Tour 1 Um den Bodensee	
78476 Allensbach	Campingplatz Hegne
88090 Immenstaad	Campingplatz Helmsdorf
88079 Kressbronn	Camping Gohren am See
Tour 2 Durch den Schwarzwald	
79674 Todtnau	Camping Hochschwarzwald
79822 Titisee-Neustadt	Campingplatz Weiherhof
Tour 3 Über die Schwarzwald-Hochstraße	
72250 Freudenstadt	Campingplatz Langenwald
Tour 4 In der Schwäbischen Alb	
72488 Sigmaringen	Städtischer Campingplatz
Tour 5 Entlang der Donau, 1. Abschnitt	
78166 Donaueschingen	Riedsee-Camping
72488 Sigmaringen	Städtischer Campingplatz
Tour 6 Entlang der Donau, 2. Abschnitt	
86698 Oberndorf/Eggelstetten	Donau-Lech-Camping
85053 Ingolstadt	AZUR Camping Auwaldsee
Tour 7 Entlang der Donau, 3. Abschnitt	
93049 Regensburg	AZUR Camping
94315 Straubing	Camping Straubing
94113 Irring/Tiefenbach	Dreiflüsse-Camping
Tour 8 Im Allgäu	
87541 Oberjoch	Alpencamping Oberjoch
87497 Wertach	Grüntensee-Camping
Tour 9 Zu Kochelsee und Walchensee	
82549 Königsdorf	Waldcamping Königsdorf
82431 Kochel	Campingplatz Renken
82432 Walchensee	Camping Walchensee
Tour 10 Über Sudelfeld und Tatzelwurm	
83721 Schliersee	Campingplatz Lido
83080 Oberaudorf	Camping Luegsteinsee
Tour 11 Im Fünf-Seen-Land	
82402 Seeshaupt	Camping Seeshaupt
86919 Utting	Camping Utting am Ammersee
82229 Seefeld	Camping Strandbad Pilsensee
Tour 12 Durch das Altmühltal	
91788 Pappenheim	Camping Pappenheim
92339 Beilngries	Camping an der Altmühl
93339 Riedenburg	Camping Talblick
Tour 13 Durch den Bayerischen Wald	
94234 Viechtach	Campingplatz Schnitzelmühle
94505 Bernried	Campingland Bernrieder Winkl

Ort	Camping
Tour 14 Durch den Oberpfälzer Wald	
92696 Flossenbürg	Camping Gaisweiher
92555 Trausnitz	Camping Trausnitz
Tour 15 Durch die Rhön	
36129 Gersfeld	Camping Hochrhön
97688 Bad Kissingen	Campingpark Bad Kissingen
36391 Sinntal/Oberzell	Camping Sinntal
Tour 16 Durch den Spessart	
97845 Neustadt	Camping-International
Tour 17 Entlang der Mosel	
54470 Bernkastel-Kues	Campingplatz Kueser-Werth
56253 Treis-Karden	Campingplatz Mosel
56332 Brodenbach	Campingplatz Vogelsang
Tour 18 In der Eifel	
54655 Kyllburg	Camping Kyllburg
53520 Müllenbach	Camping am Nürburgring
53505 Altenahr	Camping Schulz im Ahrtal
Tour 19 Im Harz	
38707 Altenau	Camping Polstertal
38667 Bad Harzburg	Campingplatz am Wolfstein
38875 Elbingerode	Camping am Brocken
Tour 20 Im Teutoburger Wald	
49505 Tecklenburg/Leeden	Truma-Campingpark
Tour 21 Die Störtebeker-Straße	
26553 Dornumersiel	Nordsee-Caravan-Camping
26388 Wilhelmshaven	Camping Geniusbank
Tour 22 Durch den Thüringer Wald	
98701 Großbreitenbach	Intercamping Großbreitenbach
99819 Eckardshause/	Camping Altenberger See
Tour 23 Vom Elbsandsteingebirge ins Lausitzer Bergland	
01814 Bad Schandau	Campingplatz Ostrauer Mühle
01855 Sebnitz	Camping & Caravan Sebnitz
02779 Großschönau	Campingplatz und Freizeitpark
Tour 24 Zwischen Berlin und der Wörlitzer Parklandschaft	
06869 Griebo	Camping Olympiasee
Tour 25 Im Oderbruch	
16248 Parstein	Camping Parsteiner See
16259 Neuküstrinchen	Oderbruchcamping
15328 Zechin	Oderbruch-Camp Zechin
Tour 26 In der Mecklenburger Seenplatte	
16798 Fürstenberg/Havel	Camping Am Röblinsee
17214 Alt Schwerin	Camping am See

MIT DEM MOTORRAD DURCH DEUTSCHLAND

Ort	Camping
Tour 27 An der Ostseeküste	
18230 Ostseebad Rerik	Camping Rerik/Meschendorf
18375 Ostseebad Prerow	Regenbogen Camp Prerow (FKK)
18374 Ostseebad Zingst	Campingplatz Am Freesenbruch Zingst
18573 Altefähr/Rügen	Campingplatz Altefähr
Tour 28 Entlang der Lübecker Bucht	
23769 Wulfen auf Fehmarn	Camping Wulfener Hals
23769 Gammendorf	Campingplatz Am Niobe
23683 Scharbeutz	Camping Seepferdchen
Tour 29 Die Deutsche Alpenstrasse, 1. Abschnitt	
83486Ramsau	Campingplatz Simonhof
83242 Reit im Winkl	Camping Seegatter
83246 Unterwössen	Camping Litzelau
83233 Bernau	Campingplatz
Tour 30 Die Deutsche Alpenstraße, 2. Abschnitt	
8372 Schliersee	Campingplatz Lido
83700 Rottach-Egern	Wallberg-Camping
82493 Klais	Alpen-Caravanpark Tennsee
82487 Oberammergau	Campingpark Oberammergau
Tour 31 Die Deutsche Alpenstraße, 3. Abschnitt	
87495 Pfronten	Campingplatz Pfronten
87497 Wertach	Grüntensee-Camping
88131 Lindau	Campingplatz
Tour 32 Die Romantische Straße, 1. Abschnitt	
97980 Bad Mergentheim	Camping Willinger Tal
91541 Rothenburg/Tauber	Camping Tauber-Romantik
91583 Schillingsfürst	Campingplatz Frankenhöhe
Tour 33 Die Romantische Straße, 2. Abschnitt	
86899 Landsberg	DCC Camping Romantik am Lech
87645 Schwangau	Campingpark Bannwaldsee

Ort	Camping
Tour 34 Die Deutsche Märchenstraße, 1. Abschnitt	
31749 Auetal/Westerwald	Jägerhof Christopherus
31787 Hameln	Campingplatz zum Fährhaus
Tour 35 Die Deutsche Märchenstraße, 2. Abschnitt	
31812 Bad Pyrmont	Campingplatz Bad Pyrmont
37619 Bodenwerder	Campingplatz an der Himmelspforte
34359 Reinhardshagen	Terrassencamping Ahletal
34121 Kassel	Campingplatz der Stadt Kassel
Tour 36 Die Deutsche Märchenstraße, 3. Abschnitt	
34305 Niedenstein	Campingplatz zur Wiesenthalsmühle
34621 Frielendorf	Camping am Sandberg
Tour 37 Von den Alpen zur Ostsee, 1. Abschnitt	
83486 Ramsau	Campingplatz Simonhof
83242 Reit im Winkl	Camping Seegatterl
83233 Bernau	Campingplatz Chiemsee-Süd
83721 Schliersee	Campingplatz Lido
Tour 38 Von den Alpen zur Ostsee, 2. Abschnitt	
91795 Dollnstein	Campingplatz Dollnstein
91788 Pappenheim	Camping Pappenheim
91344 Waischenfeld	Camping Steinerner Beutel
Tour 39 Von den Alpen zur Ostsee, 3. Abschnitt	
95192 Lichtenberg	Camping Lichtenberg
38700 Braunlage	Campingplatz Am Bärenbach
38667 Bad Harzburg	Campingplatz am Wolfstein
Tour 40 Von den Alpen zur Ostsee, 4. Abschnitt	
38300 Wolfenbüttel	Camping Wolfenbüttel
29328 Faßberg	Campingplatz Sonnenberg
21335 Lüneburg	Campingplatz Rote Schleuse
29637 Munster	Camping zum Örtewinkel

Impressum

Textredaktion: Claudia Schmidt
Bildredaktion: Heinrich Bauregger
Projektleitung: Dr. H. Kämmerer
Redaktionsleitung: Dr. R. Pietsch
DTP-Produktion: Angela Domazet, JournalMedia GmbH, Poing
Umschlaggestaltung: Till Eiden
Layoutgestaltung: Manuela Hutschenreiter, München
Kartographie: Achim Norweg,
Produktion: Manfred Metzger
A. Aatz, Dr. E. Weigele-Ismael
Gedruckt in Slowenien
ISBN 3-517-06192-1

Textnachweis (Touren):
Alle Tourenbeschreibungen von Rudolf Geser mit Ausnahme der Route 21 (Bernhard Pollmann) sowie der Routen 23, 24, 25, 26, 27, 28 (Tassilo Wengel).
Bildnachweis:
G. Amberg: S. 156, 157, 177, 180 r., 184, 185; ARGE Deutsche Mrchenstraße, Kassel: S. 167 l. u. r.; H. Arndt: S. 15, 21, 23 r., 33, 35 l. und r., 37, 39 l., 41, 43 l., 49 l., 59 l., 61 l., 64 o., 65 l. und r., 95 r., 147 r., 149, 150 o., 151 l., 152, 153, 159 r., 172 r., 174; W. Bahnmüller: S. 71, 73 l., 178, 181 l., 182; H. Bauregger: S. 51, 59 r., 69 r., 89, 183 u.; BMW AG: S. 7, 13 o., 44/45, 48, 53 r., 67, 72, 73 r., 94, 99 r., 103 r., 109 r., 150 u., 158 o., 180 l.; U. Böhringer: Umschlagrückseite, S. 6, 8, 47, 52, 53 l., 57 o., 116, 117 r., 124 u., 125 r., 129 l., 137, 138 l., 141, 143 r., 145, 146 r., 168/169, 169 r., 173 r., 179; R. Geser: S. 22, 34, 42, 49 r., 56, 57 u., 61 r., 171 u., 175; E. Höhne: S. 4 r., 17, 29, 31, 39 r., 55, 60, 63, 64 u., 81, 85, 87 l., 90 u., 93, 95 l., 129 r., 131, 133 o., 142 l., 143 l., 144, 146 l., 147 l., 154, 155 l., 158 u., 159 l., 160, 161, 172 l., 173 l., 176, 183 o.; W. Höhne: S. 27 r.; Kassel Service GmbH: S. 163 l.; E. Owald: S. 25, 69 l., 96, 177 r.; B. Pollmann: S. 97, 98, 99, 101 o., 101 u., 102, 103 l., 181 r.; T. Sacher: Titelfoto, S. 12, 14/15, 26, 27 l., 162, 163 r., 164; Tourenfahrer: S. 2, 4 l., 5 M., 5 o. und u., 9 u., 9 r., 10, 11, 13 u., 18, 19 l. und r., 30, 31 r., 74/75, 75 r., 77 o. und u., 78, 79, 82, 83 l. und r., 86 o. und u., 87 r., 90 o., 91 l. und r., 104/105, 105 r., 106, 113 u., 135; FVV Vogelsberg & Wetterau: S. 165, 166 r. (W. Wiehl); M. Waeber: S. 23 l., 38, 68,134/135, 166 l.; T. Wengel: S. 111, 113 o., 115, 117 l., 120, 121 l., 123, 124 o., 125 l., 127, 128, 132, 133 u., 139 l., 148; O. Zirl: S. 45, 107, 108, 109 l., 112 o. und u., 119, 121 r., 138 r., 139 r., 142 r., 151 r., 155 r., 171 o.

Illustrationen: Christian Weiß

Titelbild: Unterwegs im hessischen Bergland, Abbildung S. 2: Owen heißt diese reizvolle Ortschaft in der schwäbischen Alb, die sich diese Gruppe für einen Aufenthalt ausgesucht hat.

Dank gebührt der Motorradabteilung der BMW AG für die großzügige Überlassung von Fotomotiven.

Haftung
Autoren und Verlag bemühen sich um zuverlässige Information. Fehler und Unstimmigkeiten sind jedoch nicht auszuschließen. Eine Garantie für die Richtigkeit der Angaben kann deshalb nicht gegeben werden. Eine Haftung für Schäden und Unfälle wird aus keinem Rechtsgrund übernommen.

Anmerkung der Redaktion
Diesem Buch liegt die im Juli 1996 in Wien beschlossene und ab 1.8.1998 verbindliche Neuregelung der deutschen Rechtschreibung zugrunde.

Das Original-
wenn´s um
Touren geht
Jeden Monat neu!
April 2000
REPORTAGEN • TEST • TECHNIK
Touren-
fahrer
MOTORRAD REISEN
44 Seiten
MARKT
BMW F 650 GS:
Der saubere
Single
Deauville
XJ 900 S
REPORTAGEN
Avignon
Pyrenäen
Alaska
Deutsche
Alleenstraße II
AUSRÜSTUNG
Regenhandschuhe
Warnblinker
Mai 1999
Hotels und Pensionen
für Motorradfahrer
Preise und
Leistungen
im Überblick
Rhein
Afrika
August 1999
ALPENPÄSSE
Die 150
schönsten
Paßstraßen
der Alpen
DAS ABENTEUER
Mongolei
www.tourenfahrer.de
Erscheint in der Reiner H. Nitschke Verlags-GmbH • Burg Veynau • 53881 Euskirchen • Tel. 02256/9430-0

1 Um den Bodensee

Um den größten See des nördlichen Alpenvorlandes

Streckenverlauf

Lindau – Bregenz – Lustenau – Rheineck – Rorschach – Arbon – Romanshorn – Kreuzlingen – Ermatingen – Steckborn – Stein am Rhein – Wangen – Horn – Moos – Radolfzell – Allensbach – Wollmatingen – Mainau – Litzelstetten – Dingelsdorf – Wallhausen – Dettingen – Langenrain – Liggeringen – Bodman – Ludwigshafen – Sipplingen – Überlingen – Unteruhldingen – Meersburg – Hagnau – Immenstaad – Friedrichshafen – Eriskirch – Moos – Kressbronn – Nonnenhorn – Wasserburg – Bad Schachen – Lindau

2 Durch den Schwarzwald

Im »alpinsten« Teil des Schwarzwaldes

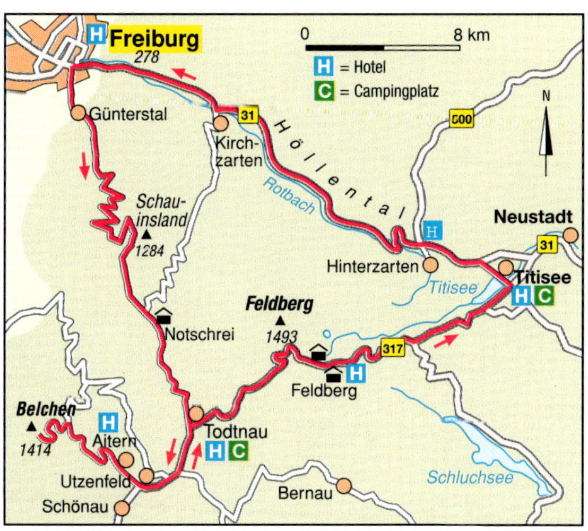

Streckenverlauf

Freiburg – Günterstal – Schauinsland – Notschrei – Todtnau – Utzenfeld – Aitern – Belchen – Aitern – Utzenfeld – Schönau – Todtnau – Feldberg – Titisee-Neustadt – Hinterzarten – Freiburg

© 2000 by Südwest Verlag, München. Aus: »Die schönsten Motorradtouren in Deutschland«.

3 Über die Schwarzwald-Hochstraße

Über die älteste touristische Straße des Schwarzwaldes

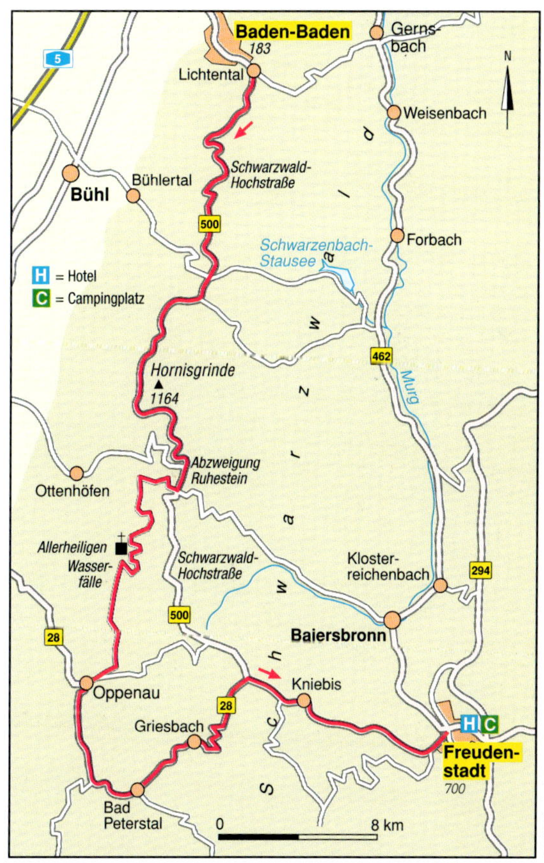

Streckenverlauf

Baden-Baden – Lichtental – Abzweigung Ruhestein – Oppenau – Bad Peterstal – Kniebis – Freudenstadt

© 2000 by Südwest Verlag, München. Aus: »Die schönsten Motorradtouren in Deutschland«.

1 Um den Bodensee

Um den größten See des nördlichen Alpenvorlandes

STRECKENLÄNGE 265 km
AUSGANGS- UND ENDPUNKT Lindau am Bodensee (400 m)
ANFAHRT ZUM AUSGANGSPUNKT Autobahn Memmingen–Bregenz A 96, Ausfahrt Sigmarszell

SEHENSWÜRDIGKEITEN
Lindau: Lindauer Hafen mit bayerischem Löwen und Leuchtturm, mittelalterliches Stadtbild, St.-Peters-Kirche mit Fresken von Holbein d. Ä.
Bregenz: Martinsturm in der Oberstadt, Landesmuseum am Kronplatz mit kulturgeschichtlicher Sammlung, größte Seebühne der Welt
Arbon: Altes Schloss mit Schlossturm und historischem Museum
Kreuzlingen: Klosterkirche St. Ulrich
Steckborn: Turmhof mit Heimatmuseum
Stein am Rhein: sehenswertes mittelalterliches Stadtbild, Burg Hohenklingen
Radolfzell: Stadtmauer mit Türmen, Liebfrauenmünster, Reichsritterschaftshaus (jetzt Amtsgericht)
Allensbach: St.-Nikolaus-Kirche, Heimatmuseum im alten Fachwerkhaus am Rathausplatz
Mainau: Blumeninsel Mainau mit Barockschloss und Gewächshäusern (Eintritt 11,– DM)
Bodman: Schloss Frauenberg, Schlosspark, Heimatmuseum
Sipplingen: Modellauto- und -eisenbahnmuseum
Meersburg: Altes Schloss mit Dagobertsturm, Neues Schloss mit Dornier-Museum, Fürstenhäusle mit Droste-Hülshoff-Museum
Immenstaad: Schwörerhaus, Schloss Meersberg, Schloss Kirchberg
Friedrichshafen: Zeppelin Museum im Städt. Bodenseemuseum im Nordflügel des Rathauses

SERVICESTELLEN
Radolfzell: Noki Nüsse Zweiradtechnik, Hermlandstraße 56 (Kawasaki); Motorrad Kapp, Bismarkstraße 4 (KTM); Fa. Theopont Beck, Schützenstraße 103 (Honda)
Überlingen: Überlinger Zweiradhaus, Jodokstraße 6 (Yamaha)
Immenstaad: Autohaus Martin GmbH, Meersburger Straße 27 (BMW)
Friedrichshafen: Fa. Josef Hage, Paulinenstraße 53 (Kawasaki); Ulmer Zweiradsport GmbH, Ravensburger Straße 71 (Suzuki)

STRECKENSPERRUNG Im Kurbereich von Überlingen in der Münsterstraße besteht ganzjährig Nachtfahrverbot zwischen 22.00 und 6.00 Uhr.

KARTE Die Generalkarte 1:200.000, Blatt 6

3 Über die Schwarzwald-Hochstraße

Über die älteste touristische Straße des Schwarzwaldes

STRECKENLÄNGE 90 km
AUSGANGSPUNKT Baden-Baden (183 m)
ENDPUNKT Freudenstadt (700 m)
ANFAHRT ZUM AUSGANGSPUNKT Autobahn Karlsruhe–Basel A 5, Ausfahrt Baden-Baden

SEHENSWÜRDIGKEITEN
Baden-Baden: römische Badruinen unter dem Römerplatz, Friedrichshaus, Trinkhalle neben dem Kurhaus, Neues Schloss, Caracalla-Therme, Spielkasino
Oppenau: Heimatmuseum mit Rathaus, Klosterruine Allerheiligen mit Wasserfällen, ca. 12 km südlich
Freudenstadt: Fichtennadel-Bewegungsbad im Kurmittelhaus, evangelische Stadtkirche am Marktplatz, Friedrichsturm am Kienberg

SERVICESTELLEN
Baden-Baden: Fa. Schneider, Rheinstraße 43 (Kawasaki); Schieck GmbH, Fürstenbergallee 50 (Yamaha); Fa. Metzger, Lange Straße 9 (BMW)
Freudenstadt: M. K. Müller GmbH, Rudolf-Diesel-Straße 9 (Honda); Motorrad Eck GmbH, Murgtalstraße 35 (alle Fabrikate); Motorrad Beck, Hirschkopfstraße 34 (Yamaha, Suzuki)

STRECKENSPERRUNGEN Im Kurbereich von Freudenstadt besteht zwischen 22.00 und 6.00 Uhr ganzjährig Nachtfahrverbot. Auf der B 500 zwischen Baden-Baden und Freudenstadt ist die Geschwindigkeit überwiegend auf 70 km/h begrenzt.

KARTE Die Generalkarte 1:200.000, Blatt 21

2 Durch den Schwarzwald

Im »alpinsten« Teil des Schwarzwaldes

STRECKENLÄNGE 150 km
AUSGANGS- UND ENDPUNKT Freiburg (278 m)
ANFAHRT ZUM AUSGANGSPUNKT Autobahn Karlsruhe–Basel A 5, Ausfahrt Freiburg

SEHENSWÜRDIGKEITEN
Freiburg: Seilbahn vom Stadtgarten zum Schlossberg mit Kanonenplatz, Münster, Rathaus mit Glockenspiel zur Mittagszeit, Natur- und Völkerkundemuseum
Todtnau: Glasbläserhof im Ortsteil Aftersteg, Berg-Wild-Park Steinwassen
Titisee-Neustadt: Münster St. Jakobus, Museum »Heimatstuben«
Hinterzarten: Schwarzwälder Skimuseum, Waldglashütte Höllental, Höllental mit Ravennaschlucht
Kirchzarten: Pfarrkirche St. Gallus, Talvogtei

SERVICESTELLEN
Freiburg: Autohaus Freiburg GmbH, Breisacher Straße 86 (BMW)
Hinterzarten: Fa. Unmüssig, Böcklerstraße 7 (Ducati, Cagiva)

TREFFS
Am Fuße der Schauinsland-Strecke: Gaststätte Zum Start, jeden Freitag ab 18.00 Uhr, vor allem Fahrer italienischer Fabrikate

STRECKENSPERRUNG Die Schauinsland-Bergstraße ist an Wochenenden und Feiertagen für Motorradfahrer gesperrt (30. März bis 1. November).

KARTE Die Generalkarte 1:200.000, Blatt 8

4 In der Schwäbischen Alb

Burgen, Schlösser und Höhlen in der Alb

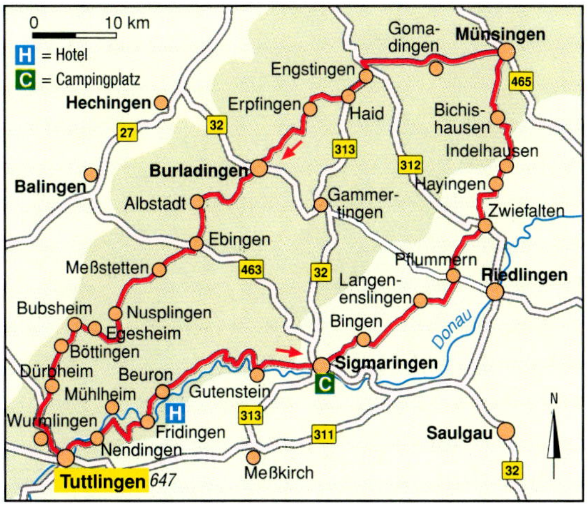

Streckenverlauf

Tuttlingen – Nendingen – Fridingen – Beuron – Gutenstein – Sigmaringen – Bingen – Langenenslingen – Riedlingen – Pflummern – Zwiefalten – Hayingen – Indelhausen – Bichishausen – Münsingen – Gomadingen – Engstingen – Haid – Erpfingen – Burladingen – Nusplingen – Egesheim – Bubsheim – Böttingen – Dürbheim – Wurmlingen – Tuttlingen

5 Entlang der Donau, 1. Abschnitt

Durch den Naturpark Obere Donau ins Schwäbische Ulm

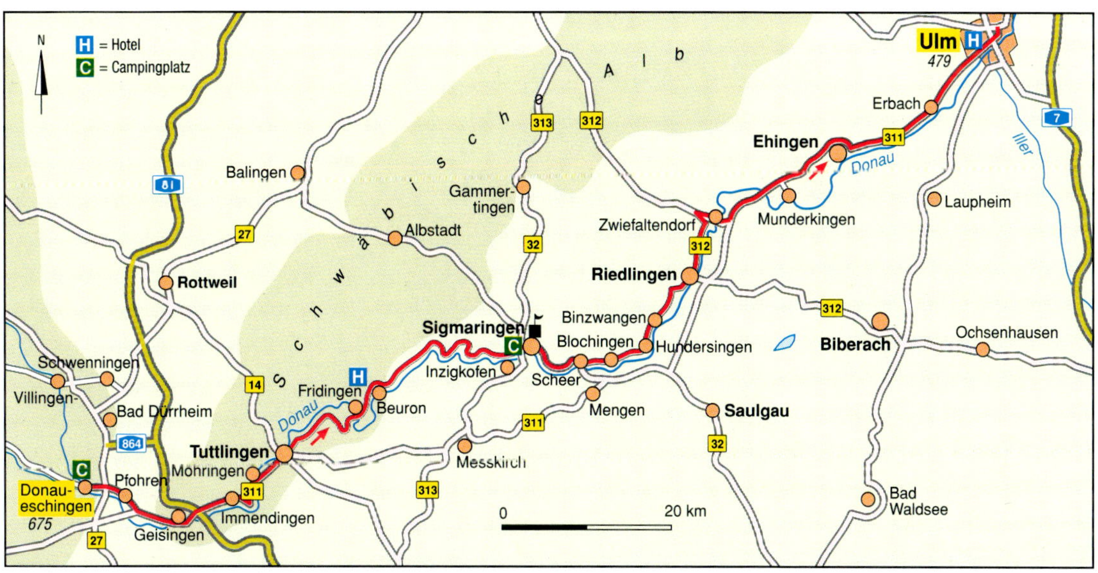

Streckenverlauf

Donaueschingen – Pfohren – Zimmern – Immendingen – Möhringen – Tuttlingen – Fridingen – Beuron – Inzigkofen – Sigmaringen – Scheer – Blochingen – Hundersingen – Binzwangen – Altheim – Riedlingen – Daugendorf – Zwiefaltendorf – Munderkingen – Ehingen – Erbach – Ulm

4 In der Schwäbischen Alb

Burgen, Schlösser und Höhlen in der Alb

STRECKENLÄNGE 232 km
AUSGANGS- UND ENDPUNKT Tuttlingen (647 m)
ANFAHRT ZUM AUSGANGSPUNKT Autobahn Konstanz–Stuttgart A 81, Ausfahrt Geisingen

SEHENSWÜRDIGKEITEN
Tuttlingen: Heimatmuseum in der Donaustraße 50, Ruine Honberg
Mühlheim: Schloss Mühlheim
Fridingen: Scharfecke am Oberen Tor, St.-Anna-Kapelle, Ifflinger Schloss, Donauversickerung
Beuron: Kloster mit Klosterkirche
Sigmaringen: Pfarrkirche St. Johann, Schloss Sigmaringen mit Kunst- und Waffensammlung, Marstallmuseum
Riedlingen: Pfarrkirche St. Georg
Zwiefalten: Klosterkirche der Benediktinerabtei
Münsingen: Altes Schloss mit Heimatmuseum, Rathaus, Martinskirche
Engstingen: Automobilmuseum Siegfried Stotz in Großengstingen
Erpfingen: Sommer-Bobbahn in Sonnenbühl-Erpfingen (März bis November täglich von 10.00 bis 18.00 Uhr)

SERVICESTELLEN
Tuttlingen: Rui's 2-Rad Service, Kleines Öschle 10 (Honda, Kawasaki, Yamaha); MTT E. Braun, Lilientalweg 4 (Yamaha); Motorrad Matthies, Friedrichstraße 34 (Kawasaki, Harley-Davidson); Fa. E. Nerz, Ludwigstaler Straße 77 (Yamaha)
Sigmaringen: Fa. MRS Rau Racing, Paulterweg 19 (KTM)

TREFFS
Tuttlingen/Windegg-Wittloh (zwischen Emmingen und Hattingen): Samstag und Sonntag ab 16.30 Uhr Italiener- und Klassikertreff

KARTE Die Generalkarte 1:200.000, Blatt 6

5 Entlang der Donau, 1. Abschnitt

Von Ulm durch den Naturpark Obere Donau ins Schwäbische

STRECKENLÄNGE 216 km
AUSGANGSPUNKT Donaueschingen (675 m)
ENDPUNKT Ulm (479 m)
ANFAHRT ZUM AUSGANGSPUNKT Autobahn Stuttgart–Konstanz A81, Ausfahrt Autobahndreieck Bad Dürnheim und auf der A864 nach Donaueschingen

SEHENSWÜRDIGKEITEN
Donaueschingen: Donauquelle im Schlosspark, Fürstlich Fürstenbergisches Schloss, Stadtkirche St. Johannes Baptista, Fürstlich Fürstenbergische Sammlungen mit Gemäldegalerie, Bibliothek im Karlsbau (Karlsplatz 7)
Immendingen: Donauversinkung
Tuttlingen: Heimatmuseum (Donaustraße 50)
Fridingen: Scharfecke am Oberen Tor, St.-Anna-Kapelle, Ifflinger Schloss, Donauversickerung
Beuron: Klosterkirche des Augustinerchorherrenstifts
Sigmaringen: Schloss mit Kunstsammlung und Marstallmuseum mit Kutschen, Jagd- und Galawagen
Zwiefalten: Klosterkirche der Benediktinerabtei
Ulm: Ulmer Münster (161,6 m) mit Turmbesteigung bis in 143 m Höhe, Rathaus, Schwörhaus, Fischerviertel

SERVICESTELLEN
Tuttlingen: Riu's 2-Rad Service, Kleines Öschle 10 (Honda, Yamaha, Kawasaki); MTT E. Braun, Lilienthalweg 4 (Yamaha); Motorrad Matthies, Friedrichstraße 34 (Kawasaki, Harley-Davidson); Nerz Zweirad Sport, Ludwigstaler Straße 77 (Yamaha)
Sigmaringen: MRS-Racing Rau, Paulterweg 19 (KTM)
Ulm: Schwabengarage AG, Marchtalerstraße 23 (Honda)

MOTORRADTREFFS
Tuttlingen/Windegg-Wittloh (zwischen Emmingen und Hattingen): Samstag und Sonntag ab 16.30 Uhr Italiener- und Klassikertreff
Ulm: CVJM Ulm, an der evangelischen Pauluskirche, jeden Mittwoch ab 19.00 Uhr

KARTE Die Generalkarte 1:200.000, Blatt 6

6 Entlang der Donau, 2. Abschnitt

Durch Donaumoos und Donauried ins oberbayerische Ingolstadt

Streckenverlauf

Ulm – Thalfingen – Elchingen Weißingen – Riedheim – Leipheim – Günzburg – Offingen – Gundelfingen – Lauingen – Dillingen – Höchstädt – Sonderheim – Blindheim – Gremheim – Böldleschwaige – Rettingen – Zusum – Donauwörth – Zirgesheim – Leitheim – Marxheim – Bertoldsheim – Hatzenhofen – Rennertshofen – Bittenbrunn – Neuburg/Donau – Bergheim – Ingolstadt

7 Entlang der Donau, 3. Abschnitt

Vorbei an Klöstern, Kirchen und Ruhmeshallen zur österreichischen Grenze

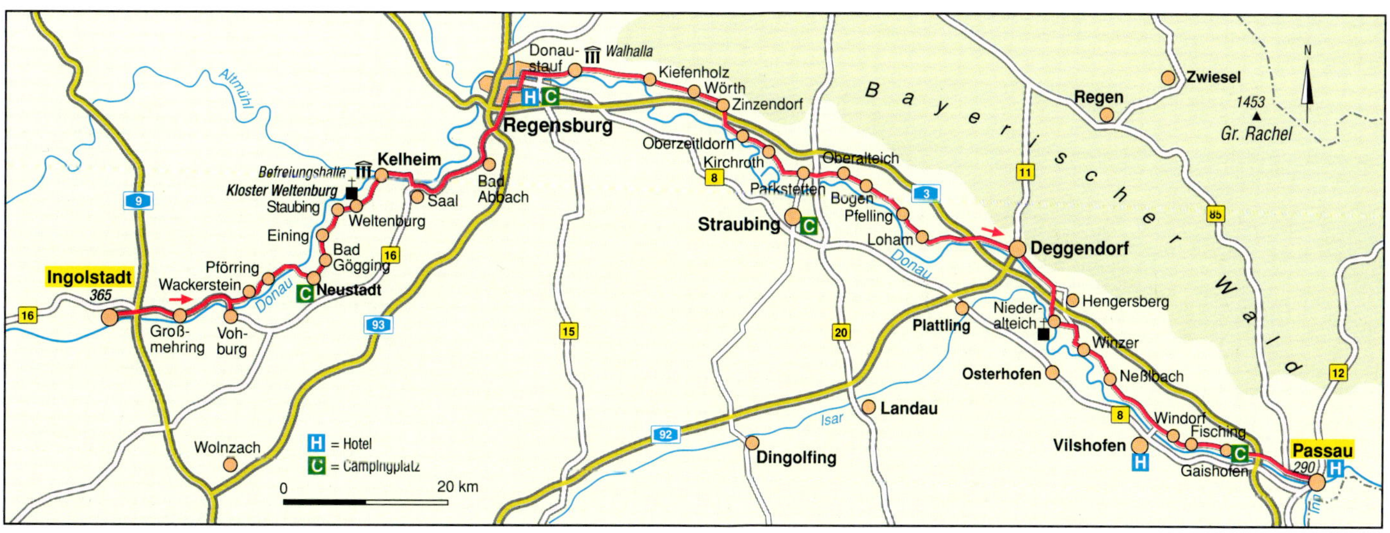

Streckenverlauf

Ingolstadt – Großmehring – Vohburg – Oberdünzing – Wackerstein – Pförring – Neustadt/Donau – Bad Gögging – Eining – Straubing – Weltenburg – Kelheim – Untersaal – Bad Abbach – Regensburg – Donaustauf – Frengkofen – Kiefenholz – Wörth – Zinzendorf – Oberzeitldorn – Kirchroth – Fischerdorf – Unterparkstetten – Oberalteich – Bogen – Anning – Pfelling – Loham – Deggendorf – Niederalteich – Bergham – Winzer – Neßlbach – Vilshofen – Windorf – Fisching – Gaishofen – Passau

6 Entlang der Donau, 2. Abschnitt

Durch Donaumoos und Donauried ins oberbayerische Ingolstadt

STRECKENLÄNGE 146 km
AUSGANGSPUNKT Ulm (479 m)
ENDPUNKT Ingolstadt (365 m)
ANFAHRT ZUM AUSGANGSPUNKT Anschluss Tour 5 oder Autobahn München–Stuttgart A8, Ausfahrt Ulm

SEHENSWÜRDIGKEITEN
Ulm: Ulmer Münster (161,6 m) mit Turmbesteigung bis in 143 m Höhe, Rathaus, Schwörhaus, Fischerviertel
Elchingen: ehemalige Klosterkirche auf dem Elchinger Berg
Leipheim: gotische St.-Veits-Kirche, Schloss mit Waffen- und Uhrensammlung
Günzburg: Rokokobauten am Marktplatz, Liebfrauenkirche, Markgräfisches Schloss mit Heimatmuseum
Lauingen: Hof- oder Schimmelturm, Marktplatz mit Albertus-Magnus-Denkmal, Pfarrkirche St. Peter, Bischöfliches Schloss
Donauwörth: Reichsstraße mit Giebelhäusern, Stadtpfarrkirche Maria Himmelfahrt, Klosterkirche Heiligenkreuz
Neuburg/Donau: Schloss mit Schlosskapelle und Schlossmuseum, Karlsplatz mit Marien-Brunnen und ehemaliger Hofkirche
Ingolstadt: Liebfrauenmünster, Neues Schloss mit Bayerischem Armeemuseum, Bürgersaal, Sta. Maria Victoria (Neubaustraße)

SERVICESTELLEN
Ulm: Schwabengarage AG, Marchtalstraße 23 (Honda)
Günzburg: Schubert Motorrad GmbH, Hockergasse 12–16 (Honda, Yamaha); Autohaus Bäuerle KG, Lochfelbenstraße 15 (Triumph, Honda)
Offingen: Angerer und Slupikowski, Remsharter Straße 12 (Suzuki)
Lauingen: Baptist KG, Gundelfinger Straße 15 (BMW)
Ingolstadt: Auto und Motorrad Joannoni, Schillerstraße 90 (Moto Guzzi, Ducati, Cagiva); Ingolstädter Roller und Motorräder, Friedrich-Ebert-Straße 27 (Aprilia); Hein Gericke GmbH, Gutenbergstraße 43

TREFFS
Ulm: CVJM Ulm, an der evangelischen Pauluskirche, jeden Mittwoch ab 19.00 Uhr

KARTE Die Generalkarte 1:200.000, Blatt 8

7 Entlang der Donau, 3. Abschnitt

Vorbei an Klöstern, Kirchen und Ruhmeshallen zur österreichischen Grenze

STRECKENLÄNGE 241 km
AUSGANGSPUNKT Ingolstadt (365 m)
ENDPUNKT Passau (290 m)
ANFAHRT ZUM AUSGANGSPUNKT Anschluss Tour 6 oder Autobahn München–Nürnberg A9, Ausfahrt Ingolstadt

SEHENSWÜRDIGKEITEN
Ingolstadt: Liebfrauenmünster, Neues Schloss mit Bayerischem Armeemuseum, Bürgersaal Sta. Maria Victoria (Neubaustraße)
Regensburg: Dom St. Peter, Stadtmuseum im ehemaligen Minoritenkloster, Altes Rathaus, Steinerne Brücke, Schloss mit Schlossmuseum
Donaustauf: Burgruine Donaustauf, Walhalla ca. 1,5 km nach Donaustauf
Wörth: Schloss Wörth
Straubing: Stadtturm, Marktplatz mit Tiburitusbrunnen, Jakobsbrunnen und Dreifaltigkeitssäule, St.-Peters-Kirche mit Bauernkapelle, Agnes-Bernauer-Brücke
Bogen: Wallfahrtskirche Heilig Kreuz und Mariä Heimsuchung
Metten: Benediktinerkloster Metten, Klosterkirche St. Michael
Deggendorf: Straßenmarkt mit Stadtturm, Rathaus mit Martinskapelle, Heilig-Grab-Kirche
Passau: Dom St. Stephan, St.-Michaels-Kirche, Benediktinerinnenkloster Niedenburg, Rathaus, »Ortsspitze« am Zusammenfluss Donau, Inn, Ilz

SERVICESTELLEN
Ingolstadt: Auto und Motorrad Joannoni, Schillerstraße 30 (Moto Guzzi, Ducati, Cagiva); Ingolstädter Roller und Motorräder, Friedrich-Ebert-Straße 27 (Aprilia); Hein Gericke GmbH, Gutenbergstraße 43
Vohburg: S. Schmidmeier, Donaustraße 11 (Kawasaki)
Neustadt/Donau: Motorradhaus Schweiger, Grassinger Weg 20 (Yamaha); Fa. Ziegler, Am Volksfestplatz 1 (KTM, Suzuki)
Saal: Motorrad Meier, Hauptstraße 37 (Kawasaki, Yamaha)
Regensburg: B. und E. Zweiradservice, Adolf-Schmetzer-Straße 37 (Ducati, Laverda)
Straubing: Zweirad-Center Straubing, Chamer Straße 47
Deggendorf: Fa. Stiglmeier, Graflinger Straße 4 (Aprilia); Motorrad Kappl, Schauflinger Straße 4 (Aprilia, Suzuki); Schmidbauer Motorrad, Bahnhofstraße 64–66 (Honda); Fa. ZiMo, Hasselbeckstraße 6 (KTM)
Hengersberg: Günther Goldblau, Passauer Straße 50 (Kawasaki)

TREFFS
Deggendorf: Gaststätte Wegmacherkurve; Chopper- und Klassikerstammtisch im Gasthaus Bayerwald jeden Freitag ab 20.00 Uhr

STRECKENSPERRUNG In Ingolstadt in der Theresienstraße besteht ganzjährig Nachtfahrverbot zwischen 20.00 und 6.00 Uhr.

KARTE Die Generalkarte 1:200.000, Blatt 8

8 Im Allgäu

Über die höchste und über die kurvenreichste Passstraße Deutschlands

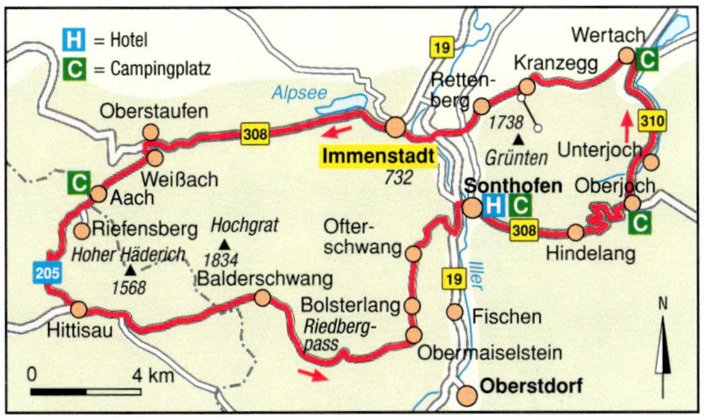

Streckenverlauf

Immenstadt – Bad Oberstaufen – Weißach – Aach – Riefensberg – Hittisau – Balderschwang – Riedberg-Passstraße – Obermaiselstein – Bolsterlang – Ofterschwang – Sonthofen – Hindelang – Oberjoch – Unterjoch – Wertach – Kranzegg – Rettenberg – Immenstadt

9 Zu Kochelsee und Walchensee

Über die Kesselbergstraße

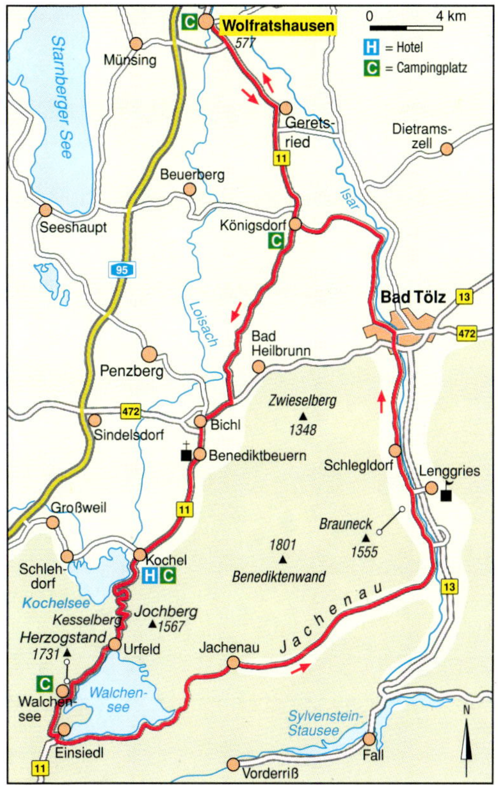

Streckenverlauf

Wolfratshausen – Geretsried – Königsdorf – Benediktbeuern – Kochel – Kesselbergstraße – Urfeld – Walchensee – Einsiedl – Jachenau – Lenggries – Schlegldorf – Bad Tölz – Einbach – Lochen – Königsdorf – Geretsried – Wolfratshausen

10 Über Sudelfeld und Tatzelwurm

In den Schlierseer Bergen

Streckenverlauf

Weyarn – Miesbach – Hausham – Schliersee – Bayrischzell – Sudelfeld – Tatzelwurm – Rechenau – Agg – Oberaudorf – Kiefersfelden – Kufstein – Marblinger Höhe – Thiersee – Landl – Ursprungpass – Bayrischzell – Weyarn

11 Im Fünf-Seen-Land

Zu den Gletscherseen der Eiszeit

Streckenverlauf

Gauting – Leutstetten – Starnberg – Possenhofen – Feldafing – Tutzing – Bernried – Seeshaupt – Schmitten – Marnbach – Weilheim – Wilzhofen – Pähl – Raisting – Dießen – Utting – Schondorf – Inning – Güntering – Schlagenhofen – Seefeld – Drößling – Perchting – Söcking – Starnberg – Gauting

9 Zu Kochelsee und Walchensee

Über die Kesselbergstraße

STRECKENLÄNGE 97 km
AUSGANGS- UND ENDPUNKT Wolfratshausen (577 m)
ANFAHRT ZUM AUSGANGSPUNKT Von München auf der B 11 über Schäftlarn nach Wolfratshausen oder Autobahn München–Garmisch A 95, Ausfahrt Wolfratshausen

SEHENSWÜRDIGKEITEN
Wolfratshausen: Pfarrkirche St. Andreas, Freizeitpark Märchenwald im Ortsteil Farchant
Benediktbeuren: Kloster Benediktbeuren, ältestes Kloster Oberbayerns
Kochel: Franz-Marc-Museum, Schmied-von-Kochel-Denkmal an der Hauptstraße
Lenggries: Kirche St. Jakob, Schloß Hohenburg
Bad Tölz: Wallfahrtskirche Maria Hilf auf dem Kalvarienberg, Thermalhallenbad Alpamare

SERVICESTELLEN
Wolfratshausen: Hans Herold, Hans-Urmiller-Ring 58 (Ducati, Laverda); BS-Motor-Fahrzeughandels GmbH, Hans-Urmiller-Ring 59 (Suzuki)
Geretsried: Harley-Davidson Galerie, Bürgermeister-Graf-Ring 8 (Harley-Davidson)
Königsdorf: RSI Performance, Hauptstraße 2 (Kawasaki)
Benediktbeuern: Thalhuber Motorrad, Kochelerstraße 40 (Honda)
Bad Tölz: Fahrzeug Riedeslheimer oHG, Sachsenkamerstraße 6 (Yamaha)

STRECKENSPERRUNG Die Auffahrt von Kochel zum Kesselberg ist an Wochenenden und Feiertagen gesperrt. In der Gegenrichtung, von Einsiedl/Walchensee nach Kochel, ist die Strecke offen.

MAUTGEBÜHREN Die Straße durch die Jachenau zwischen Einsiedl und Jachenau ist mautpflichtig. Die Mautgebühr beträgt 2,– DM.

KARTE Die Generalkarte 1:200.000, Blatt 8

8 Im Allgäu

Über die höchste und über die kurvenreichste Passstraße Deutschlands

STRECKENLÄNGE 116 km
AUSGANGS- UND ENDPUNKT Immenstadt (732 m)
ANFAHRT ZUM AUSGANGSPUNKT Autobahn Ulm–Kempten A 7, Ausfahrt Autobahndreieck Allgäu, auf der A980 bis Waltenhofen und auf der B19 nach Immenstadt

SEHENSWÜRDIGKEITEN
Immenstadt: Stadtschloss am Marienplatz, Pfarrkirche St. Nikolaus, Rathaus, Heimatmuseum
Bad Oberstaufen: Bauernhausmuseum im Ortsteil Knechtenhofen, ca. 3 km nordöstlich
Balderschwang: Pfarrkirche St. Verena, Skimuseum
Obermaiselstein: Sturmannshöhle am Fuße des Ochsenberges, geführte Besichtigungen zwischen Mai und Oktober. Fußmarsch vom Haus des Gastes ca. 30 Min.
Sonthofen: Sonthofener Heimatmuseum, Kapelle im Ortsteil Berghofen, ca. 2 km östlich mit Aussichtspunkt, Pfarrkirche St. Michael
Hindelang: Liebfrauenkirche, Rathaus

SERVICESTELLEN
Sonthofen: Fa. Müller, Tiefenberg 24 (Suzuki); Roth und Schönau, Eichendorffstraße 1 (Honda)

STRECKENSPERRUNG Im Ortsbereich von Bad Oberstaufen besteht ganzjährig Nachtfahrverbot zwischen 22.00 und 6.00 Uhr.

KARTE Die Generalkarte 1:200.000, Blatt 6 und 8

11 Im Fünf-Seen-Land

Zu den Gletscherseen der Eiszeit

STRECKENLÄNGE 140 km
AUSGANGS- UND ENDPUNKT Gauting bei München (530 m)
ANFAHRT ZUM AUSGANGSPUNKT von München über die Lindauer Autobahn A96 bis Ausfahrt Gräfelfing und über die Pasinger und Planegger Straße bis Gauting

SEHENSWÜRDIGKEITEN
Starnberg: Heimatmuseum (Bahnhofstraße, geöffnet 10.00 bis 12.00 und 14.00 bis 17.00 Uhr, außer Montag), Pfarrkirche St. Joseph
Possenhofen: Schloss Possenhofen
Tutzing: Abstecher zum Aussichtspunkt Ilkahöhe (728 m)
Bernried: Wallfahrtskirche Maria Himmelfahrt, ehem. Augustiner-Chorherrenstift
Weilheim: Marienplatz mit Altem Rathaus, Mariensäule und Stadtbrunnen, spätgotische St.-Salvator-Kirche
Raisting: Erdfunkstelle der Deutschen Post mit Ausstellung und Ton-Bild-Schau
Dießen: Marienkirche

SERVICESTELLEN
Weilheim: Fa. Nagl, Karl-Böhaim-Straße 29 (KTM, Yamaha); Fa. Schmid, Holzhofring 19 (Honda); Fa. Ebert, Obere Stadt 55 (Honda)
Inning: Fa. L. Hartl, Jupiterstraße 11 (Yamaha)

KARTE Die Generalkarte 1:200.000, Blatt 22 und 25

10 Über Sudelfeld und Tatzelwurm

In den Schlierseer Bergen

STRECKENLÄNGE 143 km
AUSGANGS- UND ENDPUNKT Weyarn (670 m)
ANFAHRT ZUM AUSGANGSPUNKT Autobahn München–Salzburg A 8, Ausfahrt Weyarn

SEHENSWÜRDIGKEITEN
Miesbach: Stadtplatz mit Michaelsbrunnen, Heimatmuseum (Waagstraße)
Schliersee: Kabinenseilbahn zur Schliersbergalm mit Sommerrodelbahn, barocke Pfarrkirche St. Sixtus, im Ortsteil Westenhofen Pfarr-Kirche mit Grabstätte des Wildschütz Jennerwein
Bayrischzell: Pfarrkirche St. Margaretha, Alpenfreibad (geöffnet Mai bis Oktober), Seilbahn auf den Wendelstein bei Osterhofen
Tatzelwurm: Schlucht mit 70 m hohen Wasserfällen (beim dem Gasthof Feuriger Tatzelwurm)
Kiefersfelden: König-Otto-Kapelle, Museumseisenbahn
Kufstein: Festung Kufstein

SERVICESTELLEN
Hausham: Albert's Motorrad Shop, Industriestraße 17 (Kawasaki)

TREFFS
Sudelfeldsattel: Café Kotz, täglich außer Dienstag 8.00 bis 19.00 Uhr
Großparkplatz Tatzelwurm: täglich nachmittags, Samstag und Sonntag vormittags und nachmittags

KARTE Die Generalkarte 1:200.000, Blatt 26

12 Durch das Altmühltal

An Bayerns »schüchternstem« Fluss

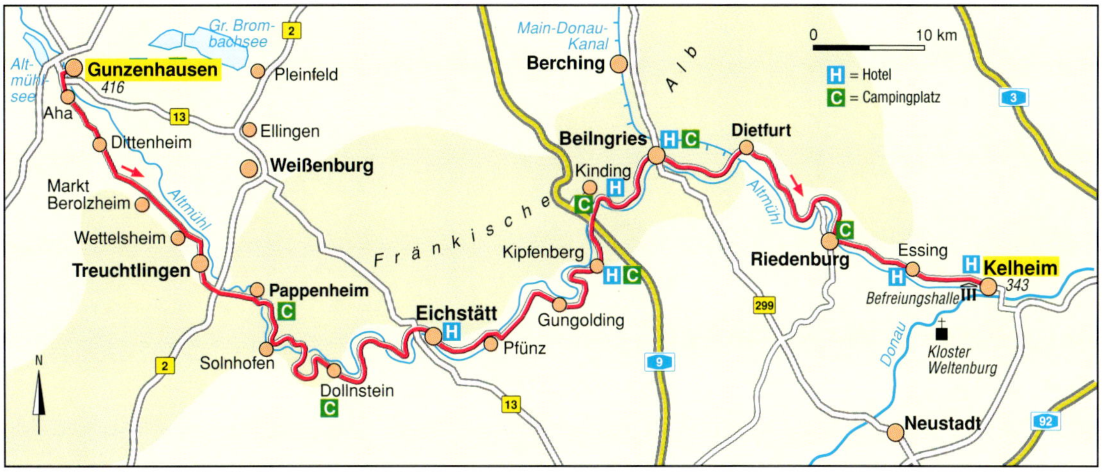

Streckenverlauf

Gunzenhausen – Aha – Dittenheim – Markt Berolzheim – Wettelsheim – Treuchtlingen – Pappenheim – Solnhofen – Dollnstein – Eichstätt – Pfünz – Gungolding – Kipfenberg – Kinding – Beilngries – Dietfurt – Riedenburg – Essing – Kelheim

13 Durch den Bayerischen Wald

Zum »unwirtlichsten« Mittelgebirge Deutschlands

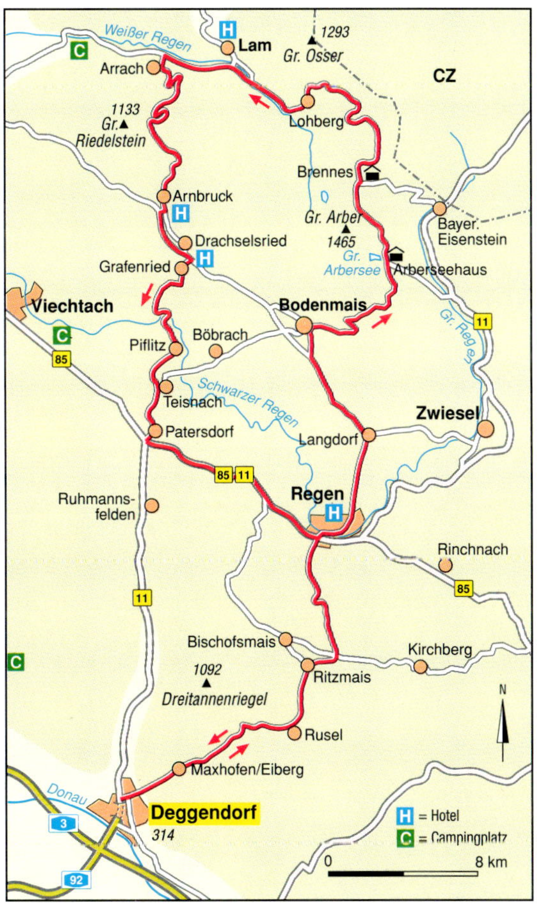

Streckenverlauf

Deggendorf – Maxhofen-Eiberg – Rusel – Ritzmais – Regen – Langdorf – Bodenmais – Arberseehaus – Brennes – Scheibensattel – Lohberg – Lam – Arrach – Arnbruck – Drachselsried – Piflitz – Patersdorf – Regen – Ritzmais – Rusel – Deggendorf

14 Durch den Oberpfälzer Wald

Auf ruhigen Straßen durch die Steinpfalz

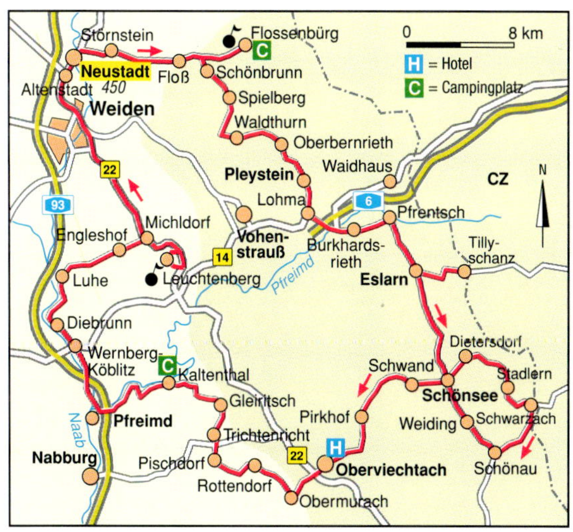

Streckenverlauf

Neustadt/Waldnaab – Störnstein – Floß – Flossenbürg – Schönbrunn – Spielberg – Waldthurn – Oberbernrieth – Fahrenberg – Pleystein – Lohma – Burkhardsrieth – Pfrentsch – Eslarn – Tillyschanz – Schönsee – Dietersdorf – Stadlern – Schwarzach – Schönau – Weiding – Schönsee – Schwand – Pirkhof – Nunzenried – Johannisberg – Eigelsberg – Obermurach – Oberviechtach – Niedermurach – Rottendorf – Pischdorf – Trichenricht – Gleiritsch – Bernhof – Kaltenthal – Oberpfreimd – Pfreimd – Wernberg-Köblitz – Diebrunn – Luhe – Meisthof – Seibertshof – Engleshof – Michldorf – Leuchtenberg – Weiden – Altenstadt – Neustadt/Waldnaab

12 Durch das Altmühltal

An Bayerns »schüchternstem« Fluss

STRECKENLÄNGE 152 km
AUSGANGSPUNKT Gunzenhausen (416 m)
ENDPUNKT Kelheim (343 m)
ANFAHRT ZUM AUSGANGSPUNKT Autobahn Nürnberg–Heilbronn A 6, Ausfahrt Ansbach und auf der B 13 über Merkendorf nach Gunzenhausen

SEHENSWÜRDIGKEITEN
Gunzenhausen: Färberturm, Blasturm, Altmühlsee
Treuchtlingen: Schloss Treuchtlingen, »Denkmalslok« (Altmühlstraße), Lambertus-Kirche, Abstecher zum Karlsgraben (Fossa Carolina) in Graben, ca. 2,5 km nördlich
Pappenheim: Altes Schloss und Burgruine mit 30 m hohem Burgturm, Galluskirche aus dem 9. Jahrhundert
Solnhofen: Bürgermeister-Müller-Museum im Rathaus mit Versteinerungen
Dollnstein: mittelalterliche Stadtmauer, Bergfried der Burgruine, Pfarrkiche mit gotischen Fresken, Petersturm
Eichstätt: Willibaldburg mit Jura-Museum, Residenzplatz mit Residenz, Dom mit Kreuzgang und Willibaldsaltar, kurze Wanderung über die Herzoggasse zum Herzogsteg an der Altmühl
Gungolding: Spaziergang durch das 70 ha große Naturschutzgebiet der Wacholderheide mit Wacholder-, Rosen-, Schlehen und Weißdornbüschen
Kipfenberg: malerisches Stadtbild mit Burg, viertägiges Limesfest Mitte August
Kinding: Kirchenburg mit Mauerring und Befestigungstürmen
Beilngries: Straßenmarkt, Rathaus, barocke Pfarrkirche mit gotischem Turm
Dietfurt: Kristallmuseum, Burgruinen Tachenstein, Rabenstein und Schloss Rosenburg mit Jagdfalkenhof, Schloss Prünn ca. 4 km südöstlich
Essing: Burgruine Randeck, Tropfsteinhöhle Großes Schulerloch, Klausenhöhle
Kelheim: Befreiungshalle, Archäologisches Museum

SERVICESTELLEN
Gunzenhausen: Fa. Hauke, Industriestraße 12 (Aprilia)
Markt Berolzheim: Motorrad Heinrichmeyer, Bahnhofstraße 5 (Kawasaki, Ducati, Cagiva, Bimota)
Pappenheim: Fa. Schleussinger, Bahnofstraße 7 (Honda)

STRECKENSPERRUNG Im Spindeltal bei Eichstätt besteht ganzjährig Nachtfahrverbot zwischen 22.00 und 6.00 Uhr.

KARTE Die Generalkarte 1:200.000, Blatt 7

13 Durch den Bayerischen Wald

Zum »unwirtlichsten« Mittelgebirge Deutschlands

STRECKENLÄNGE 152 km
AUSGANGS- UND ENDPUNKT Deggendorf (314 m)
ANFAHRT ZUM AUSGANGSPUNKT Autobahn München–Deggendorf A 92

SEHENSWÜRDIGKEITEN
Deggendorf: Rathaus mit gotischem Turm, Stadtpfarrkirche Mariä Himmelfahrt, Wallfahrtskirche zum Heiligen Grab
Regen: Niederbayerisches Landwirtschaftsmuseum, Pfarrkirche St. Michael
Bodenmais: Waldglashütte mit Besichtigung und Führung, Erzbergwerk mit Besichtigung im Silberberg, Sommerrodelbahn am Silberberg
Lam: Mineralienmuseum, Märchen- und Gespensterschloss in Lambach, ca. 3 km nordöstlich

SERVICESTELLEN
Deggendorf: Motorrad Schmidbauer, Bahnhofstraße 64–66 (Honda); Fa. Stiglmeier, Graflinger Straße 4 (Aprilia)
Motorrad Kappl, Schauflinger Straße 3 (Aprilia, Suzuki)
Bodenmais: Kellermeier KG, Bahnhofstraße 62 (Aprilia)

TREFFS
Deggendorf: Gaststätte Wegmacherkurve; Chopper- und Klassiker-Stammtisch im Gasthaus Bayerwald, jeden Freitag ab 20.00 Uhr

KARTE Die Generalkarte 1:200.000, Blatt 8 und 9

14 Durch den Oberpfälzer Wald

Auf ruhigen Straßen durch die Steinpfalz

STRECKENLÄNGE 212 km
AUSGANGS- UND ENDPUNKT Neustadt/Waldnaab (450 m)
ANFAHRT ZUM AUSGANGSPUNKT Autobahn Regensburg–Hof A 93, Ausfahrt Neustadt

SEHENSWÜRDIGKEITEN
Flossenbürg: Burgruine Flossenbürg
Oberbernrieth: Wallfahrtskirche
Pleystein: Rosenquarzfelsen mit Salesianerkloster und Kreuzbergkirche
Schönsee: Jagdmuseum Schönsee, offen täglich 13.00 bis 17.00 Uhr
Oberviechtach: Heimatmuseum im Alten Rathaus mit Dr. Eisenbarth-Ausstellung
Leuchtenberg: Burgruine Leuchtenberg
Weiden: Stadtmuseum im Alten Schulhaus, gotisches Rathaus, Pfarrkirche St. Josef

SERVICESTELLEN
Niedermurach: Zweirad Roßmann, Teunzer Straße 19 a (Cagiva)
Weiden: Zweirad Streckenbach, Keckstraße 1 (Aprilia, Kawasaki); Zweirad Weitensteiner, Dr.-Johann-Stark-Straße 11 (Yamaha, BMW)

KARTE Die Generalkarte 1:200.000, Blatt 7

15 Durch die Rhön

Zur Wiege des Segelfliegens

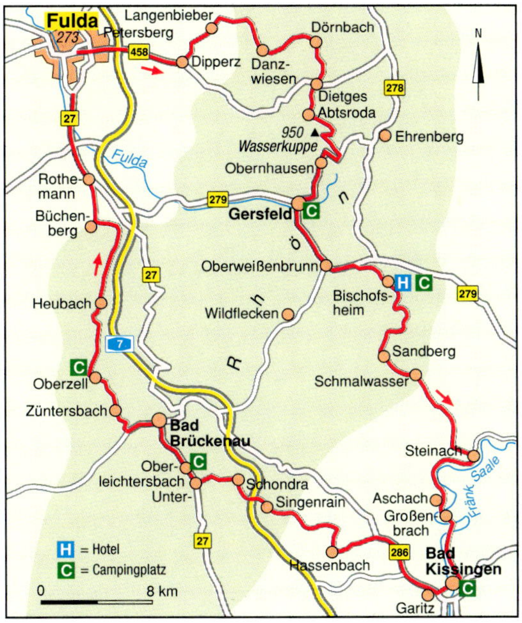

Streckenverlauf

Fulda – Petersberg – Dipperz – Langenbieber – Danzwiesen – Dörmbach – Dietges – Abtsroda – Obernhausen – Gersfeld – Oberweißenbrunn – Bischofsheim – Sandberg – Schmalwasser – Steinach – Aschach – Großenbrach – Bad Kissingen – Garitz – Hassenbach – Singenrain – Schondra – Unterleichtersbach – Oberleichtersbach – Bad Brückenau – Züntersbach – Oberzell – Heubach – Büchenberg – Rothemann – Fulda

16 Durch den Spessart

Durch den Wald der Spechte

Streckenverlauf

Aschaffenburg – Johannesberg – Rückersbach – Hörstein – Alzenau – Michelbach – Albstadt – Freigericht – Gondsroth – Hasselroth – Meerholz – Gelnhausen – Wächtersbach – Aufenau – Steinau – Seidenroth – Alsberg – Villbach – Wiesen – Sailauf – Laufach – Lohr – Wombach – Rothenfels – Hafenlohr – Einsiedel – Erlenfurt – Lichtenau – Rothenbuch – Waldaschaff – Aschaffenburg

17 Entlang der Mosel

Von der Porta Nigra in Trier zum Deutschen Eck in Koblenz

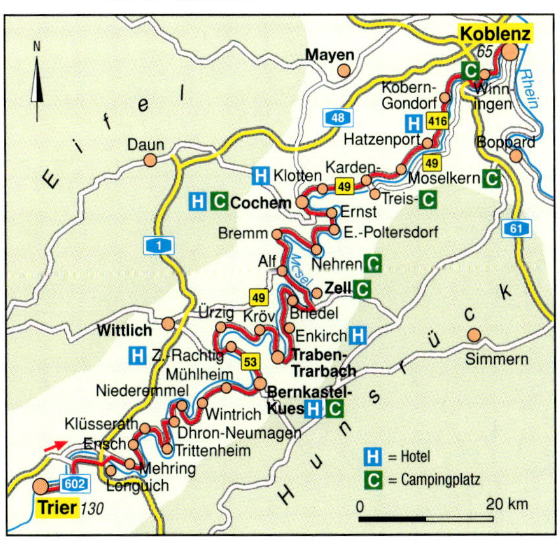

Streckenverlauf

Trier – Kenn – Longuich – Mehring – Schleich – Ensch – Klüsserath –Trittenheim – Neumagen-Dhron – Niederemmel – Wintrich – Mühlheim – Bernkastel-Kues – Zeltingen-Rachtig – Machern – Ürzig – Kröv – Traben-Trarbach – Enkirch – Briedel – Alf – Bremm – Nehren – Ellenz-Poltersdorf – Ernst – Cochem – Klotten – Treis-Karden – Moselkern – Hatzenport – Löf – Kobern-Gondorf – Winningen – Koblenz

18 In der Eifel

Zur legendären Nordschleife des Nürburgrings

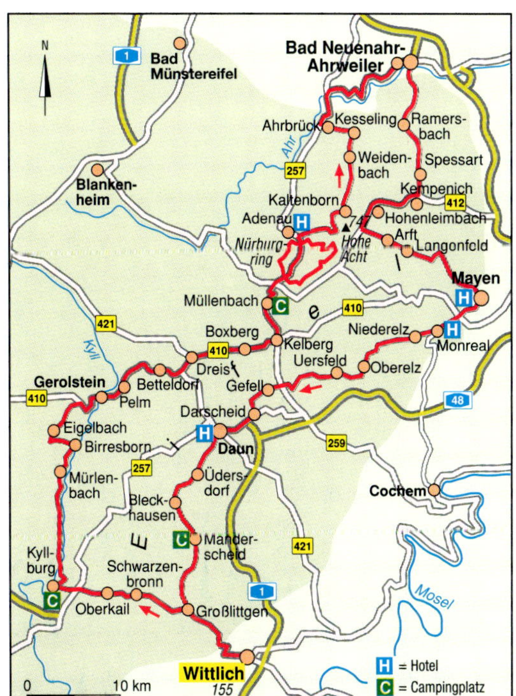

Streckenverlauf

Wittlich – Großlittgen – Schwarzenborn – Oberkail – Kyllburg – Mürlenbach – Birresborn – Eigelbach – Hinterhausen – Gerolstein – Pelm – Betteldorf – Dreis – Boxberg – Kelberg – Müllenbach – Nürburg – Adenau – Kaltenborn – Weidenbach – Kesseling – Ahrbrück – Altenahr – Mayschoß – Bad Neuenahr-Ahrweiler – Ramersbach – Spessart – Kempenich – Hohenleimbach – Arft – Langenfeld – Mayen – Monreal – Niederelz – Oberelz – Uersfeld – Gefell – Darscheid – Daun – Üdersdorf – Bleckhausen – Manderscheid – Großlittgen – Wittlich

16 Durch den Spessart

Durch den Wald der Spechte

STRECKENLÄNGE 229 km
AUSGANGS- UND ENDPUNKT Aschaffenburg (230 m)
ANFAHRT ZUM AUSGANGSPUNKT Autobahn Nürnberg–Frankfurt A 3, Ausfahrt Aschaffenburg

SEHENSWÜRDIGKEITEN
Aschaffenburg: Schloss Johannisburg, Schlossgarten mit Pompejanum, Stiftskirche St. Peter und Alexander, Park Schönbusch
Gelnhausen: Ruinentor Kaiserpfalz, Marienkirche, Rathaus, Romanisches Haus, Heimatmuseum (Schmidgasse 63)
Wächtersbach: Schloss, Wehrkirche
Steinau: ehemaliges Wohnhaus der Gebrüder Grimm im Alten Amtshaus, Schloss Steinau mit Gebrüder-Grimm-Museum, Teufelshöhle ca. 3 km nördlich, Freizeitanlage Thalhof-Park mit Tiergarten
Lohr: Bayersturm, Schloss mit Spessartmuseum, Pfarrkirche St. Michael
Rothenfels: Burg mit Bergfried

SERVICESTELLEN
Aschaffenburg: MO-Treff Faustmann, Hanauer Straße 37 (Honda); Fa. Staab, Elisenstraße 21 (KTM, Yamaha); Zweirad Stöcker, Ottostraße 14–16 (Suzuki)

KARTE Die Generalkarte 1:200.000, Blatt 5

15 Durch die Rhön

Zur Wiege des Segelfliegens

STRECKENLÄNGE 186 km
AUSGANGS- UND ENDPUNKT Fulda (273 m)
ANFAHRT ZUM AUSGANGSPUNKT Autobahn Würzburg–Kassel A 7, Ausfahrt Fulda

SEHENSWÜRDIGKEITEN
Fulda: Michaelskirche, Kloster Frauenberg, Dom mit Bonifatiusgruft
Gersfeld: Barockschloss, evangelische Kirche, Hochwildschutzpark südöstlich des Ortes
Bischofsheim: Pfarrkirche St. Georg, Schwarzes Moor (Führungen zwischen April und Oktober an Samstagen um 10.00 und 14.00 Uhr), Zehntturm
Bad Kissingen: Minnesängerbrunnen am Rathaus, Altes Rathaus mit Ratssaal
Bad Brückenau: Stadtpfarrkirche, Tätsch'r Brunnen

SERVICESTELLEN
Fulda: Fa. W. Möller, Dr. Raabe Straße 5 a (Kawasaki); Motor-Center-Fulda, Damian-Schmitt-Straße 2 (Honda, BMW)
Bad Bocklet: Fa. A. Schönstein, Mangelsfeld 12 (Aprilia, Moto Guzzi, Triumph)
Eichenzell: Motokram, Bürgermeister-Ebert-Straße 14 (Honda, Kawasaki, Yamaha)

STRECKENSPERRUNG Im Ortsteil Staatsbad von Bad Brückenau besteht in der Ernst-Ritz-Straße zwischen dem 1. April und 31. Oktober Nachfahrverbot zwischen 22.00 und 6.00 Uhr.

KARTE Die Generalkarte 1:200.000, Blatt 11

18 In der Eifel

Zur legendären Nordschleife des Nürburgrings

STRECKENLÄNGE 275 km
AUSGANGS- UND ENDPUNKT Wittlich (155 m)
ANFAHRT ZUM AUSGANGSPUNKT Autobahn Trier–Koblenz A 48, Ausfahrt Wittlich

SEHENSWÜRDIGKEITEN
Wittlich: Pfarrkirche St. Markus, Altes Rathaus, Meistermann Museum
Kyllburg: Schloss Malberg, Stiftskirche mit Renaissance-Glasmalereien
Gerolstein: Naturkundliches Museum, Ruine Kasselburg mit Adler-Flugvorführungen, römische Villa Sarabodis mit Prähistorischem Museum, Hustley-Felsen mit Klettergarten
Adenau: Pfarrkirche, Fachwerkhäuser am Marktplatz
Altenahr: Laurentiuskirche und Willibrordus-Kirche, römische Silberberg-Villa, Thermalhallenbad, Spielbank, Kurpark mit Trink- und Wandelhalle
Mayen: Genovevaburg mit Eifeler Landschaftsmuseum, St.-Clemens-Kirche mit schiefem Turm
Monreal: Aussichtsturm der Ruine Monreal, historisches Stadtbild

SERVICESTELLEN
Wittlich: Auto Engel, Rudolf-Diesel-Straße 5 (Yamaha)
Gerolstein: Rolfs und Müller Zweirad GmbH, Sarresdorferstraße 55 (Suzuki)
Adenau: Zweirad Schmitz, Hauptstraße 162 (Honda, Yamaha, BMW)
Bad Neuenahr-Ahrweiler: Fa. Wunderlich, Waldporzheimer Straße 26 (BMW)
Mayen: Zweirad Center Wagner, Industriegebiet Nord (Aprilia, Moto-Guzzi, Cagiva); Zweirad Schneider, Kottenheimer Weg 35 (Kawasaki, BMW)

TREFFS
Nürburg: Altes Forsthaus, Adenau/Breitscheid: Gasthaus Beim Hannes; Daun-Pützborn: Zur Alten Schmiede; Ahrbrück: Café Fahrtwind

STRECKENSPERRUNGEN Im Kurbereich von Bad Neuenahr-Ahrweiler besteht ganzjährig Nachtfahrverbot zwischen 22.00 und 7.00 Uhr und im Stadtkern von Daun zwischen 19.00 und 6.00 Uhr.

KARTE Die Generalkarte 1:200.000, Blatt 4

17 Entlang der Mosel

Von der Porta Nigra in Trier zum Deutschen Eck in Koblenz

STRECKENLÄNGE 240 km
AUSGANGSPUNKT Trier (130 m)
ENDPUNKT Koblenz (65 m)
ANFAHRT ZUM AUSGANGSPUNKT Autobahn Koblenz–Saarbrücken A 1, Ausfahrt Autobahndreieck Moseltal

SEHENSWÜRDIGKEITEN
Trier: Porta Nigra, Hauptmarkt mit Marktbrunnen, Museum, Touristeninformation im Simeonstift mit Städtischem Museum, Kurfürstliches Palais, Kaiserthermen
Bernkastel-Kues: Kirche St. Michael mit freistehendem Wehrturm, Burg Landshut, Fachwerkäuser am Marktplatz
Traben-Trarbach: Ruine der Grevenburg, Aussichtspunkt Festungsruine Mont Royal, 20 Min. nördlich
Beilstein: Burgruine Metternich mit Restaurant
Cochem: Reichsburg, Sesselbahn zum Aussichtspunkt Pinnerkreuz, Marktplatz mit alten Giebelhäusern und historischen Gaststätten
Treis-Karden: Stiftskirche St. Castor
Moselkern: Burg Eltz (12. bis 16. Jahrhundert)
Alken: Burg Thurant, St.-Michaels-Kapelle, Wittburgscher Weinkeller
Koblenz: Festung Ehrenbreitstein (Hofstraße), Deutsches Eck am Zusammenfluss von Rhein und Mosel

TREFFS
Trier: Mugo-Kneip; Forsthaus Altenhof in Trier-Biewer; Cochem: Tourenrast am Parkplatz auf der Uferpromenade, Samstag und Sonntag vormittags und nachmittags

KARTE Die Generalkarte 1:200.000, Blatt 5

19 Im Harz

Durch das nördlichste Mittelgebirge Deutschlands

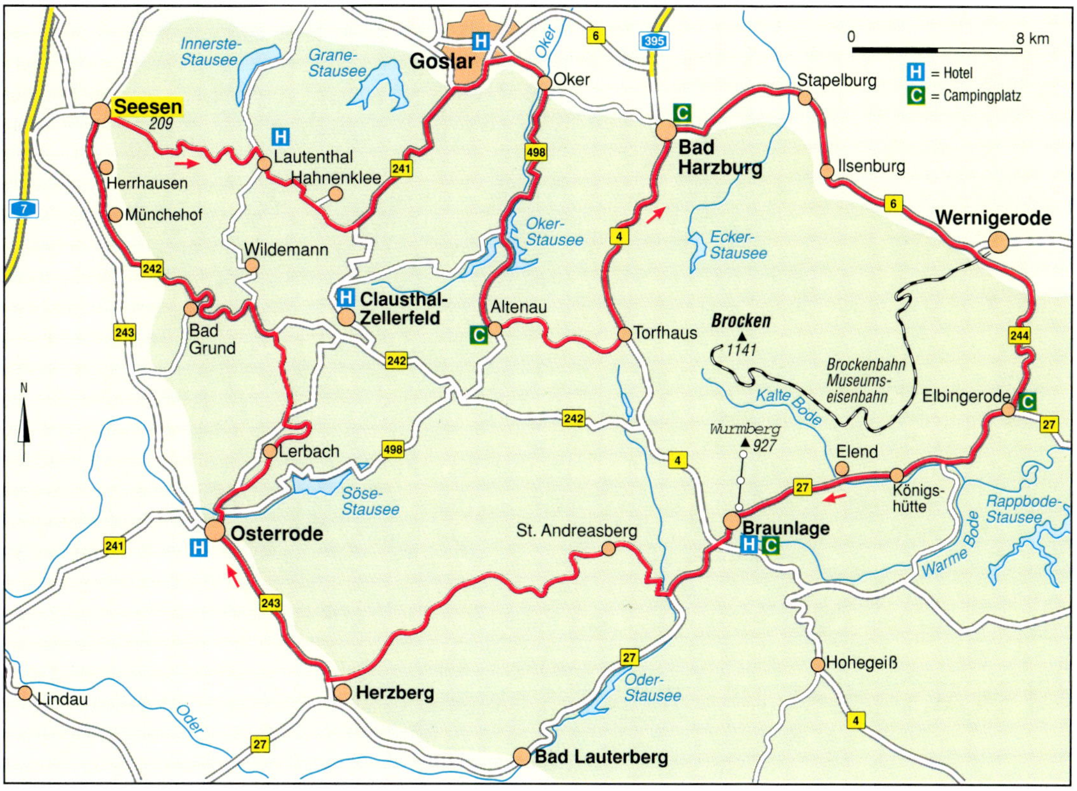

Streckenverlauf

Seesen – Lautenthal – Goslar – Altenau – Torfhaus – Bad Harzburg – Stapelburg – Ilsenburg – Wernigerode – Elbingerode – Königshütte – Elend – Braunlage – St. Andreasberg – Herzberg – Osterode – Lerbach – Bad Grund – Münchehof – Herrhausen – Seesen

20 Durch den Teutoburger Wald

Zu Hermann dem Cheruskerfürsten

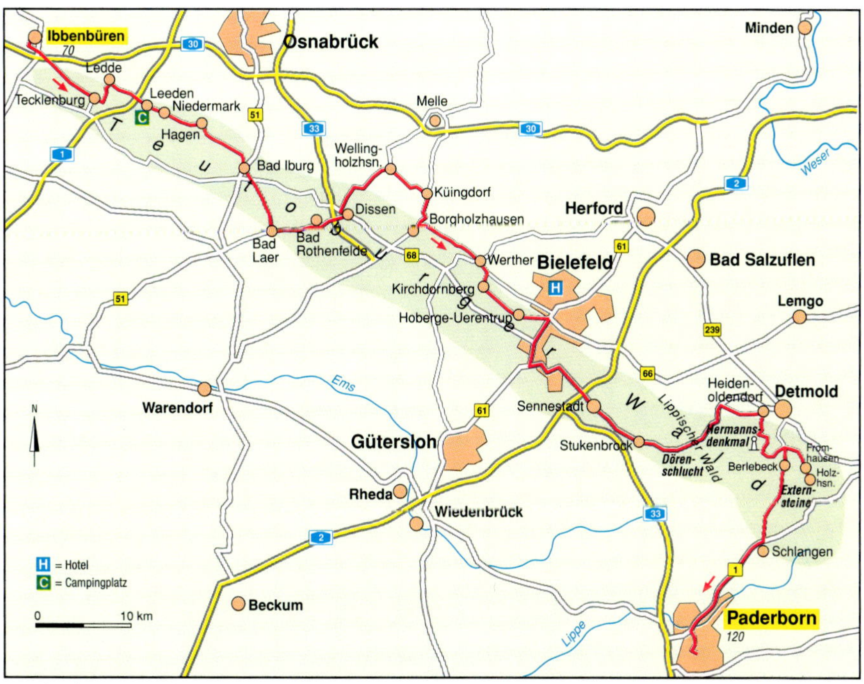

Streckenverlauf

Ibbenbüren – Tecklenburg – Ledde – Niedermark – Hagen – Bad Iburg – Bad Laer – Bad Rothenfelde – Dissen – Borgholzhausen – Werther – Kirchdornberg – Hoberge-Uerentrup – Bielefeld – Sennestadt – Heidenoldendorf – Fromhausen – Holzhausen – Berlebeck – Schlangen – Paderborn

19 Im Harz

Durch das nördlichste Mittelgebirge Deutschlands

STRECKENLÄNGE 186 km
AUSGANGS- UND ENDPUNKT Seesen (209 m)
ANFAHRT ZUM AUSGANGSPUNKT Autobahn Kassel–Hannover A 7, Ausfahrt Seesen

SEHENSWÜRDIGKEITEN
Seesen: Wilhelm-Busch-Museum im Stadtteil Mechtshausen ca. 8 km nordwestlich, Herzögliches Jagdschloss, Burg Sehusa
Lautenthal: Niedersächsisches Bergbaumuseum
Hahnklee-Bockswiese: Gustav-Adolf-Kirche
Goslar: Kaiserpfalz mit Ulrichskapelle, Marktplatz mit Glockenspiel, Rathaus, Rammelsberger Bergbaumuseum, Stadtbefestigung
Bad Harzburg: Bergbahn zum 500 m hohen Burgberg, Spielbank
Wernigerode: Harzmuseum (Klingt 10, geöffnet Montag bis Samstag 10.00 bis 16.00 Uhr), Krell'sche Schmiede mit Schmiedemuseum (geöffnet Mittwoch, Donnerstag, Samstag und Sonntag 13.00 bis 17.00 Uhr und Freitag 10.00 bis 15.00 Uhr), Reste der alten Stadtbefestigung mit Westerntor
Braunlage: Kabinenseilbahn auf den 927 m hohen Wurmberg, Trinistatiskirche
Bad Grund: Iberger Tropfsteinhöhle

SERVICESTELLEN
Goslar: Block am Ring GmbH, Hildesheimer Straße 38 (BMW); Mike's Technical Parts, Okerstraße 10 (Honda, Kawasaki, Yamaha)
Clausthal-Zellerfeld: Zweiradhandel Boerger, Schulstraße 23 (Aprilia)

STRECKENSPERRUNG Im Kurbereich von Bad Harzburg besteht ganzjährig Nachtfahrverbot zwischen 20.00 und 7.00 Uhr.

TREFFS
B 498 zwischen Oker und Altenau: täglich nachmittags hinter der Staumauer der Okertalsperre
B 4 am Großparkplatz Torfhaus: täglich nachmittags, Samstag und Sonntag vormittags und nachmittags
B 27 am Ortsende von Elend: täglich nachmittags

KARTE Die Generalkarte 1:200.000, Blatt 3

20 Durch den Teutoburger Wald

Zu Hermann dem Cheruskerfürsten

STRECKENLÄNGE 184 km

AUSGANGSPUNKT Ibbenbüren (70 m)
ENDPUNKT Paderborn (120 m)
ANFAHRT ZUM AUSGANGSPUNKT Autobahn Osnabrück–Hengelo A 30, Ausfahrt Ibbenbüren

SEHENSWÜRDIGKEITEN
Ibbenbüren: Motorrad-Museum Stockmann (geöffnet Samstag 14.00 bis 18.00 Uhr, Sonntag 10.00 bis 18.00 Uhr, Eintritt Erwachsene 5,– DM, Kinder 2,– DM, nähere Auskünfte unter Tel. 05451/6454)
Tecklenburg: Burgruine mit Aussichtsturm, Fachwerkhäuser im Ortskern, Wasserschloss »Haus Marck«, ca. 2 km südlich
Bad Iburg: Schloss mit Rittersaal und Klosterkirche (Führung Freitag und Sonntag 15.00 Uhr), Töpferei- und Münzmuseum im Schloss (geöffnet März bis Oktober, 10.00 bis 12.00, 15.00 bis 18.00 Uhr, Sonntag 10.00 bis 12.00, 14.00 bis 18.00 Uhr, Mittwoch Ruhetag), Uhren-Museum gegenüber dem Rathaus (täglich geöffnet)
Bad Laer: Puppen- und Trachtenmuseum, alte Fachwerkhäuser
Bad Rothenfelde: Oldtimer-Museum (Parkstraße 17 a , täglich geöffnet), Heimatmuseum (geöffnet Dienstag und Donnerstag 16.00 bis 18.00 Uhr), Vogelpark (geöffnet im Sommerhalbjahr täglich 9.00 bis 18.00 Uhr)
Borgholzhausen: Ravensburg, Luisenturm ca. 2 km südlich, Schloss Brinke
Berlebeck: größte und älteste Adlerwarte Europas mit Freiflug-Demonstration täglich um 11.00 und 15.00 Uhr
Paderborn: Dom, Diözesan-Museum mit Imad-Madonna, 200 Quellen der Pader in Domnähe, karolingische Kaiserpfalz, Schloss Neuhaus

SERVICESTELLEN
Ibbenbüren: Zweirad-Feldkämper GmbH, Bockradener Straße 43 (Honda, Yamaha)
Bad Iburg: Fa. D. Bolte, Osnabrücker Straße 38 (Honda)

TREFFS
Tecklenburg: Parkplatz »Schöne Aussicht« Samstag und Sonntag
Paderborn: Bikerinnen treffen sich im Rizz in der Innenstadt jeden 1., 3. und 5. Mittwoch im Monat ab 20.00 Uhr.

STRECKENSPERRUNGEN In Bad Rothenfelde sind die Salinerstraße, die Bahnhofstraße und die Hannoversche Straße zwischen Freitag 19.00 Uhr und Sonntag 24.00 Uhr sowie an Feiertagen gesperrt.

KARTE Die Generalkarte 1:200.000, Blatt 3 und 4

21 Die Störtebeker-Straße

Auf den Spuren des Piraten »Stürz-Becher«

Streckenverlauf
Emden – Rysum – Loquard – Campen – Greetsiel – Grimersum – Marienhafe – Norden – Neßmersiel – Dornumersiel – Neuharlingersiel – Minsen – Horumersiel – Hooksiel – Wilhelmshaven – Sande – Bockhorn – Varel – Stollhamm – Tossens – Langwarden – Burhave – Nordenham-Blexen

22 Durch den Thüringer Wald

Rundfahrt durch das Herz der deutschen Kultur

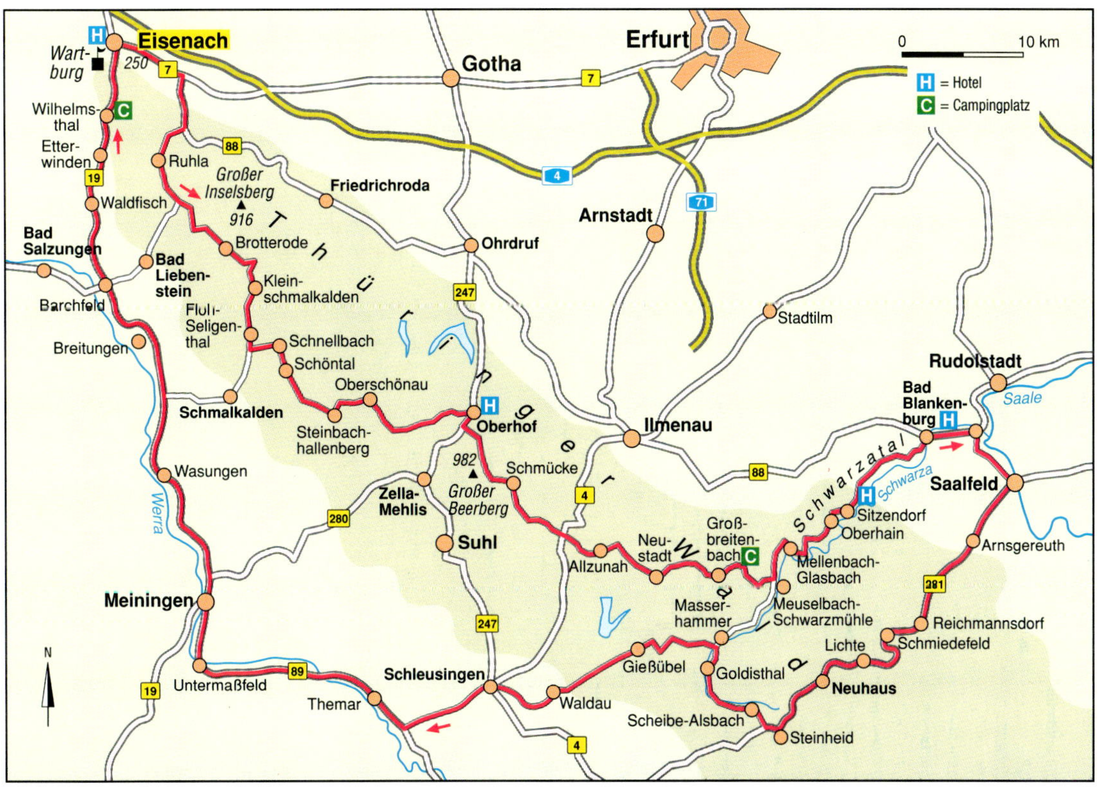

Streckenverlauf
Eisenach – Ruhla – Brotterode – Kleinschmalkalden – Floh-Seligenthal – Schnellbach – Schöntal – Steinbach-Hallenberg – Unterschönau – Oberschönau – Oberhof – Schmücke – Allzunah – Neustadt/Rennsteig – Großbreitenbach – Meuselbach-Schwarzmühle – Mellenbach-Glasbach – Oberhain – Sitzendorf – Bad Blankenburg – Saalfeld – Arnsgereuth – Reichmannsdorf – Lichte – Neuhaus/Rennweg – Scheibe-Alsbach – Goldisthal – Masserhammer – Gießübel – Waldau – Schleusingen – Themar – Untermaßfeld – Meiningen – Wasungen – Breitungen – Barchfeld Waldfisch Etterwinden – Willhelmsthal – Eisenach

21 Die Störtebeker-Straße

Auf den Spuren des Piraten »Stürz-Becher«

STRECKENLÄNGE 248 km
AUSGANGSPUNKT Emden (1 m)
ENDPUNKT Nordenham-Blexen (1 m)
ANFAHRT ZUM AUSGANGSPUNKT Autobahn Leer–Emden A 31

SEHENSWÜRDIGKEITEN
Emden: Renaissance-Rathaus mit Ostfriesischem Landesmuseum, Hafentor von 1635, Kunsthalle mit zeitgenössischer Kunst und klassischer Moderne, »Otto Huus« des Komikers Otto Waalkes
Greetsiel: »Zwillinge von Greetsiel« genannte Windmühlen am Dorfeingang, evangelische Kirche (15. Jahrhundert)
Neuharlingersiel: Buddelschiffmuseum
Wilhelmshaven: Küstenmuseum, Nationalparkzentrum »Das Wattenmeerhaus«, Rosarium mit Schaugarten, Jade-Windenergie-Park
Bockhorn: Friesenkirche, Klinkerzentrum mit Keramiksammlung
Varel: Schlosskirche mit Altar im Stil des norddeutschen Manierismus

SERVICESTELLEN
Emden: Fa. H. van Hove, Neutorstraße 52 (Yamaha)
Norden: Autohaus Tekken GmbH, Bahnhofstraße 35 (BMW); Fa. Georg Zieb, Brückstraße 12 (Aprilia, Kawasaki); Topspeed Motorradzubehör, Heringstraße 5 (Ducati); Autohaus Hielscher GmbH, Heringstraße 36–38 (Yamaha)
Wilhelmshaven: Fa. Hillmann, Banter Weg 5–7 (Aprilia)

STRECKENSPERRUNG In Tossens/Butjadingen besteht im Kurbereich während der Saison Nachtfahrverbot zwischen 22.00 und 6.00 Uhr.

KARTE Die Generalkarte 1:200.000, Blatt 3

22 Durch den Thüringer Wald

Rundfahrt durch das Herz der deutschen Kultur

STRECKENLÄNGE 307 km
AUSGANGS- UND ENDPUNKT Eisenach (250 m)
ANFAHRT ZUM AUSGANGSPUNKT Autobahn Chemnitz–Frankfurt A 4/A 5, Ausfahrt Eisenach

SEHENSWÜRDIGKEITEN
Eisenach: Wartburg, Lutherhaus, Lutherdenkmal, Stadtschloss, Nikolaikirche
Oberhof: Biathlonstadion, Sprungschanzen, Rennsteiggarten, ca. 1 km südlich
Schwarzburg: Schloss Schwarzburg
Bad Blankenburg: Ruine Greifenstein, Friedrich-Fröbel-Museum im »Haus über dem Keller«
Saalfeld: Rathaus, Burgruine Hoher Schwarm, Feengrotten, Schloss mit Schlosskapelle
Schleusingen: Stadtkirche St. Johannis, Schloss Bertholdsburg mit Museum und Spielzeugausstellung, Naturtheater bei Steinbach
Meiningen: Schloss Elisabethenburg, Schloss Landsberg, Goethe-Park
Wasungen: Stadtkirche mit spätgotischem Turm

SERVICESTELLEN
Eisenach: Motorradtechnik Goltermann, Stolzestraße 11 a (Aprilia, Triumph)
Floh-Seligenthal: Bike Store Floh, Körelerstraße 10 (Honda)
Sitzendorf: Motorrad Kaulfuß, Hauptstraße 10 (Suzuki)
Saalfeld: Fa. Koch, Kulmbacherstraße 18 (Yamaha)
Schleusingen: Schleusinger Motorradeck, Ilmenauerstraße 36 (Aprilia); Zweirad Gößner, Fischbacher Straße 26 a (Suzuki)
Meiningen: Fa. Keller, Walkmühlenweg 7 c (Suzuki)

KARTE Die Generalkarte 1:200.000, Blatt 11

23 Vom Elbsandsteingebirge ins Lausitzer Bergland

Auf Panoramastraßen durch die Sächsische Schweiz

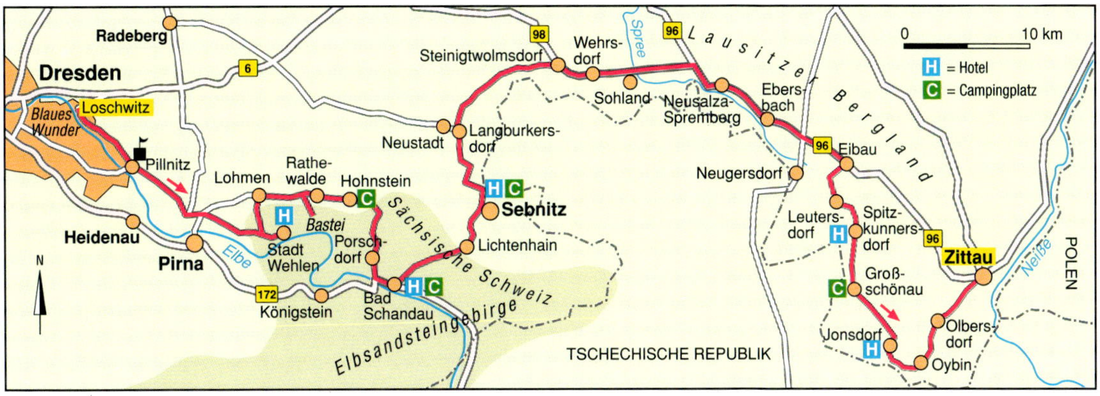

Streckenverlauf
Loschwitz – Pillnitz – Pirna – Wehlen – Bastei – Lohmen – Rathewalde – Hohnstein – Porschdorf – Bad Schandau – Lichtenhain – Sebnitz – Langburkersdorf – Steinigtwolmsdorf – Wehrsdorf – Sohland – Neusalza-Spremberg – Eibau – Leutersdorf – Spitzkunnersdorf – Großschönau – Jonsdorf – Oybin – Olbersdorf – Zittau

24 Zwischen Berlin und der Wörlitzer Parklandschaft

Klöster, Parks und Alleen im Süden Berlins

Streckenverlauf
Trebbin – Luckenwalde – Kloster Zinna – Jüterbog – Annaburg – Prettin – Pretzsch – Bad Schmiedeberg – Kemberg – Radis – Oranienbaum – Wörlitz – Coswig – Lutherstadt Wittenberg – Treuenbrietzen – Trebbin

25 Im Oderbruch

Durch den »Gemüsegarten von Berlin«

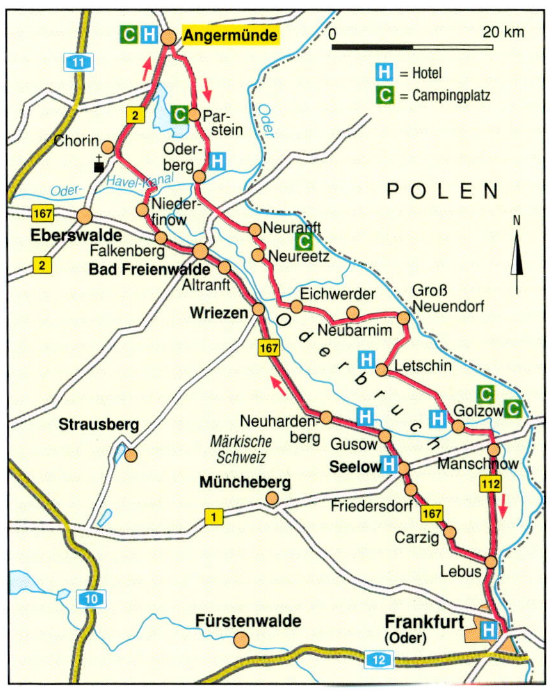

Streckenverlauf
Angermünde – Parstein – Oderberg – Neu Ranft – Neureetz – Neubarnim – Groß Neuendorf – Letschin – Golzow – Gorgast – Manschnow – Lebus – Frankfurt/Oder – Carzig – Friedersdorf – Seelow – Gusow – Neuhardenberg – Wriezen – Altranft – Bad Freienwalde – Niederfinow – Eberswalde – Chorin – Angermünde

23 Vom Elbsandsteingebirge ins Lausitzer Bergland

Auf Panoramastraßen durch die Sächsische Schweiz

STRECKENLÄNGE 165 km
AUSGANGSPUNKT Dresden-Loschwitz (133 m)
ENDPUNKT Zittau (240 m)
ANFAHRT ZUM AUSGANGSPUNKT Autobahn Dresden–Bautzen A 4, Ausfahrt Ottendorf-Okrilla und auf der Landstraße über Radeberg, Bühlau nach Loschwitz

SEHENSWÜRDIGKEITEN
Loschwitz: Blaues Wunder
Pillnitz: Schloss mit Wasserpalais, Bergpalais, Schlosspark mit Kamelie
Pirna: Markt mit schönen Bürgerhäusern, Kirche (um 1300)
Wehlen: Aussicht vom Burgberg, Aufstieg vom Markt, sehenswerter Pflanzengarten,
Hohnstein: malerisches Stadtbild mit Burg, Stadtkirche und Fachwerkhäuser
Bad Schandau: Markt mit ehemaligem Brauhof aus der Renaissance, Kirche mit Sandsteinkanzel von 1572
Sebnitz: Umgebindehäuser
Sohland: Stausee der Spree
Eibau: Umgebindehäuser mit schönen Gärten
Obercunnersdorf: denkmalgeschützter Ort mit vielen Umgebindehäusern
Großschönau: Weber- und Damastmuseum
Jonsdorf: barocke Türstöcke aus Sandstein, schöner Kurort mit zahlreichen Umgebindehäusern, Kurpark
Oybin: Berg Oybin mit Ruine der Klosterkirche, Bergkirche aus dem 18. Jahrhundert
Zittau: historischer Stadtkern mit Rathaus im italienischen Renaissancestil, Rolandbrunnen von 1585, Weberkirche mit Weberfriedhof, Blumenuhr mit Glockenuhr aus Meißner Porzellan, Kloster Marienthal (1234)
8 km nördlich

SERVICESTELLEN
Pirna: Fa. Berger, Karl-Bittner-Straße 1 (Aprilia, Honda u. a.); Fa. Böhmel, Clara-Zetkin-Straße (Kawasaki)
Rathewalde: Fa. Schober, Hauptstraße (Honda)
Hohnstein: Motorrad Richter, Dresdner Straße 10 (Aprilia)
Zittau: Fa. Fetzko, Gerhard-Hauptmann-Straße 28 (alle japanischen Fabrikate)

KARTE Die Generalkarte 1:200.000, Blatt 8

25 Im Oderbruch

Durch den »Gemüsegarten von Berlin«

STRECKENLÄNGE 210 km
AUSGANGS- UND ENDPUNKT Angermünde (48 m)
ANFAHRT ZUM AUSGANGSPUNKT Autobahn Berlin–Prenzlau A 11, Ausfahrt Joachimsthal und auf der B 198 über Groß Ziethen nach Angermünde

SEHENSWÜRDIGKEITEN
Angermünde: Turm einer slawischen Burg, Heiliggeist-Kapelle und Marienkirche (beide 15. Jahrhundert)
Oderberg: Kirche von Stüler (Mitte 19. Jahrhundert), Museum für Binnenschifffahrt
Groß Neuendorf: Alter Oderhafen, schöner Blick auf die Oder
Rathsdorf/Altgaul: Storchenmuseum
Lebus: Reste einer Burg, Heimatstube
Frankfurt/Oder: Rathaus mit Prunkgiebeln, Kleist-Gedenkstätte mit Museum, Ruine der Marienkirche, barockes Junkerhaus mit schönen Stuckdecken und Exponaten zur Stadtgeschichte
Carzig: Oderhänge mit seltenem Adonisröschen
Friedersdorf: Kirche mit reicher barocker Innenausstattung
Seelow: Kirche von Karl Friedrich Schinkel
Gusow: Wasserschloss mit Museum
Neuhardenberg: Kirche und klassizistisches Schloss von Karl Friedrich Schinkel, Landschaftspark von Lenné,
Altranft: Freilichtmuseum
Bad Freienwalde: Georgenkirche in Fachwerkbauweise von 1696, klassizistisches Schloss von David Gilly, Oderlandmuseum (Uchtenhagenstraße)
Niederfinow: Schiffshebewerk im Oder-Havel-Kanal
Eberswalde: Forstbotanischer Garten und Tierpark
Chorin: Zisterzienserkloster (1270 bis 1273 erbaut), mit grandios gestaltetem Schaugiebel an der Westwand des Langhauses

SERVICESTELLEN
Neuenhagen: Motorradhaus Haase, Mühlenstraße 1 (Yamaha)
Frankfurt/Oder: Fa. Friedrich, Berliner Straße (Honda); Fa. Krause, Goepelstraße (BMW, Yamaha); Fa. Krenz, Fürstenwalder Poststraße (Kawasaki); Fa. Pasenau, Buschmühlenweg (Simson)

KARTE Die Generalkarte 1:200.000, Blatt 4

24 Zwischen Berlin und der Wörlitzer Parklandschaft

Klöster, Parks und Alleen im Süden Berlins

STRECKENLÄNGE 228 km
AUSGANGS- UND ENDPUNKT Trebbin (38 m)
ANFAHRT ZUM AUSGANGSPUNKT Autobahn Berliner Ring A 10, Ausfahrt Genshagen und auf der B 101 bis Trebbin

SEHENSWÜRDIGKEITEN
Trebbin: Stadtkirche St. Marien, Annenkapelle
Luckenwalde: Marktturm, der als Glockenturm für die Kirche St. Johannes fungiert
Kloster Zinna: Kirche des Klosters, Alte und Neue Abtei, Abtshaus mit Heimatmuseum
Jüterbog: Stadtmauer mit drei Stadttoren, Liebfrauenkirche und Kirche St. Nikolai
Annaburg: Renaissanceschloss, Pfarrkirche und Fachwerkbauten
Prettin: Renaissanceschloss mit Schlosskirche, Pfarrkirche mit Flügelaltar
Pretzsch: Renaissanceschloss mit Bergfried, Schlosspark
Bad Schmiedeberg: Rathaus mit reich geschmückten Portalen
Kemberg: Teile der Stadtbefestigung, spätgotisches Rathaus
Oranienbaum: Schloss im holländischen Barockstil, Park mit großem Parterre, Pagode und Teehaus
Wörlitz: großer Landschaftspark mit Kanälen, Brücken, Grotten und Bauten sowie vielen seltenen Gehölzen
Lutherstadt Wittenberg: Renaissance-Rathaus, Residenzschloss mit spätgotischer Schlosskirche, Lutherhaus als Museum

SERVICESTELLEN
Jüterbog: Motorradwerkstatt Prokop, Luckenwalder Berg 5 (Honda); Motorradhandel und Werkstatt, Herzberger Straße 29 b (Suzuki)
Griebo: Morradwerkstatt M. Keßler und Th. Lindner, Straße der Freundschaft 32 (Yamaha)
Lutherstadt Wittenberg: Motorradwerkstatt Haiser und Schmidt, Berliner Straße 12 a (Suzuki)

STRECKENSPERRUNG Die Elbfähren Prettin und Coswig verkehren nur zwischen 6.30 und 20.00 Uhr, bei schlechter Witterung wird der Fährbetrieb eingestellt.

KARTE Die Generalkarte 1:200.000, Blatt 4 und 8

26 In der Mecklenburger Seenplatte

Durch die größte Seenlandschaft Deutschlands

Streckenverlauf

Rheinsberg – Canow – Diemitz – Mirow – Röbel – Plau – Malchow – Waren – Prenzlin – Neubrandenburg – Neustrelitz – Wesenberg – Wustrow – Rheinsberg

28 Entlang der Lübecker Bucht

Von Lübeck nach Fehmarn

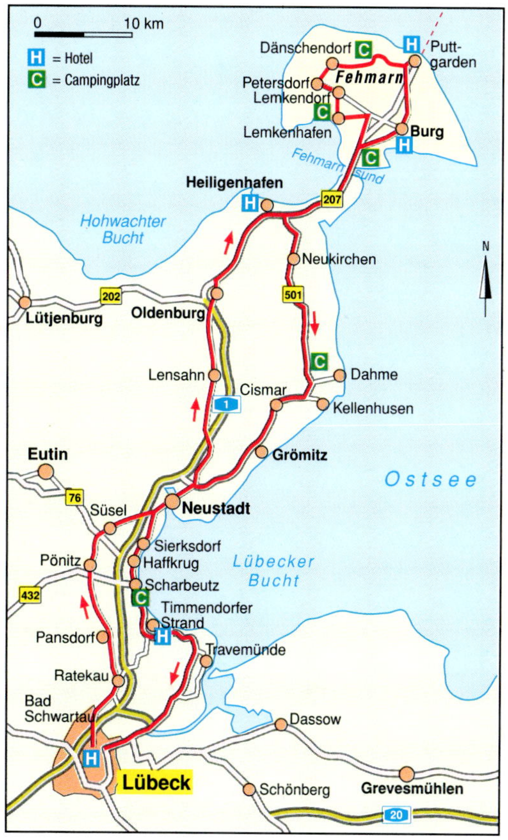

Streckenverlauf

Lübeck – Lensahn – Heiligenhafen – Burg – Puttgarden – Lemkenhafen – Neukirchen – Cismar – Grömitz – Neustadt – Ratekau – Lübeck

27 An der Ostseeküste

Von Wismar nach Rügen

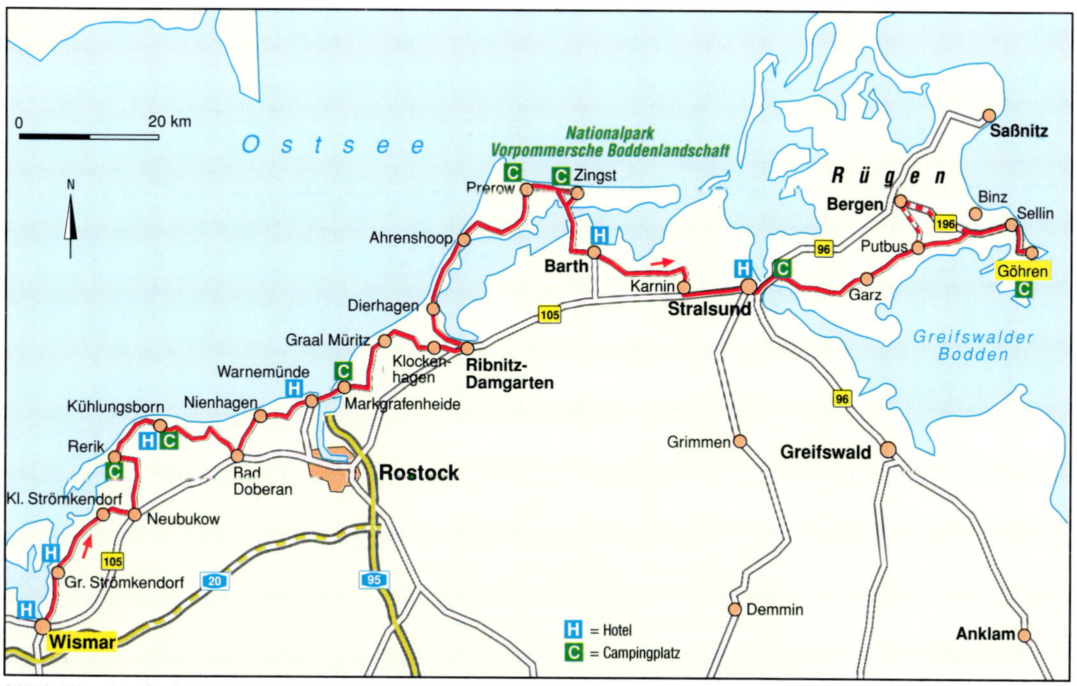

Streckenverlauf

Wismar – Groß Strömkendorf – Neubukow – Ostseebad Rerik – Ostseebad Kühlungsborn – Bad Doberan – Warnemünde – Markgrafenheide – Seeheilbad Graal Müritz – Klockenhagen – Ribnitz-Damgarten – Ostseebad Dierhagen – Ostseebad Ahrenshoop – Ostseebad Prerow – Ostseebad Zingst – Barth – Stralsund – Putbus – (Bergen) – Ostseebad Göhren

28 Entlang der Lübecker Bucht

Von Lübeck nach Fehmarn

STRECKENLÄNGE 224 km
AUSGANGS- UND ENDPUNKT Lübeck (15 m)
ANFAHRT ZUM AUSGANGSPUNKT Autobahn Hamburg–Oldenburg A 1 bis Lübeck

SEHENSWÜRDIGKEITEN
Lübeck: Kirche St. Petri, Holstentor, Rathaus mit schöner Renaissancetreppe, Kirche St. Marien mit bronzenem Tauffass, Schiffergesellschaft, Buddenbrookhaus mit Rokoko-Fassade, Kirche St. Jakobi, Heilig-Geist-Hospital, das gotische Burgtor, Burgkloster (vollständig erhaltene Klosteranlage des Mittelalters), Kirche St. Katharinen, Kirche St. Aegidien, Museum St. Annen im ehemaligen Kloster der Augustinerinnen mit der größten Sammlung vollständig erhaltener Schnitzaltäre in Deutschland, Dom (13./14. Jahrhundert)
Lensahn: Freilichtmuseum
Oldenburg: Wall-Museum, Markt mit Rathaus
Heiligenhafen: Kirche St. Nikolaus (Ende 15. Jahrhundert), Alter Salzspeicher mit Obergeschoss aus Fachwerk
Burg: Kirche St. Nikolai, Kapelle St. Jürgen mit sehenswerter Ausmalung aus der Erbauungszeit
Lemkenhafen: Segelwindmühle mit Mühlenmuseum
Cismar: Kloster mit großartiger gotischer Backsteinkirche
Neustadt: Stadtkirche mit mittelalterlicher Ausmalung und prächtigem Altar, Pagodenspeicher
Ratekau: Feldstein-Wehrkirche

SERVICESTELLEN
Lübeck: Fa. Turbomax, Hinter den Kirchkaten 28 (Kawasaki, Aprilia)
Oldenburg: Fa. J.R.P., Am Vossberg 5 (Triumph, Honda, Aprilia, u. a.)
Sahrensdorf auf Fehmarn: Yachtmotorenservice und Motorradreparatur, Hof Schröder (Aprilia, Honda, Kawasaki u. a.)

KARTE Die Generalkarte 1:200.000, Blatt 1

26 In der Mecklenburger Seenplatte

Durch die größte Seenlandschaft Deutschlands

STRECKENLÄNGE 217 km
AUSGANGS- UND ENDPUNKT Rheinsberg (56 m)
ANFAHRT ZUM AUSGANGSPUNKT über die B 96 bis Gransee, hier Abzweig nach Rheinsberg

SEHENSWÜRDIGKEITEN
Rheinsberg: Schloss mit Schlosspark, Obelisk für Prinz August Wilhelm
Mirow: Barockschloss, Renaissancetorhaus, Grabmal von Großherzog Adolf Friedrich VI. auf der »Liebesinsel« im Mirower See
Röbel: Fachwerktraufenhäuser im Stadtbild, Pfarrkirche St. Marien mit spätgotischen Schnitzkunstwerken im Inneren
Plau: schlichte Fachwerkbauten, mittelalterlicher Burgturm
Malchow: neogotische Klosterkirche von Friedrich Wilhelm Buttel, historische Innenstadt mit Fachwerkhäusern
Waren: Kirche St. Georg am Markt (14. Jahrhundert), gotische Marienkirche, Rathaus am Stil der Tudorgotik orientiert
Neubrandenburg: gut erhaltene Stadtmauer mit vier Stadttoren, Stadtkirche St. Marien als Hauptwerk der Backsteingotik mit schönem Ostgiebel
Neustrelitz: barocke Stadtkirche und klassizistisches Rathaus, Schlosspark mit Hebe-Tempel, Götterallee und Orangerie
Wesenberg: Reste der Burg mit quadratischem Bergfried, Kirche

SERVICESTELLEN
Waren: Fa. Westphal, Gievitzer Straße 107 (Kawasaki)
Neubrandenburg: Fa. Staschke, Akeleiweg (Honda, Kawasaki); Fa. Uhlmann, Pfirsichstraße 4 (Suzuki)
Burg Stargard: Fa. H & S Motorradservice, Walkmüller Weg 6 (Honda)

KARTE Die Generalkarte 1:200.000, Blatt 2

27 An der Ostseeküste

Von Wismar nach Rügen

STRECKENLÄNGE 230 km
AUSGANGSPUNKT Wismar (5 m)
ENDPUNKT Ostseebad Göhren/Rügen (35 m)
ANFAHRT ZUM AUSGANGSPUNKT über die Autobahn Berlin–Hamburg A 24 bis Dreieck Schwerin, dann Autobahn A 241 bis Schwerin und über B 106 bis Wismar

SEHENSWÜRDIGKEITEN
Wismar: Turm der Ratskirche St. Marien mit neun Glocken (16./17. Jahrhundert), Marktplatz mit der »Wasserkunst« (1602), Wismars ältestes Bürgerhaus, der »Alte Schwede« (14./ 15. Jahrhundert) mit Staffelgiebel, Schabbel-Haus im Stil der niederländischen Renaissance (1569)
Neubukow: Kirche aus dem 13. Jahrhundert
Ostseebad Rerik: Pfarrkirche (13. Jahrhundert) mit reicher Barockausstattung
Bad Doberan: Klosterkirche (1294 bis 1368 erbaut) mit reich vergoldetem Hochaltar, Parkanlage Kamp in der Stadtmitte
Warnemünde: Alter Strom mit Fischerbooten und Segeljachten, hübsche Giebelhäuser, Strandpromenade
Klockenhagen: Freilichtmuseum
Ribnitz-Damgarten: Klosterkirche und Bernsteinmuseum, Rostocker Tor als Rest der Stadtmauer mit reicher Blendbogenverzierung
Ostseebad Ahrenshoop: Kunstkaten, ein Reetdachhaus und die Dorfkirche in Form eines kieloben liegenden Bootes
Ostseebad Prerow: Kirche als ältestes Gotteshaus auf dem Darß (1726), zahlreiche bunt bemalte Haustüren
Ostseebad Zingst: Dorfkirche und Pfarrhaus im neogotischen Stil
Barth: Dammtor (Mitte 15. Jahrhundert) und runder Backsteinturm (14. Jahrhundert)
Stralsund: gotisches Rathaus und Wulflam-Haus (um 1370), am Markt die Kirche St. Nikolai (13./14. Jahrhundert) als älteste der drei Stadtkirchen, Kniepertor als Teil der einstigen Stadtbefestigung, Katharinenkloster (15. Jahrhundert)
Bergen: Kirche mit spätromanischen Fresken, Ernst-Moritz-Arndt-Turm auf dem Rugard

SERVICESTELLEN
Wismar: Motorradservice Tretow, Kanalstraße 22 a (Yamaha)
Satow bei Rostock: Motorradservice Pratschko, Hauptstraße 21 (Yamaha)
Rostock: Motorradservice, An der Jägerbäk 1 (Aprilia, Honda, Yamaha u. a.)

KARTE Die Generalkarte 1:200.000, Blatt 2

29 Die Deutsche Alpenstraße, 1. Abschnitt

Vom Berchtesgadener Land zum Wendelstein

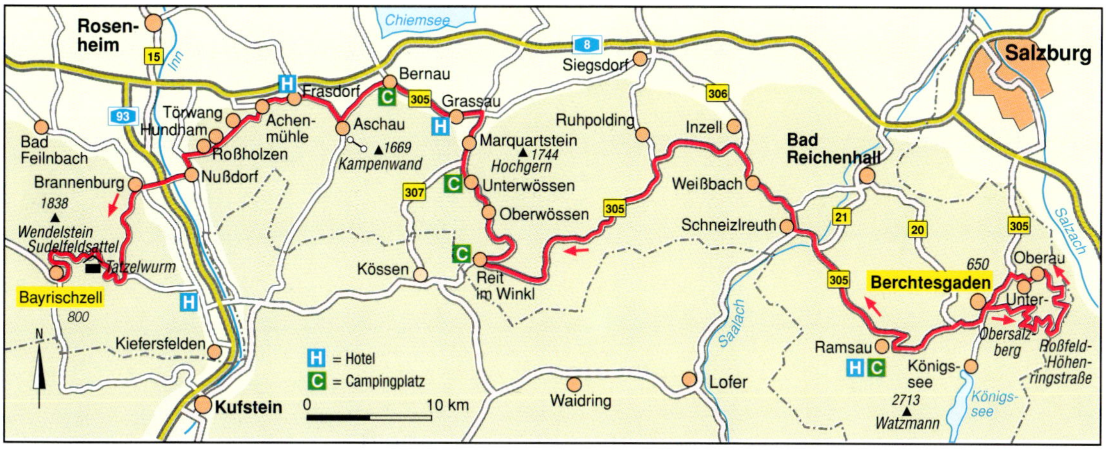

Streckenverlauf

Berchtesgaden – Obersalzberg – Roßfeld-Höhenringstraße – Oberau – Unterau – Berchtesgaden – Ramsau – Schneizlreuth – Weißbach – Reit im Winkl – Unterwössen – Oberwössen – Marquartstein – Grassau – Rottau – Bernau – Aschau – Frasdorf – Achenmühle – Törwang – Hundham – Roßholzen – Schadhub – Nußdorf – Brannenburg – Degerndorf – Tatzelwurm – Sudelfeldsattel – Bayrischzell

30 Die Deutsche Alpenstraße, 2. Abschnitt

Vom Wendelstein nach Oberammergau

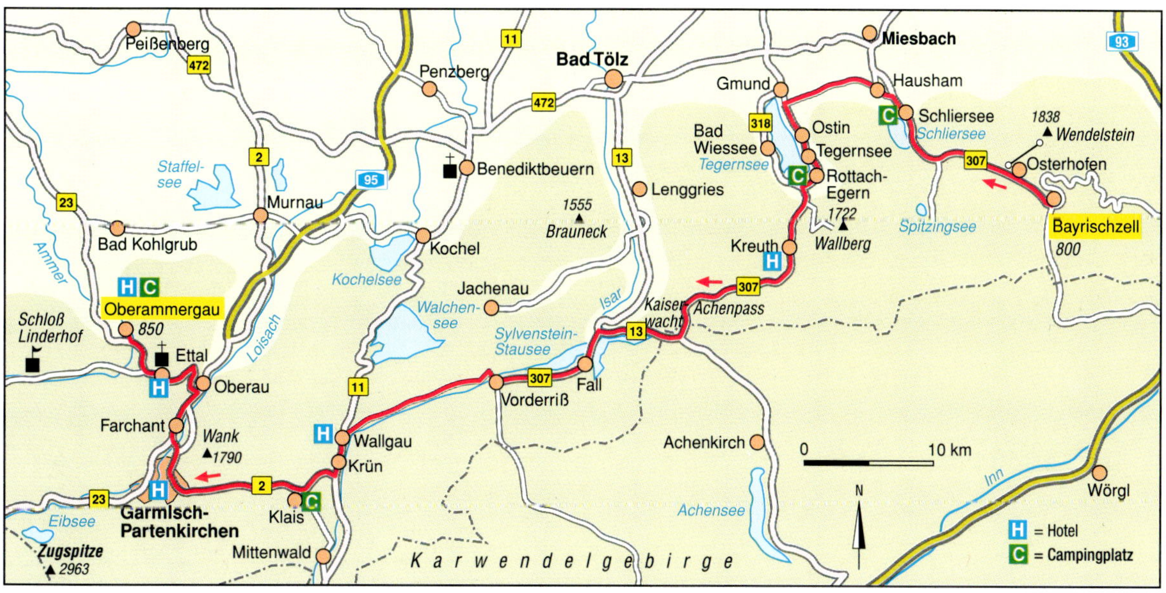

Streckenverlauf

Bayrischzell – Schliersee – Hausham – Ostin – Tegernsee – Rottach-Egern – Kreuth – Achenpaß – Kaiserwacht – Fall – Vorderriß – Wallgau – Krün – Klais – Garmisch-Partenkirchen – Farchant – Oberau – Ettal – Oberammergau

29 Die Deutsche Alpenstraße, 1. Abschnitt

Vom Berchtesgadener Land zum Wendelstein

STRECKENLÄNGE 194 km
AUSGANGSPUNKT Berchtesgaden (650 m)
ENDPUNKT Bayrischzell (800 m)
ANFAHRT ZUM AUSGANGSPUNKT Autobahn München–Salzburg A 8, Ausfahrt Knoten Salzburg Süd oder Hallein

SEHENSWÜRDIGKEITEN
Berchtesgaden: Salzbergwerk mit Salzmuseum und Floßfahrt auf Salzsee, Königliches Schloss
Marquartstein: Rodelbahn im Erlebnispark bei Marquartstein
Grassau: Pfarrkirche Mariae Himmelfahrt
Aschau: Schloss Hohenaschau
Brannenburg: Auffahrt mit der Zahnradbahn bis auf 1724 m Höhe auf den Wendelstein (1838 m)
Tatzelwurm: sehenswerte Schlucht mit Wasserfällen beim Gasthof Feuriger Tatzelwurm
Bayrischzell: Pfarrkirche St. Margaretha, Alpenfreibad (geöffnet Mai bis Oktober)

SERVICESTELLEN
Berchtesgaden/Unterau: Motorrad Wagner, Am Zellerbach 6 (Honda)
Brannenburg: ATS Schnitzlbaumer GmbH, Rosenheimer Straße 80

TREFFS
Großparkplatz Tatzelwurm: täglich nachmittags, Samstag und Sonntag vormittags und nachmittags
Sudelfeldsattel: Café Kotz, täglich außer Dienstag 8.00 bis 19.00 Uhr

MAUTGEBÜHREN
Die Auffahrt von Brannenburg durch das Förchenbachtal zum Großparkplatz Tatzelwurm ist mautplichtig. Die Mautgebühr beträgt 2,– DM.

KARTE Die Generalkarte 1:200.000, Blatt 8

30 Die Deutsche Alpenstraße, 2. Abschnitt

Vom Wendelstein nach Oberammergau

STRECKENLÄNGE 130 km
AUSGANGSPUNKT Bayrischzell (800 m)
ENDPUNKT Oberammergau (850 m)
ANFAHRT ZUM AUSGANGSPUNKT Anschluss Tour 29 oder Autobahn München–Salzburg A 8, Ausfahrt Irschenberg und über Miesbach, Hausham, Schliersee nach Bayrischzell

SEHENSWÜRDIGKEITEN
Bayrischzell: Pfarrkirche St. Margaretha, Alpenfreibad (geöffnet Mai bis Oktober), Seilbahn auf den Wendelstein bei Osterhofen
Schliersee: Kabinenseilbahn zur Schliersbergalm mit Sommerrodelbahn, barocke Pfarrkirche St. Sixtus, Ortsteil Westenhofen mit Pfarrkirche und Grabstätte des Wildschütz Jennerwein
Bad Wiessee: Jod-Schwefel-Heilbäder, Spielbank
Rottach-Egern: See- und Warmbad, Museum, Pfarrkirche St. Laurentius
Kreuth: Leonhardi-Kirche
Wallgau: alte Bauernhäuser aus dem 16. Jahrhundert
Garmisch-Partenkirchen: Werdenfelser Heimatmuseum, Kirche St. Martin, Auffahrt zum höchsten Berg Deutschlands, der Zugspitze (2963 m), mit der Zahnradbahn vom Zugspitzbahnhof aus oder mit der Seilbahn vom Eibsee ca. 7 km südwestlich
Ettal: Benediktinerkloster Ettal, Abstecher ins Graswangtal zum Schloss Linderhof, ca. 10 km westlich
Oberammergau: Heimatmuseum, Wellenbad, Passionsspielhaus, Lüftlmalerei an Häuserfassaden

SERVICESTELLEN
Hausham: Albert's Motorrad-Shop, Industriestraße 17 (Kawasaki)
Garmisch-Partenkirchen: Motorrad Zann, Unterfeldstraße 12 (Yamaha)
Oberau: Zimmer Mo-Shop, Münchner Straße 10 c (Cagiva)

TREFFS
Sudelfeldsattel: Café Kotz, außer Dienstag täglich 8.00 bis 19.00 Uhr

MAUTGEBÜHREN Die Straße zwischen Vorderriß und Wallgau ist mautpflichtig. Die Mautgebühr beträgt 2,– DM.

KARTE Die Generalkarte 1:200.000, Blatt 8

31 Die Deutsche Alpenstraße, 3. Abschnitt

Von Oberammergau zum Bodensee

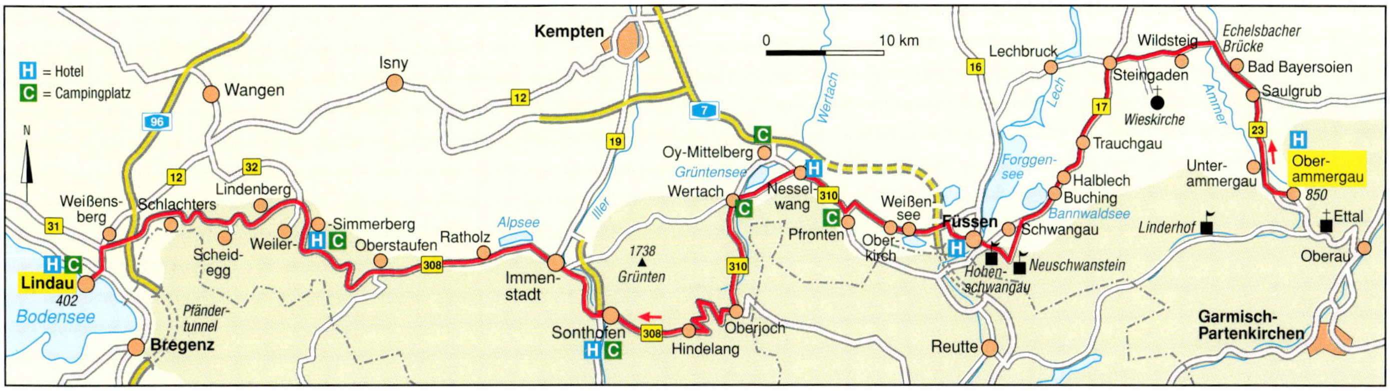

Streckenverlauf

Oberammergau – Unterammergau – Saulgrub – Bayersoien – Echelsbach – Wildsteig – Steingaden – Trauchgau – Halblech – Buching – Schwangau – Füssen – Weißensee – Oberkirch – Pfronten – Nesselwang – Oy-Mittelberg – Wertach – Oberjoch – Hindelang – Sonthofen – Immenstadt – Ratholz – Bad Oberstaufen – Weiler-Simmerberg – Scheidegg – Schlachters – Weißensberg – Lindau

32 Die Romantische Straße, 1. Abschnitt

Von den Weinbergen des Mains ins Nördlinger Ries

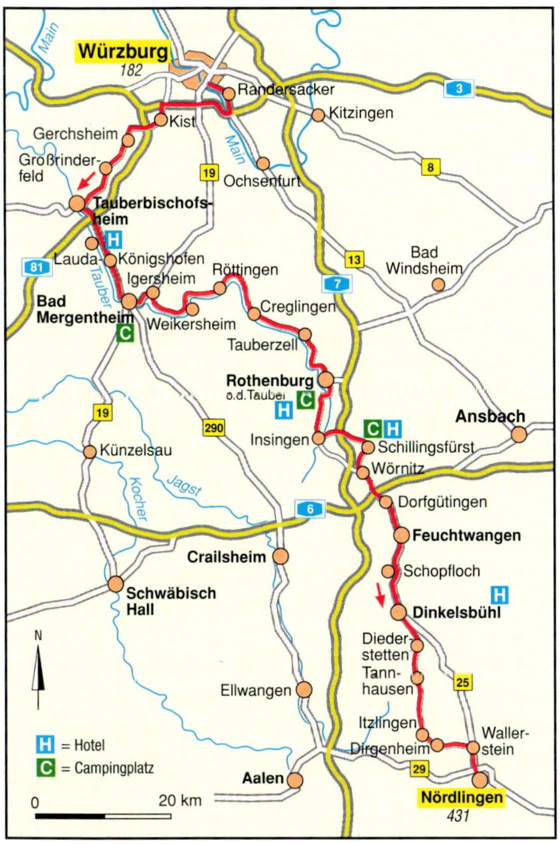

Streckenverlauf

Wurzburg – Randersacker – Kist – Gerchsheim – Großrinderfeld – Tauberbischofsheim – Lauda-Königshofen – Bad Mergentheim – Igersheim – Weikersheim – Röttingen – Creglingen – Tauberzell – Rothenburg/Tauber – Insingen – Diebach – Schillingsfürst – Wörnitz – Dorfgutingen – Feuchtwangen – Schopfloch – Dinkelsbühl – Diederstetten – Regelsweiler – Tannhausen – Itzlingen – Dirgenheim – Benzenzimmern – Wallerstein – Baldingen – Nördlingen

31 Die Deutsche Alpenstraße, 3. Abschnitt

Von Oberammergau zum Bodensee

STRECKENLÄNGE 169 km
AUSGANGSPUNKT Oberammergau (850 m)
ENDPUNKT Lindau (402 m)
ANFAHRT ZUM AUSGANGSPUNKT Anschluss Tour 30 oder Autobahn München–Garmisch A 95 Richtung Garmisch, am Autobahnende weiter bis Oberau, von dort über Ettal nach Oberammergau

SEHENSWÜRDIGKEITEN
Oberammergau: Wellenbad, Passionsspielhaus, Lüftlmalerei an Häuserfassaden, Heimatmuseum
Echelsbach: Echelsbacherbrücke, 76 m hoch über der Ammer
Steingaden: Prämonstratenserkloster mit Stiftskirche St. Johann Baptist
Schwangau: Schloss Neuschwanstein und Schloss Hohenschwangau
Füssen: Stadtmuseum im Kloster St. Mang, Staatsgalerie im Hohen Schloss, Lechfall mit König-Max-Steig
Sonthofen: Starzachklamm, Heimatmuseum Hofmühle
Bad Oberstaufen: Bauernhausmuseum im Ortsteil Knechtenhofen
Lindau: Hafenpromenade mit Mangturm, dem früheren Leuchtturm, Peterskirche am Schrannenplatz, spätgotische und barocke Häuser im Stadtkern

SERVICESTELLEN
Bad Bayersoien: Heinritzi GmbH, Dorfstraße 5 (Honda)
Sonthofen: Fa. Roth und Schönau, Eichendorffstraße 1 (Honda); Fa. L. Müller, Tiefenberg 24 (Suzuki); Motorradhaus Gruber, Alois-v.-Brinz Straße 2 und 3 (Honda, Yamaha)

STRECKENSPERRUNG Im gesamten Ortsbereich von Bad Oberstaufen besteht ganzjährig Nachtfahrverbot zwischen 22.00 und 6.00 Uhr.

KARTE Die Generalkarte 1:200.000, Blatt 6 und 8

32 Die Romantische Straße, 1. Abschnitt

Von den Weinbergen des Mains ins Nördlinger Ries

STRECKENLÄNGE 194 km
AUSGANGSPUNKT Würzburg (182 m)
ENDPUNKT Nördlingen (431 m)
ANFAHRT ZUM AUSGANGSPUNKT Autobahn Nürnberg–Frankfurt A 3, Ausfahrt Würzburg

SEHENSWÜRDIGKEITEN
Würzburg: Dom, Feste Marienburg, Mainfränkisches Museum mit Werken von Tilman Riemenschneider, Würzburger Residenz
Tauberbischofsheim: Rathaus mit Glockenspiel, Kurzmainzisches Schloss mit Landschaftsmuseum, St.-Peters-Kapelle (Schmiederstraße)
Bad Mergentheim: Deutschordenschloss mit Schlosskirche, historischer Marktplatz mit Michlingsbrunnen, Stadtpfarrkirche St. Johannes
Weikersheim: Schloss Hohenlohe mit Landesmuseum, Tauberländer Dorfmuseum im ehemaligen Kornbau vor dem Schloss
Creglingen: Herrgottskirche, ca. 2 km südlich im Herrgottstal, Feuerwehrmuseum im Schloss Waldmannshofen
Rothenburg/Tauber: schönstes mittelalterliches Stadtbild Deutschlands, Burggarten, Mittelalterliches Kriminalmuseum (Burggasse 3), Rathaus am Markt
Feuchtwangen: Kloster mit Kreuzgang und traditionellen Kreuzgangspielen, Fränkisches Museum
Dinkelsbühl: mittelalterliche Stadtbefestigung, Münster, historisches Museum im ehemaligen Spitalgebäude, Marktplatz mit sehenswerten Giebelhäusern
Nördlingen: Kirchturm Daniel mit Besteigung, Gerberviertel, historische Altstadt, Kirche St. Georg

SERVICESTELLEN
Würzburg: Motorradsport Wagner, Sanderstraße 27 (Kawasaki, Triumph)
Tauberbischofsheim: Kfz Segner GmbH, Am Bild 47 (Yamaha)
Bad Mergentheim: Fa. Seubert, Wolfgangstraße 2 (Kawasaki); Fa. Hummer, Probsteinstraße 12 (Triumph, Yamaha)
Weikersheim: Velo Seyfer, Schäftersheimer Straße 44 (Aprilia); S.U.P.E.R Bikes, Kanalstraße 6 (Honda)
Feuchtwangen: Motorradhandel Lehr, Rothenburger Straße 23 (Suzuki); Fa. Nader, Rothenburger Straße 50 (Yamaha)
Dinkelsbühl: Motorrad Koch, Sinbronn 20 (Honda); Fa. KDH, Ellwanger Straße 15 (Aprilia, Kawasaki, KTM, Ducati)
Nördlingen: Zweirad Müller, Gewerbestraße 16 (Yamaha); Fa. Rössler, Ulmer Straße 7–9 (Suzuki); Race Point Oßwald, Augsburger Straße 46 a (Aprilia, Cagiva)

STRECKENSPERRUNG Im Stadtgebiet von Bad Mergentheim besteht ganzjährig Nachtfahrverbot zwischen 22.00 und 6.00 Uhr.

KARTE Die Generalkarte 1:200.000, Blatt 7

33 Die Romantische Straße, 2. Abschnitt

Vom Nördlinger Ries zu den Märchenschlössern König Ludwigs II.

Streckenverlauf

Nördlingen – Harburg – Donauwörth – Nordheim – Asbach-Bäumenheim – Meitingen – Langweid – Gersthofen – Augsburg – Göggingen – Kaufering – Landsberg – Stoffen – Vilgertshofen – Reichling – Epfach – Denklingen – Dienhausen – Schwabsoien – Altenstadt – Schongau – Peiting – Steingaden – Trauchgau – Schwangau – Hohenschwangau – Füssen

34 Die Deutsche Märchenstraße, 1. Abschnitt

Von den Bremer Stadtmusikanten zum Rattenfänger von Hameln

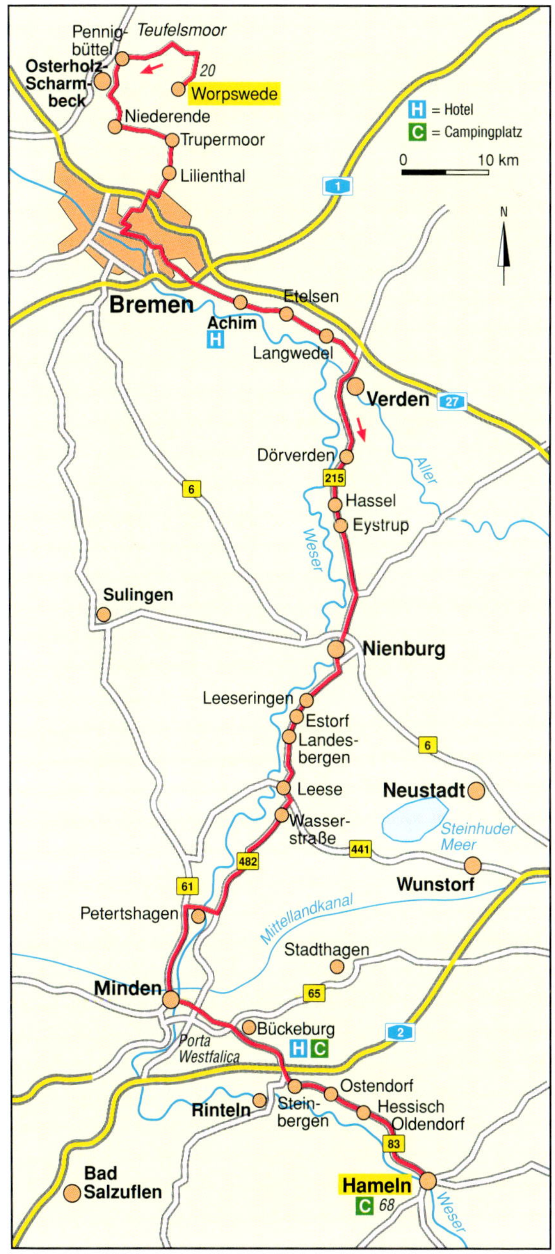

Streckenverlauf

Worpswede – Pennigbüttel – Osterholz-Scharmbeck – Niederende – Trupermoor – Lilienthal – Bremen – Achim – Etelsen – Langwedel – Verden – Dörverden – Hassel – Eystrup – Nienburg – Leeseringen – Estorf – Landesbergen – Leese – Wasserstraße – Petershagen – Minden – Bückeburg – Steinbergen – Ostendorf – Hessisch Oldendorf – Hameln

34 Die Deutsche Märchenstraße, 1. Abschnitt

Von den Bremer Stadtmusikanten zum Rattenfänger von Hameln

STRECKENLÄNGE 264 km
AUSGANGSPUNKT Worpswede (54 m)
ENDPUNKT Hameln (68 m)
ANFAHRT ZUM AUSGANGSPUNKT Autobahn Bremen–Bremerhaven A 27, Ausfahrt 19 Bremen-Horn/Lehe und über Lilienthal, Worpshausen

SEHENSWÜRDIGKEITEN
Osterholz-Scharmbeck: Gut Sandberg, Kreisheimatmuseum, romanische Klosterkirche, Hünengrab
Lilienthal: Zisterzienserinnenkloster, Kutschenmuseum im Michaelis-Hof (geöffnet Samstag und Sonntag 11.00 bis 12.00 Uhr)
Bremen: Rathaus (15. Jahrhundert), Ratskeller von 1408 mit bemalten Weinfässern und Weinschänke, davor Bronzedenkmal der Bremer Stadtmusikanten, Rolandfigur, Dom St. Petri mit Bleikeller, Bürgerpark mit Tiergehege, Restaurants und Cafés, Schnorrviertel in der östlichen Altstadt
Verden: Deutsches Pferdemuseum, Sachsenhain mit Findlingen, Dom und Johanniskirche
Nienburg: Kirche St. Martin, Stadtwall, Rathaus
Landesbergen: Hochzeitsmühle, Münchhausen-Schloss in Brokeloh
Minden: Altes Rathaus mit Laubengang, Altstadt mit Hanse-Haus, Windloch und Schwedenschänke, Mittellandkanal mit Kanalbrücke und Schachtschleuse
Bückeburg: barocke Stadtkirche, Wasserschloss, Idaturm mit Aussicht, Hubschraubermuseum
Hessisch Oldendorf: Münchhausenhof, evangelische Stadtkirche
Hameln: Osterstraße mit Stiftsherrenhaus und Hochzeitshaus, Rattenfänger-Freilichtspiele auf der Terrasse des Hochzeitshauses (von Mai bis September jeden Sonntag um 12.00 Uhr), Rattenfängerhaus und Rattenkrug mit historischen Gastwirtschaften, Leistsches Haus mit Museum

SERVICESTELLEN
Lilienthal: Fa. D. Schulze, Hiligenwarf 2 (Yamaha)
Bremen/Osterfeuerberg: Fa. Hillmann, Augustenstraße 50 (alle Fabrikate)
Verden: Motorrad Brandt, Waller Heerstraße 73 (Kawasaki); Harley-Container, Hamburger Straße 29 (Harley-Davidson)
Nienburg: Schollys Best, Verdener Straße 127 (Honda, Kawasaki, Yamaha)
Hessisch Oldendorf: Jakobeit & Co., Wehrberger Straße 7 (Kawasaki, Ducati, Cagiva)

TREFFS
Bremen: täglich nachmittags in der Horten Passage in der Innenstadt

KARTE Die Generalkarte 1:200.000, Blatt 1 und 3

33 Die Romantische Straße, 2. Abschnitt

Vom Nördlinger Ries zu den Märchenschlössern König Ludwigs II.

STRECKENLÄNGE 204 km
AUSGANGSPUNKT Nördlingen (431 m)
ENDPUNKT Füssen (800 m)
ANFAHRT ZUM AUSGANGSPUNKT Anschluss Tour 32 oder Autobahn Würzburg–Ulm A 7, Ausfahrt Aalen/ Westenhausen und auf der B 38 über Bopfingen nach Nördlingen

SEHENSWÜRDIGKEITEN
Nördlingen: Kirchturm Daniel mit Besteigung, Gerberviertel, historische Altstadt, Kirche St. Georg
Harburg: Burg Harburg
Donauwörth: Heilig-Kreuz-Kirche, Rathaus, Münster »Zu unserer lieben Frau«, Landratsamt im ehemaligen Fuggerhaus
Augsburg: Dom, Fuggerei, Schaezler-Palais mit Gemäldegalerie altdeutscher Meister u. a. Dürer, Perlachturm in der Altstadt, Maximilianstraße
Landsberg: gotisches Bayertor, Pfarrkirche Mariä Himmelfahrt, Hauptplatz mit Brunnen und Bürgerhäusern
Altenstadt: romanische Hallenkirche
Schongau: Pfarrkirche Mariä Himmelfahrt, Ballenhaus am Hauptplatz, mittelalterliche Stadtmauer
Steingaden: Münster
Hohenschwangau: Schloss Neuschwanstein, Schloss Hohenschwangau
Füssen: Pfarrkirche St. Mang, Hohes Schloss mit Staatsgalerie, Lechfall mit König-Max-Steig

SERVICESTELLEN
Nördlingen: Fa. Rössler, Ulmer Straße 7–9 (Suzuki); Race Point Oßwald, Augsburger Straße 46 a (Aprilia, Cagiva); Zweirad Müller, Gewerbestraße 16 (Yamaha)
Donauwörth: On + Off Road Motorrad GmbH, Augsburger Straße 2–3 (Moto Guzzi); Motorrad Sellmair, Dillinger Straße 53 (Suzuki); Motorrad Hamann, Zusamweg 6 (Honda, Kawasaki, Triumph, Yamaha)
Gersthofen: Moto Shop Gersthofen, Ziegeleistraße 15 (Aprilia)
Augsburg: Motorrad Winkler, Ulmer Straße 232 (Moto Guzzi, Ducati, Cagiva); Fa. Motop, Zollernstraße 13 (Honda, Kawasaki, Yamaha, Suzuki); Motorrad Finkl GmbH, Jakoberplatz 42 (Yamaha, Suzuki); Motoklora GmbH, Unterer Talweg 38 (Honda)
Landsberg: Muck und Fischer, Max-Plank-Straße 15 (Honda, Kawasaki, Yamaha); Motorshop Eberle, Münchner Straße 34 (Cagiva)
Epfach: Fa. Schleich, Neuhof 2 (Kawasaki)
Schongau: E. Martin GmbH, Marktoberdorfer Straße 1 (Honda, Kawasaki, Yamaha, BMW)

TREFFS
Pfaffenberg auf der B472 (zwischen Schongau und Weilheim): am Parkplatz auf einer Kuppe, Samstag und Sonntag vormittags und nachmittags, teilweise werktags nachmittags

KARTE Die Generalkarte 1:200.000, Blatt 8

35 Die Deutsche Märchenstraße, 2. Abschnitt

Vom Lügenbaron zu Dornröschens Märchenschloss

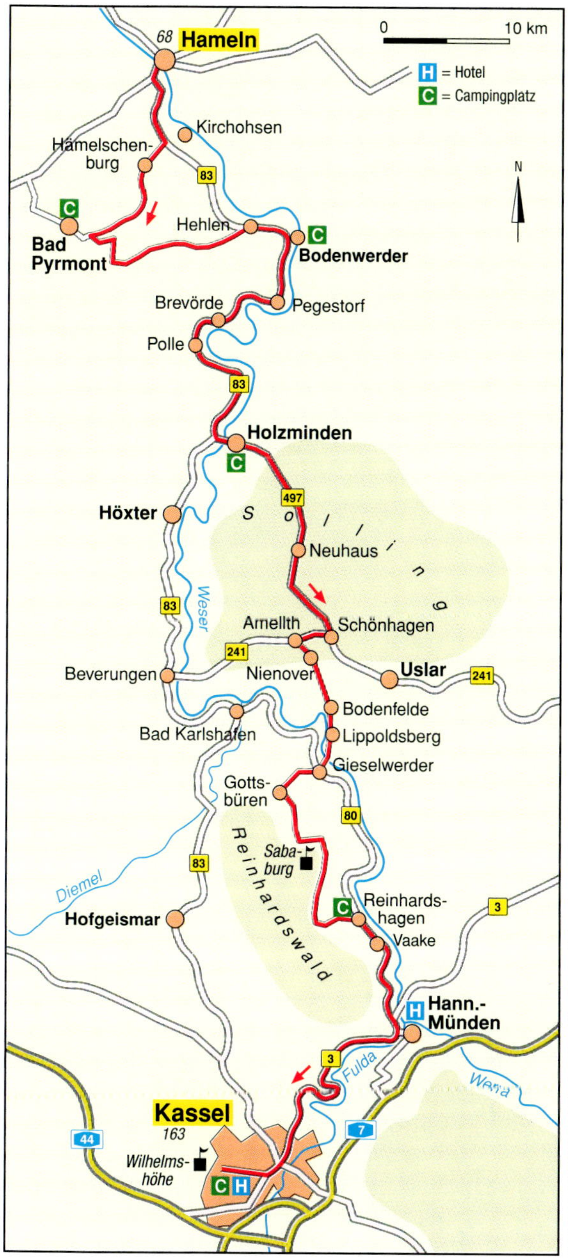

Streckenverlauf
Hameln – Hämelschenburg – Bad Pyrmont – Bodenwerder – Pegestorf – Polle – Holzminden – Neuhaus – Amelith – Nienover – Bodenfelde – Lippoldsberg – Gieselwerder – Gottsbüren – Sababurg – Reinhardshagen – Vaake – Hannoversch Münden – Kassel

36 Die Deutsche Märchenstraße, 3. Abschnitt

Auf den Spuren der Gebrüder Grimm

Streckenverlauf
Kassel – Baunatal – Niedenstein – Gudensberg – Fritzlar – Wabern – Homberg – Frielendorf – Schwalmstadt – Schrecksbach – Alsfeld – Schwalmtal – Reuters – Lauterbach – Herbstein – Altenschlirf – Vaitshain – Grebenhain – Gunzenau – Freiensteinau – Kiesberg – Schlüchtern – Steinau – Aufenau – Wächtersbach – Gelnhausen – Hasselroth – Hanau

36 Die Deutsche Märchenstraße, 3. Abschnitt

Auf den Spuren der Gebrüder Grimm

STRECKENLÄNGE 256 km
AUSGANGSPUNKT Kassel (163 m)
ENDPUNKT Hanau (100 m)
ANFAHRT ZUM AUSGANGSPUNKT Anschluss Tour 21 oder Autobahn Würzburg–Hannover A 7, Ausfahrt Kasseler Kreuz oder Kassel Wilhelmshöhe

SEHENSWÜRDIGKEITEN
Kassel: Wilhelmshöhe mit Schloss, Brüder-Grimm-Museum im Schloss Bellevue (Schöne Aussicht 2), Karlskirche mit Glockenspiel, Naturkundemuseum im Ottoneum, Kurhessen-Therme mit Thermalsolebad
Fritzlar: Dom St. Petri, Marktplatz mit Rolandsbrunnen, mittelalterliches Stadtbild am Marktplatz mit gotischen Steinhäusern und Stadtmauer mit Wehrtürmen
Homberg: Marktplatz mit Fachwerkhäusern, Burgruine (12. Jahrhundert), gotische Marienkirche (14. Jahrhundert)
Schwalmstadt: Museum der Schwalm im Steinernen Haus
Alsfeld: mittelalterlicher Stadtkern mit Mauerring, Marktplatz mit Weinhaus (16. Jahrhundert), Walpurgiskirche (14. Jahrhundert) und Hochzeitshaus (16. Jahrhundert), Leonhardsturm (27 m) mit Gefangenenverlies
Herbstein: spätgotische Pfarrkirche, Stadtmauer mit Wehrtürmen (13. Jahrhundert), Thermal-Bewegungsbad
Schlüchtern: Benediktinerkloster, Bergwinkelmuseum mit Hobby-Eisenbahnanlage 1:32 im Lauterschen Schlösschen
Steinau: ehemaliges Wohnhaus der Gebrüder Grimm im Alten Amtshaus, Schloss Steinau mit Gebrüder-Grimm-Museum, Teufelshöhle ca. 3 km nördlich, Freizeitanlage Thalhof-Park mit Tiergarten
Wächtersbach: Wehrkirche, Schloss
Gelnhausen: Marienkirche am Untermarkt, Rathaus am Obermarkt, ältestes Fachwerkhaus Hessens (1356) in der Kuhgasse 1, Ruinen der Kaiserpfalz, Geburtshäuser von Philipp Reis und J. C. von Grimmelshausen (Lang- bzw. Schmidtgasse)
Hanau: Neustädter Rathaus mit Brüder-Grimm-Denkmal, Deutsches Goldschmiedehaus, evangelische Marienkirche, Schloss Philippsruhe

SERVICESTELLEN
Kassel/Süd: Fa. J. Happel, An der Karlsaue (KTM)
Baunatal: Fa. Martin Koch, Kasseler Straße 3 (BMW)
Gudensberg: Motorrad Laaks GmbH, Schulstraße 5 (Yamaha)
Fritzlar: Zweirad Stehl GmbH, Kasseler Straße 37 (Honda)
Schwalmstad/Ortsteil Treysa: Fa. Stehl und Sohn, Ascheröderstraße 3 (Suzuki)
Alsfeld: Fa. Müller, Im Wiesengrund 17 (Aprilia)
Schlüchtern: Harrys Racing Sport, Brückenstraße 44 (Yamaha)

TREFFS
Kassel: Yamaha-SR500- und XT-Fahrer treffen sich jeden 1. Mittwoch im Monat ab 19.30 Uhr im Fosters Garden in der Innenstadt.
Grebenhausen: Inselcafé, jeden ersten Sontag im Monat ab 20.00 Uhr; Oldtimer-Café

STRECKENSPERRUNG Die Ernst-Arnold-Straße im Wohngebiet am Ortseingang von Alsfeld ist für Motorradfahrer gesperrt.

KARTE Die Generalkarte 1:200.000, Blatt 3 und 5

35 Die Deutsche Märchenstraße, 2. Abschnitt

Vom Lügenbaron zu Dornröschens Märchenschloss

STRECKENLÄNGE 176 km
AUSGANGSPUNKT Hameln (68 m)
ENDPUNKT Kassel (163 m)
ANFAHRT ZUM AUSGANGSPUNKT Anschluss Tour 20 oder Autobahn Dortmund–Hannover A 2, Ausfahrt Bad Eilsen und über Hessisch Oldendorf nach Hameln. Von der Autobahn Kassel–Hannover A 7, Ausfahrt Hildesheim und über Elze, Coppenbrügge nach Hameln. Direkt von Hannover kommend ist Hameln auf der A 27 über Springe und Hochmühlen zu erreichen.

SEHENSWÜRDIGKEITEN
Hameln: Osterstraße mit Stiftsherrenhaus und Hochzeitshaus, Rattenfänger-Freilichtspiele auf der Terrasse des Hochzeitshauses (von Mai bis September jeden Sonntag um 12.00 Uhr), Rattenfängerhaus und Rattenkrug mit historischen Gastwirtschaften, Leistsches Museum
Hämelschenburg: Burganlage aus dem 16. Jahrhundert im Stile der Weser-Renaissance (Besichtigung im Sommerhalbjahr stündlich von 10.00 bis 17.00 Uhr)
Bad Pyrmont: Brunnenplatz mit Wandelhalle, Kurpark mit Palmengarten, Schlossmuseum
Bodenwerder: Rathaus am Münchhausenplatz mit Münchhausenzimmer, Münchhausenbrunnen, Klosterkirche im Ortsteil Kemnade mit Münchhausen-Grabstätte
Polle: Burganlage mit Bergfried und Restaurant
Holzminden: Puppen- und Spielzeugmuseum, Museumsschiff »Stör« (am Westufer beim Hallenbad), Haus der Jugend mit Glockenspiel
Bodenfelde: romanische Klosterkirche St. Georg und Maria (12. Jahrhundert), Schäferhaus-Museum im Ortsteil Lippoldsberg
Sababurg: Ruine der Sababurg, Urwildpark Sababurg mit Wisenten, Urponys und Volieren
Vaake: Wehrkirche aus dem 13. Jahrhundert
Kassel: Wilhelmshöhe mit Schloss, Brüder-Grimm-Museum im Schloss Bellevue (Schöne Aussicht 2), Karlskirche mit Glockenspiel, Naturkundemuseum im Ottoneum, Kurhessen-Therme mit Thermalsolebad

SERVICESTELLEN
Holzminden: Fa. H. Kachel, Karstraße 13 (Honda); Fa. Lück, Sollingstraße 5–7 (Kawasaki, KTM)
Kassel/Süd: Fa. J. Happel, An der Karlsaue 4 (KTM)

TREFFS
Reinhardshagen-Veckershagen: an der Weserfähre zwischen der B 3 und der B 80, täglich außer Montag
Kassel: Yamaha-SR500- und XT-Fahrer treffen sich jeden 1. Mittwoch im Monat ab 19.30 Uhr im Fosters Garden in der Innenstadt.

KARTE Die Generalkarte 1:200.000, Blatt 3

37 Von den Alpen zur Ostsee, 1. Abschnitt

Vom Berchtesgadener Land nach Bayerisch-Schwaben

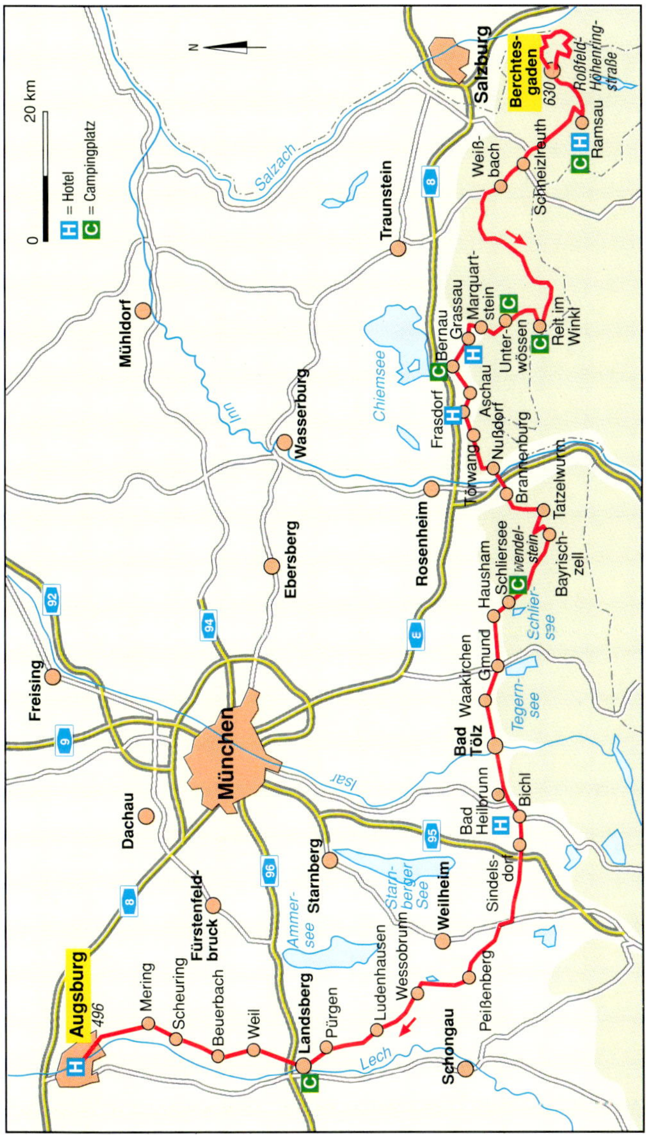

Streckenverlauf

Berchtesgaden – Unterau – Oberau – Roßfeld-Höhenringstraße – Obersalzberg – Berchtesgaden – Ramsau – Schneizlreuth – Weißbach – Reit im Winkl – Entfelden – Unterwössen – Marquartstein – Grassau – Bernau – Aschau – Frasdorf – Achenmühle – Törwang – Samerberg – Roßholzen – Nußdorf – Oberaudorf – Tatzelwurm – Sudelfeld – Bayrischzell – Schliersee – Hausham – Gmund am Tegernsee – Moosrain – Waakirchen – Bad Tölz – Bad Heilbrunn – Bichl – Sindelsdorf – Peißenberg – Hohenpeißenberg – Zellsee – Wessobrunn – Ludenhausen – Pürgen – Landsberg – Weil – Beuerbach – Scheuring – Unterbergen – Mehring – Augsburg

38 Von den Alpen zur Ostsee, 2. Abschnitt

Von Bayerisch-Schwaben in die Fränkische Schweiz

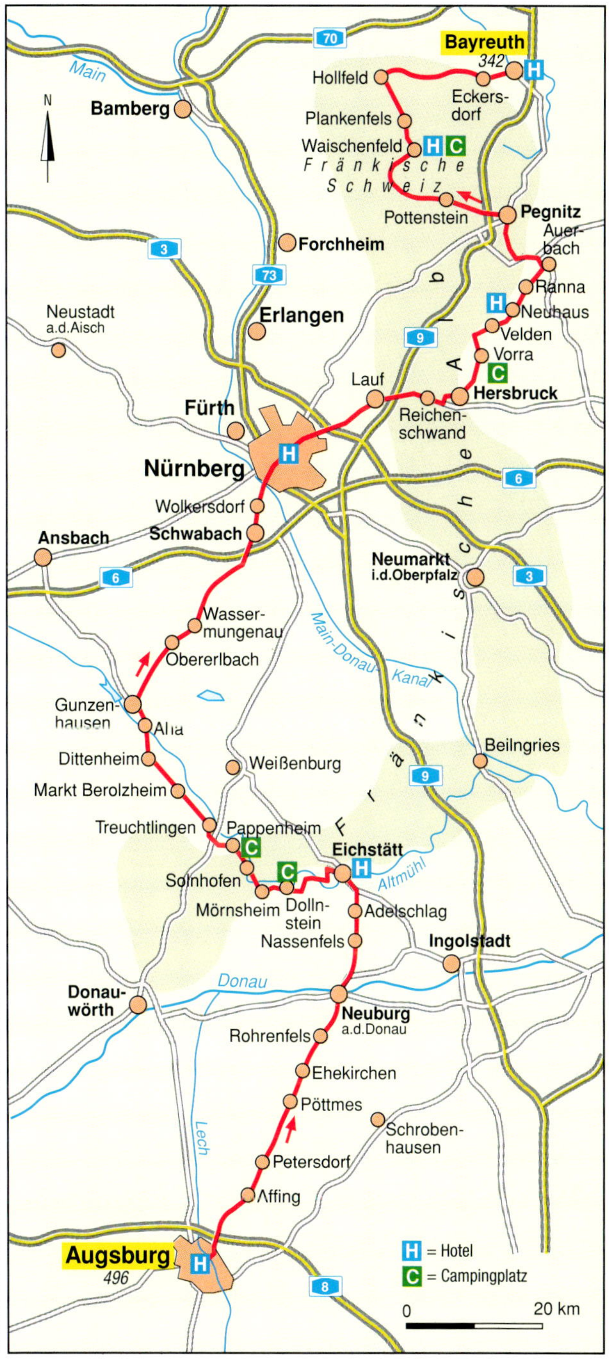

Streckenverlauf

Augsburg – Affing – Pöttmes – Ehekirchen – Rohrenfels – Neuburg/Donau – Nassenfels – Adelschlag – Eichstätt – Dollnstein – Mörnsheim – Solnhofen – Pappenheim – Treuchtlingen – Markt Berolzheim – Dittenheim – Aha – Gunzenhausen – Obererlbach – Wassermungenau – Schwabach – Wolkersdorf – Nürnberg – Lauf – Reichenschwand – Hersbruck – Hohenstadt – Vorra – Artelshofen – Velden – Rothenbruck – Neuhaus – Ranna – Auerbach – Michelfeld – Pegnitz – Pottenstein – Waischenfeld – Plankenfels – Hollfeld – Eckersdorf – Bayreuth

38 Von den Alpen zur Ostsee, 2. Abschnitt

Von Bayerisch-Schwaben in die Fränkische Schweiz

STRECKENLÄNGE 364 km
AUSGANGSPUNKT Augsburg (496 m)
ENDPUNKT Bayreuth (342 m)
ANFAHRT ZUM AUSGANGSPUNKT Anschluss Tour 28 oder Autobahn München–Stuttgart A8, Ausfahrt Augsburg

SEHENSWÜRDIGKEITEN
Augsburg: Dom, Fuggerei, Schaezler-Palais mit Gemäldegalerie altdeutscher Meister u. a. Dürer, Perlachturm in der Altstadt, Maximilianstraße
Neuburg: Schloss mit Schlosskapelle und Schlossmuseum, Karlsplatz mit Marienbrunnen und ehemalige Hofkirche
Eichstätt: Willibaldburg mit Jura-Museum, Residenzplatz mit Residenz, Dom mit Kreuzgang und Willibaldsaltar, kurze Wanderung über die Herzoggasse zum Herzogsteg an der Altmühl
Dollnstein: mittelalterliche Stadtmauer, Bergfried mit Burgruine, Pfarrkirche mit gotischen Fresken, Petersturm
Solnhofen: Bürgermeister-Müller-Museum im Rathaus mit Versteigerungen
Pappenheim: Altes Schloss und Burgruine mit 30 m hohem Burgturm, Galluskirche (9. Jahrhundert)
Treuchtlingen: Schloss Treuchtlingen, »Denkmalslok« (Altmühlstraße), Lambertuskirche, Abstecher zum Karslgraben (Fossa Carolina) in Graben, ca. 2,5 km nördlich
Gunzenhausen: Färberturm, Blasturm, Altmühlsee
Nürnberg: Kaiserburg, alte Stadtmauer mit Toren und Türmen, Albrecht-Dürer-Haus, Altstadthof mit Museumsbrauerei und Felsgängen, Germanisches Nationalmuseum in der ehemaligen Karthäuserkirche nahe dem Bahnhof, Verkehrsmuseum (Lessingstraße)
Hersbruck: Reste der alten Stadtmauer, Hirtenmuseum
Neuhaus: Burg Veldenstein mit Hotel und Restaurant, Maximiliansgrotte
Bayreuth: Richard-Wagner-Festspielhaus, Haus Wahnfried mit Richard-Wagner-Museum, Neues Schloss mit Archäologischem Museum im italienischen Bau und Hofgarten, Markgräfliches Opernhaus (Opernstraße)

SERVICESTELLEN
Augsburg: Motorrad Winkler, Ulmer Straße 232 (Moto Guzzi, Ducati, Cagiva); Fa. Motop, Zollernstraße 13 (Honda, Kawasaki, Yamaha, Suzuki); Motorrad Finkl GmbH, Jakoberplatz 42 (Yamaha, Suzuki); Motoklora GmbH, Unterer Talweg 38 (Honda)
Pöttmes: Motorrad Landes, Aichacher Straße 10 (Kawasaki)
Pappenheim: Fa. Schleusinger, Bahnhofstraße 7 (Honda)
Markt Berolzheim: Motorradsport Heinrichmeyer, Bahnhofstraße 5 (Kawasaki, Ducati, Cagiva, Bimota)
Gunzenhausen: Fa. Hanke, Industriestraße 12 (Aprilia)
Schwabach: Feser-Auto, Am Pointgraben (Honda); Auto Brödel, Berlichinger Straße 15 (Yamaha)
Nürnberg: Fa. Seidl Motor, Scharrenstraße 13 (Honda); Motorrad Rattel GmbH, Regensburger Straße 250 (Suzuki)
Lauf: Fa. Zweirad Maussner, Weigmannstraße 26 (Aprilia, Moto Guzzi, Cagiva); Autohaus Friedrich, Industriestraße 19 (BMW); Auto Herold oHG, Hersbrucker Straße 53 (Kawasaki)
Hersbruck: Fa. Teuchert, Grabenstraße 10 und 16 (KTM, Yamaha)
Pegnitz: Zeitler-Motor GmbH, Mühlweg 22 (Honda)
Bayreuth: Zweirad Drewe, Hohenzollernring (Yamaha, BMW)

STRECKENSPERRUNG Im Spindeltal bei Eichstätt besteht ganzjährig Nachfahrverbot zwischen 22.00 und 6.00 Uhr.

KARTE Die Generalkarte 1:200.000, Blatt 7 und 8

37 Von den Alpen zur Ostsee, 1. Abschnitt

Vom Berchtesgadener Land nach Bayerisch-Schwaben

STRECKENLÄNGE 367 km
AUSGANGSPUNKT Berchtesgaden (630 m)
ENDPUNKT Augsburg (496 m)
ANFAHRT ZUM AUSGANGSPUNKT Autobahn München–Salzburg A 8, Ausfahrt Salzburg Süd oder Hallein

SEHENSWÜRDIGKEITEN
Berchtesgaden: Salzbergwerk mit Salzmuseum und Floßfahrt auf Salzsee, königliches Schloss
Marquartstein: Rodelbahn im Erlebnispark bei Marquartstein
Grassau: Pfarrkirche Maria Himmelfahrt
Aschau: Schloss Hohenaschau
Brannenburg: Auffahrt mit der Zahnradbahn bis auf 1724 m Höhe auf den Wendelstein (1838 m)
Tatzelwurm: sehenswerte Schlucht mit Wasserfällen (beim Gasthof Feuriger Tatzelwurm)
Bayrischzell: Pfarrkirche St. Margaretha, Alpenfreibad (geöffnet Mai bis Oktober)
Schliersee: Kabinenseilbahn zur Schliersbergalm mit Sommerrodelbahn, barocke Pfarrkirche St. Sixtus, Ortsteil Westenhofen mit Pfarrkirche und Grabstätte des Wildschütz Jennerwein
Bad Tölz: Wallfahrtskirche Maria Hilf, Kalvarienberg mit Leonhardikapelle, Thermalhallenbad Alpamare
Wessobrunn: ehemalige Benediktinerabtei mit »Tassilolinde«, Pfarrkirche
Landsberg: Pfarrkirche Maria Himmelfahrt, Hauptplatz mit Schönem Turm, Marienbrunnen und Rathaus, gotisches Bayertor
Augsburg: Dom, Fuggerei, Schaezler-Palais mit Gemäldegalerie altdeutscher Meister u. a. Dürer, Perlachturm in der Altstadt, Maximilianstraße

SERVICESTELLEN
Berchtesgaden/Unterau: Motorrad Wagner, Am Zellerbach 6 (Honda)
Brannenburg: ATS Schnitzlbaumer GmbH, Rosenheimer Straße 80 (alle Fabrikate)
Hausham: Albert's Motorrad-Shop, Industriestraße 11 (Kawasaki)
Bad Tölz: Fahrzeug Riedelsheimer oHG, Sachsenkamerstraße 6 (Yamaha)
Sindelsdorf: Motorradecke Markus Schultes, Penzbergerstraße13 (alle Fabrikate)
Obersöchering: Fa. Nebl und Zink, Liebfrauenstraße 1 (Aprilia, Ducati, Cagiva)
Huglfing: MMH Hammer, Hauptstraße 6 (Ducati, Laverda)
Pürgen: Motorradhaus Geppert, Landsberger Straße 28 (Yamaha)
Landsberg: Muck & Fischer, Max-Plank-Straße 15 (Honda, Kawasaki, Yamaha)
Mering: Obermaier Motorradtechnik, Kandlstraße 13 (Bimota)
Augsburg: Motorrad Winkler, Ulmer Straße 232 (Moto Guzzi, Ducati, Cagiva); Fa. Motop, Zollernstraße 13 (Honda, Kawasaki, Yamaha, Suzuki); Motorrad Finkl GmbH, Jakoberplatz 42 (Yamaha, Suzuki); Motoklora GmbH, Unterer Talweg 38 (Honda)

TREFFS
Großparkplatz Tatzelwurm: täglich nachmittags, Samstag und Sonntag vormittags und nachmittags
Sudelfeldsattel: Café Kotz, täglich außer Dienstag 8.00 bis 19.00 Uhr

MAUTGEBÜHREN Die Auffahrt von Brannenburg durch das Förchenbachtal zum Groß-parkplatz Tatzelwurm ist mautpflichtig. Die Mautgebühr beträgt 2,– DM.

KARTE Die Generalkarte 1:200.000, Blatt 8

39 Von den Alpen zur Ostsee, 3. Abschnitt

Von der Fränkischen Schweiz in den Harz

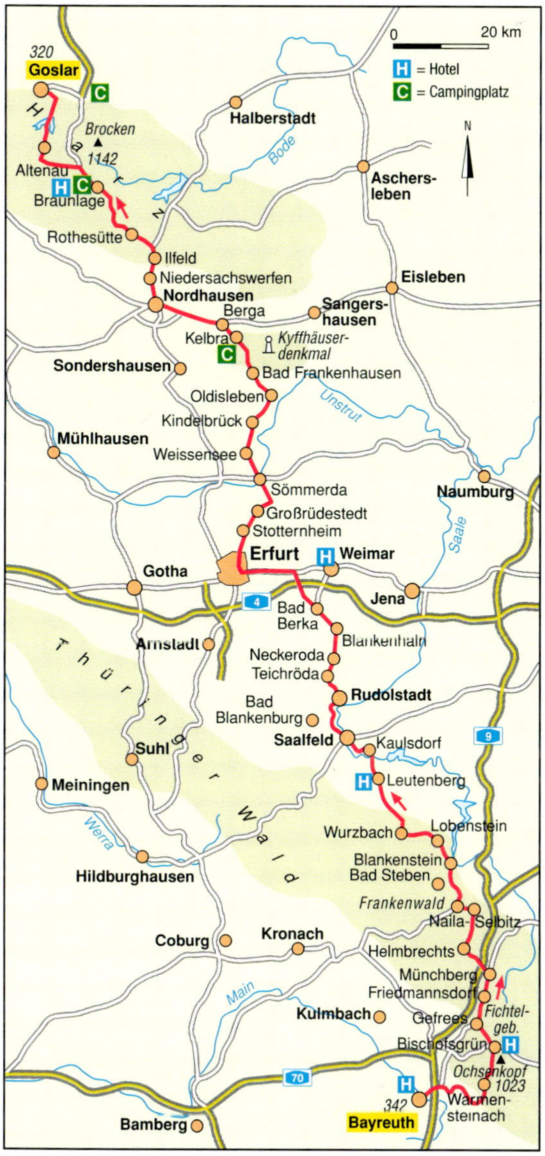

Streckenverlauf

Bayreuth – Mengersreuth – Warmensteinach – Bischofsgrün – Gefrees – Friedmannsdorf – Münchberg – Helmbrechts – Selbitz – Naila – Bad Steben – Lichtenberg – Blankenstein – Harra – Lobenstein – Wurzbach – Kaulsdorf – Saalfeld – Bad Blankenburg – Rudolstadt – Teichröda – Teichel – Neckeroda – Blankenhain – Bad Berka – Weimar – Buttelstedt – Olbersleben – Kölleda – Schillingstedt – Oldisleben – Bad Frankenhausen – Rottleben – Bendeleben – Steinthaleben – Kelbra – Berga – Görsbach – Nordhausen – Niedersachswerfen – Ilfeld – Rothesütte – Braunlage – Goslar

40 Von den Alpen zur Ostsee, 4. Abschnitt

Vom Harz zum Timmendorfer Strand

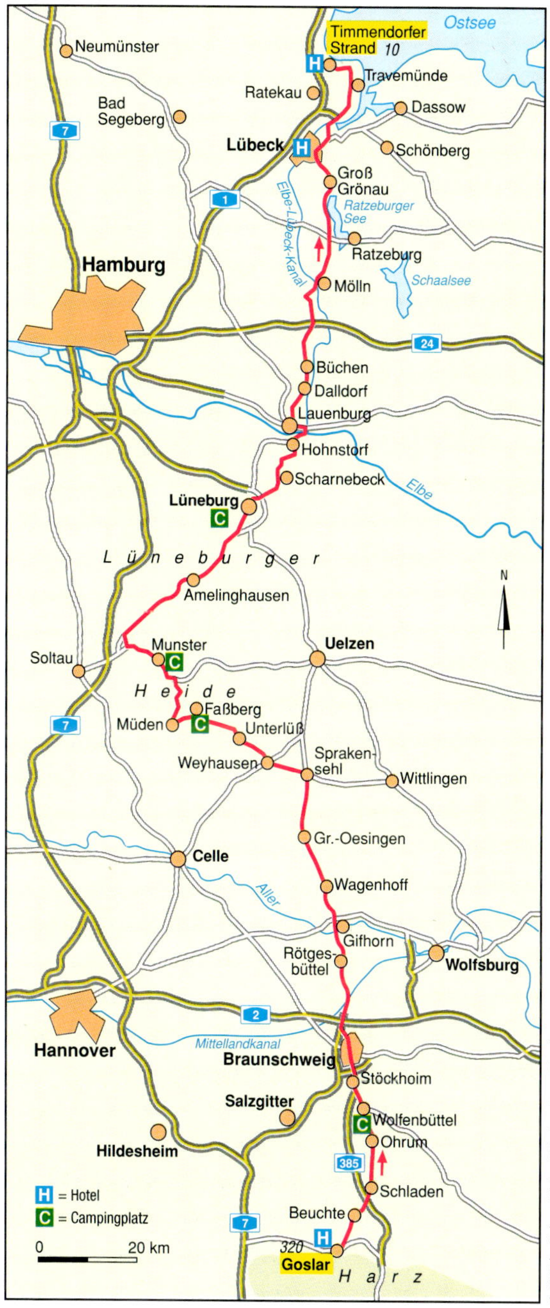

Streckenverlauf

Goslar – Beuchte – Schladen – Ohrum – Wolfenbüttel – Stöckheim – Braunschweig – Rötgesbüttel – Gifhorn – Wagenhoff – Dedelstorf – Sprakensehl – Weyhausen – Faßberg – Müden – Dethlingen – Munster – Amelinghausen – Embsen – Lüneburg – Hohnstorf – Lauenburg – Dalldorf – Büchen – Ratzeburg – Groß-Grönau – Lübeck – Ratekau – Timmendorfer Strand

40 Von den Alpen zur Ostsee, 4. Abschnitt

Vom Harz zum Timmendorfer Strand

STRECKENLÄNGE 372 km
AUSGANGSPUNKT Goslar (320 m)
ENDPUNKT Timmendorfer Strand (10 m)
ANFAHRT ZUM AUSGANGSPUNKT Anschluss Tour 39 oder Autobahn Kassel–Hannover A 7, Ausfahrt Rhüden und über Langelsheim nach Goslar

SEHENSWÜRDIGKEITEN
Goslar: Kaiserpfalz mit Ulrichskapelle, Marktplatz mit Glockenspiel, Rathaus, Rammelsberger Bergbaumuseum, Stadtbefestigung
Wolfenbüttel: Marienkirche, Residenzschloss, Lessinghaus mit Museum, sehenswerte Fachwerkhäuser in der Altstadt
Gifhorn: Schloss mit Schlosskapelle, Wind- und Wassermühlenmuseum
Faßberg: Pfarrkirche Laurentius
Munster: Panzermuseum, Museumsanlage Ollershof mit Wassermühlen und Bienenmuseum, St.-Urbani-Kirche
Amelinghausen: Heimatmuseum (Marktstraße, geöffnet täglich außer Montag von 10.00 bis 16.00 Uhr)
Lüneburg: Ostpreußisches Landesmuseum, Alter Kran an der Ilmenau, Brauereimuseum
Lauenburg: Elbschiffahrtsmuseum (Elbstraße 59), Stecknitzkanal (älteste Schleuse Europas von 1724)
Ratzeburg: Stadtkirche, A.-Paul-Weber-Museum
Lübeck: Dom, Marienkirche, Holstentor mit Museum, Buddenbrookhaus (Mengstraße), St.-Anna-Museum
Timmendorfer Strand: Strandpromenade, Seewasser-Hallen-Schwimmbad, Vogelpark in Niendorf

SERVICESTELLEN
Goslar: Mike's Technical Parts, Okerstraße 10 (Honda, Kawasaki, Yamaha); Block am Ring GmbH, Hildesheimer Straße 38 (BMW)
Wolfenbüttel: Kötz Autohaus, Goslarsche Straße 53 (Cagiva)
Braunschweig: Popko Motorradsport GmbH, Liebigstraße 1 (Aprilia, Moto Guzzi, Kawasaki)
Bonhorst: Motorräder, Hildesheimer Straße 27 (Cagiva); Kirsch GmbH, Trautenaustraße 12 (Suzuki); BMH Motorrad-Handels GmbH, Im Steinkampe 10 a (Honda)
Gifhorn: Motorradtechnik Anger, Hugo-Junkers-Straße 10 (Aprilia); Motorradladen Gifhorn, Im Paulsumpf 8 (Suzuki)
Lüneburg: MR-Laden Rosner und Rogler, Goseburgstraße 27 (Honda, Kawasaki, Yamaha, Suzuki)
Ratzeburg: Fa. H. Pätzel, Max-Planck-Straße 5 (Honda)
Lübeck: Moto Italia Gebr. Dingeldey, Bei der Lohmühle 6 (Aprilia, Moto Guzzi)

TREFFS
Lübeck: Riders Café (Leinweberstraße 4), täglich ab 21.00 Uhr, Samstag und Sonntag ab 15.00 Uhr

KARTE Die Generalkarte 1:200.000, Blatt 1 und 3

39 Von den Alpen zur Ostsee, 3. Abschnitt

Von der Fränkischen Schweiz in den Harz

STRECKENLÄNGE 391 km
AUSGANGSPUNKT Bayreuth (342 m)
ENDPUNKT Goslar (320 m)
ANFAHRT ZUM AUSGANGSPUNKT Anschluss Tour 38 oder Autobahn Nürnberg–Hof A 9, Ausfahrt Bayreuth

SEHENSWÜRDIGKEITEN
Bayreuth: Richard-Wagner-Festspielhaus, Haus Wahnfried mit Richard-Wagner-Museum, Neues Schloss mit Archäologischem Museum im italienischen Bau und Hofgarten, Markgräfliches Museum (Opernstraße)
Helmbrechts: Textilmuseum
Bad Steben: Wehrkirche St. Walburga, Alexander-von-Humboldt-Haus
Lobenstein: Pfarrkirche St. Michaelis, Burg Lobenstein
Saalfeld: Feengrotten, Burgruine Hoher Schwarm, Schloss Saalfeld, Rathaus
Bad Blankenburg: Ruine Greifenstein, Friedrich-Fröbel-Museum (im »Haus über dem Keller«)
Rudolstadt: Schloss Heidecksburg, Schloss Ludwigsburg, Stadtkirche
Weimar: Stadtschloss mit Kunstsammlungen, Goethe-Wohnhaus, Schiller-Haus, Lucas-Cranach-Haus, Herdermuseum
Bad Frankenhausen: Kyffhäuserdenkmal, Barbarossahöhle, Schloss mit Kreisheimatmuseum, Schlachtberg mit Bauernkriegspanorama
Braunlage: Trinitatiskirche
Bad Harzburg: Bergbahn auf den Burgberg (500 m), Märchenwald nahe der Talstation der Burgbergbahn, Wildgehege in Bündheim
Goslar: Kaiserpfalz, Bürger- und Gildehäuser, Stadtbefestigung mit Breitem Tor und Zwinger, Pfarrkirche St. Jakobi, Dom

SERVICESTELLEN
Bayreuth: Zweirad Drewe, Hohenzollernring 44 (Yamaha, BMW)
Selbitz: Zweirad Eisel, Mühlberg 5 (Ducati, Cagiva)
Saalfeld: Fa. Koch, Kulmbacherstraße 18 (Yamaha)
Rudolstadt: Werner Motorrad, Altsaale 21 (Honda, Kawasaki, Yamaha)
Bad Berka: Zweiradshop R. Thieme, Weimarschestraße 29 (alle Fabrikate)
Weimar: Motorrad Apel, Ernst-Thälmann-Straße 39 (Kawasaki)
Niedersachswerfen: Motorradshop Woitke, Am Bahnhof 5 a (Suzuki)

TREFFS
Leutenberg (zwischen Saalfeld und Lobenstein): Biker-Herberge Sormitzblick
An der B85 bei Rothsfeld zwischen Bad Frankenhausen und Kelbra: Kyffhäuser, Samstag und Sonntag
An der B85 von Kelbra nach Frankenhausen: am Parkplatz
An der B4 zwischen Bad Harzburg und Braunlage: täglich nachmittags, Samstag und Sonntag vormittags und nachmittags

STRECKENSPERRUNG Im Kurbereich von Bad Harzburg besteht ganzjährig Nachtfahrverbot zwischen 20.00 und 7.00 Uhr.

KARTE Die Generalkarte 1:200.000, Blatt 7, 11 und 13

Rothaar-
gebirge
Köln
Aachen
Bonn
Siegen
Fritzlar
Alsfeld
Eisenach
Fulda
Werra
Gießen
Lauterbach
Meiningen
BELGIEN
Bad Neuenahr-
Ahrweiler
Eifel
Mayen
Koblenz
Fulda
Rhön
Schlüchtern
Gerolstein
Taunus
Gelnhausen
Steinau
Cochem
Frankfurt
Bad Kissi
Hanau
Spessart
Wiesbaden
Mosel
Lohr
Mainz
Main
Wittlich
Hunsrück
Aschaffenburg
Bernkastel-
Kues
Darmstadt
LUXEMBURG
Würzburg
Trier
Bad
Mergentheim
Mannheim
Ludwigshafen
Rothenburg
o.d.T.
Heidelberg
Saarbrücken
Heilbronn
Karlsruhe
Stuttgart
Rhein
FRANKREICH
Baden-Baden
Schwäbische Alb
Schwarzwald
Freudenstadt
Neckar
Münsingen
Ulm
Burla-
dingen
Donau
Riedlingen
Sigmaringen
Freiburg
Donau-
eschingen
Feldberg
1493
Belchen
Titisee
Tuttlingen
Me
Überlingen
Stein
a. Rhein
Konstanz
Bodensee
Immen-
stadt
Lindau
Bregenz
Hittisau
SCHWEIZ
36
18
15
16
17
32
3
4
5
2
1
31
8
14 Nummer der Motorradtour
Ausgangs- bzw. Endpunkt
einer Motorradtour

THE NEW FACE OF WAR

COMMANDO OPERATIONS

TIME®
LIFE

Commando Operations

CONSULTANTS

CALEB BAKER is the land warfare correspondent for *Defense News*. He is an authority on special operations, helicopters, unmanned aerial vehicles, chemical warfare, Asia, and Central America.

THOMAS DONNELLY, a former deputy editor and land warfare correspondent of *Defense News*, has been editor of *Army Times* since 1987.

COMMANDER ANTHONY M. FRANZITTA, retired from the U.S. Navy, served on a number of fast attack and ballistic missile class submarines. He has also served as a submarine tactics instructor at the U.S. Naval Submarine School and as a battle group antisubmarine warfare instructor at the Atlantic Fleet Tactical Training Group.

ROY HOLMES, the manager for image intensification systems development at ITT's Electro-Optical Products Division in Roanoke, Virginia, has been developing night-vision equipment since 1985.

COLONEL RODERICK J. LENAHAN (Ret.) served as the senior intelligence officer for the Iranian Rescue Task Force, retiring in July 1988 as chief of intelligence for the Air Force Special Operations Command.

THOMAS S. LOGSDON has been an engineer and systems analyst since 1964 at Rockwell International, where he performed advanced systems studies for the Navstar Global Positioning System. He writes and lectures on computer technology and robotics, among other topics.

CAPTAIN HUGH McMANNERS fought with the Special Boat Squadron in the Falklands War; as a captain, he commanded the squadron's artillery and naval gunfire forward observation team.

DAVID L. MAGNONE, retired from the U.S. Navy, is a veteran of special operations in Vietnam, the Middle East, and the Pacific Rim. He specializes in communications and electro-optics and was officer in charge of a Naval Special Warfare Special Operations communications unit.

MARGARET ROTH, an editor for *Army Times, Navy Times,* and *Air Force Times,* has written extensively about Panama-United States relations and Operation Just Cause.

COLONEL T. C. SKANCHY, recently retired from the U.S. Air Force, commanded a fighter wing and the F-15 Division, Fighter Weapons School at Nellis Air Force Base, Nevada. He also served there as the vice commander of Red Flag, the Air Force's combined air operations training program.

SERGEANT FIRST CLASS MICHAEL SMITH, a former Delta Force member, participated in Operation Urgent Fury in Grenada in 1983. Smith was part of the assault team assigned to strike the Richmond Hill Prison.

COMMANDER GARY L. STUBBLEFIELD, retired from the U.S. Navy, served more than twenty years as a Navy SEAL. He led operations in Vietnam, Central America, and the Persian Gulf and commanded both SEAL Team Three and Special Boat Squadron One.

MAJOR GENERAL JULIAN THOMPSON commanded Three Commando Brigade during the Falklands War. He is now senior research fellow at the department of war studies, King's College, London.

BRICE VICAN was part of the Second Battalion, 75th Ranger Regiment, which parachuted onto Grenada during Operation Urgent Fury in 1983.

CONTENTS

Pound for Pound, None Finer

Before the Persian Gulf War, General Norman Schwarzkopf, like most soldiers in the regular military, had little use for special-operations forces. They looked great in the movies, he thought, but in a real war, they would just get in the way.

As Desert Shield turned to Desert Storm, however, necessity changed this view. And by war's end, the 9,400 special-ops personnel deployed to the Gulf—members of the Army's Rangers, Green Berets, and Delta Force; Navy sea-air-land teams (SEALs); and Air Force special-ops squadrons, as well as a handful of men from Britain's Special Air Service (SAS) and Special Boat Squadron (SBS)—had earned his praise.

They did so by performing valuable, dangerous, and highly secret missions across the breadth of Iraq and occupied Kuwait. To open the war, U.S. Air Force special-operations choppers led a team of Army Apache attack helicopters on a successful mission to destroy crucial Iraqi early-warning radar sites. Earlier, a team of Delta Force and SAS troopers captured a complete SA-8 surface-to-air missile system and helicoptered it to Saudi Arabia for analysis before coalition pilots took to the sky.

Three Green Berets infiltrated within 100 miles of Baghdad to report on road traffic into Kuwait. Found hiding by a little girl, they ensured a fight by not shooting her with silenced 9-mm pistols. ("We couldn't live with ourselves," said one of the trio later.) They held off 100 Iraqi infantrymen until extracted in the nick of time by a special-ops helicopter.

On another mission, American and British teams in western Iraq found twenty-six Scud missiles poised for barrage attack on Israel. Calling in an air strike, the commandos shone beams of invisible laser light on the missiles as A-10 Thunderbolt jets dropped laser-guided bombs, shattering the Scuds before they could be launched. In a private message, Schwarzkopf later wrote: "You guys kept Israel out of the war."

Troopers of the Army's 17th Cavalry Regiment push an OH-58D observation helicopter to a hangar on the destroyer O'Brien. Playing a special-ops role, the unit flew nighttime reconnaissance over the Persian Gulf.

Marine special-ops troops in Saudi Arabia launch a kayak. Such boats were used during the Gulf War to conduct beach reconnaissance near Kuwait City.

Navy SEALs in Saudi Arabia waterproof the weapons and electronics gear they will carry in inflatable boats on a night mission off the Kuwaiti coast.

The Air Force was well represented in Gulf War special operations. At le
an airman fast-ropes from an MH-53J Pave Low helicopter; below, a
communications specialist erects a portable satellite antenna.

SEALs board Pave Low helicopters at a sand-swept Marine Corps landing zone in northern Saudi Arabia. The site was so remote that the troops named it Lonesome Dove.

This 15,000-pound bomb, bearing a message to the Iraqis, was dropped from a special-operations MC-130H transport to spur Iraqis to surrender.

In anticipation of house-to-house fighting to liberate Kuwait City, Green Berets of the Fifth Special Forces Group practice rappelling with the Kuwaiti special-operations troops they would accompany into the capital.

Debris from an Iraqi bunker, blown sky-high by Army Rangers during the ground war, rains down over an abandoned tank, which the so-called Bunker Busters also destroyed after the dust settled.

Soon after the liberation of Kuwait City, two members of the Third Special Forces Group search for snipers outside the American embassy.

Three SEALs—a gunner (top), driver, and navigator—patrol Kuwait City in a $50,000 fast-attack vehicle. A 40-mm automatic grenade launcher sits in front of the gunner, AT-4 antitank missile launchers to either side.

1

One Night's Work in the Persian Gulf

Covered by their mates aboard a U.S. Navy landing craft, two SEALs board the *Iran Ajr* at dawn on September 22, 1987. The vessel had been surprised the night before laying mines in the Persian Gulf.

Night. It was their element. In it, they had been trained to see, to fight, and to kill. It served as the motif for their nickname—the Night Stalkers—and their chilling motto: Death waits in the dark. Now, late on September 21, 1987, the helicopter commandos of the Army's mysterious 160th Aviation Group, better known as Task Force 160, stood poised for action on the deck of the guided-missile frigate *Jarrett,* sailing the troubled waters of the Persian Gulf thirty miles northeast of the island nation of Bahrain.

Their quarry was the *Iran Ajr,* an old Iranian Navy landing craft that American intelligence had learned was serving as a minelayer. Iranian leaders steadfastly denied that they were mining the Gulf, but there could be no question about the ship's purpose. Infrared photographs of the vessel taken by the crew of a Navy P-3 Orion patrol plane clearly revealed the crew pushing spiked globes overboard. They could only be mines. Nor could there be any question as to the *Ajr*'s position. In addition to the P-3, an American KH-11 satellite and Air Force SR-71 Blackbird high-altitude photoreconnaissance jets had been monitoring the voyage of the 157-foot *Ajr* for three days.

Mines posed a considerable threat to shipping in the Gulf. In July, a Kuwaiti oil tanker, under U.S. Navy escort to thwart attacks promised by the Iranians, had its hull ripped open by one of the devices. Floating mines spotted by shipboard lookouts had been detonated by rifle fire. Other mines were neutralized by huge Navy helicopters towing minesweeping sleds across the water's surface. Washington suspected that the Iranians were to blame for the infestation but could not prove the charge or retaliate without catching them in the act.

To gain such evidence, Admiral William J. Crowe, Jr., chairman of the Joint Chiefs of Staff, turned to the Night Stalkers. Visiting Rear Admiral Harold Bernsen, commander of the American Middle East Force, aboard his flagship, the USS *La Salle*, early in September, Crowe ordered TF 160 to sneak up on an Iranian ship while it was laying mines and disable it. Then Navy SEALs from the USS *Guadalcanal* were to board the vessel, seizing it as evidence against Iran. Bernsen was put in charge of the operation, and participating personnel from all the services, including Task Force 160, were placed under his command.

Volunteers all, the Night Stalkers were likely candidates to gain the propaganda victory that Washington so desperately wanted.

The unit had been formed in October 1981, eighteen months after eight U.S. servicemen died in an attempt to rescue fifty-three American diplomats and embassy staffers from captivity in Tehran. To the extent that the mission failed because of difficulties encountered flying helicopters long distances at night, U.S. officials became determined to avoid a similar calamity in the future. Special-operations helicopter units were formed, among them TF 160. Though conceived primarily as air support for special operations, Task Force 160 had the versatility, the training, and just the helicopter for Admiral Crowe's assignment—the compact, high-tech AH-6 attack chopper.

During a training exercise, tracer rounds fired from the 7.62-mm machine guns of a low-flying AH-6 attack helicopter *(right)*—the same type used by Task Force 160 in the *Iran Ajr* raid—roil the water around a floating target *(left)*, then ricochet high into the sky.

Also called the Little Bird, the highly maneuverable AH-6 is just twenty-four feet long and six feet wide. With its rotor blades folded back, it fits easily inside a truck having the dimensions of a moving van. Once on site, the helicopter can be readied for flight in minutes. And its compactness has another advantage: It renders the Little Bird hard to see by radar or with the naked eye. Further hindering detection are a high-speed, five-bladed main rotor and a four-bladed tail rotor that produce, instead of the loud, thumping noise characteristic of older rotors, a subdued whir. Depending on atmospheric conditions, an AH-6 at 500 feet can fly overhead without being heard, especially if there are other noises—the splashing of mines into the ocean, for example—to mask the sound of the helicopter. For fighting at night, when the helicopter is especially difficult to pinpoint, the Little Bird is equipped with a forward-looking infrared (FLIR) system. Armament includes 7.62-mm machine

guns, 2.75-inch rockets, and other weapons that, depending on the mission, can be mounted on fourteen-inch stubs extending from either side of the fuselage.

Task Force 160 pilots had trained meticulously with their equipment at Fort Campbell, Kentucky, their home base. They practiced only at night, often in violent storms, to master the art of high-speed, ground-hugging flight under appalling conditions. Sometimes they had only night-vision goggles and their instincts to guide them—an experience the pilots called "flying out on the edge." One exercise with night-vision goggles, intended to simulate a long-range insertion mission flown over water, involved skimming low over Lake Michigan for nearly ten hours. Such experience would soon prove valuable to the aviators aboard the *Jarrett,* who were biding their time under a moonless sky.

They did not have to wait long. When the *Iran Ajr* neared a point fifty miles northeast of the frigate, observers aboard a P-3 reported that the ship was again laying mines. Bernsen flashed an order to the 160th: Go have a look. In an instant, two Little Birds quietly lifted off the *Jarrett*'s deck. Flying 150 feet above the sea at fifty knots without lights, the AH-6s closed to within 500 yards of the gray Iranian vessel. Unheard by the crew, the Night Stalkers watched on their FLIR monitors. Aboard the *Ajr,* shadowy figures of sailors were doing precisely what had been suspected. At midnight, the pilot of the lead chopper radioed that the Iranians were "dropping objects overboard that appear to be mines." The crewmen, he said, were pushing them off a ten-foot gangplanklike platform.

Aboard the *La Salle,* Admiral Bernsen responded swiftly. At 12:03 a.m., the Little Birds received his curt one-word order: "Execute." Without warning, the helicopters opened up with a barrage from their 7.62-mm machine guns and sent several rockets slamming into the *Ajr.* A fuel drum toward the vessel's bow exploded, starting a fire. Another blaze erupted in the engine room.

The chopper pilots ceased firing and moved toward the *Ajr,* now dead in the water, for a closeup examination of the damage they had caused. Incredibly, sailors were still rushing about on deck, pushing more mines overboard. Pentagon analysts later guessed that the Iranians were trying to get rid of evidence. To stop them, at 12:41 a.m., Bernsen ordered the Night Stalkers to resume strafing. Once again, the Little Birds attacked the *Ajr,* this time setting the stern on fire. Then they returned to the *Jarrett.*

Members of a Navy explosive-ordnance-disposal team examine nine mines found on the *Iran Ajr.* All but two of the devices, which float beneath the surface of the water and explode when a passing ship strikes a protruding horn, were armed, mounted on wheels, and ready to be rolled overboard.

When the SEALs from the *Guadalcanal* boarded the crippled ship at dawn, they discovered just how effective the nighttime raids had been. The *Ajr* was a ghost ship. Three bodies had been left behind by fleeing crewmen. Windows were shattered. Huge gouges pocked the hull and cabin. And the Iranians had ransacked offices and other cabins in a hasty effort to destroy incriminating papers.

Navigating carefully to avoid hitting mines, the *Jarrett* found ten of the crewmen in rubber rafts and sixteen others, including four wounded sailors, either clinging to floating debris or swimming. The captain of the *Iran Ajr* was among the wounded. Delicately termed "detainees" instead of prisoners, the twenty-six Iranians were taken to the *La Salle,* and outfitted in jeans and souvenir shirts bearing the ship's name. Before being flown to Oman for release to the International Red Crescent, the Islamic version of the Red Cross, the captain, besides telling of three of his crew who got away, helped find some of the mines that the *Iran Ajr* had planted.

Naval experts inspecting the ship found nine of the devices arrayed at mid-deck, all but two ready for use. They turned out to be the same type that had damaged the oil tanker in July. Recently manufactured in North Korea, they replicated a primitive Russian design dating from 1908. The *Iran Ajr* was later packed with explosives and scuttled.

The men of TF 160 who helped the United States earn this small but sweet victory do not call themselves commandos. Indeed, Great Britain's Royal Marines are one of the few forces in the world known officially by that name, and they are not considered members of the special-operations community. Yet when organizations such as the Army's

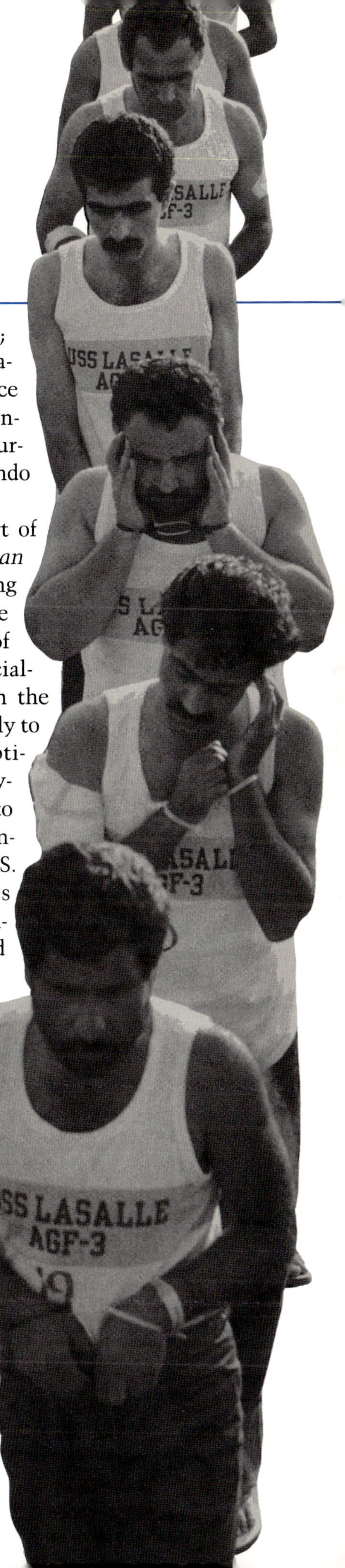

A Navy Sea Spectre patrol boat creeps toward a life raft containing an *Iran Ajr* crew member. He soon became one of twenty-six Iranians *(right)* taken captive in the hours after their vessel was seized. Intended for coastal patrol, the Sea Spectre is well armed: A Bofors 40-mm cannon commands the foredeck. Behind it is a .50-caliber machine gun *(pointed skyward)*, one of three on board. Aft of the wheelhouse stands a 20-mm gun.

Delta Force, Special Forces, and Rangers; the U.S. Air Force's First Special Operations Wing; and Britain's Special Air Service and Special Boat Squadron take the offensive as TF 160 and the SEALs did in capturing the *Iran Ajr,* the result is a commando action in anybody's book.

This so-called direct action in support of larger operations—the capture of the *Iran Ajr* took place in the context of conducting U.S.-flagged oil tankers safely through the hazards of the Persian Gulf—is only one of the many colors to be found on the special-operations palette. Much as they relish the lightning raid, such troops are just as likely to draw assignments ranging from surreptitious reconnaissance deep inside enemy-held territory—where the object often is to avoid contact with the enemy—and training soldiers of friendly nations. The U.S. Special Operations Command includes units that specialize in rebuilding the institutions of a war-ravaged society and others skilled in psychological operations (psyops) with the aim of demoralizing an enemy and persuading it not to fight.

Psychological operations also encompass deception. During the waning days of Operation Desert Shield, for example, special-operations troops, equipped with sound trucks blaring the sounds of helicopters and the rumble of tanks, faked the activity of an entire armored division. Meanwhile, the real armor moved west undetected to participate in the flanking action that defeated Iraqi forces in Kuwait and southern Iraq in February 1991. Shortly before that 100-hour ground war was to begin, SEALs in power boats motored toward the beach near Kuwait City, set explosives at the surf line, and strung buoys to mark the way for Marine landing craft—or so the enemy believed. In response to this and other frauds, Iraqi commanders moved two divisions toward the beach to repel an assault that never came.

While there can be no denying either the value or the risk of many exploits like these, more provocative are the missions in which small numbers of special-operations troops, often operating on the periphery of a large military undertaking, help prepare the way for the main force with advance raids against key installations, by seizing and securing airheads or beachheads for follow-on forces, and by generally pricking the enemy where least expected.

Such was the role of the Special Air Service and the Special Boat Squadron in 1982, during Britain's war to regain the Falkland Islands from Argentine invaders—and of American special-operations units in the actions taken to restore democratic government to Grenada in 1983 and Panama in 1989. For all these units, setbacks and defeats punctuated the successes. Some failures resulted from the conviction among these exquisitely trained men that almost no feat of arms is beyond them. Others can be traced to regular-force commanders who did not fully appreciate the merits—and limitations—of these special-purpose fighters.

The American experience in Grenada, where special-operations missions failed for one reason or another, showed that lack of coordination between the commando arms of various services can be fatal. Partly as a result of that ordeal, the Pentagon integrated all such forces into a single command. The benefits of doing so became evident in Panama, where the success rate of this kind of proceeding approached 100 percent. Achievements of special-operations forces in the Gulf War were even more substantial and at last may have raised the value of these troops in the eyes of conventional military commanders to something approaching their true worth. ★

Special Delivery by Submarine

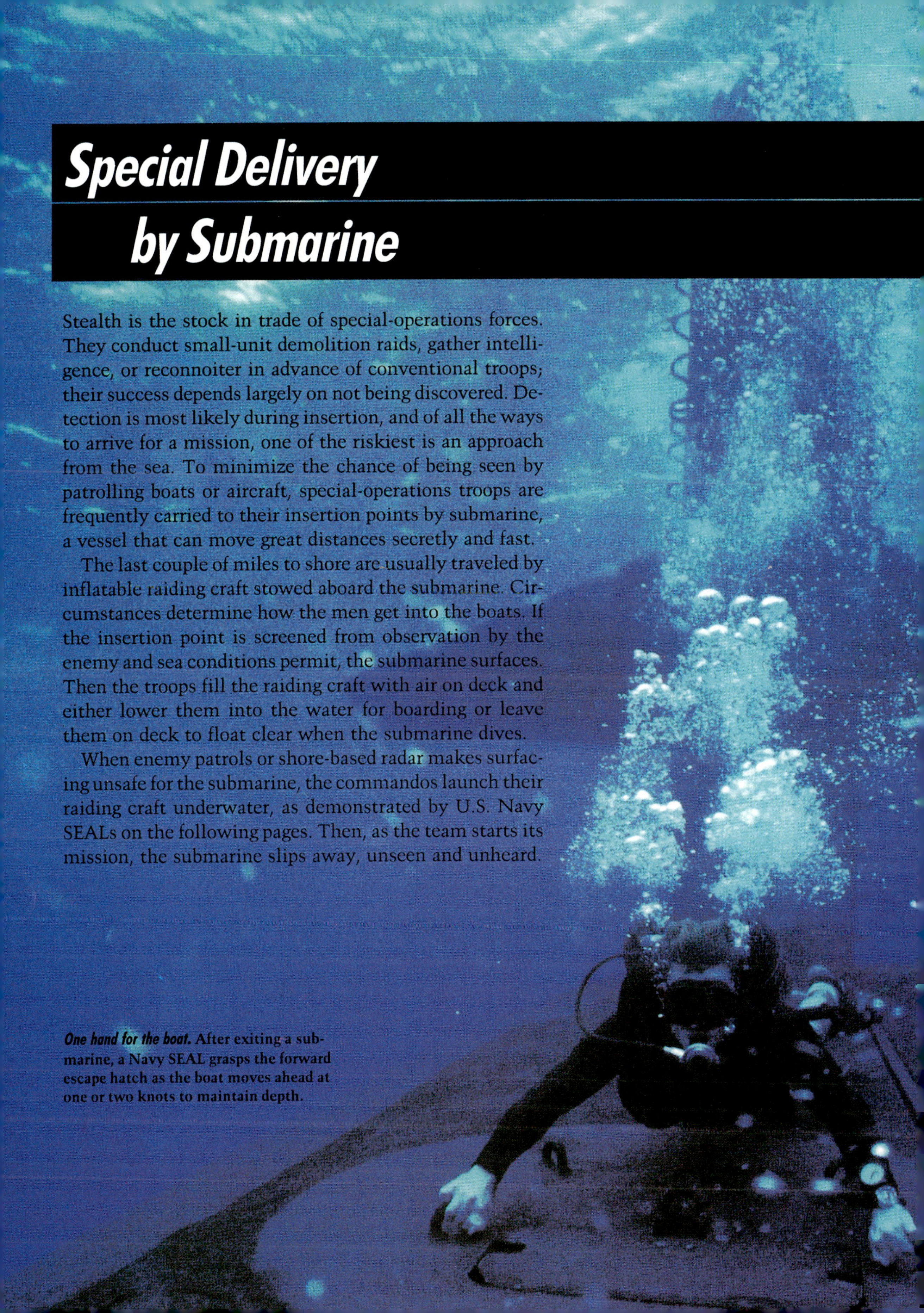

Stealth is the stock in trade of special-operations forces. They conduct small-unit demolition raids, gather intelligence, or reconnoiter in advance of conventional troops; their success depends largely on not being discovered. Detection is most likely during insertion, and of all the ways to arrive for a mission, one of the riskiest is an approach from the sea. To minimize the chance of being seen by patrolling boats or aircraft, special-operations troops are frequently carried to their insertion points by submarine, a vessel that can move great distances secretly and fast.

The last couple of miles to shore are usually traveled by inflatable raiding craft stowed aboard the submarine. Circumstances determine how the men get into the boats. If the insertion point is screened from observation by the enemy and sea conditions permit, the submarine surfaces. Then the troops fill the raiding craft with air on deck and either lower them into the water for boarding or leave them on deck to float clear when the submarine dives.

When enemy patrols or shore-based radar makes surfacing unsafe for the submarine, the commandos launch their raiding craft underwater, as demonstrated by U.S. Navy SEALs on the following pages. Then, as the team starts its mission, the submarine slips away, unseen and unheard.

One hand for the boat. **After exiting a submarine, a Navy SEAL grasps the forward escape hatch as the boat moves ahead at one or two knots to maintain depth.**

An Intricate Exit

Before inflating their raiding craft and sending it to the surface *(page 26)*, SEALs must exit the submarine. The means for this maneuver is called an escape trunk. This special chamber, which is located forward of the sail on the fast attack submarine shown below, is open to the submarine interior through one hatch and to the sea through others. As illustrated at right, the escape trunk allows the divers to leave without flooding the submarine.

As many as five divers can fit in the chamber. Jammed together, the men must endure the close quarters for several minutes after they assemble in the escape trunk. This pause allows the men to adjust to the pressure of the seawater. At periscope depth of about 30 feet below the surface, sea pressure is approximately fifteen pounds per square inch, and acclimation takes about ten minutes. Raiding craft, however, can be launched from depths as great as 120 feet, where the divers must wait approximately fifteen minutes before leaving the escape trunk and getting on with the work of sending their gear to the surface. Rising to the surface from this depth takes an additional two minutes.

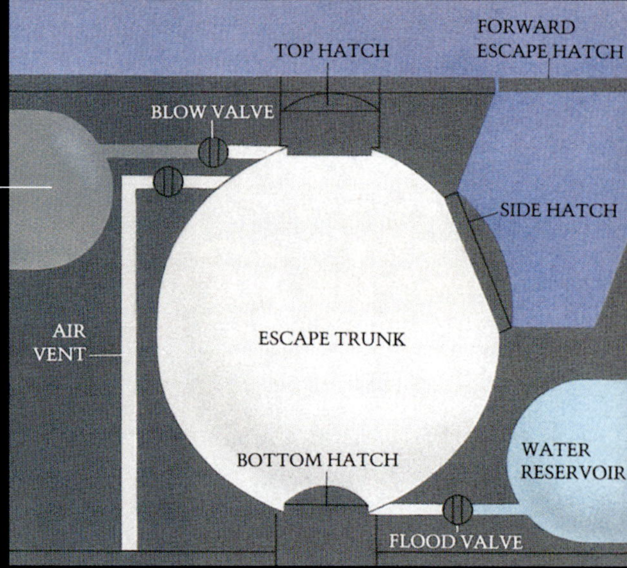

The escape trunk. **Seawater stored aboard the sub, pressurized air, and simple valves are used to match inside and outside water pressure, allowing divers to pass safely through the side hatch. The top hatch is reserved for a deep-sea recovery capsule used to rescue the crew of a sunken submarine.**

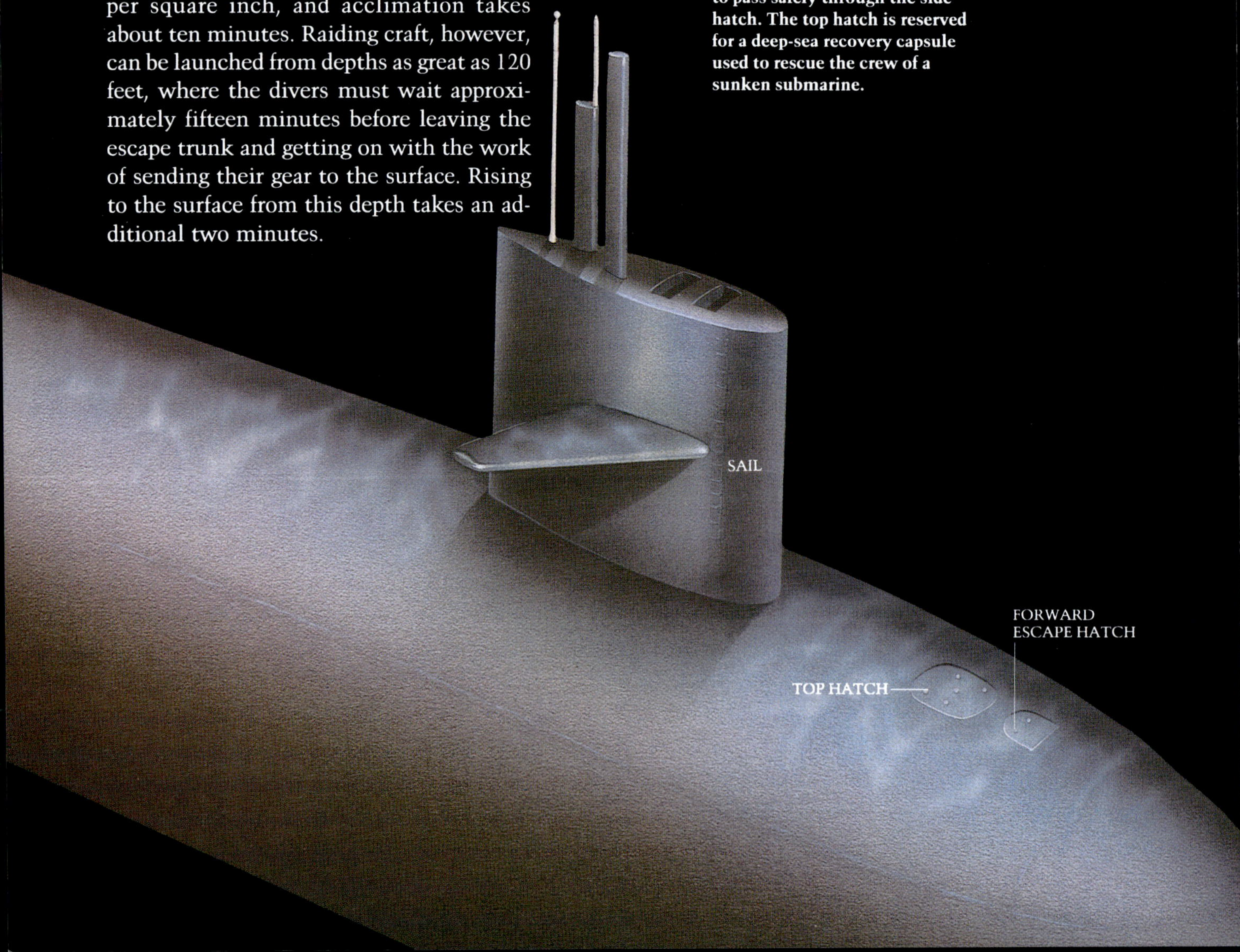

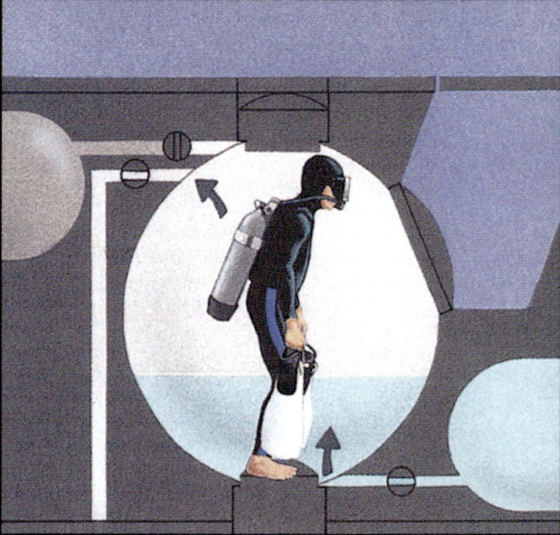

Flooding the chamber. A diver enters by way of the bottom hatch and seals it. Next, he opens the flood valve, letting water enter the chamber from a reservoir. (Adding water from outside the sub would change its buoyancy.) As air displaced by rising water escapes through a vent, the diver unlatches the side hatch, which sea pressure holds shut.

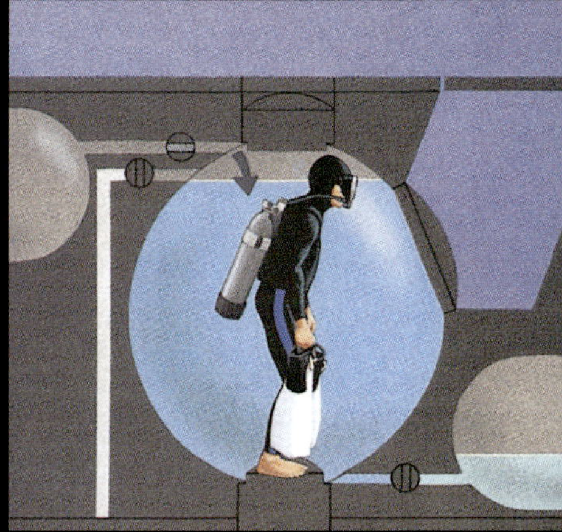

Stopping the flow. With the side hatch underwater, the swimmer closes the vent and the flood valve, then opens the blow valve. Doing so allows compressed air into the chamber, gradually raising the pressure inside the trunk.

Making an exit. When the pressures inside and outside the trunk are equal, the side hatch swings open. The diver closes the blow valve to prevent water and large air bubbles—which could betray the submarine's presence—from being forced through the side hatch, then he pushes wide the hatch and swims through.

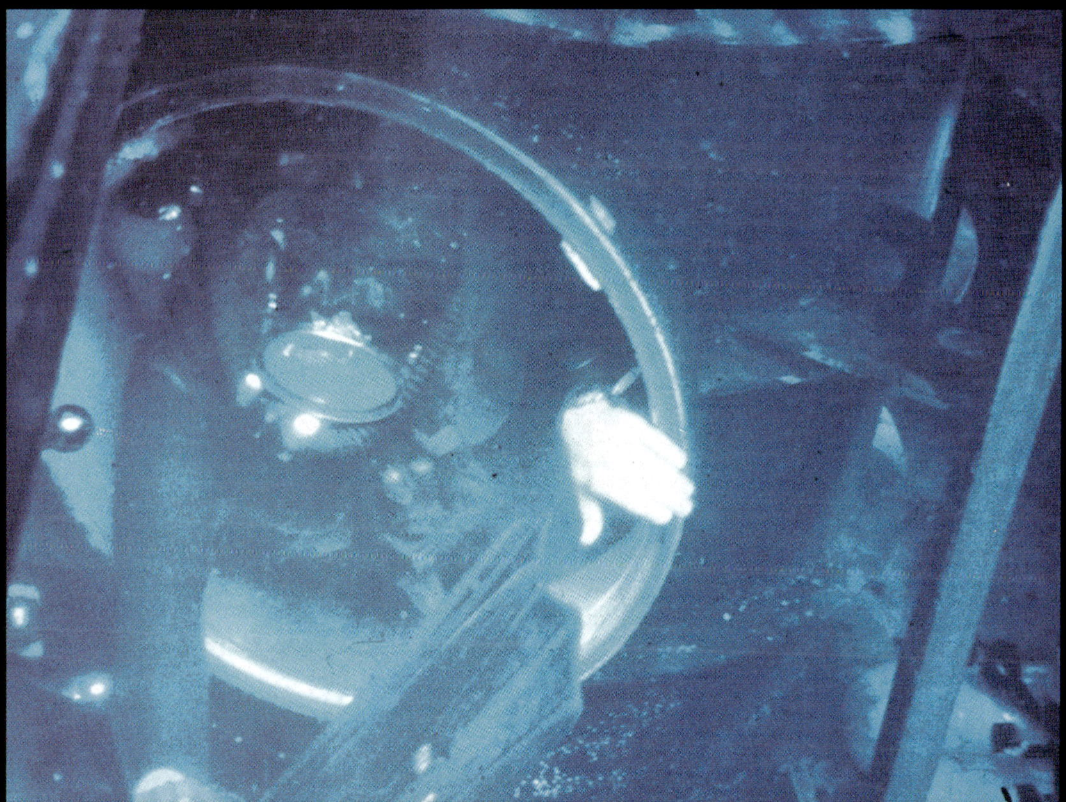

A tight squeeze. A Navy SEAL emerges from the side hatch of an escape trunk at the start of an exercise intended to hone underwater-operations skills.

Retrieving the divers' gear. **Working quickly after emerging from the submarine's escape trunk, a Navy SEAL prepares to pull an equipment bag from a storage locker built into the deck of the submarine. The equipment bag, which contains a deflated buoy tethered to a length of sturdy rope known as an ascent-descent line, is kept from being left behind the slowly moving submarine by the lanyard tied to the inside of the locker.**

Releasing the buoy. **Two SEALs, working as a team, pull the ascent-descent line from the equipment bag and tie it to the submarine, while a third diver, ready to assist if needed, stands by. When the buoy is secure, the divers use a carbon dioxide cartridge to partially inflate it. Upon release, the buoy ascends, trailing the rope behind it. Steadily decreasing sea pressure allows the gas to expand, fully inflating the buoy by the time it reaches the surface.**

Inflating the boat. **At left, a line from the bow of the inflatable raiding craft has been shackled to the ascent-descent line to keep the boat from drifting. One SEAL steadies the bundle while another prepares to sever twine wrapped around the boat to prevent it from unrolling in its storage locker aboard the submarine. Below, the divers partially inflate the raft, then cut the lanyard that secures the raiding craft to the sub. The inflatable, expanding as it rises, climbs the ascent-descent line to the buoy at the surface.**

Marking the path. **Their raiding craft launched, three divers wait for other SEALs to exit the submarine through the escape trunk and start their trip to the surface. As each man emerges from the hatch, the diver at bottom hands him the ascent-descent line to serve as a guide to the boat on the surface.**

2

Redress in the South Atlantic

Two Royal Marines surrender to Argentine commandos in the Falklands capital of Port Stanley on April 2, 1982. This picture of British humiliation would unify a nation and launch a task force to retake the islands.

In the early hours of April 2, 1982, a powerful Argentine invasion force, after years of diplomatic dispute, invaded the Falkland Islands, a pair of seamount tops in the South Atlantic 1,000 miles from Buenos Aires and 8,000 miles from London, that had been a British Crown colony since the 1830s. The conquest could not be allowed to stand; her majesty's government had made that abundantly clear. Within a week, a task force had set sail for the tip of South America, charged with recapturing the Falklands, East and West.

Aboard the assault ship *Fearless,* task force officers planned how to achieve their objective. Among the group was Lieutenant Colonel Mike Rose, commander of the British Army's 22d Special Air Service Regiment (22 SAS), who made an unusual suggestion: Why not let the SAS take care of it? A squadron of his men, perhaps 100 in all, would descend on the enemy at night in C-130 Hercules transports disguised with Argentine Air Force markings. Performing a "strip-landing" assault on the Port Stanley airfield, they would race down the rear ramps of the still-taxiing C-130s in machine-gun-equipped Land Rovers. Thence, they would speed into the Falklands' capital, where they would slay or otherwise subdue the members of the Argentine high command in their headquarters billets. Once that was done, the colonel reckoned, the stunned and leaderless Argentines would collapse, and the issue would be resolved.

Colonel Rose, a flint-hard, forty-two-year-old veteran of SAS service the world over, may not have sought approval for the idea from SAS director Brigadier Peter de la Billière, who later would command British forces in the allied Desert Storm campaign against Iraq. But participants in the shipboard strategy sessions later reported that Rose vigorously pressed his views. In the end, the plan proved impractical. And yet, the marvelous audacity of the idea spoke volumes about the SAS and its motto, Who Dares Wins.

Operation Corporate, as the Falklands War was called, would

proceed by more conventional means as a full-scale, combined-services amphibious invasion. Nevertheless, as the campaign unfolded, the SAS and its Royal Marine counterpart, the Special Boat Squadron, would play a critical role and embark on prolonged periods of danger and harrowing hardship that made Rose's idea for an Entebbe-style raid seem tame by comparison.

During the seven violent weeks of the Falklands War, the tough, endlessly resourceful special-operations troops would land by helicopter or in small boats on one of the world's least inviting landscapes. They would endure killing cold and screaming wind, hiding by day in caves or in shallow pits dug in icy peat bogs, emerging at night like scruffy ghosts to scout and harass the enemy; and though no one would admit it, they would even operate on the Argentine mainland. On South Georgia Island, 900 miles east of the main objective and also seized by the Argentines, they and a handful of Royal Marines would launch a little invasion of their own that would effect the surrender of the enemy garrison; remorselessly tracking the enemy on the Falklands, they would call down devastating fire on the Argentine helicopter force, destroy a squadron of attack aircraft before the planes could do any damage, scout the invasion beaches, and then stage a pyrotechnic D-day diversionary demonstration. Finally, at the conclusion, it would be the SAS, with its special psychological warfare skills, that would play a crucial role in negotiating the Argentine surrender. And all this, remarkably, would be the work of units that at no time during the war would number more than 250 men.

For Britain's special-operations forces, the war in the frozen Falklands was the culmination of an idea spawned more than forty years earlier in the searing heat of the North African desert, where a subaltern (later a colonel) named David Stirling was instrumental in selling General Sir Claude Auchinleck, the British commander in the Middle East, on the notion that small teams could parachute far behind enemy lines to sabotage airfields and other installations. The Special Air Service was the Army's response to Stirling's brainstorm. Operating not only in North Africa but in Europe and elsewhere, the SAS eventually earned the malevolent regard of Adolf Hitler. "These men are dangerous," he declared. "They must be hunted down and destroyed at all costs."

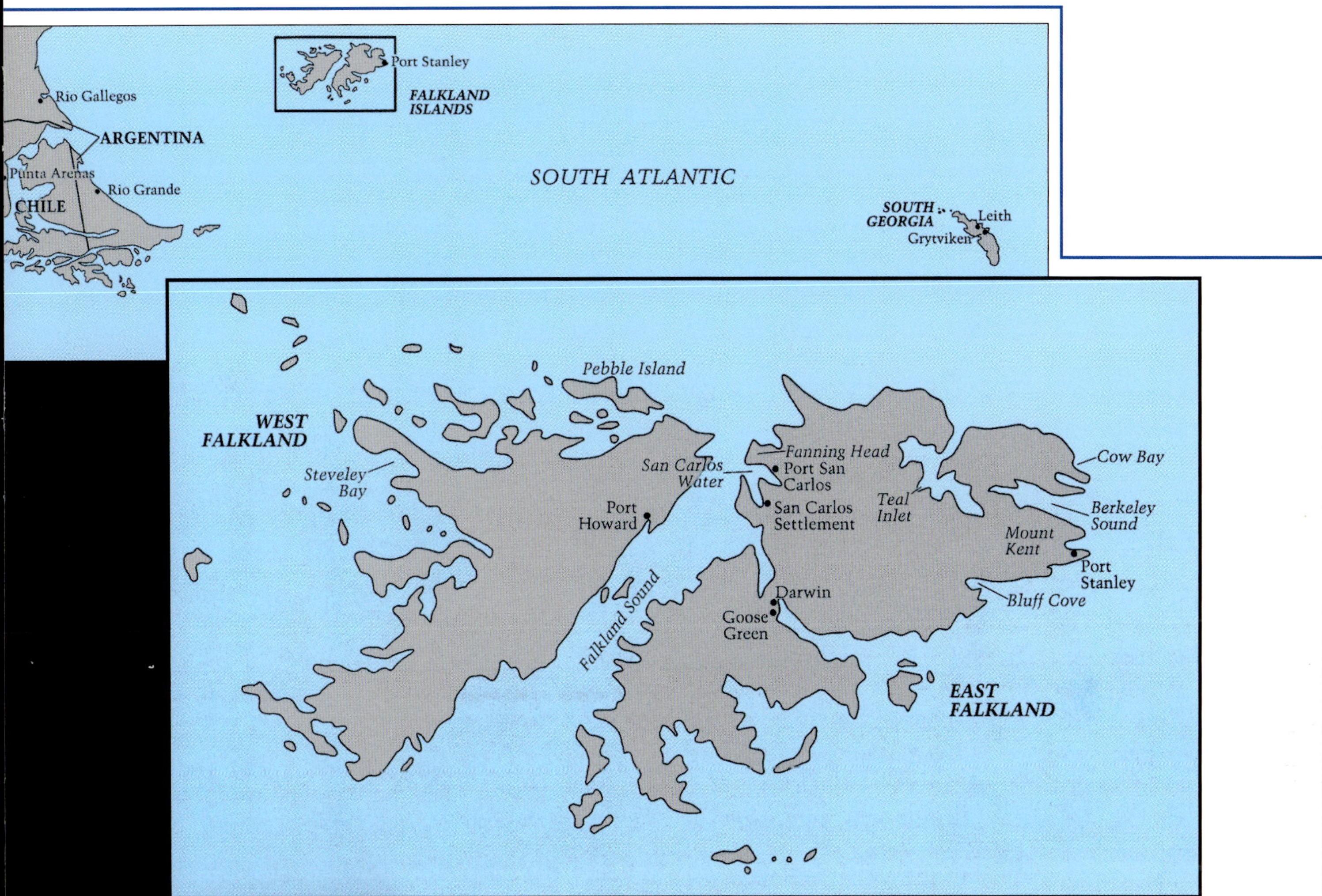

The arena of conflict in the South Atlantic stretched from South Georgia to the Falkland Islands themselves and on to the mainland of Argentina. For Britain's Special Air Service and Special Boat Squadron, the war would begin on the remote and desolate island of South Georgia, 900 miles east of the main islands. Special-operations teams would also land on the South American mainland in an operation still shrouded in official secrecy. But most of the action would take place on East Falkland. From the landings at San Carlos to the retaking of Port Stanley, the men of the SAS and the SBS would play key roles.

During the decades following World War II, the SAS pursued adventurous roles in the jungles of Malaya and Borneo, in the bush of Gambia, and in the mountains of Oman and the murderous back streets of Belfast. In 1977, assisting West German authorities in their rescue of hostages aboard a hijacked Lufthansa airliner that had landed in Somalia, SAS men introduced the stun grenade to the arsenal of counterterrorist weaponry. From time to time, British penal authorities ask the SAS to test various electronic fences, reinforced doors, and other security systems contemplated for use in her majesty's prisons; as often as not, the SAS men send the designers back to the drawing board. And in 1980, the secretive SAS got some undesired publicity when millions of televiewers watched one of its teams, Mike Rose commanding, storm the terrorist-held Iranian embassy in London; it took all of eleven minutes for the SAS to slay or capture the six terrorists and rescue nineteen hostages.

In choosing men who can—and will—carry out such diverse and dangerous missions, the SAS has its pick of the entire British Army. Volunteers are subjected to a four-week course designed not only to strain their physical capabilities but to measure their psychological responses to a series of diabolically designed problems in field operations. Those who succeed in demonstrating their ingenuity, their stamina, their ability to work as part of a small team, and above all, their perseverance in the face of even the most daunting difficulties are then given a further six months of "continuation training" in SAS tactics, parachuting, combat survival, escape and evasion, and interrogation techniques. Only the survivors—as few as 15 percent of all applicants—are at last allowed to wear the winged-dagger badge and the beige beret of the Special Air Service.

In its modern form, the SAS is built to achieve maximum flexibility. Of its three regiments, only one, the 22d, is a full-time, regular outfit; the other two belong to the Territorial Army of reservists. The 22d is composed of four squadrons, each divided into four twelve- to twenty-man troops: a boat troop; a mountain troop; a free-fall troop that specializes in HALO, or high-altitude, low-opening jumps; and a mobility troop of experts in all manner of military vehicles, most particularly those of potential enemies.

The basic unit remains the four-man patrol envisioned by David Stirling. In addition to possessing such SAS-wide skills as parachuting, intelligence gathering and communications, unarmed combat, and competence in the use of a wide variety of weapons, each member of a patrol has his own specialty: concealment, high explosives, auto theft, first aid—any one of a dozen useful talents.

Among the world's special-operations units, the SAS is one of the most secretive. Even so, its reticence pales before that of the Special Boat Squadron of the Royal Marines. While the market town of Hereford is widely known as home to the 22d SAS, few recognize the modest cluster of barracks and boathouses, fronted by a sign that declares the presence of the Amphibious Warfare Training Centre, near the southern seaside resort of Poole, as the headquarters of the SBS. The overall strength (probably fewer than 200) and organization of the SBS are closely held secrets. In their rare contacts with the public, SBS officers and men go by pseudonyms. No public announcements are made when SBS men are awarded medals, and even the squadron's whimsical insignia—a frog with crossed canoe paddles—is worn only at private SBS functions.

Operating under the motto By Guile, Not Strength, the SBS recruits solely from the elite Royal Marines, and even then it accepts only about one of every twenty-five volunteers. Unlike the SAS, which sometimes operates in larger groups, members of the SBS almost always work in four-man teams. As a branch of the Royal Navy, the SBS performs such missions as scouting landing beaches and sabotaging enemy shipping and coastal installations. SBS operatives are trained in such sundry skills as testing beach sand to determine its load-bearing capacity and attaching underwater limpet mines to the hulls of enemy vessels. In one well-practiced scenario, SBS teams make a "wet" parachute drop into the open sea and are taken aboard a waiting submarine, which then transports them close enough to a beach to enable them to swim secretly ashore or land in collapsible, two-man Klepper canoes or inflatable Gemini boats. "We can do anything the SAS does," say SBS men in a boast hotly disputed by the rival force, "and walk on water too."

Unlike members of other British services, the men of both the SBS and the SAS are allowed a wide choice of individual arms. Indeed, said one man, these warriors would be perfectly willing—and able—to use "an ax if that's what's needed." In the Falklands, however, the weapons were far less primitive. Among firearms, the eight-pound, 5.56-mm M16 assault rifle from America was at first universally preferred to the eleven-pound, 7.62-mm British self-loading rifle, but some men switched to the heavier weapon after reports of an Argentine soldier still alive and dangerous after seven hits from the smaller-caliber rifle. In addition, special-operations troopers in the Falklands bristled with a lethal array of knives, pistols, pump-action shotguns, and M79 grenade launchers capable of firing a 40-mm missile to a distance of more than 400 yards.

Inevitably among such outfits, competition is intense. Yet as they ventured forth on their mission to the Falklands, the rivalry was tempered by mutual respect and a sense of shared goals. All were imbued with the spirit embodied in the words—peculiarly appropriate to their remote destination—inscribed on an SAS monument in Hereford: "We are the Pilgrims, Master: / We shall go always a little further: / It may be beyond that last blue mountain barr'd with snow, / Across that angry or that glimmering Sea."

The Argentine invasion was scarcely three days old before the SAS and SBS were on their way to the Falklands. On April 5, four RAF transports embarked sixty-six men of the 22d Regiment's D Squadron and took off for Ascension Island. This minuscule lump of lava about halfway between Great Britain and the Falklands would serve as an assembly point; several days would be gained over the alternative, gathering first in Britain.

Also on board the big planes were 14 SAS radio operators and 50,000 pounds of equipment that the regiment always keeps pre-packed on pallets, ready to go in case of crisis. Next day, accompanied by Colonel Rose and his headquarters staff, G Squadron enplaned for Ascension, bringing the SAS total to about 125; meanwhile, 20 men of the Special Boat Squadron's Two Section, which had recently completed three months of arctic training in Norway, also were flown to Ascension, and another six four-man teams of Six Section were crowded into the nuclear attack submarine *Conqueror,* heading for the South Atlantic at full speed.

On April 10, the first offensive action began; appropriately, it was largely a special-forces show. Departing Ascension, a small fleet composed of the destroyers *Antrim* and *Plymouth* and the tanker *Tidespring* headed south carrying members of the special forces and 120 men of M Company, 42 Commando, Royal Marines. As it plowed through heavy seas, the group was joined by the bright red ice patrol vessel *Endurance,* which had been on duty off the Falklands at the time of the Argentine invasion and had been ordered to remain in the area. Then the flotilla continued to steer south, carefully threading its way through waters infested with enormous icebergs. Its destination was not the Falklands, but South Georgia.

As bleak a piece of real estate as exists on the planet, South Georgia consists largely of crevassed glaciers swept by monstrous winds howling down from the heights. In April 1982, the island's human inhabitants comprised a small contingent of Argentine occupiers, a few Argentine scrap-iron workers imported to dismantle an old whaling station, and thirteen members of a British Antarctic Survey team, who were now playing hide-and-seek with the enemy.

South Georgia might easily have been bypassed, but the island offered a quick and easy victory that would satisfy Britain's thirst for good news from the South Atlantic. Originally, the operation had been code-named Paraquet—which the troops immediately amended to Operation Paraquat, after a well-known weed-killer.

Their grim humor aside, the special-forces operators seemed a rather disreputable lot: Their hair was far longer than regulations permitted; on operations they often went unshaven; and, instead of uniforms, they wore whatever seemed suitable for the conditions. Now they dressed in heavy Norwegian army shirts, turtleneck sweaters, and quilted smocks and trousers. A black watch cap or a balaclava ski mask kept the head warm. Moreover, the SAS and SBS

A Most Remarkable Boat

Waterborne special operations—beach reconnaissance, ship attack, sabotage—usually require a combination of stealth, speed, and the ability to transport essential equipment. For such missions, SEAL and SBS teams among others can call on a variety of small boats, but none is more versatile than Britain's Subskimmer. As shown on the following pages, the Subskimmer is not only a speedy surface craft but also a submersible that can operate partially or completely below the surface.

Such flexibility is the primary advantage of the Subskimmer. A 90-hp outboard engine permits a top speed of twenty-five knots. With a range of seventy nautical miles, the vessel is capable of rapid approaches from considerable distances. As the boat draws closer to a target, a more covert tack may be needed. The Subskimmer obliges by leaving the surface. When partially submerged, the boat uses its snorkel-equipped outboard engine. Maximum speed is two knots to prevent the wake from stripping away the divers' face masks. When fully submerged, the vessel is driven by a pair of battery-powered electric motors. An endurance of nearly three hours allows the last three miles of an approach to be made underwater and undetected with enough battery reserve to withdraw just as discreetly.

Half airborne and slapping against the swell, a Subskimmer manned by a pair of divers dashes across open water.

Classed as a rigid-hull inflatable, this adaptable craft can carry as many as four commandos, yet it can be handled by one.

The Subskimmer Submerged

Colored blue in the diagram at left are the parts of the Subskimmer involved in operating the boat submerged. To reduce buoyancy, flotation bladders forming the boat's gunwales are deflated and air is vented from a watertight box amidships to establish a slightly negative buoyancy. Once underwater, the Subskimmer is powered by a pair of one-and-a-half-kilowatt electric motors. Pointing the motors up, down, or to the sides steers the boat and makes it rise or descen

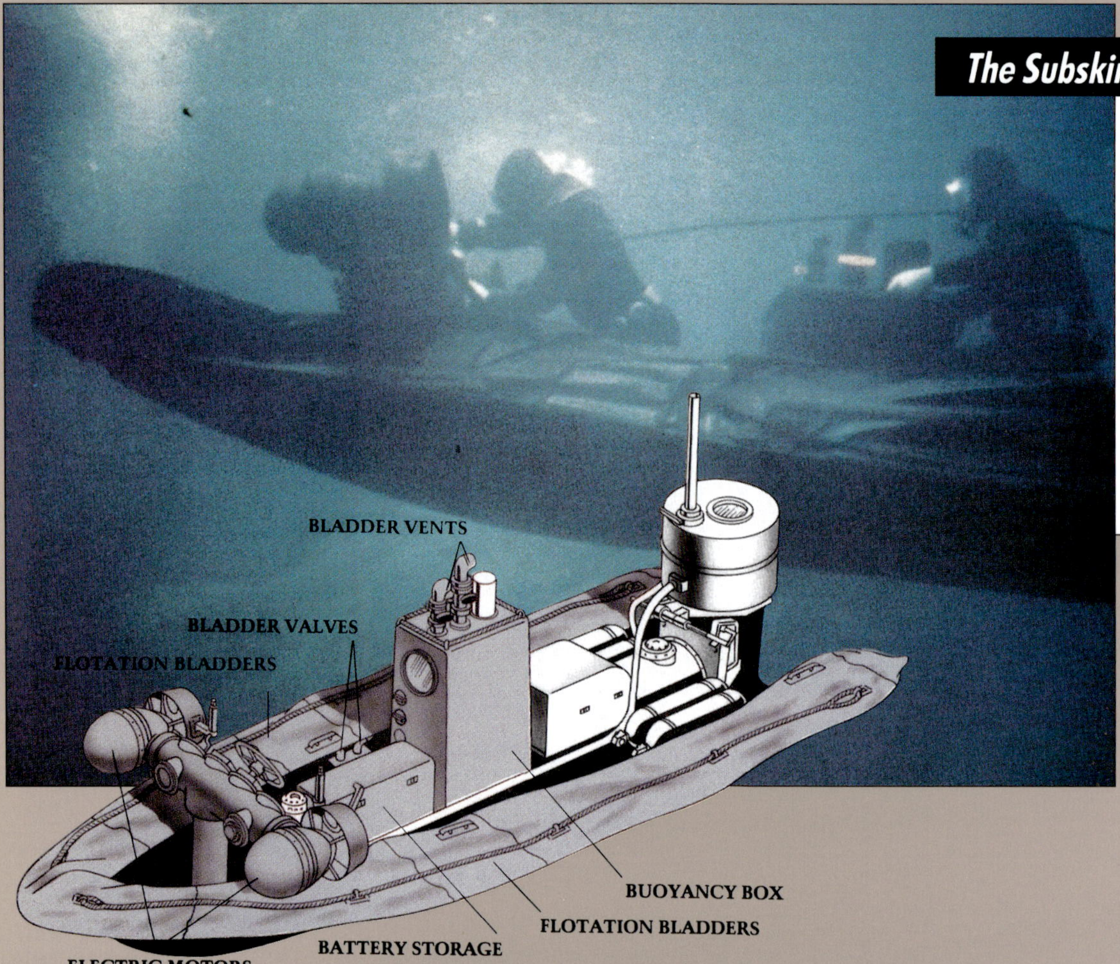

Snorkeling, Decks Awash

To operate the Subskimmer partially submerged, the driver adjusts buoyancy until the boat floats just beneath the surface. Compressed air, stored in tanks astern, forces water from the buoyancy box to lighten the boat when ascending from below the surface. The driver can choose either the electric motors or the outboard. A snorkel to supply air and a waterproof cowl permit the engine to function even though submerged.

A Fast Getaway

The Subskimmer can ride on the surface without benefit of its flotation bladders, which take approximately three or four minutes to fill with air. To use this feature, which expedites a retreat, the driver purges all water from the buoyancy box, then accelerates with the outboard. As the boat gathers speed, the force of the water against the hull lifts it onto the surface. The flotation bladders are inflated under way, improving speed and fuel efficiency.

Skipping across the Surface

For optimum performance on :he surface, the Subskimmer)perates with the buoyancy box ≥mpty of water and flotation •ladders fully inflated. Of the :hree bladders—one around the)ow and one along each side— :he forward chamber is always nflated first to keep from burying the bow in the water.

officers wore no rank insignia and were always addressed as "boss" instead of the customary "sir." "It was always hard to tell who were officers and who were men," said one observer. "Some of the naval officers began to worry that they were bringing ordinary men into the wardroom, rather than officers. But none of them ever dared challenge the SBS, who had a slight air of menace about them."

As the British ships neared South Georgia, planning sessions in the *Antrim*'s operations room grew intense—and sometimes heated. In overall command of the land forces was Marine Major Guy Sheridan, who persisted in trying to give Major Cedric Delves, commander of both SAS D Squadron and the SBS members appointed to this mission, unwelcome advice on how to achieve the objectives assigned to his troops. Almost intuitively, Delves resisted. "We prefer to be given a task with stated operating parameters," he said later, "and then to be allowed to get on with it."

There was no argument from Delves that Sheridan's Marines and part of the special forces would make the main assault. But first the SAS and SBS would need to reconnoiter landing sites and likely enemy positions: specifically, the SBS was assigned to scout in the vicinity of Grytviken and the British Antarctic Survey station on South Georgia's east coast, while the SAS would check out the whaling station at Leith, thirteen miles farther north.

There, however, agreement ended. The SAS thrives on surprise—and in any case, admits no end to what its men can do. Delves planned to insert his team in the least likely place—atop Fortuna Glacier, a huge mass of ice and snow with five frozen fingers reaching down to the sea. After landing by helicopter, the men would trek across the glacier's 1,800-foot-high dome to a position overlooking Leith. Sheridan, however, recommended against this approach. A skier and mountaineer with experience in the Himalayas, he well knew the difficulties of movement in snow and ice and, as he recorded in his diary, he urged the SAS "on my own experience, to avoid glaciers like the plague." This good advice went unheeded.

At about 1:00 p.m. on April 21, three Wessex helicopters lifted off the *Antrim* carrying D Squadron's sixteen-man mountain troop, commanded by Captain John Hamilton. The weather was foul, with wind gusts registering sixty miles per hour. "There was simply no horizon," recalled a pilot who had groped for a landing spot atop the glacier. "Ice, snow, and cloud all blended into one."

Somehow the choppers got down, unloaded the SAS teams and

their gear, and took off again. Now alone on the glacier, the SAS men roped themselves together in groups of three and four, then struggled into the harnesses of sleds brought along to transport supplies. According to plan, the group was expected to march two miles and get off the glacier by nightfall. But as soon as the troopers set out, they knew that they were in trouble. Every thirty yards or so, a man would plunge up to his waist in a snow-concealed crevasse and have to be hauled out by his mates. Yet on they pressed, each man leaning against the gale, each man gasping for breath. After five agonizing hours, the party had progressed scarcely 800 yards—and there was no choice but to bed down on the glacier.

It was a nightmare. Since tents would not stand against a wind now screeching at up to 100 miles per hour, the troopers used ice axes to hack out shallow two-man trenches and wrapped themselves in the tents' nylon as protection against the storm's blasts. Even so, snow threatened to bury them as they attempted to sleep, and every forty-five minutes or so they had to get up and dig out. When morning finally arrived, conditions were no better, movement was impossible, and Captain Hamilton reluctantly signaled that the SAS mountain troop would have to be airlifted off the glacier—that is, if rescue was even possible.

At 10:50 a.m., the three choppers again lifted off from the *Antrim* and spent half an hour fighting in vain against gusting headwinds to reach the altitude of the stranded SAS men. The pilots tried again at 1:30 p.m., and this time they made it through the clouds and blowing snow. Taking six of the suffering troops aboard, a twin-engined Wessex 5 staggered aloft and headed for the glacier's rim. Almost immediately, the craft was hit by a vicious snow squall, and its pilot suffered the phenomenon known as whiteout, dreaded by all fliers in frigid regions. "It's like trying to see through milk," one pilot has explained. "You become disoriented." After traveling less than a mile, the helicopter fell out of the sky from forty feet and hit hard, its left undercarriage ripped away by the impact.

Amazingly, no one was killed or even seriously hurt, and the two remaining choppers immediately flew to the crash site to pick up the downed men. A single-engined Wessex 3 piloted by Lieutenant Commander Ian Stanley, with one SAS man already on board, packed a crewman and two troopers into its cramped cabin, while a twin-engined Wessex 5 added a crewman and the remaining four soldiers to the nine semifrozen individuals in the cabin. Since Stanley's bird was the better instrumented, he led the attempt to break the glacier's grip. As the two helicopters labored aloft, Stanley's copilot peered back through the port cockpit window at the trailing helicopter. "Fine, okay, okay, following us at fifty yards, steady, steady, steady, all okay," he intoned. And then: "Oh, God! He's gone in!" The pilot of the second chopper had encountered another whiteout—and had crashed from seventy feet of altitude. Even now, there were no casualties, but two precious helicopters were clearly out of commission, and when Stanley arrived safely on the *Antrim* with three SAS passengers, there were still thirteen men, plus three aircrew, left on the glacier. If forced to spend another night on the icy massif, some of them would surely be dead next morning.

By 4:00 p.m., the ferocity of the storm seemed to diminish, and Stanley took off again. Searching for a hole in the clouds, he "stooged around for a few minutes and then, in a sudden break, we were looking straight down at a crashed helicopter. I dived down through the gap and landed alongside." But now the weather was again closing in and Stanley knew that there would not be another chance before nightfall. The only hope was to take everybody in a single lift; with Stanley and his copilot that meant eighteen men in a helicopter whose capacity was supposed to be less than half that number. "When we took off," one of the SAS troopers later recalled, "there were arms and legs sticking out of the door and windows."

On the afternoon of April 22, four cold and dejected members of an SAS mountain troop cautiously make their way across the ice of South Georgia's Fortuna Glacier to aid the survivors of a helicopter crash. Footing on the glacier was treacherous; the last man in line is struggling to his feet after punching through the ice.

They just made it. Stanley brought the barely flyable craft, sinking almost as fast as the glacier sloped away beneath it, down on the *Antrim* in what one observer called "a bloody marvelous controlled crash landing." That night the troopers presented Stanley with a bottle of whiskey. It was their way of saying that he was, in spirit if not in fact, one of their own.

Meanwhile, the SBS was having its own dramatic difficulties, and for a time it seemed as if the entire operation to retake South Georgia was jinxed. The idea was to insert three four-man SBS patrols by helicopter from HMS *Endurance* some distance from Grytviken; the men would trek to a rendezvous, where the chopper would bring in a pair of Gemini boats in which they could approach their objective across a broad bay. But the atrocious weather threw the timetable out of kilter, and when the helicopter at last arrived with the Geminis swaying beneath in cargo slings, it came in so low that one of the boats slammed into a rock and was too badly holed to use.

With one Gemini ruined and the seas too rough for the remaining craft to carry more than four, two of the patrols had to stay behind while the third set off in the sound boat—and motored into a horrific vista. A nearby glacier, two miles wide and 100 feet high, was shedding thousands of tons of ice, until the water, said an SBS Marine, "was packed really tight—bits of ice of all shapes and sizes—growlers, icebergs, and brash." There appeared to be only one narrow channel, and the men went for it. But not for long. "We managed to cover about 800 yards when it became obvious that we

After a second helicopter crash atop the glacier, an aircrewman and two SAS troopers break out a life raft for use as a temporary shelter while they await rescue by the last remaining helicopter. In high winds and driving snow, only the massed weight of the men curled up inside them prevented the inflated boats from being blown away.

were in trouble," recalled one of the men. With five miles still to go, the wind was rising and the channel was closing. The Gemini's outboard was straining hard. If the engine died, explained another, "then we would be swept back onto the ice and crushed to bits. There was no way you could climb onto that stuff, or try to walk across it." The crossing was reluctantly abandoned, and the next night the SBS group was evacuated by helicopter.

Two attempts. Two failures. Yet the special forces are imbued with unswerving persistence in the face of crushing discouragement. By the time his mountain troop returned from the Fortuna Glacier, Major Delves was already making plans to put the squadron's boat troop onto South Georgia. And that he eventually did, sending out fifteen men in five Geminis from the *Antrim* to a position from which they could climb to high ground above Leith. Though assiduously seaproofed, the outboard engines clamped to the Gemini transoms were notoriously fickle. True to their reputation, two of them conked out in the brutal weather and would not be restarted. One of the boats would drift until the next day before being found by the guardian angel helicopter pilot Lieutenant Commander Stanley. The other was driven ashore, where its occupants would camp five days in a cave before being picked up. By that time, the South Georgia campaign would be over.

The three other Geminis, however, made it to their objective, and by the morning of April 24, a patrol of SAS men was at last on a hill overlooking the settlement of Leith and the enemy garrison. There, they watched with great interest as an officer inspected the Argentine trenches, thereby pinpointing defensive positions. But when the SAS radioed its news to the *Antrim*, the men were informed that fast-moving events at Grytviken had made it unlikely that Leith would be the point of invasion.

A Brief Scare from the Depths

While the special-operations troopers were struggling to reconnoiter the bleak terrain of South Georgia, Royal Navy commanders were severely jolted by the report of an Argentine submarine in the vicinity. Leaving only the *Endurance* to support the troops that had been sent ashore, the tiny fleet ran for cover amid icebergs 200 miles to the north. The *Antrim* and the *Plymouth* soon returned, but the highly vulnerable *Tidespring* remained behind—with nearly all the Marines of M Company.

Then, on April 25, the *Antrim*'s surviving Wessex—flying an antisubmarine patrol and once again piloted by Ian Stanley—spotted the enemy submersible making its way out of the harbor at Grytviken. Stanley was able to identify the vessel as the *Santa Fe,* a World War II diesel-powered submarine that had been purchased by Argentina from the United States. The boat was on the surface, a sub hunter's dream come true. Swooping into the attack, Stanley dropped a pair of 250-pound depth charges close aboard. Helicopters from the other British ships hammered the submarine with rockets, and the hapless *Santa Fe,* spewing smoke and trailing a wake of oil, was run aground.

Aboard the *Antrim,* the Royal Marines' Major Sheridan knew an opportunity when he saw it. Calculating that the sub's demise would demoralize the enemy garrison, Sheridan urged an immediate invasion with whatever force could be thrown together. Even though little was known of the enemy's disposition, the SAS's Cedric Delves enthusiastically agreed, and Sheridan quickly organized a group of seventy-five men from his own headquarters, from Royal Marines who were serving as part of the ships' companies, and from the Special Air Service and Special Boat Squadron.

Now, after all the adversity, all the frustrations, all the pain inflicted by the hostile elements, the unswerving perseverance that is a hallmark of the special-operations troops finally paid off with bewildering rapidity. At 2:45 p.m. on April 25, helicopters began landing the patchwork British assault force approximately three miles from Grytviken. As the British soldiers worked their way over the shoulder of a small mountain, the *Antrim* and the *Plymouth* laid down a creeping barrage of naval gunfire that drew closer and closer to the Argentine garrison.

By the time the attacking force came within sight of Grytviken, a number of white flags were already waving from the settlement. With three other men, Delves moved cautiously down the steep slope. "We passed through the old whaling station," he recalled, "and went along the narrow track. We passed a machine-gun post—the crew just standing there with their arms in the air and looking nervous—and I said, 'Good afternoon. How do you do?' "

The next day, Leith surrendered as well, and the British had in their hands a total of 185 Argentine prisoners. When the news reached London, Prime Minister Margaret Thatcher appeared on the front steps of No. 10 Downing Street. "Rejoice!" she called to waiting newsmen. "Just rejoice!"

But there was no resting on laurels. Hardly had they secured South Georgia than the SAS and SBS detachments transferred to destroyers that raced to join the main invasion force for Operation Corporate, now plowing south through the Atlantic from the staging base at Ascension Island.

The fleet had sailed from Ascension on April 18. By April 30, it had reached a point about 200 miles off the Falklands, and even at that late date the question of where the invading troops should go ashore was still unanswered. Though the British had intimate knowledge of the islands with their 14,913 miles of coastline, the task force planners knew little as yet of enemy emplacements and strengths. At one time or another, commanders aboard the assault ship *Fearless* discussed the virtues and drawbacks of as many as thirty different landing sites. Gradually, the list of possibilities was whittled down to a dozen, then to five. With the Argentines still in control of the clouded Falklands skies, a thorough aerial reconnaissance was clearly out of the question, and the British had to rely entirely on the special-operations teams to reconnoiter the beaches and pinpoint the enemy forces.

Insertions began on the night of May 1, when Sea King HC-4 helicopters from the aircraft carrier *Hermes* skimmed almost at wave-top height on a perilous three-hour flight to deposit the first of eight four-man SAS patrols and six four-man SBS teams at widely dispersed points on both islands. "We started out with a blank map of the Falklands," recalled the Royal Marines' Brigadier Julian Thompson, commanding the main landing force, "and fired special forces like a shotgun across the islands to see what they found."

With sounds of engines and whipping rotors masked by a howling wind, the Sea King pilots came whirling in from the sea and searched out their assigned destinations with the aid of night-vision goggles acquired from the United States. The men who jumped out could hardly have liked what little they saw, but their rough and boggy training areas at home had prepared them for it. Although the Falklands are studded by mountains whose slopes offer caves and clusters of boulders to hide among, the land is mostly open, treeless

A Wasp helicopter from HMS *Endurance* hovers near the disabled Argentine submarine *Santa Fe,* down at the stern in Grytviken harbor after the SAS-led liberation of South Georgia. The victory was a boost for the British forces in the Falklands and a foretaste of the stiffer challenge yet to come.

moor with no concealment whatever. And no one could be sure about the caliber of the Argentines; many were said to be raw conscripts, but there also were reports of very tough, very well equipped special-operations units, perhaps the equal of the SBS and the SAS. "No one knew how good they were," explained one trooper, "or whether there wouldn't be a reception party to scarf you up."

As always, the British sought to disguise their intentions by landing the reconnaissance teams as much as a forty-eight-hour march from their objectives. Given the Argentines' control of the air, they could move only at night across the treacherous, marshy terrain. And so they set out, doggedly feeling their way through the darkness, unable to light even a match for illumination, constantly lashed by high winds and frequently pummeled by driving rain and sleet, toward the positions from which they would conduct their clandestine investigations. At the first glimmer of daylight, they would go to ground, digging shallow trenches that they would cover with chicken wire and layers of peat turf.

When they at last crept into their observation posts, the patrols found that their difficulties had only begun. Among the major problems was a lack of up-to-date communications equipment: Budgetary restrictions had prevented Britain's special-operations units from obtaining modern burst-transmission radios that could compress long messages into single squawks lasting less than ten seconds. Instead, the scouts were forced to rely on traditional Morse, a slow way of signaling and one that made them vulnerable to enemy radio direction finders.

On at least one occasion, members of an SAS team were so fearful of being discovered that they did not make even the brief daily report required to inform seaborne commanders that the group was still alive and working. Finally, after two days and just as officers on the *Fearless* were beginning to worry in earnest, a message came through advising that the team had been holed up in the middle of an Argentine troop concentration.

As for the long, detailed reports essential for invasion planning, they were too perilous even to try. Instead, couriers, and sometimes the entire team, had to make two- or three-night marches away from their observation posts so helicopters could fly them out to the *Fearless*, where they delivered their assessments in person.

Just before one SBS team was about to be extracted, a man became separated in the darkness from the rest of the group. Forced to leave without him—under no circumstances could a helicopter linger for long in the hostile vicinity—the three other members were lifted to the fleet, where they were lengthily debriefed, and resupplied with rations and ammunition. When they returned to East Falkland, they found the missing man at one of several predesignated rendezvous points, calmly awaiting their arrival after surviving a week in the frozen, enemy-infested wilderness.

For the SAS teams, the main jobs were to ascertain the areas where the Argentines had concentrated their strength, to map trench systems and artillery positions, to locate airstrips being used by Argentine warplanes, and to assess the condition of the enemy's soldiers on matters ranging from weaponry to health and morale.

The SAS teams painted an encouraging picture of the Argentine soldiers. They were, to be sure, well armed with fully automatic rifles; they also were amply supplied with mobile, Italian-made 105-mm howitzers, and their night-fighting optical equipment was superior to anything the British had. Yet except for a few SAS-style units, the Argentine troops were, as expected, mainly conscripts best described by one British commander as "sloppy, disinterested, and dozy," and the watching SAS groups were pleased to note that they were neglectful of even such soldierly hygiene as washing and changing their clothes.

Scouting the Beach

As valuable as such observations were, the more urgent need was to sclcct a place for the invasion force to go ashore. That assignment fell largely to the SBS, whose teams swiftly and silently set about determining which of the five potential landing sites had the best of the following attributes: a sheltered stretch of coast, beaches that were shelved steeply enough so landing craft could come close ashore and firm enough to take heavy equipment, good exit routes from the beachheads for tracked and wheeled vehicles, and, of course, an absence of Argentine defenders.

When the SBS reports began coming in, the possibilities were eliminated one by one. Steveley Bay on West Falkland seemed ideal except for one thing: Starting there would require crossing Falkland Sound to East Falkland, where the main enemy body was entrenched. Port Stanley itself was tempting as a place to end the war quickly, but the Argentine defenders in the area would outnumber the landing force by nearly three to one. Berkeley Sound, ten miles above Port Stanley, and Cow Bay, even farther north, fell by the wayside after intelligence indicated that they were heavily mined.

That left San Carlos Water, fifty miles across country from Port Stanley on the west coast of East Falkland. And during the first ten days of May, planners aboard the *Fearless* focused on reports from an SBS team operating in the San Carlos environs.

The four-man group, led by a thirty-six-year-old sergeant, was inserted by helicopter about ten miles from the spot where it intended to set up its observation post. Three nights later, the team members concealed themselves in a cave amid a jumble of rocks on a ridge overlooking the inlet of San Carlos Water and the tiny communities of Port San Carlos and San Carlos Settlement.

By day, the members of the team remained on the ridge, taking turns sleeping and venturing from their cave to lie in shallow scrapes dug into the earth and expertly camouflaged. From these hides, they could peer through binoculars and a sixty-power telescope at the scene below. Against all expectations, there was little enemy activity—no garrison, no traffic on the grass airstrip near San Carlos, only an occasional patrol that gave a desultory look around before departing. Still, on at least one occasion the sergeant had a harrowing experience. Lying prone in a camouflaged trench, he listened worriedly to the unmistakable sound of an approaching helicopter. Closer and closer it came, until it was directly above him. And there, for several minutes, it hovered, so low that the downdraft from its rotary blades began blowing away the bits of turf that the sergeant was using as cover. Then, at last, the chopper flew away: Evidently trying to get his bearings, the pilot had presumably looked in every direction but straight down.

At night, the team descended from its hillside observation post to explore beaches, settlements, and other points of military interest. Unfortunately, the shore was so rocky that landing craft could not beach to let the troops off. The attackers would probably have to splash the last few yards from the landing craft. Marines, of course, were used to wet feet, but in the dank Falklands winter, feet would not dry until after the campaign. Many men would suffer from the fungus affliction known as trench foot. Otherwise, the SBS reported, the anchorage was unmined and satisfactorily free of kelp, the entangling seaweed that blights Falklands waters; a surrounding line of hills would offer some protection from storms and a strong defensive perimeter. All in all, Brigadier Thompson decided after digesting the SBS information, San Carlos "provided everything I wanted." Upon his recommendation, the British War Cabinet in London on May 10 authorized the landings at San Carlos.

Almost immediately, a new and unexpected development took place—one, as it turned out, that would give the SAS some of the most satisfying moments of its stay in the Falklands. From the time of the Special Air Service's founding, its franchise had included explosive sabotage and violent action against enemy outposts. Such opportunities had been long acoming in the Falklands, and now one appeared almost by happenstance.

A Harrier pilot from the *Hermes* reported that radar had locked onto his aircraft while flying over Pebble Island, a long, narrow arm of rock just off the northeast coast of West Falkland. Cleaning out a lonely radar station was no more than simple housekeeping for the SAS, and on the evening of May 11, eight men were landed by chopper on the West Falkland mainland, just south of Pebble Island. Their plan: to paddle Klepper canoes across an 800-yard stretch of water, call in heliborne reinforcements, destroy the enemy installation, then withdraw and get on with further business.

But nothing in the Falklands was ever easy. Squalls kicked up choppy waves that thwarted the crossing. Not until the night of May 13, when the weather eased, were the troopers able to make the short trip to Pebble Island. The group split into two four-man squads, and one of them headed toward the island's only settlement, whose twenty-five inhabitants were outnumbered a thousand to one by the sheep that they tended. Nearing the village, the men crossed a ridgeline—and gazed in amazement at an unsuspected airstrip with eleven Argentine planes parked nearby. Protecting the airfield was a garrison of about 100 men.

A good half of the aircraft were twin-turboprop Pucarás, effective ground-attack planes. Developed by Argentina as a counterinsurgency weapon, the Pucará mounted two 20-mm cannons and could deliver 3,300 pounds of rockets, bombs, and napalm. In addition, there were four Turbo-Mentor turboprop light attack planes and a Skyvan transport. By themselves the warplanes probably could not defeat or even seriously impede the British troops going ashore at

The remains of an Argentine Pucará ground-attack plane lie on the airstrip at Pebble Island, one of six such victims of a raid by D Squadron, SAS, during the night of May 14. Though the light, slow-flying turboprops would have been no match for Royal Navy Sea Harriers, the Pucarás were destroyed because of the threat they posed to British helicopters.

San Carlos; the landings would be protected by an umbrella of antiaircraft artillery and missile fire, as well as Sea Harrier jet fighters on combat air patrol. But the Pucará's guns could be murderous against British helicopters operating outside the air-defense umbrella, so when word of the Argentine aircraft was flashed to the fleet, British commanders decided to destroy them forthwith.

The destroyer *Glamorgan* was detached from the main battle force and sent speeding toward Pebble Island, while forty-eight members of the SAS's D Squadron, led by Cedric Delves, took off from the *Hermes* in three Westland Commando Mark 22 helicopters. Accompanying the SAS contingent was an observer from 148 Forward Observation Battery, 29 Commando Regiment, Royal Artillery—a unit that would work closely with special-operations forces throughout the war. The observer's job would be to correct the aim of the destroyer's guns.

As evening fell on May 14, a Friday—a favored time for special

operations, on the theory that enemies tend to relax on weekends—the raiders landed at a spot marked by the teams that had preceded them. Then they marched hurriedly the five miles to the airfield and poised themselves on its perimeter. At a signal from the observer, the *Glamorgan,* by now lying close offshore, sent up star shells to illuminate the enemy planes. Then, as the destroyer laid down fire to pin the Argentine garrison in its quarters about a half-mile away, the SAS troopers sprinted onto the airstrip and ran down the line of planes hurling incendiary grenades; blasting away with assault rifles, 40-mm grenade launchers, and 66-mm antiarmor rockets; and tossing plastic explosives between the wheels.

It was a classic "bash and dash action," as one officer put it, "the chance to go in and cause a bit of trouble, then get out fast." The mission was scheduled to last fifteen minutes. But it was the sort of thing the SAS had not had a chance to enjoy since World War II, and half an hour passed with the men still racing up and down the line of planes, making sure of everything. "Three times they were told to stop having a good time and get the hell out of it," said Colonel Mike Rose later, "and three times there was some strangely suspicious reason why they never got the order."

When the raiders at last began to withdraw, some Argentines mounted a meager counterattack led by a wildly gesticulating officer. The SAS cut him down, and with their leader dead, the enemy soldiers fled. Days later, an officer of the Royal Marines would draw a lesson from that incident. "When you're shooting people," he told his own troops, "pick the man who is waving his arms about."

At a cost of two minor casualties—an Argentine mine, set off by remote control, injured one man; the other took a bullet in the leg—D Squadron had destroyed all eleven aircraft on Pebble Island—along with an ammunition dump, a fueling facility, and the radar station that had brought them there in the first place.

The triumph at the airfield showed that surprise, backed by ample firepower, is often a decisive factor in battle. Unfortunately, the unexpected can cut the other way as well, and the enemy need not play a role. Five days after reducing the Argentine aircraft on Pebble Island to smoldering carcasses, a Sea King helicopter clattered off the *Hermes* to transfer a contingent of twenty-five SAS troopers to the assault ship *Intrepid* steaming less than a mile away. While circling the *Intrepid* in preparation for landing, the pilots suddenly heard two loud reports from one of the engines. The chopper immediately lost power and plunged into the sea. Only six men survived, including one trooper, who related that his foot had been inextricably caught in some webbing. Then he felt a hand grasp his ankle, followed by a sawing movement and two firm taps on his foot to tell him that he was free. No one will ever know who performed that selfless act, for he was among the nineteen SAS men who, along with an aircrewman and a forward air controller from the RAF, died that afternoon. Their average age was thirty-four, all of them career noncommissioned officers of long experience, the cream of the SAS. Wrote Rose stoically in his report: "The Regiment has taken it well and are getting on with the fighting at present."

Indeed that was so, for another SAS triumph was in the making. One of the several teams inserted early in May was an SAS patrol under Captain Aldwin Wight. While others had been scouting amphibious-landing sites, Wight and his men had taken a position on East Falkland, in the hills overlooking Port Stanley. There, the Argentine commander, Major General Mario Menendez, had concentrated the great majority of his 12,000-man force. Day after day,

Two helicopters approach the carrier *Hermes* on May 19 to pick up SAS troopers destined for the assault ship *Intrepid*, as the British prepare for the main landings on East Falkland. During one such "crossdecking" operation just hours later, a Sea King helicopter crashed into the sea, killing nineteen. It was the regiment's single greatest loss since World War II.

the SAS men lay motionless in carefully camouflaged hiding places amid clumps of tussock grass. They soon noticed that each afternoon toward dusk the enemy's Chinook, Puma, Huey, and Bell helicopters took to the air from Port Stanley and beat away toward the west, returning to Port Stanley early the next morning.

Calculating that the Argentines were removing their rotary-wing aircraft from the danger of nighttime British naval bombardment, the SAS team determined to find the nocturnal hideaway. Abandoning the scant comfort of the gravelike trenches in which they slept, the men probed westward. At length, they came upon a secluded saddle of land near Mount Kent, about ten miles from Port Stanley. There were the helicopters.

There was no time for a trek to the coast and a personal report on board the *Fearless*. Withdrawing some distance to reduce the chance of discovery, Wight put himself and his men at huge risk by radioing a call for an air strike. The Argentines may or may not have intercepted the message, but by the time that two RAF GR3 Harrier fighter-bombers sped from the carrier *Hermes* to the grid reference supplied by Wight, the helicopters had been flown away. Disappointed but not defeated, the SAS team started the hunt again,

rediscovering the helicopters—with the same result: The choppers were gone by the time the Harriers arrived.

Destroying these helicopters was becoming a matter of some urgency. The main body of the British force was to begin landing at San Carlos, and these aircraft, heavy lifters all, would be of great help to the Argentines in transporting troops to block the invasion's advance. Wight's patrol continued the search and found the helicopters again on the morning of May 21, just as the landings began. This time, when he summoned the Harriers, they arrived soon enough to catch the choppers on the ground and destroyed a Chinook and two Pumas. The blow considerably reduced the Argentines' ability to reinforce beleaguered positions by air as the British drove inland, and it made General Menendez even more careful about putting his remaining helicopters at risk.

Returning to the hills above Port Stanley, the SAS team resumed its vigil. In all, the men would remain in the field for twenty-six days amid what Wight's citation for the Military Cross later described as "appalling" conditions, with weather that "varied from freezing rain to gale force winds." When finally extracted, the men were weak from their meager diet of dehydrated rations, and because of trench foot induced by the constant damp within their miserable little scrapes, they were scarcely able to walk.

Meanwhile, the SAS was engaged in an operation so secret that years later the very fact of it—to say nothing of any details—remained shrouded in mystery. Though the Pucarás and Turbo-Mentor attack planes were gone, British planners had never regarded local Argentine air assets as the major threat to a successful landing. The tacticians' attention had long been riveted on Argentine aircraft operating from mainland bases within range of the Falklands. It was understood, quite correctly as it turned out, that the Argentine Air Force and Naval Air Arm were both well trained and well equipped, with U.S.-supplied A-4 Skyhawk attack planes and supersonic French-built Mirage IIIE fighter-bombers, along with a handful of very dangerous French Super Etendards capable of launching the sea-skimming, radar-guided Exocet antiship missile, which could be fired from more than twenty-five miles away.

It was politically impossible for the British to launch preemptive attacks against the mainland bases, even if they had the means to strike effectively. The handful of RAF and Navy Harriers—never more than forty-five of them—flying from the small carriers *Hermes* and *Invincible* had little range and no aerial refueling capability for lack of tankers. Their best use would be for combat air patrol over the fleet and the troops ashore. Too few to maintain continuous airborne pickets, the Harriers required timely notice of incoming Argentine air strikes. Taking off from the big Argentine base at Rio Grande, 300 miles from the Falklands, a flight of A-4s, Mirages, or Etendards could be upon the fleet in less than thirty minutes. The Harriers and the shipboard missile batteries needed all of that warning time and more, a requirement far beyond the capabilities of the fleet's radar.

Thus it was that on the night of May 17, with D-day only seventy-two hours away, the *Invincible,* escorted by the destroyer *Broadsword* and with SAS men aboard, broke away from the British task force north of the Falklands and made a high-speed run to the southwest. At 3:15 a.m., a Sea King helicopter was launched from the *Invincible,* then the ships reversed course and rejoined the fleet.

Two days later, the BBC in London blandly announced that a Royal Navy Sea King had "crash-landed" on a beach in Chile, just beyond the Argentine border near the seaport of Punta Arenas. "We were on sea patrol when we experienced engine failure due to adverse weather," said the Sea King's pilot. "It was not possible to return to our ship in these conditions. We therefore took refuge in the nearest neutral country."

Immediately thereafter, British commanders began receiving detailed information on the times, types, and weapons load of Argentine aircraft taking off from Rio Grande. Concurrently, the fleet started getting similar information on the activity at two other Argentine bases farther north along the coast: Rio Gallegos and Comodoro Rivadavia. It is widely believed that the Sea King landed an SAS team near Rio Grande and that the SBS was inserted by submarine at the two northern bases.

On the evening of Thursday, May 20, 1982, as the British battle force waited at sea to begin the transit south to San Carlos Water, men of the Royal Marines and the Parachute Regiment blackened their faces and inspected their gear in preparation for assaulting the beaches at dawn. Yet even then, special-operations forces had vio-

lent chores to perform in opening the way for the invasion.

Earlier that night, a Wessex 5 helicopter had flown a reconnaissance mission over Fanning Head, a barren promontory guarding the entrance to San Carlos Water. Using a thermal imager, a device that measures the smallest differences in heat from objects in the field of view and converts them into images, the pilot had detected the presence of what could only be Argentine troops who had occupied Fanning Head, previously reported by the SBS to be vacant. Clearly, gunfire from this position would gravely endanger the task force as it entered San Carlos Water, so the SBS was detailed to neutralize the threat.

At about 11:00 p.m., thirty-two troopers, armed with a dozen machine guns, were landed by helicopter at a point approximately six miles from the target. They were accompanied by a captain of the Royal Marines named Rod Bell, who spoke fluent Spanish. The officer had brought with him a battery-powered bullhorn in the hope of persuading the Argentines to surrender without bloodshed. But when his proposal went unanswered and a hand-held thermal imager the SBS had brought along showed the eerie figures of men approaching through the night, the British opened fire. After a few minutes, however, Bell persuaded the SBS commander to cease. "We were massacring

Three Special Boat Squadron Marines *(left)* establish a defensive perimeter around Fanning Head, high ground overlooking the entrance to the British beachhead at San Carlos Water. Below, Royal Marine Captain Rod Bell interrogates Argentine prisoners captured at Fanning Head while an SBS trooper looks on. The squadron, less well known than its Army counterpart, the SAS, received much unwelcome press attention as a result of its successes in the Falklands.

them," he recalled, "and I wanted to talk again." With two volunteers, he moved toward the enemy outpost—while the SBS sergeant major stomped around angrily muttering, "Gentlemen, this is NOT the way to do business."

As it turned out, the sergeant major was right. The Argentines opened fire, Bell and his companions dived for cover, and the SBS responded with lethal effect. "It was getting daylight now," Bell said later, "and the Argentinians were running up to the highest ground. It was a duck shoot. You could see them falling."

In the event, six enemy soldiers surrendered and three wounded men were taken prisoner. Later, after the invasion force had occupied the area, the Royal Marines found a dozen or so Argentine bodies sprawled on the ground.

While the SBS was killing the enemy on Fanning Head, the SAS drew an assignment to do just the opposite at Darwin and Goose Green, twenty miles to the south of the San Carlos beaches. Earlier reconnaissance of these settlements had identified an Argentine garrison of as many as 500 men. To keep that force in place during the San Carlos landings, 40 SAS men were inserted by helicopter four miles above Darwin with orders that were terse and to the point: "Noise. Firepower. No close engagement."

Following instructions to the letter, the SAS troopers put on a bang-up show, constantly changing firing positions as they let loose with rifles, machine guns, mortars, and Milan rockets in a blazing pyrotechnic display. The Argentine commander, far from realizing that he outnumbered the noisemakers by as many as twelve to one, radioed his superiors that he was under attack by a full 600-man battalion. Whether they believed him is moot. No reinforcements arrived, and the Argentines did not stir from their positions when the first waves of British paratroopers and Marines waded ashore.

SAS and SBS patrols scouted ahead of the regular troops as they began their advance on Port Stanley. There were hazards to being in the vanguard, and they could come from friendlies and hostiles alike. On the stormy night of June 2, a four-man patrol from the SAS's G Squadron was manning a forward observation post when they spotted black-clad figures approaching their position from an area known to be in Argentine hands. When the SAS challenged "Halt!" three of the four men stopped in their tracks, but the fourth

made a dive for cover. A reflexive burst of fire cut him down before he reached the ground.

Only after the incident, when the intruders advanced to be recognized, did the SAS troopers realize that the threatening figures were an SBS patrol unaware that in the rain-swept darkness they had wandered two miles out of their assigned area. The dead soldier was Sergeant I. N. "Kiwi" Hunt, one of the squadron's most experienced and valued men. He was the only SBS fatality of the war.

Eight days later, the SAS, too, lost one of its best. On June 10, D Squadron's redoubtable Captain John Hamilton, more than recovered from his near-disastrous visit to the glacier on South Georgia, was with a four-man patrol above Port Howard on West Falkland. The unit had been sent there to warn of any Argentine effort to attack the British rear. Just after dawn, Hamilton and his radio operator moved out of concealment to get a closer look at some enemy positions. Concentrating on their observations, they did not see an enemy patrol moving in behind them until it was too late. Hamilton and his companion tried to fight their way out with standard SAS "pepper-pot" tactics, a leapfrog style of withdrawal

Two members of the Special Air Service, heads down and M16s at the ready, alight from a Scout helicopter at Bluff Cove, just fifteen miles west of Port Stanley. The mobility that helicopters afforded the SAS and SBS throughout the war was a major factor in the defeat of the largely static Argentine defense.

wherein one man dashes a short distance toward safety while the other lays down covering fire. But the bare hillside provided no shelter, and Hamilton was hit as the radio operator was making his run. "You carry on. I'll cover your back," shouted Hamilton, who blazed away until he was killed. The captain was awarded a posthumous Military Cross for his valor. He lies buried where he fell.

The climax of the war found the SAS employing psychological-warfare tactics often used against terrorists holding hostages. Ever since June 6, Mike Rose had arranged daily broadcasts to Port Stanley over a radio frequency used by the hospital to transmit medical advice to outlying settlements. The channel was monitored by the Argentines, who had kept it open during the occupation. Now the Spanish-speaking Captain Rod Bell had a message for any who might be listening. With 9,500 British troops on the island drawing the noose ever tighter, the Argentine forces were doomed; it would be honorable and humane to surrender without further bloodshed.

For a week the broadcasts continued, but they brought no response as the main British force advanced on Port Stanley. On June 13, the SAS suggested mounting a diversion in support of a paratroop attack on Wireless Ridge a few miles west of Port Stanley and the last significant Argentine defenses between Britain and victory.

That night, using four rigid raiders—flat-bottomed, blunt-bowed boats powered by 140-hp outboard engines—a thirty-two-man raiding party composed of SAS men and Royal Marines would dash across Stanley harbor from the southern shore, then land on the north side and generally raise Cain before departing. The operation would emphatically remind the Argentines that they could expect attack at any time from any quarter and perhaps encourage an early surrender. The ever-ready Major Delves, who would command the raiders, even thought that if the enemy collapsed that night or next morning, he and his men might claim the honor of being the first British soldiers to enter the capital—only fitting considering their long tenure in the Falklands.

The men crouched low on the boat thwarts, and helmsmen braced themselves as the rigid raiders sortied into the harbor, pounding through the waves and spray. Hardly had the crossing begun when things went wrong. Crewmen on the *Bahia Paraiso,* an Argentine icebreaker pressed into service as a hospital ship, picked up the boats with the vessel's searchlight. An antiaircraft battery opened up with its 20-mm guns and a coastal defense position joined in with heavy machine-gun and small-arms fire. The helmsmen frantically twisted and turned under the tracer streams and the troopers—off balance, often facing away from the threat because of the boats' gyrations, and apprehensive about accidentally shooting their own—returned fire as best they could. Two of the boats were quickly hit and three men wounded. One rigid raider threw a propeller and had to be taken under tow.

There was nothing for Delves but to abort the mission. He ordered the helmsmen to reverse course and head for home under cover of friendly artillery called down by an alert officer ashore who witnessed the calamity. Holed and splintered, the boats were run up on the beach and the troopers made for the hills, where they were picked up by helicopters a few days later.

Some analysts, expressing skepticism about the need for a diversion, strongly suspect that the aggressive SAS troopers wanted merely to take one final whack at the foe. Yet, while the effort was something of a bust and did nothing to distract enemy attention

Orange smoke and hand signals call in a Navy Sea King helicopter to pick up D Squadron's unused equipment one day after the Argentine surrender. Returning home from the South Atlantic, this distinguished SAS unit would revert to its counterterror role. Within weeks, the troopers would redeploy to Northern Ireland.

from Wireless Ridge, later it became clear that this foray by a handful of men convinced the Argentines that they had interrupted a major landing attempt.

Next morning, Rod Bell resumed his broadcasts, advising the enemy commanders that "the world will judge you accordingly" if there was unnecessary bloodshed. His back to the sea and feeling pressured from two directions by a force he had little intelligence of, General Menendez let it be known that he was prepared to parley. Late in the afternoon of June 14, Bell and the SAS's Mike Rose flew into Port Stanley aboard a Gazelle light helicopter trailing a white flag. Negotiations lasted for two hours, with Rose in constant touch with London via his portable satellite radio.

In the end, Menendez capitulated, and at 9:00 p.m., Marine Major General Jeremy Moore, who had arrived two weeks earlier to take charge of Operation Corporate, accepted the official surrender. Down, after seventy-three days, came the blue-and-white Argentine flag. Aloft soared the Union Jack. ★

3

Grenada: Tales of Things Gone Wrong

Faces camouflaged, U.S. Army Rangers move off the runway at Point Salines Airport, Grenada, heading toward positions inland. In front, a radio and telephone operator (RTO) packs a PRC-77 radio, its antenna doubled over to make the RTO a less conspicuous target.

The two MC-130E Combat Talon deep-penetration transports had been flying south separately and in radio silence for almost seven hours. Now, as the big Air Force turboprops approached their objective on the evening of October 23, 1983, they joined in loose formation and dropped to a radar-evading 600 feet above the Caribbean Sea. On the flight decks, eerily illuminated in the glow of red cockpit lights, the pilots scanned the Talons' special navigation and night-vision devices. Behind, in the cavernous fuselage of each aircraft, eight men wearing parachutes checked their gear and prepared for action. Each one shouldered nearly a hundred pounds of equipment: a rifle, a pistol, a knife, ammunition, hand grenades, survival gear, inflatable life vests, Chemlite chemical marker lights, night-vision goggles, antitank weapons, and other items considered necessary for the mission. In the middle of the cargo holds, fitted with parachute extraction systems, rested the teams' surface transport: a pair of blunt-nosed twenty-three-foot fiberglass Boston Whaler assault boats with 175-hp outboard motors.

The sixteen men were SEALs. Together with a party of Air Force specialists who would join them below, the U.S. Navy commandos would be the vanguard of the most massive American invasion force since the Inchon landing of the Korean War, more than thirty years earlier: thirteen ships, hundreds of fixed-wing aircraft and helicopters, more than 7,000 men in all.

Ahead, barely punctuating the vastness of the sea, lay their target: the tiny, comma-shaped island of Grenada, a place that until recently had been known solely for its cloves and nutmegs, lush scenery, sunny clime, and placid, touristy lifestyle. But now, because of a rapidly developing situation that jeopardized American lives and threatened the regional balance of power, the U.S. military was going into battle. As matters turned out, for all the assembled

Special operations during Operation Urgent Fury clustered in the southwestern portion of Grenada. At the southern tip of the Grenadine string of keys *(inset)*, the former British colony lies about 90 miles off the coast of Venezuela and about 1,500 miles southeast of Cuba, which sponsored the turmoil that led to invasion in 1983.

R Rangers

S SEALs

D Delta Force

might, it would be the special-operations forces—the Navy's SEALs, the Army's Delta Force and, above all, its two Ranger battalions—who would bear the brunt of the fighting and dying.

Discovered by Columbus in 1498 during his third voyage to the New World, Grenada is the southernmost island of the Grenadine chain, only ninety miles north of South America. It was a colonial bone of contention for 300 years before finally becoming a British possession, after which the Foreign Office managed affairs until 1974, when the 90,000 Grenadians won independence within the British Commonwealth. But the sweet day of liberty soon turned sour: The first prime minister, one Eric Gairy, proved to be corrupt and heavy-handed, and within five years, he was overthrown by the Marxist New Jewel (Joint Endeavor for Welfare, Education, and Liberation) Movement led by a leftist named Maurice Bishop. The new prime minister was as bad as the first: He clamped a Communist dictatorship on the island and immediately began militarizing Grenada along classic lines, with a People's Revolutionary Army (PRA) and People's Revolutionary Militia (PRM). It did not take long for either Moscow or Havana to see the possibilities.

Fidel Castro, in particular, recognized the advantages of Grenada's strategic location. Cuba at the time was supplying much of the muscle behind the embattled Marxist government of Angola, in Africa, while simultaneously fomenting revolution in Central and South America. Little more than 130 square miles in area, Grenada was minuscule, but it was ideally positioned for both Cuban adventures: as a fueling base for aircraft flying to and from Africa, and as a supply depot and training center for guerrilla and terrorist groups throughout the Caribbean basin and southward.

There was, however, an obstacle to these ambitions: The island had only one airstrip, and it was too short for long-range aircraft. The solution was simple: Hundreds of Cuban construction workers, suspected of having had enough military training to pose a threat, were deployed to begin work on a new "international" airport—for tourism, it was explained—at the southern tip of the island on a narrow spit of land called Point Salines. At the same time, the Grenadian government signed military agreements with Moscow that provided for roughly $20 million worth of arms to be supplied through Cuba. Though the facts were only sketchily

known at the time, the equipment included BTR-60 and BRDM armored personnel carriers with turret-mounted 12.7-mm heavy machine guns, twin 23-mm ZU-23 antiaircraft cannons, quad 12.7-mm antiaircraft machine guns, 82-mm mortars, and 90-mm recoilless rifles along with thousands of light machine guns, assault rifles, and pistols. With Cuban advisers to match, the fledgling PRA was slated to include a mechanized infantry regiment, two other mobile infantry companies, a ZU-23 antiaircraft company, a mortar platoon, and a reconnaissance company. The PRM was to boast a further five infantry battalions, one ZU-23 company, and two 12.7-mm antiaircraft platoons. By 1982, there were fewer than 5,000 men under arms—with weapons enough for 10,000.

A Grenadian soldier coaches troops from a truck, activity secretly photographed by a civilian who watched the People's Revolutionary Army (PRA) through a three-inch hole that he made in his kitchen wall. Fearful of weapons fired nearby, he also reinforced the wall with a half-inch-thick steel plate.

Maurice Bishop became a personal friend of Fidel Castro, visited Hungary and Czechoslovakia, and planned a pilgrimage to Moscow. His stock was riding high in the Communist world. But then, the prime minister fell fatally out of favor with ambitious colleagues who felt that he was not enough of a firebrand revolutionary. On October 14, 1983, he was ousted from office and arrested by Deputy Prime Minister Bernard Coard. Five days later, to ensure the success of the coup, Bishop and nine of his followers were lined up against a wall and sawed into pieces with machine-gun fire; the grisly remains were burned and then buried in a shallow pit. At 9:00 p.m., martial law descended on Grenada.

This brutal and bloody massacre drew immediate world attention. The United States, which had been watching the course of events in Grenada with growing apprehension, was particularly alarmed. An unknown number of young Americans, believed to be in the hundreds, were attending the Saint George's Medical School, an American-owned campus also known as True Blue and located at the southern end of the island. They were now considered to be in harm's way.

A threat to citizens abroad can galvanize any nation, and the United States is no exception. Planning to mount a rescue began in earnest on October 20, the day after Bishop was executed. As the mission evolved, the United States would not only evacuate the students by force; it would also, with the full support of Grenada's neighbors, grasp the opportunity to install a democratic government on the island. As President Ronald Reagan put it at one point during the planning: "Well, if we've got to go there, we might as well do all that needs to be done."

That meant a full-fledged invasion—and with D-day set for the early-morning hours of October 25, there would be only four days to complete the planning for a necessarily large and complex operation. There followed a heroic assembling of military power at a moment's notice. And while it was remarkable that the pieces fit together as well as they did, the flaws were numerous and severe, more than can be ascribed to the fog of war.

Command and control would be a massive problem. Since the invasion was to be an all-service show, the task force was inevitably plagued by units and staffs that had never worked together. They employed different procedures, codes, and radio frequencies, and they made their plans in ignorance of one another. Worse was the virtual absence of U.S. intelligence about Grenada or its armed forces; there was no CIA presence on the island, no recent aerial photos, and only the sketchiest information about Cuban and Grenadian positions, headquarters, and communications and supply centers. Even the location of many of the students was unknown. Moreover, there was an appalling lack of maps with proper military grid coordinates. Units would be going in essentially blind.

Considering Grenada's meteoric rise in profile from quiet backwater to target of an American invasion force, some of these poverties are perhaps understandable; not every point on the globe can get an equal share of intelligence and cartography agencies' limited resources. Nonetheless, the operation—commandos, in particular—would suffer greatly for the deficiencies.

Overall command of the operation, now labeled Urgent Fury, would reside with the Navy's Task Force 120, organized around a carrier battle group, and the 22d Marine Amphibious Unit, designated Task Force 124. The Marines, who had been on their way to Lebanon, were assigned the northern end of the island, with an initial landing near Pearls Airport. Securing the southern half of the island was to be mainly a joint special-operations show. An element of the Navy's SEAL Team Six was to reconnoiter the new airfield abuilding at Point Salines and guide an Air Force combat control team, which would place radio-navigation beacons on the field and direct the swarm of C-130 Hercules transports soon to arrive. On board the Hercs would be two battalions of the 75th Regiment, Army Rangers: the First Battalion from Fort Stewart, Georgia, and its sister unit, the Second Battalion from Fort Lewis, Washington. The black-beret Rangers, highly trained light infantry whose forte is nighttime seizures of airfields, would either parachute in or perform an assault landing to secure the Salines strip. Then, they would race to the nearby True Blue medical campus, where the American students were believed to be.

Meanwhile, other SEALs were to scout around Pearls Airport for the Marines, capture the island's main radio station at Beausejour, and rescue from house arrest Britain's governor general on the island, Sir Paul Scoon. The Army's Delta Force, specializing in hostage rescues, drew the task of releasing political prisoners thought to be held at Richmond Hill Prison. Finally, elements of the 82d Airborne Division were to fly into Salines airfield on board giant C-141 Starlifter transports; relieve the Rangers, SEALs, and Delta operatives; and proceed with whatever mopping up was necessary.

A Reconnaissance Goes Sour

The sixteen men of SEAL Team Six flying in the Combat Talons nearing Grenada on the evening of October 23 had been tapped for the Salines recon effort. They were to arrive off the southern coast of the island, parachute into the sea, climb aboard their Whalers, and rendezvous with the destroyer *Clifton Sprague.* There, they would take on another three SEALs and a trio of Air Force combat

Visages of Cuban revolutionary Ernesto "Che" Guevara adorn a postcard found tacked to the lid of a soldier's footlocker. The message on the back of the card resonates with the enthusiasm of a young woman sent to Cuba for communications training.

controllers. Then they would check their equipment one last time and head for the beach. Once ashore, the group was to check the runway at Salines for obstructions and serviceability, emplace beacons, and hide through the day to await the Rangers' arrival in the early hours of the twenty-fifth. Ordinarily, an Air Force combat control team jumps on or close to its objective, but the location of the Salines strip ruled that out. The runway ran the length of a narrow cape with the sea on three sides. If the parachutists drifted in the wind, they would either alight in the ocean or, more unfortunate still, land in the middle of one of two Cuban compounds on the north side of the runway. The answer was to insert them by sea with SEALs as their guides and guardians.

From start to finish, the mission was a debacle. As the Combat

Talons approached the drop point and the SEALs stood for the jump, the men knew that they already were in trouble. The drop was to have been at dusk, with just enough daylight to see their Boston Whalers. But miscellaneous delays had put them some six hours behind schedule. To parachute into the sea at night is hazardous at best. A jumper can become entangled in shroud lines and canopy. If the wind fills his chute, a man can be dragged facedown across the water and drown. On this night gusts were topping twenty-five knots, a "no-go" in peacetime and well beyond the eighteen-knot limit recommended for combat jumps. The trick to survival was to unlatch the quick-release parachute harness at exactly the right height above the sea—too low and the parachutist risked entanglement, too high and striking the water for the heavily laden SEALs would be like hitting concrete. Yet, height above the water is next to impossible to judge at night.

Inside the MC-130Es, green jump lights flashed on as the planes, now flying level at 2,000 feet for the drop, passed over the *Clifton Sprague*. First the boats, jerked out of the open rears of the airplanes by huge cargo parachutes, then the sixteen men tumbled into the darkness—and disaster.

The commandos had been divided over the wisdom of carrying so much weight into the water; the recommended maximum load is only sixty pounds. Furthermore, there had been no time to conduct the customary "dip test," in which a SEAL jumps fully loaded into the water as a buoyancy check. But the officer in charge, loath to leave any of the equipment behind and fearing that loading any of it into the Whalers might break the boats on impact with the water, argued that they could manage, and his men went along with the idea—some of them reluctantly.

All eight men from the first transport sank into the sea. Five of them surfaced; three did not, presumably drowned. One survivor said later: "I knew damn well we might not make it with all that gear hanging on us. I started dumping everything the minute I got a canopy. I still must have gone to sixty feet when I hit before I could get headed up. When I surfaced, I looked around and began counting Chemlites. I thought we'd lost more than three." The five searched in vain for their Whaler and drifted in their life jackets until after daylight, when they were picked up by a launch from the *Sprague*.

Faring only a little better, the second team lost one of its number. The remaining seven eventually found their Whaler and made it to the *Sprague,* where they linked up with the Air Force combat control team and started out on the recon mission. But as they approached Point Salines near dawn, an enemy patrol boat appeared and they had to abort the attempt. The next night, October 24, the SEALs grimly tried again. Again, a Grenadian patrol boat came on the scene. This time, the SEALs killed their outboard motor, hunkered down, and drifted silently in the darkness. After a harrowing wait, they watched the enemy vessel pass into the night. But when the SEALs tried to restart the outboard, it would not catch. Incredibly, the motor was dead, and now the tide began pulling the SEALs out to sea. They would drift for eleven hours before finally being picked up by the *Sprague.* The Salines-bound Rangers would have no advance information on the condition of the strip or the extent of its defenses.

Other SEALs reconnoitering in advance of the Marine assault had considerably more success. On the night of the twenty-fourth, elements of SEAL Team Four attached to the Marine amphibious unit (MAU) made their way ashore through ten miles of rough water aboard two Seafox raiding boats from the landing ship *Fort Snelling.* The Seafoxes, low-profile, high-speed craft mounting a .50-caliber machine gun and a 40-mm grenade launcher, were each crewed by three members of Special Boat Unit 20, the task force's small-boat detachment specially versed in the support of SEAL operations. By midnight the teams were ashore. One group scouted the coastline while the second made its way inland toward the airport. The beach team quickly determined that a reef and rough surf conditions precluded the use of the Marines' armored amphibious landing vehicles. At 4:00 a.m., they sent a message to the task force's command center on the helicopter assault ship *Guam:* "Walking Track Shoes." The beach was no good.

An assault would have to be made on Pearls Airport by helicopter, even though doing so would deny the invaders armor support. Then more bad news arrived from the team that was scouting the airfield. The men had managed to creep close enough to eavesdrop on Grenadian soldiers and hear mentioned that the defenses included some of the PRA's 23-mm antiaircraft cannons.

Now invasion planners offshore would have to find a substitute landing zone for the Marine CH-46 transport choppers. The site would have to lie beyond the range of these weapons, yet close enough to permit a rapid assault on the airport. H-hour, the jump-off

An aerial photograph of Point Salines, oriented to a tourist map of the area, shows a completed point-designation grid. The first step in making the grid is to mark the center of the photograph using special symbols along the edges. Next, one line is drawn vertically through the center of the picture and another line is drawn horizontally. Then, other lines are drawn parallel to the first pair, four centimeters apart. Finally, each of the center lines is numbered 50; numbers for the other lines increase to the right and up and decrease to the left and down.

From Aerial Photo to Map

Although few regions of the world remain uncharted, the maps available for many areas may be so out-of-date that they are next to useless either for special operations or for any other kind of military undertaking. One solution is to use an overhead photograph, taken by satellite or aircraft, either as a substitute for a map when none exists or to supplement an imperfect one.

The first step of turning a picture into a map is to calculate the scale, the ratio of distance on the photograph to distance on the ground. A scale of 1:50,000, for example, means that one inch on the picture equals 50,000 inches (4,167 feet) on the ground. As it happens, scale is also equal to the ratio between the distance from lens to film (focal length) and the distance from lens to ground (aircraft altitude less ground elevation).

Except for elevation, the camera records this data at the instant of exposure. It also notes the coordinates at the center of the picture and the time the photograph was taken. Together with shadows in the picture, the time of day helps establish north. Finally, a grid is drawn on the photograph, each line representing a distance of 1,000 meters or more, depending on the scale of the picture.

Producing a map supplement from a photograph is simpler because the existing map indicates scale and north. All that is needed is a uniform method of drawing a point-designation grid on a photograph and of referring to it. Those procedures, explained here, are taught in various special-operations schools and make it possible for parties that have a copy of the picture to find and discuss a detail in the photograph by citing common grid coordinates.

This technique came in handy for Rangers during the 1983 U.S. invasion of Grenada, when the only maps available were old tourist guides that did not show key objectives, such as the 10,000-foot runway being built at Point Salines by Cuban combat engineers.

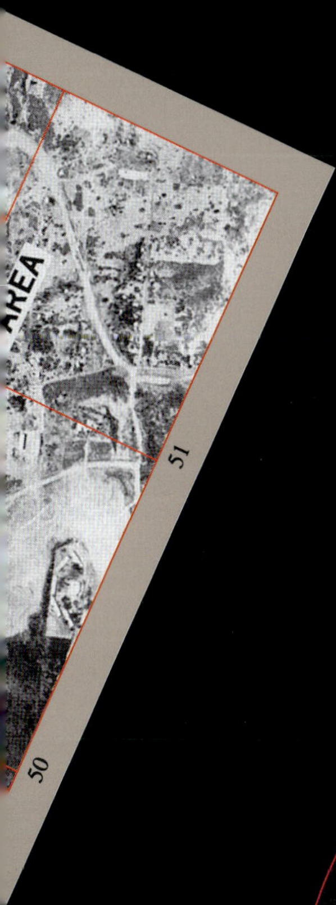

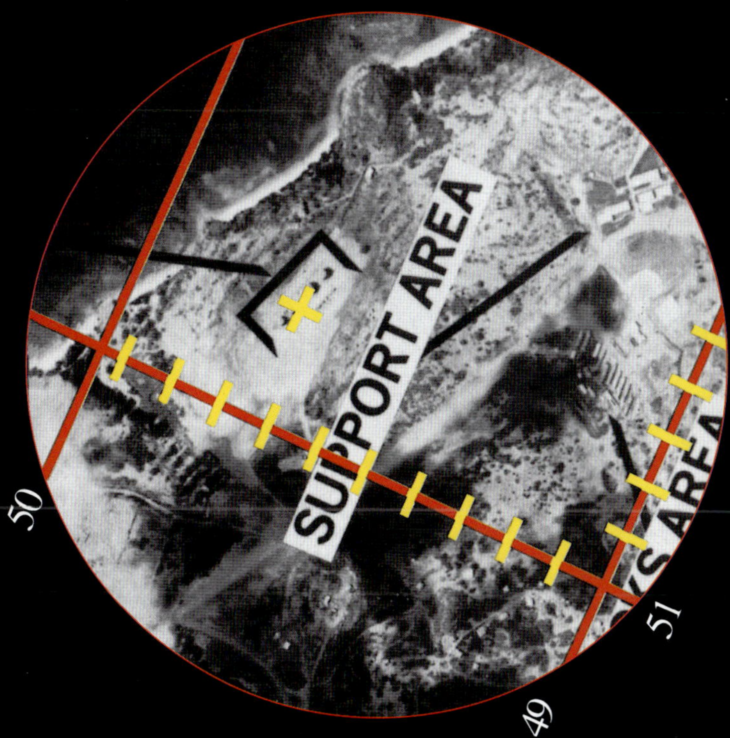

Grid coordinates are written as six digits—512497 for the POL storage area in the inset. The first three digits give the horizontal position of the area. Of those, the number on the vertical line to the left of the area yields the first two (51). The third number indicates that the area is two-tenths of the way toward the next vertical line. Reading up the grid in the same way provides the last three numbers of the coordinate, which express the vertical position of the storage site.

time for the invasion, had been set for 5:00 a.m.; less than an hour remained to get the Marines ashore. Aboard the *Guam,* Task Force 120 commander Vice Admiral Joseph Metcalf and his staff had been poring over nautical charts and aerial photographs all night, so they were quickly able to find an abandoned horse-racing track, 700 meters south of the airport, that appeared suitable for a helicopter assault. The first flights of CH-46s took off immediately. Even so, they were twenty minutes behind schedule.

A Costly Improvisation

In evaluating Pearls Airport and the nearby beach as potential landing sites, SEAL Team Four had performed its mission with precision and dispatch, but the Army's Delta Force and other elements of the already ill-fated SEAL Team Six would not do so well. The three-pronged operation in which they were to join was intricate but not beyond men of their caliber. Under cover of darkness and with surprise as their ally, the 100 or so SEALs and Delta Force commandos would sweep in from the sea over southern Grenada aboard nine UH-60 Black Hawk helicopters. One chopper would peel off and deposit SEALs at the Beausejour radio transmitter. Another two would head with their complement of SEALs for the nearby Government House and Sir Paul Scoon, while the remaining six filled with Delta operators would fly on to Richmond Hill Prison.

The helicopter unit was the Army's 160th Special Operations Aviation Battalion, otherwise known as Task Force 160, or the Night Stalkers. But time had been against TF 160 from the start. The alert for an "exercise" had not arrived at Fort Campbell, Kentucky, its home base, until late afternoon on Sunday, October 23. Monday found mechanics scrambling to fold the main-rotor blades of their special long-range UH-60s so that they could be loaded onto three immense C-5A Galaxies for transport to Pope Air Force Base, North Carolina, where they would pick up their passengers.

None of this procedure had been rehearsed with the Air Force crews of the C-5s sent to fetch the helicopters, and none of it went smoothly. Equipment that had been loaded had to be unloaded, rearranged, and then reloaded so that everything fit to the satisfaction of the Air Force loadmasters. Not until 11:00 p.m. did the Galaxies raise their ramps for the flight to Pope.

The Galaxies' ultimate destination was Grantley Adams Airport in Barbados, the field closest to Grenada capable of handling the gigantic planes. By the time the last C-5 touched down at Grantley Adams, it was 3:30 a.m. on the twenty-fifth and H-hour was only ninety minutes away. There was no possibility that the Black Hawks could be unloaded, made ready, and flown the 170 miles to Grenada before daylight. By dint of herculean efforts, the Black Hawks were airborne at 5:30 a.m. and were passing over the *Guam* off Grenada an hour later. But they were ninety minutes late, and the element of surprise had been lost. The sun was up and the enemy alerted; the Marines by now had almost secured Pearls Airport and the First Battalion Rangers were dropping at Salines. One Black Hawk crew, in fact, had tuned in to Grenadian radio, excitedly broadcasting news of the invasion.

As the flight bore inland, one helicopter broke off from the formation and whirled down on the radio station with its tall mast. Within seconds the eight-man assault force was on the ground. A handful of PRA soldiers on guard were quickly captured, and the mission became a matter of holding the station for later use to persuade PRA holdouts to surrender and to calm the populace. The SEAL commander analyzed the terrain. To the west, less than a mile distant, was the ocean. To the south was a river, and near the station to the east was a north-south highway that bridged the river a hundred yards southeast of the station. Across the bridge lay a settlement. Any trouble would arrive by road.

The SEAL commander decided to extend his defenses by deploying two security teams armed with M60 machine guns and M72 light antitank weapons (LAWs) on the road north and south of the station. It was well that he did. The SEALs drew first blood. A truck filled with PRM militiamen, heading south, blundered into the SEAL ambush north of the station. Machine-gun fire laced the air and the truck lurched to a halt in the middle of the kill zone. Five Grenadians were slain, several others were wounded, and the remainder scattered into the bush in panic. The SEALs reloaded and resumed their positions.

Meanwhile, news of the radio station's seizure had reached PRA headquarters at nearby Fort Frederick, and within a few minutes a reaction force led by a Soviet-built BTR-60 armored personnel carrier roared northward to retake the station. The BTR advanced up the road until it came to the bridge—and the other SEAL ambush.

As the shooting began, the PRA soldiers dismounted and started a flanking movement under cover of clattering PKM 7.62-mm light machine guns. The heavier 12.7-mm gun of the personnel carrier punched right through the walls of the radio station and ceased only when a SEAL sent a 66-mm RAW rocket—a developmental anti-armor weapon brought along to test its effectiveness—into the BTR's turret, disabling the gun.

Heavily outnumbered, the commandos were likely to be surrounded before long. The mission was clearly about to fail, and the SEAL commander decided to pull out while he could. If the team reached the beach, the men might be able to swim a mile or two toward the Task Force standing offshore, a comfortable distance for swimmers as fit as SEALs, then signal to be picked up with strobe lights they carried with them as part of the basic SEAL kit.

The SEALs made a dash for it. Two men were lightly wounded in the escape, but all of them reached the beach, slid into the water, and moved along the shoreline until they found a hiding place. After dark, the commandos swam out to sea and turned on their strobe lights. Within minutes, helicopters arrived to hoist them from the sea. As for the radio station, it had already been destroyed by an air strike earlier in the day.

Simultaneously with the action at the radio station, members of SEAL Team Six dispatched to rescue the governor general were experiencing their own embarrassments and frustrations. The pilots of the two Night Stalker Black Hawks carrying the twenty-three-man team, along with three courageous State Department emissaries to Sir Paul Scoon, could not find Government House. The building was clearly visible on the high-altitude overhead photographs used to brief the helicopter crews. From low altitude, however, the mansion was virtually invisible amid the tropical foliage. The choppers circled, looking for the objective, and by the time they spotted it, they had begun taking intense rifle and machine-gun fire from several points outside the walls enclosing Government House.

Ignoring the bullets, the two UH-60s turned toward the intended landing zone. But as they approached, it became apparent that the ground, which had appeared flat in the briefing pictures, was too steep and studded with too many trees to permit landing. Rather than withdrawing, the pilots came to a hover some ninety feet above the ground. As the SEALs fast-roped to earth wearing heavy leather gloves, the enemy fire intensified. The Black Hawks, which

A Nighttime Shock Tactic

Surprise is a force multiplier. In an ambush, for example, it permits a platoon commandos to take on three or four tim their number. Success, however, depend on careful planning followed by iron dis pline among the participants.

After reconnaissance, the ambush lea er selects his spot, usually along a route that the enemy is known to travel. Crite ria for an ambush site include concealment for the ambushers and little cover maneuver room for the opponent. Terrai should facilitate a stealthy approach to the site and a speedy withdrawal to a pre arranged rallying point.

The leader can choose from several types of ambush. To strike an armored column, he may elect to point out target with lasers and call in air strikes. Or wh unacceptably outnumbered, he may det nate a series of claymore mines *(page 12* then have his unit melt away without fi ing a shot. If the odds are more favorable a line ambush—in which the men are abreast—is the safest; they can fire forward without hitting one another. The L-shaped ambush shown here has the ad vantage of trapping the enemy in a cross fire. To prevent injury to their own, the commandos plant stakes to limit the swing of their gun barrels.

Most ambushes are set after dark and sprung before dawn. Once in place, the team must remain mute and all but immobile. Insect repellent and even candy, sources of telltale odors, are forbidden. Finally, when the enemy is within the k zone, the leader fires, touching off a stun ning fusillade. If all goes well, the enemy may succumb without firing a shot.

Each man in an L-shaped ambush has a specific assignment. In this case, the leader, positioned near the center of the action, springs the ambush by firing tracers to mark the kill zone *(red)*. Machine gunners *(yellow)* immediately begin firing, as do riflemen *(blue)*. Often doubly armed with grenade launchers, these commandos typically use aiming lights and night-vision gear to shoot at individuals one round at a time. Other riflemen guard the flanks of the position; the radio operator usually watches the rear. After a few seconds, when the enemy can no longer shoot back, the leader calls a cease-fire by shouting or launching a flare into the sky, and the team withdraws.

began taking hits, were driven off, taking with them the three diplomats, the SEALs' second-in-command, and the unit's satellite radio, used to communicate with headquarters on the *Guam*.

Nevertheless, the twenty-two commandos on the ground swiftly disarmed the few frightened policemen on guard and collected the governor general, his family, and his staff. There were fourteen people in all, whom the SEALs gathered in a central room of the mansion to lessen the risk of injury should the Grenadians assault the house. Scoon was in friendly hands, but he was far from safe. Because of the groundfire, an aerial evacuation was out of the question. The SEALs would have to hang on until friendly forces could get through to them.

Barely had the commandos taken defensive positions when the Grenadians launched an attack. A BTR-60 rolled through the main gate and started hammering away at Government House, while two groups of infantry began creeping toward the building to surround it. The SEALs let loose with everything they had: M16 rifles, M60 machine guns, M72 LAW antitank rockets, even a .50-caliber sniper rifle. But they were outnumbered and outgunned. Unless relieved by nightfall, they expected to be overrun.

By means of their short-range squad radios—similar to the handheld units carried by police officers—and a relay set up by other SEALs, the embattled Team Six managed to inform its headquarters of its predicament. Nearly four tense hours later, salvation rumbled overhead in the form of an AC-130 Spectre gunship of the Air Force's Eighth Special Operations Squadron. This awesome weapons system, based on a C-130 Hercules transport, had more firepower than a tank: a battery of 20-mm Vulcan and 40-mm Bofors automatic cannons, and even a 105-mm howitzer capable of firing as many as eight forty-pound shells per minute.

The AC-130 laid down a curtain of 20-mm and 40-mm fire at 10:15 a.m., and subsequently during the day, other Spectres arrived to discourage the PRA. At one point, a Spectre hosed down a group of the enemy trying to penetrate the mansion perimeter. A laconic radio transmission from the aircraft described the results of the brief episode. "I see twenty flappers and kickers," crackled a voice reporting the number of dead and wounded, "and seven runners."

As evening approached, the SEALs requested permission to attempt a breakout. Instead, orders came to stay put until the arrival of a Marine rescue force, which was already on the way. Through

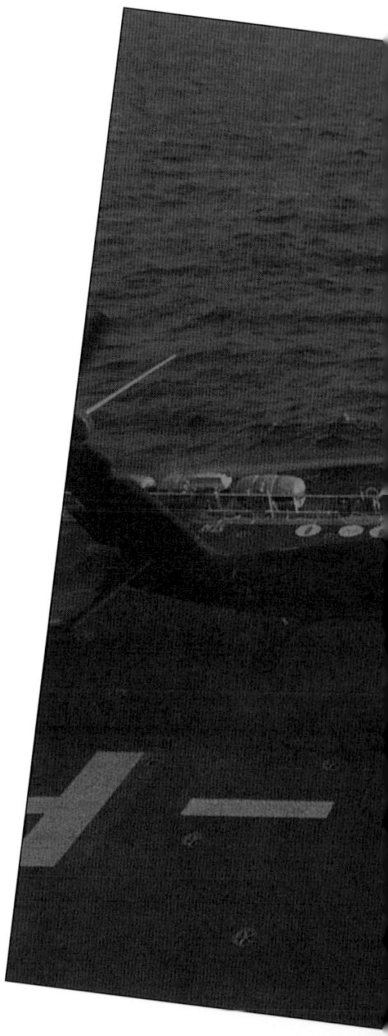

the night, Navy A-7 attack aircraft from the carrier *Independence* ran occasional strafing runs, keeping the Grenadians at bay. The Marines arrived shortly after sunrise. The governor general was safe, and amazingly, considering all the shooting that had gone on, only one SEAL had been wounded. Yet a rescue that was to have been a swift, surgical operation performed in a few minutes had lasted more than twenty-four hours.

After the three SEAL-bearing TF 160 Black Hawks had departed the formation for the radio station and Government House, the remaining six, carrying a total of some sixty Delta Force commandos, had pressed on toward Richmond Hill Prison. As with the other missions, neither the UH-60 pilots nor the Delta operators had received much information in their preraid briefing. They knew the location and general layout of the prison, but they had no knowledge of the surrounding terrain or what enemy defenses might be. The mission concept assumed that the raid would go in before daybreak and catch most of the Grenadians asleep, that defenses would be negligible, that suitable landing zones would present themselves, and that the raiders could easily overwhelm a few bored guards.

Aboard the assault ship *Guam*, a UH-60 Black Hawk gets a shot of water in the air intakes from deck hands trying to shut down the helicopter's engines. The pilot could not stop them, in all likelihood because groundfire during a raid on Government House damaged the chopper's fuel-control system, perhaps jamming a valve open.

The plan was little more than an outline. It called for two UH-60s carrying Delta troopers to close on the prison and for the door gunners to take out the guard towers. The choppers would then land, one on each side of the prison, and discharge a blocking and security force. Simultaneously, the four other helicopters were to race in and hover above the prison yard. The rescue force would then fast-rope to the ground and release everyone who could be found.

There had been no time either to gather the detailed intelligence or to conduct the thorough rehearsal that is essential to a successful rescue effort, but the Delta Force troopers shrugged off the deficiencies. "We thought it was all a walk, a cakewalk," recalled one commando. "So nobody was really jacked about the whole thing." No one seemed to realize that the prison sat on a ridge overlooking a deep valley, its twenty-foot-high walls projecting up from an extremely steep incline overgrown with jungle—or that PRA headquarters was at Fort Frederick, perched only 300 yards across the ravine from the target.

Inside the fort, the alarm sounded as soon as the thudding rotor blades were heard. Almost a company of riflemen armed with AK-47 assault rifles immediately rushed to the ramparts, and antiaircraft gunners climbed into the seats of two ZPU-4 antiaircraft machine guns on the roof. These four-barrel, 14.5-mm weapons fired 600 rounds per minute.

As the six Black Hawks flew along the rising valley floor, Fort Frederick seemed to erupt in fire, and curving green tracer rounds reached down toward the choppers. Almost at once the helicopters started taking hits. Jagged holes appeared in the fuselages of the lead ships, and men started yelling and screaming as the bullets bit into them and blood splattered everywhere. "From the top of those hills where the prison and the fort were just all this green stuff was coming up, crossing all through everywhere," said one of the men. "You could hear the choppers getting hit. Everyone and their brother were taking potshots."

In a desperate attempt to evade the fire from Fort Frederick, the lead ship began twisting and turning. The other pilots matched his every move as best they could without running into the sides of the valley. In the cockpit of the number-four Black Hawk, Captain Keith Lucas, the pilot, was hit in the right arm, and the door gunner, Specialist Loren Richards, took a round in the leg. But Lucas and his copilot, Warrant Officer Paul Price, kept control and managed to follow the others out to sea.

The six aircraft formed up for another try at the prison. Designed from experience gained in Vietnam to absorb punishment and keep on flying, the Black Hawks, though badly hammered, were still airworthy. And the Night Stalker pilots were the cream of U.S. Army aviation—as courageous as they were skilled. Keith Lucas was again fourth into the valley. As his helicopter passed within

Richmond Hill Prison appears here as seen from Fort Frederick, situated on a higher bluff little more than 300 yards away. PRA gunners there had no trouble hitting six helicopters that passed their way early in the fighting on Grenada carrying Delta Force to the prison.

300 yards of Fort Frederick, five rounds exploded through Lucas's windshield. One smashed into his chest and another into his head, killing him instantly. A bullet grazed copilot Price on the head, but he kept control of the bucking, smoking Black Hawk and somehow managed to swing around and start out of the valley. But the helicopter was hit again, and the controls jammed as he fought to clear an onrushing hill.

He almost made it. The UH-60 slammed down onto the crest and skidded along, the fuselage splitting in half, the rotor blades thrashing the ground and breaking away in a shriek of tortured metal. Price struggled out of the cockpit and with some others who had been thrown free started dragging men out of the wreckage before it burst into flame. Miraculously, only Lucas died, but the rest of the men aboard the Black Hawk were either wounded or injured, four of them grievously.

Now, one of the five remaining helicopters came pounding back to provide cover with its door guns. Another UH-60 hovered overhead while nine commandos fast-roped down to administer first aid and help the survivors to the beach below the hill. There they would wait for medevac—and wait and wait. Because of uncoordinated communications between the services, a Navy CH-53 rescue helicopter would not arrive to retrieve the bleeding, broken men for another three and a half hours.

Meanwhile, the four Black Hawks carrying wounded gingerly landed them on the ships offshore (shipboard operations were not in the Night Stalkers' repertoire), then took off for Point Salines with the unhurt Delta Force operators aboard. They expected to find the airfield securely in American hands, but as they approached, they could see perhaps a company of Americans along the south side of the east-west runway exchanging fire with Grenadian defenders who manned

Smoke billows from the wreckage of a Black Hawk helicopter as a C-130 transport heads for Barbados after ferrying Rangers to their drop zone at Point Salines Airport. The Task Force 160 chopper, piloted by Captain Keith Lucas *(inset)*, was downed on its second attempt to lift Delta Force commandos into Richmond Hill Prison. By the time of the crash, Lucas was already dead, the victim of gunshot wounds.

12.7-mm machine guns and ZU-23 rapid-fire cannons on nearby hills northwest of their position. Choosing the least hazardous location to set down, the pilots landed the helicopters at the east end of the runway. Judging them as unfit for further combat, the troops established a security perimeter around their choppers and waited for the invasion to play itself out.

To Parachute or Not to Parachute

The Americans seen from the TF 160 helicopters were Rangers charged with securing the airfield. Like the other special-operations troops, the Rangers had been beset by problems from the start. To begin with, they had no more precise intelligence than anyone else on enemy strength, locations, or fighting ability. Their maps, black-and-white photocopies of an old British tourist guide, were out-of-date and showed nothing of terrain. What is more, a shortage of Air Force C-130 crews qualified for night insertions limited the two battalions to half-strength or less. The 75th Regiment's First Battalion, under Lieutenant Colonel Wesley Taylor, had but 350 of its 700 men; the Second Battalion, under Lieutenant Colonel Ralph Hagler, counted fewer than 250 men. Supporting the understrength battalions would be three of the potent AC-130 Spectres.

Originally, the plan was for Taylor's battalion to go in first. Alpha Company, arriving at Point Salines thirty minutes ahead of the other Rangers aboard two MC-130 Combat Talons, would secure the runway and clear away any obstacles. Then five conventional C-130s would deliver the rest of the First Battalion as two of the AC-130s circled overhead to provide whatever air cover might be needed. Two minutes later, five more C-130s would arrive with Hagler's Second Battalion. With the exception of Taylor's Company A, which would parachute in, the Rangers planned to make an assault landing and taxi swiftly to the end of the runway nearest True Blue. Three gun jeeps carrying up to seven troops apiece would then drive down the loading ramp at the stern of each transport and dash to the students' rescue.

After the SEALs came to grief in their attempts to reconnoiter Salines, it became clear that the Rangers would have to conduct their own reconnaissance from the two MC-130s bearing Alpha Company—plus Colonel Taylor and his command element. When

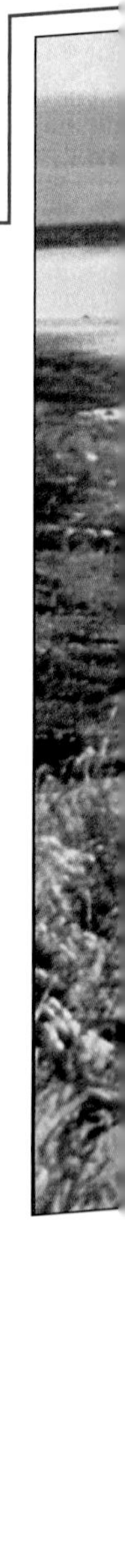

Screened by a bush, a Delta Force commando mans a security position set up to defend the fleet of eight TF 160 helicopters sitting behind him near the east end of the Point Salines runway. The nearer choppers are four MH-6 Little Birds; they were intended to lift Delta Force to Fort Frederick. The mission was scratched, however, after air defenses at the target proved too strong. Earlier they had so damaged the four Black Hawks in the distance that they were of no further use in the war.

the planes reached Point Salines, a dismaying picture appeared on the scopes of their forward-looking infrared night-vision equipment. Bulldozers, heavy vehicles, and oil drums cluttered the runway. Other debris was scattered everywhere. The time was 4:00 a.m. and to Colonel Taylor in the lead MC-130, it was clear that the Rangers would all have to jump; there was no way that First Battalion's Alpha Company could clear the runway obstacles by the 5:00 a.m. deadline. Taylor radioed the change in plans to the ten C-130s carrying the other 500 Rangers.

But now, the pilot of the lead Combat Talon reported that his navigation equipment was malfunctioning; he was not sure that he could pinpoint the drop zone in the dark. H-hour was postponed to first light—5:30 a.m.—an hour that would let the pilots find the target while giving Grenadian antiaircraft gunners as little help as possible in seeing the planes.

At 5:31, the lead aircraft lined up with the runway, rapidly descending toward the drop altitude of 500 feet, the lowest combat jump since World War II. Just then a searchlight from Point Salines stabbed through the sky and locked onto the first ship, carrying Taylor, his headquarters group, and a single platoon of Rangers. Antiaircraft guns instantly opened up, sending tracers arcing toward the Hercules. Still, the pilot bore on. One minute later, the

Arcs centered on rectangles drawn around gun symbols indicate fields of fire for southwestern Grenada's antiaircraft defenses. Drawn shortly before the invasion by Lieutenant Cecil Prime, chief of artillery of the People's Revolutionary Army, the larger arcs show the range of 23-mm cannons; smaller ones indicate the reach of 12.7-mm machine guns. Among other symbols on the map are black triangles representing observation posts. A large arrow pointing at Saint George's and boat symbols off Grand Anse and Point Salines mark areas where amphibious landings were expected.

Published for the Grenada Government by the British Government's Ministry of Overseas Development (Directorate of Overseas Surveys).

green light came on in the troop compartment and the heavily loaded Rangers barreled through the door. Within seconds, the first men hit the ground. But the pilot of the second MC-130, seeing the deadly fireworks ahead, aborted the run and banked away to allow the accompanying Spectre gunships to soften up the defenses on the ground. Taylor and his handful of Rangers—forty-two men in all—were alone on the ground.

As Taylor consolidated what little position he had and his lone platoon began clearing the runway of obstacles—even hot-wiring a bulldozer, which the Rangers then used to flatten steel spikes that had been driven into the tarmac to puncture aircraft tires—the two AC-130s bore down on the ZU-23s and 12.7-mm antiaircraft batteries north and east of the runway. Streams of fire laced the ground, and the antiaircraft guns fell silent. At 5:52 a.m., the second MC-130, carrying the rest of Alpha Company, motored low overhead and made its drop.

The C-130s carrying the rest of the Ranger contingent were by now orbiting at sea, waiting for word to commence their runs into the drop zone. The planes had been in the air for roughly nine hours. On board the droning aircraft, the Rangers, like soldiers everywhere, had grabbed the chance for precious rest on the flight south from Hunter Army Airfield, Georgia. "It's strange," said one Ranger of the ability to sleep under such circumstances. "It's kind of a conditioned response you get after a while. Anyway, with all that tension, everyone went right to sleep. The plane was dead." Men sprawled everywhere around the darkened fuselages—against each other, on piles of parachutes, in the gun jeeps.

Upon learning of the obstructed runway at Point Salines, the officers roused the troops. They had only an hour to prepare for a jump. Cursing and sweating, the Rangers scrambled to don parachutes, repack their rucksacks with ammunition and equipment that had been strapped to the gun jeeps, and check each other out on the buddy system. Within forty-five minutes, seven of the ten Hercules were rigged for the drop: two of Taylor's five conventional C-130s, plus Hagler's five.

Inexplicably, prompt word of the changed plans failed to reach Taylor's other transports. The frantic rush to rerig that resulted from the delay was one to try men's souls. On one of the planes, the Ranger in charge had his men don their chutes. We "started passing out the parachutes," recalled one participant, "started loading up our rucksacks, then it was no, we were going to land. Started putting the crap on the jeeps again." And then, incredibly, the crew chief stuck his head into the hold again and hollered: "Rangers are fighting. Jump in twenty minutes."

"At that point," said the Ranger, "we actually got the parachutes on and got rigged up. We stayed rigged up forever. It was miserable. When you stand hooked up, you have your rucksack across your legs, and those things are ungodly heavy. They just keep pulling you down, and everybody was leaning and laying on stuff and moaning." His own load, besides his rifle: two 60-mm mortar rounds, one LAW rocket, 300 rounds of M60 machine-gun ammunition, one claymore mine, four bandoleers of M16 ammunition, a saline solution IV, two canteens of water, and eighteen hand grenades.

The complaining, however, came to a halt as one of the platoon leaders shouted to the men the news of the intense groundfire at Point Salines. "Kind of perked everyone up when they started giving out these situation reports, kind of an adrenaline rush," remembered the trooper. "Shortly afterwards, the jump doors were open, and the green light came on, and all that fatigue was just gone. Everybody just skipped on out of that bird." It was almost 7:00 a.m.

By 7:05 a.m., the remainder of Taylor's battalion was on the ground. Five minutes later, the men of Hagler's Second Battalion joined them. Thus by 7:10 all the Rangers—save a few jeep drivers still aboard the C-130s, which would land when the runway had been cleared—were at last ready to go to work.

Scattered around the airstrip, the troops were taking sporadic fire from all directions. However, the greatest volume seemed to be coming from Calliste, a settlement 250 yards north of the east end of the runway. Covered by fire from M60 machine guns and 60-mm mortars, a pair of Ranger platoons charged across the tarmac to eliminate that threat, while two full companies closed in on the construction camps half a mile northwest of the runway, where the Cuban airfield workers were thought to be. Meanwhile, other Rangers secured the western end of the airfield and pushed on to rescue the students at True Blue.

The young Americans had been watching in awe since daybreak. "I saw the paratroopers jumping," said one twenty-two-year-old. "It was really thrilling to see, kind of like an old John Wayne movie, but I knew people were going to get killed." When the shooting started, the students immediately dived for cover—under beds, into

A C-130 flying at 500 feet trails a stream of parachutes as Rangers drop onto Point Salines Airport, situated behind the hill in the foreground. During the twenty-second descent just after dawn, enemy soldiers fired on the commandos from a ridge at one end of the runway but scored no hits.

bathtubs, anywhere that promised protection. Just after 7:30 that morning, the first Ranger element entered the medical school campus. There was a brief exchange of shots at the main gate as PRA guards put up a token resistance. But within a few minutes, the campus was in American hands.

At last, matters seemed to be under control. However, there was a surprise in store for the Rangers. The students at True Blue were anxious to know about their friends at Grand Anse, another campus and housing area on the west coast of the island. Grand Anse? The Rangers had heard nothing whatsoever about that. More than 200 Americans were over there, said the students, and something had to be done to rescue them.

In the meantime, the fight at the airfield was heating up. As the Rangers assaulted Calliste, a PRA 12.7-mm heavy machine gun started pounding away, and the troopers unleashed a hail of fire from their rifles, machine guns, and mortars. A Ranger called out through a bullhorn for the defenders to surrender; the only reply was a burst of fire. At that, another Ranger mounted a captured bulldozer, elevated the blade as a shield, and with his comrades following close behind, advanced clanking and squeaking toward the gun position. The firing ceased, and when they reached the gun, they found it abandoned. One Ranger had been killed in the skirmish, but no one else received a serious wound.

As for the Cubans, they had scarcely fired on the Americans during the parachute drops and even later; it would be discovered after the fighting ended that Castro had ordered them to shoot only in self-defense. But as the Rangers advanced out of the airfield, the Cubans, apparently considering themselves to be under attack, commenced a heavy fire. Nevertheless, both Cuban camps were overrun in short order, with one Cuban killed, twenty-two taken prisoner, and an unknown number having fled into the hills. (Eventually, two dozen Cubans would be killed and 661 would be rounded up for deportation.) The Rangers counted eight dead; a score of men suffered minor wounds.

At around 11:00 a.m., the runway was clear enough for the C-130s to land with the gun jeeps, and the Hercules pilots slapped down in ultrashort assault landings. The Rangers were impressed. "They came in and they were reversing their props immediately and slamming on the brakes. There was just blue smoke and squealing," recalled a trooper. "Then they were whipping around and those gun

jeeps were rolling out the back and they were revving their engines. As soon as those damn jeeps were off, the tailgate was coming up and the guy would release his brakes and take off. They weren't even on the ground for two minutes."

The commander of one of the gun jeeps, Sergeant Randy Cline, was given a mission to secure a road junction 200 yards north of the True Blue campus. Speeding along the dusty tracks, Cline and his four-man crew somehow overlooked the low-lying campus and continued for a bit more than a mile before they realized their error. Turning around, they were hurrying back down the road when they ran into a PRA ambush 900 yards short of safety. The PRA let go at close range. The Rangers fired back with their M60 machine gun. But it was over in seconds; Sergeant Cline and three of his men were slain; one wounded Ranger stumbled back to Salines on foot. Those four men, along with the trooper killed in the attack on Calliste, were the only Rangers lost to enemy action on Grenada.

By midafternoon, the Rangers were in complete control of the airfield and its environs. Yet the Grenadians were not quite finished. Later that day, three BTR-60s accelerated up a road toward the western end of the airstrip and began firing their turret-mounted 12.7-mm machine guns. That was a mistake. The Rangers answered with everything they had: 90-mm recoilless rifles spat armor-penetrating missiles designed for targets much heavier than armored personnel carriers. The lead BTR attempted to turn away but succeeded only in slamming into the second. Both were smothered by fire; the roof hatches flew open and the crews fled, leaving behind two comrades dead in the blazing wreckage. The third BTR got itself turned around but then took a round in the rear. An AC-130 Spectre orbiting overhead finished off the BTR.

By two o'clock, the lead elements of the 82d Airborne Division were landing at Salines and the special-operations role in the invasion was winding down. There were just two more missions, both of them the next day. In the late afternoon of October 26, nine Marine CH-46 Sea Knight helicopters, accompanied by four huge CH-53 Sea Stallions, raced north along the west coast of the island from Salines toward the seaside campus of Grand Anse. Aboard the Sea Knights were elements of Hagler's Second Ranger Battalion totaling 150 men. The Sea Stallions, flying empty and each capable of packing in as many as forty students, would make two trips to evacuate the 233 Americans still stranded at the campus.

For once the operation enjoyed a little current intelligence. The medical school staff and students at True Blue were in telephone contact with their colleagues at Grand Anse, and the U.S. command had been able to develop a thorough plan. The Rangers learned from the Americans they were about to liberate that an enemy position—at the Grenadian Police Training College—bordered the north edge of the campus and that a 12.7-mm antiaircraft gun was emplaced there. On the eastern edge stood a line of houses known as Carifta Cottages and believed to be occupied by PRA soldiers. Both posed a threat and would have to be neutralized. A strike by Navy A-7 Corsair fighter-bombers from the USS *Independence* would deal with the Police Training College and antiaircraft gun, while an AC-130 Spectre would suppress any hostile activity originating from the cottages and provide overall fire support for the Rangers. In addition, a pair of Marine Cobra helicopter gunships, armed with rockets and 20-mm cannons, would make an appearance.

At Grand Anse, students and staff gathered in central dormitories after marking the roofs for the attack pilots with white sheets and covering the windows with mattresses to protect against flying glass. They all wore white armbands for identification and flattened themselves on the floor to await the Rangers.

Precisely at 4:00 p.m., the A-7s screamed in from the sea, and the Spectre and Cobras began working over their objectives. Three minutes later, the nine CH-46 Sea Knights hit the beach in flights of three. The first flight missed its mark by 500 meters, landing south of the school, but the remaining two were on target. Two CH-46s were damaged when their main rotors struck palm trees. Both landed safely, and one, after an evaluation by the crew chief, was restarted and flown to Salines. However, the other had to be abandoned on the beach. Rangers poured out of all the machines and raced for the dormitories, and within half an hour, the students had been rushed to the waiting CH-53 Sea Stallions—all of which had landed safely—herded aboard, and evacuated.

One final objective remained for the Rangers. Camp Calivigny, the main PRA training base atop a seacoast promontory five miles east of Salines, was still intact. Though there had been no ground recon, aerial photos indicated a well laid out installation of about four and a half acres, probably heavily defended. Intelligence briefers suggested that there might be as many as 600 Cubans and thirty Soviet advisers there. It sounded bad, and the 220 men of the

First and Second Battalions assigned to the assault were apprehensive. "We all thought it was a suicide mission," said one of their Black Hawk helicopter pilots. One problem was that the low-angle reconnaissance pictures of the camp, taken from a considerable distance, offered no opportunity to select landing zones.

To make matters worse, the softening-up fire at 4:00 p.m. the next afternoon was farcical. Offshore, the destroyer *Caron* boomed out with its two five-inch guns but inflicted little damage. At the same time, three batteries—seventeen guns—of 82d Airborne 105-mm howitzers fired no fewer than 500 shells at Camp Calivigny. However, misplotting of the artillery battery positions, inaccurate coordinates for Camp Calivigny, and the absence of a forward spotter caused all but one of the shells to splash harmlessly into the sea short of the camp.

At the Grand Anse Medical School, a Ranger and a white-helmeted crewman from a Marine helicopter guard the beach *(top)* as American students sprint toward a pair of CH-53 Sea Stallions *(middle)*. At bottom, two Marines have lowered the chopper's tailgate to allow the students to board, while a Ranger, crouching in the surf, covers the evacuation.

A follow-up bombardment by Navy A-7s and an Air Force Spectre leveled the camp, however, and then it was time for the Black Hawks carrying the two companies of Rangers. As the last bomb fell, the helicopters, which had been orbiting offshore, turned toward the coastline and raced in low, skimming the surface of the sea to avoid whatever groundfire the PRA might send up. At the last second, the first four UH-60s popped up over the rim of a 150-foot cliff that fell away from the target on three sides. To the pilots' discomfort, the camp was closer to the cliffs than they had imagined, leaving little room for the helicopters to set down.

The pilot of the first machine managed to land safely on the south edge of the camp and his Rangers darted into the ruins. But the second and third Black Hawks, coming in fast and overshooting the first, flared for a landing inside the compound. As the second machine's wheels touched down and its complement of Rangers piled out, the third, following close behind, began experiencing difficulties. Reports vary from "pilot error" to damage inflicted by groundfire, but for whatever reason, the pilot lost control. His aircraft began to tilt and spin, then pitched into the second machine. Close behind, a fourth Black Hawk pilot maneuvered desperately to avoid the melee before him. He managed to land, but the ground was uneven, and unknown to the pilot, his tail rotor had sustained damage. He attempted to lift

The first of eight Navy A-7s to attack Camp Calivigny pulls up from a strafing run on the training facility. At right, under a thick cloud of smoke, two Black Hawk helicopters *(circle)* lie damaged, having collided in an effort to land Rangers sent to secure the site. The pictures were taken by a Grenadian living across a bay from the camp.

off again, but the aircraft began to spin. Now out of control, it crashed next to the first two. Within twenty seconds, three UH-60s had been destroyed. Flailing rotor blades had killed three Rangers and injured four others.

Fortunately, only one Cuban was discovered in the camp. He managed to wound two Rangers with an AK-47 before being slain. As a Ranger platoon leader summed up the action: "We didn't find anything worth shooting at."

In war, the success of an operation is its own validation. By that measure, Operation Urgent Fury amounted to a considerable victory. The governor general and 662 American citizens had been rescued without a single death or serious injury among them. An unquestionably brutal regime had been eliminated, much to the delight of most Grenadians, and a destabilizing Cuban adventure in the Caribbean had been nipped in the bud. Moreover, for the United States simply to mount and execute such a complex operation on four days' notice was a triumph.

Yet there was much to be learned, particularly in the way special-

operations units had performed. In the months to come, all the failures of command and control, of procedures and logistics would come under intense scrutiny. Perhaps the main lesson of Grenada would be a better understanding of the nature of special operations. Almost by definition, they were delicate and highly complex. They could not be rushed; they required time to plan, time to practice, time to reconsider and replan and practice again. Above all, success at low cost demanded detailed, up-to-the-minute intelligence, for only the foolhardy would expose relatively few men to an intensely hostile environment without precise information about the enemy.

All of this would be put to study, and next time the call came, the U.S. special-operations units—Special Forces, Rangers, Delta Force, and SEALs—would have a better time of it. ★

The Art of Blowing Things Up

A frequent mission of special-operations troops is to blow something up. Many targets—fuel drums *(right)* or planes sitting on an airfield, for example—demand little skill; a good-sized bang will do the job. But tougher targets—such as a bridge, perhaps, or a train—require special training in the selection and placement of explosives to ensure that the objective is met. Responsibility for success lies chiefly with commandos specially trained in demolitions.

As shown on the following pages, there is a great variety of demolition charges and of ways of setting them off. All of the variations make use of chemical compounds that burn with extraordinary speed. In doing so, they release prodigious amounts of heat and gas, resulting in a shock wave called blast. This force tends to emanate equally in all directions but can be strengthened along one axis by adjusting the shape of the charge *(below)*. Tamping—covering one side of a charge with sandbags, rocks, or a heavy casing—tends to strengthen a blast in the direction away from the tamping material.

The most common military explosive is trinitrotoluene, or TNT. Sold commercially as dynamite, it was invented in 1863 by Alfred Nobel. TNT burns at 22,500 feet per second. The higher this rate of detonation (ROD), the greater the shattering effect. Nobel's invention is arbitrarily assigned a relative effectiveness (RE) of 1.00. Other common military explosives include a mixture called RDX, the most powerful nonnuclear explosive known, with an ROD of 28,000 feet per second and an RE of 1.60. Another is called PETN (ROD: 26,000 feet per second; RE: 1.45). These concoctions do not detonate easily. Setting them off requires just the right approach—a chain of lesser explosions leading to the main event. Even so, these materials get a great deal of respect from those who work with them. One inattentive moment, and the perpetrator can become the victim.

A basic theory. **Blast in an explosion results from a kind of flash fire that, in microseconds, changes a small volume of a solid into a huge volume of intensely hot, high-pressure gas. As shown below for a simple block of explosive, the force radiates outward equally and at right angles to every surface of the charge.**

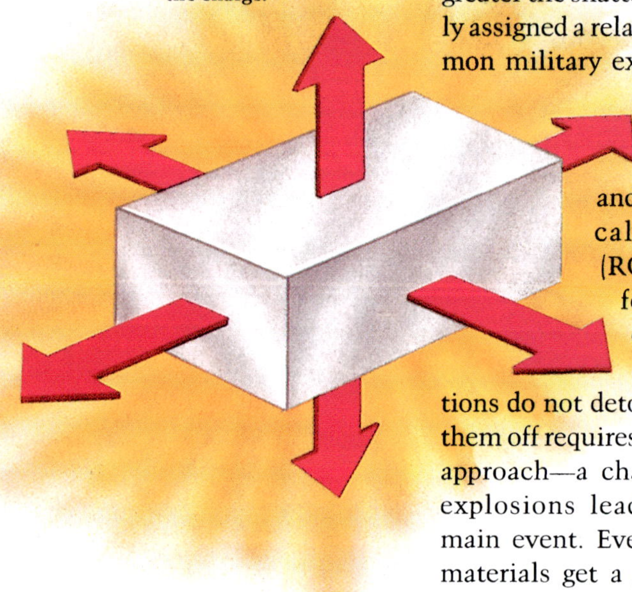

Effects of shape. **The omnidirectional nature of an explosion can be altered by contouring the charge. Forces from the sides of a channel molded into the bottom of a block of explosive, for example, meet at the center of the groove *(below)*, packing a greater punch than those from a similar block having a flat bottom. Trimming the corners reduces unwanted backblast.**

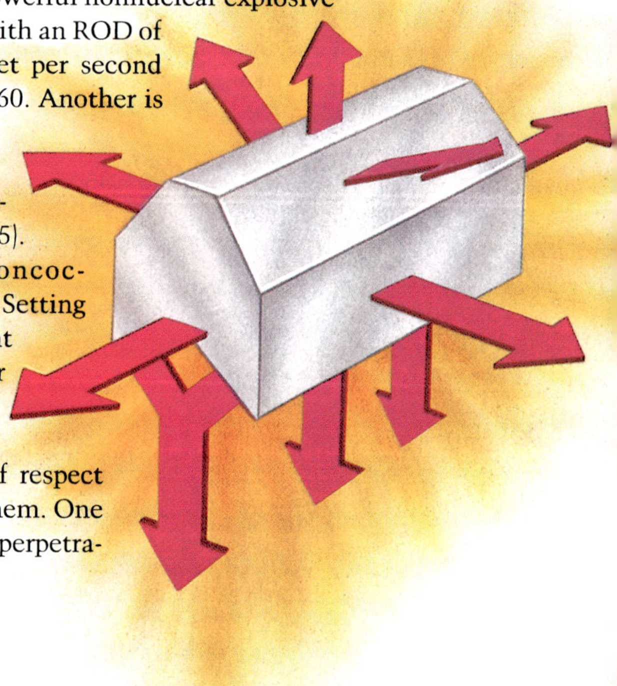

Tools for Demolition

Of the chemical explosives available, the ones used by the armed forces are composed of TNT or RDX mixed with other ingredients to make them malleable or less concentrated. Virtues of the most common concoctions appear at far right. While each has preferred uses, they all have one thing in common: For safety, they are surprisingly stable and rarely explode unless set off by a detonator.

Often called blasting caps, detonators are designed to be activated either by a fuze, or detonating cord, or by electrical impulse. In either case, the sequence—including the detonator—that leads to the main explosive charge is known as a firing train.

The first component of a firing train is called an initiator, the device that sets in motion a chain of events that ends in the detonation of the main charge. The initiator is connected to a conductor, either something that burns or a wire that conducts an electrical pulse. The fuze or wire leads to a blasting cap, which must be slipped into a well in the main charge to set it off. In some instances, the detonator can simply be pressed into the explosive like a stick into modeling clay. Components of chemical firing trains appear at right. Parts for the electrical version, often chosen for its dependability, are shown on the next page.

A Chemical Chain of Events

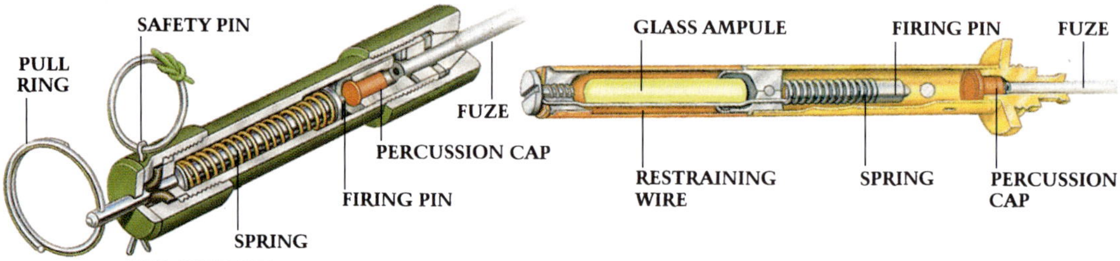

TWO INITIATORS

The heart of a mechanical initiator is a percussion cap filled with a small amount of an explosive so unstable that it can be set off by a blow from a spring-loaded firing pin. In an instant-action initiator *(above, left)*, a tug on a ring (after removing a safety pin) pulls back the firing pin and releases it. A time-delay pencil *(above, right)* contains an acid-filled glass ampule. Finger pressure crushes the vial, releasing the acid to dissolve a wire that restrains the firing pin. An ampule of weak acid postpones firing up to five hours or more, depending on temperature; stronger acid shortens the delay to less than five minutes.

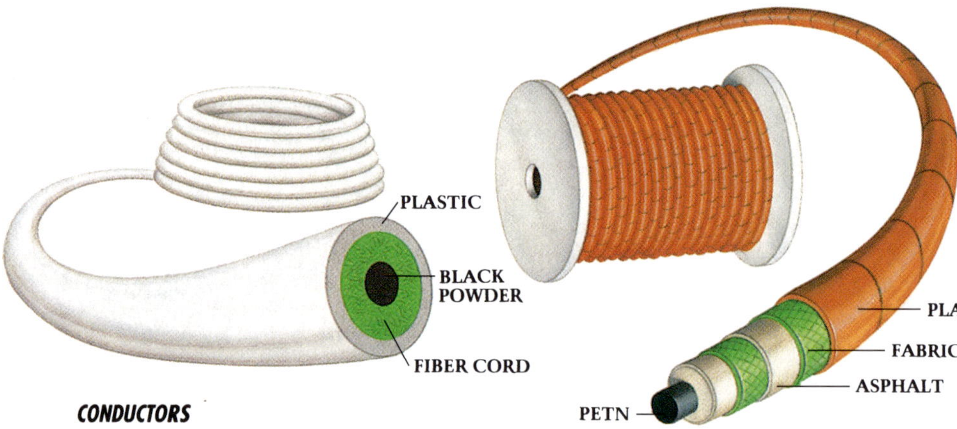

CONDUCTORS

Chemical conductors come in two varieties, delayed-action fuze *(above, left)* and instant-firing detonating cord *(above, right)*. Fuze consists of a plastic tube with a core of black powder, which burns at the rate of a foot every thirty to forty-five seconds and can be used with either type of initiator. Detonating cord has a core composed of an explosive that is too stable for a percussion cap to set off. This conductor is detonated either by fuze or by blasting cap *(below)*.

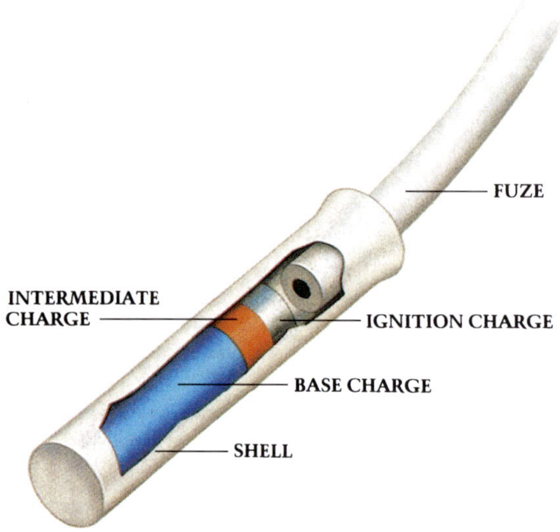

A BLASTING CAP

A fuze-activated blasting cap consists of three charges in an aluminum shell. An ignition charge, lit by a fuze, sets off an intermediate charge. Instantly, this blast ignites a high-explosive base charge that activates the main charge. Blasting caps must be handled with care; the ignition charge is so sensitive that it can be set off by impact.

Jump-Starting an Explosion

ONE BLAST AT A TIME

The electronic timer above is activated by turning the arrow to the desired delay and extracting the safety pin with the lanyard. When time runs out, a battery sets off an electric blasting cap. Radio-initiated detonations require a transmitter and receiver *(right)*. The system uses a coded signal to prevent local radio transmissions from setting off an explosion.

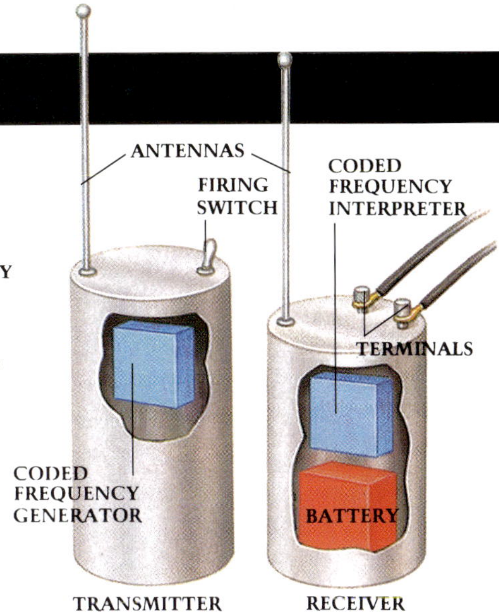

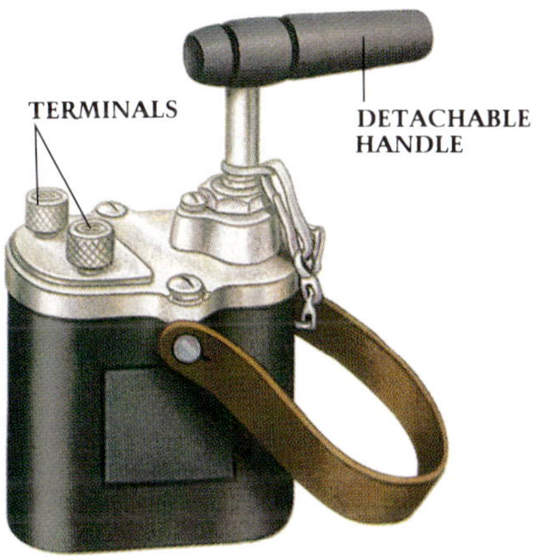

SIMULTANEOUS DETONATIONS

Generators initiate multiple explosions. A quick twist of the handle on a "hell box" *(above)* provides power to set off as many as ten blasting caps. The plunger-style generator at right is capable of handling up to thirty detonators. Copper-and-steel wire takes current from both kinds of generators—and from radio-controlled units—to the blasting cap.

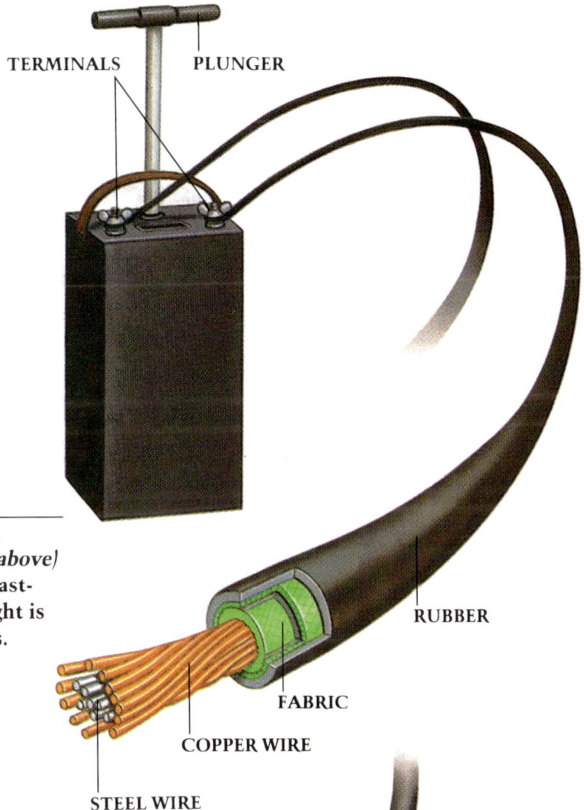

AN ELECTRIC CAP

An electrical blasting cap has the same three explosive elements as the fuze-activated kind—ignition, intermediate, and base charges. In this kind of detonator, however, the ignition charge is set off by an electric pulse passing through a fine bridge wire, which evaporates like a flashbulb filament. The resulting heat kindles the ignition charge.

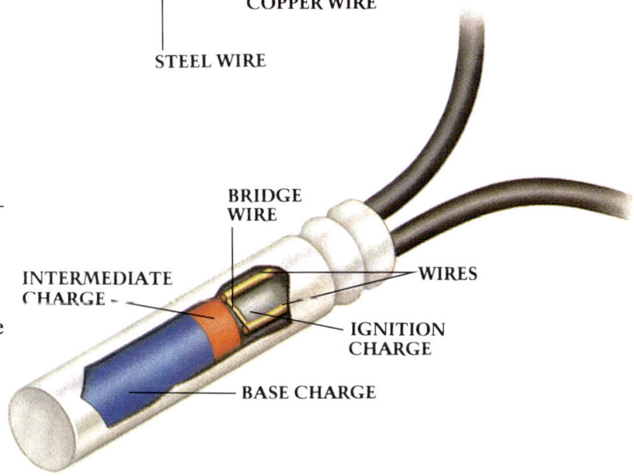

C-4

An improvement on a compound developed by the British in World War II, C-4 is also called plastique. It is made of TNT combined with other compounds that give it the elasticity of modeling clay and an RE of 1.26. The water-resistant white explosive is highly stable. It can be hurled, crushed, pounded—even burned as a cooking fuel—without risk of explosion.

A-3

Composition A-3 (RE 1.35) is a mixture of 91 percent RDX with 9 percent wax added as a binder and to stabilize the compound. Though more powerful than C-4, it is comparatively brittle and consequently less versatile than plastique. Like C-4, it is largely unaffected by water and is frequently selected for underwater demolitions.

HBX-1

Slate gray HBX-1 (RE 1.48) is a combination of RDX and TNT mixed with aluminum powder to promote burning—plus stabilizing ingredients. Fully waterproof, HBX-1 (and a close cousin called HBX-3) are ideal for use underwater. Consequently, these mixtures often serve as the explosive charge in limpet mines *(pages 108-109)*, torpedoes, and other naval ordnance.

A High-Powered Bag of Explosives

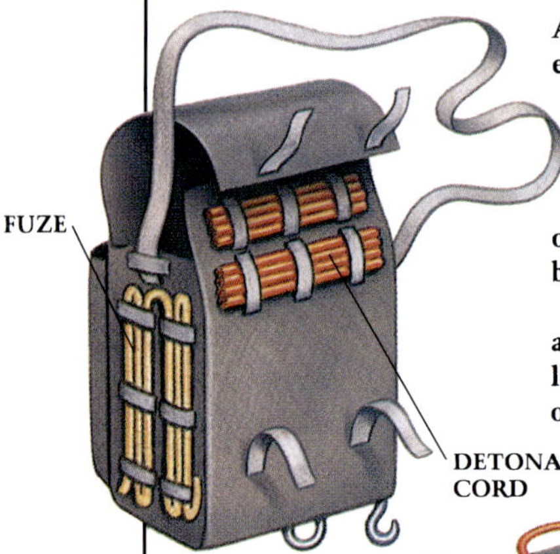

A versatile workhorse of demolitions, the satchel charge is suitable for a wide variety of targets.

Weighing as little as two pounds or as much as twenty-two pounds, it makes a neat package that can be either tossed at a target or placed more carefully. Fittings on the bottom of the haversack permit multiple charges to be hooked together.

The device at left consists of eight two-and-a-half-pound sticks of TNT molded around a length of detonating cord. Because the amount of explosive in the detonating cord is small and might not set off the stable TNT, there is embedded in each block of the main charge a slug of the explosive pentolite. This mixture of PETN and TNT, called a booster, ensures the complete and efficient detonation of each stick of TNT.

The detonation of a satchel charge is the culmination of a chemical firing train. A length of fuze strapped to the side of the bag is ignited by an instant-action initiator or a time-delay pencil attached just before the explosive is to be used. The fuze burns down to a blasting cap that sets off the detonating cord.

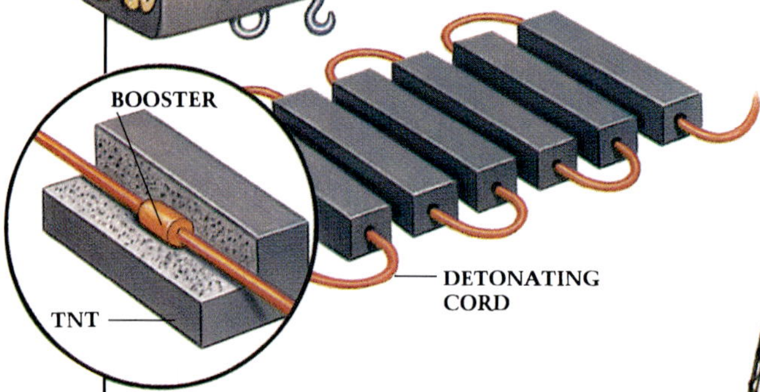

Demise of a satellite dish. **A satchel charge is a good choice to silence this communications center. The omnidirectional blast can destroy not only a control box and the structural support where the charge has been placed but the antenna and much of the building as well.**

A Sinuous Path of Destruction

Flexible enough to be wrapped around or draped across irregular targets, the snakelike line charge is suitable for blowing a path through natural barriers such as reefs and sand bars. The model shown here, the Mark 8 flexible linear demolition charge, comes in twenty-five-foot lengths of two-inch-diameter rubber hose, each containing fifty pounds of a mix that is 70 percent A-3 explosive and 30 percent aluminum powder. At either end of the charge is a TNT booster.

Line charges screw together, permitting several of them to be linked. A cap with a towing ring is fitted to one end of the assembly to help maneuver it into position. The cap for the other end has a hole through which detonating cord is threaded and knotted so it will not pull out. Screwed tightly to the line charge, this cap holds the detonating-cord knot firmly against a blasting cap that sets off the first TNT booster, getting the explosion under way.

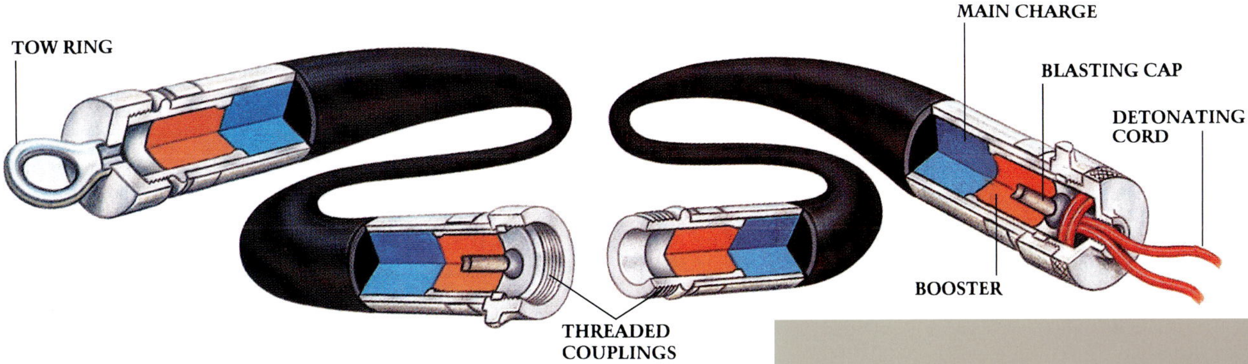

Leveling an underwater obstacle. Dipping and rising with the contours of a coral reef, a multisection line charge is arranged serpentine-fashion, as shown above, or in a crisscross grid pattern. Exploding in all directions at once, it opens a wide breach in the reef that allows landing craft or other shallow-draft vessels to pass. For ocean-bottom explosions like this, detonating cord is usually run ashore or to a boat on the surface and then set off either by fuze or with a timer.

The Penetrating Effect of a Shaped Charge

Unfocused blast such as that produced by satchel and line charges *(pages 102-103)* requires a sometimes-impractical amount of explosives to destroy structures built of thick steel or concrete. Indeed, these materials can act as a form of tamping, directing the force of the explosion away from the target.

The answer is a shaped charge like the one below. Its cylindrical explosive has a conical hollow in one end that directs most of the blast toward the base of the cone. A glass liner forms a molten slug that can penetrate thirty-six inches into concrete and twelve inches into steel. For thicker targets, a second charge can be laid in the cavity made by the first—after the glass slug is shattered with a hammer and disposed of.

Where a demolition team can gain access to opposite sides of a structure (bridge supports are a good example) two shaped charges can be used to make an "earmuff" charge. To ensure that the earmuffs explode simultaneously, they are linked with detonating cord, which is set off by another length of the same material knotted at the midpoint of the link. Joined by more detonating cord, several earmuff charges can be set off at the same time. To knock out the bridge at right, the charges are attached with claylike adhesive opposite each other on supports that span the length of one side. This approach will either topple the bridge or weaken it so much as to make it unusable, especially by trucks or other heavy vehicles.

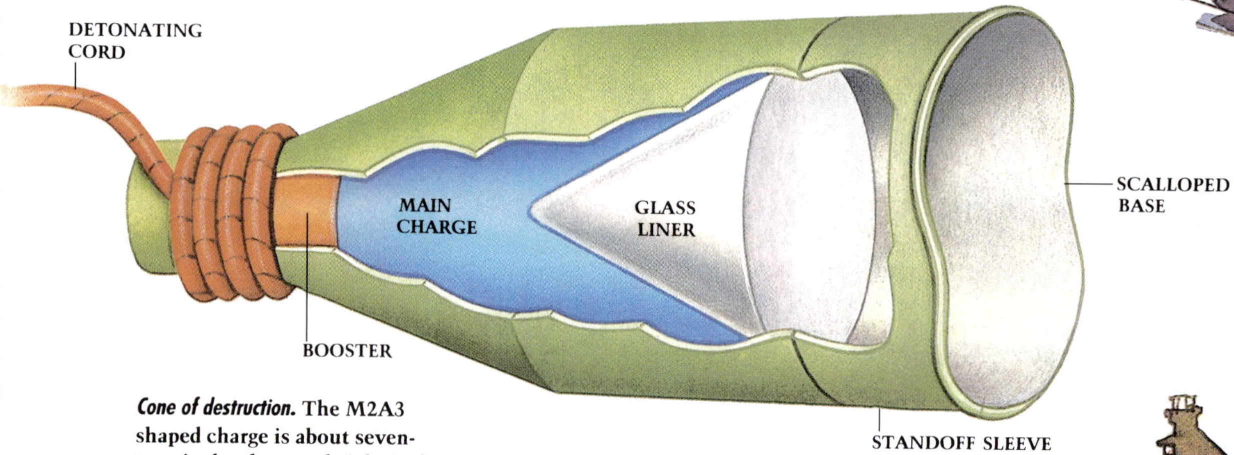

Cone of destruction. The M2A3 shaped charge is about seventeen inches long and eight inches across. Its glass-lined main charge, which weighs about nine pounds, is capped by a two-pound booster. A blasting cap can be screwed into the booster or the charge may be ignited by detonating cord wrapped around the outside, as shown here. A standoff sleeve, scalloped at the edge to help adapt the charge to irregular surfaces, holds the explosive at the optimum distance for greatest penetration.

When earmuffs explode. **Shock waves from two shaped charges detonated simultaneously on opposite sides of a concrete bridge piling collide inside the structure and then rebound. Not flexible enough to absorb the sudden reversal, the concrete crumbles.**

Slicing Steel Beams with C Charges

To sever something—a tree trunk, perhaps, or a steel girder—demolitions specialists fashion a cutting charge from a malleable explosive such as C-4. If intelligence about the target is accurate and detailed, the charges may be prepared before the mission. Otherwise, the explosive is prepared at the scene.

Custom-fabricated charges like these make it easy to use two independent firing trains, in this case detonating cord and a pair of blasting caps. This redundancy reduces the chance of a misfire. If, for example, the probability of firing-train failure is one in ten, then using two trains reduces the likelihood of a dud to one in a hundred.

To knock down a structure made of steel girders, multiple charges are often needed. For example, toppling the radio mast at right, which is built of steel less than two inches thick, demands a cutting charge at each corner, two placed high and two low. (Thicker beams require two charges placed opposite each other.) When the explosives detonate, cutting the girders, the tower will fall in the direction of the lower charges, easily snapping guy wires that depend on the structural integrity of the tower for their ability to keep it standing in high winds.

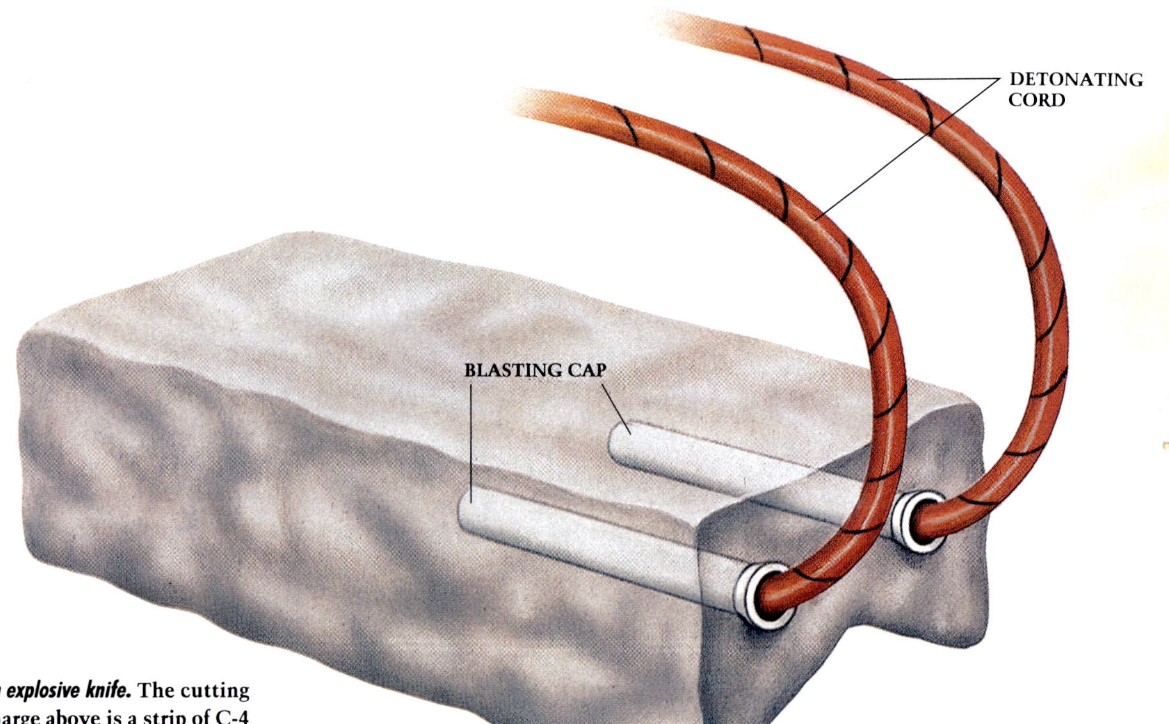

An explosive knife. The cutting charge above is a strip of C-4 about one and a half inches thick, three to four inches wide, and six inches long. Dimensions vary according to the job, but regardless of size, a V-shaped groove is molded into one side of the strip to focus the explosion. Two blasting caps primed with detonating cord are embedded in one end.

Fitting the shape to the target. **To sever a girder, a cutting charge is bent to slip between its flanges. A block of wood tamps the charge, increasing the amount of blast directed toward cutting the beam. In this case, a blasting cap is pressed into each end of the charge to make the explosion as uniform as possible. Lashings *(not shown)* hold the charge in position.**

A Hull-Gripping Mine That Destroys Ships

C-4, A-3, and other explosives can be used against underwater targets. However, after twelve hours or so of submersion, these materials become so waterlogged that they will not detonate. Thus, demolitions teams attacking a ship below the water line will almost always choose a waterproof explosive such as HBX-3, often in the form of a limpet mine. Named for the mollusk that clings tenaciously to undersea rocks, limpet mines are attached to the hull with adhesives or magnets. Small mines, like the one illustrated below, blast a hole in the bottom of the vessel. If placed under a magazine or a fuel bunker, they can be particularly devastating. Large mines can break the keel of a ship *(far right)*.

When a mine explodes underwater, it creates a high-pressure bubble of hot gas. Expanding, the gas sends out a strong shock wave at supersonic speed that hammers nearby objects. Within microseconds, water pressure quickly compresses the gas, which then expands again with a shock wave almost as strong as the first. This buffeting, which continues until the gas bubble reaches the surface, is the main reason that the relative effectiveness of an explosive is greater underwater than in air.

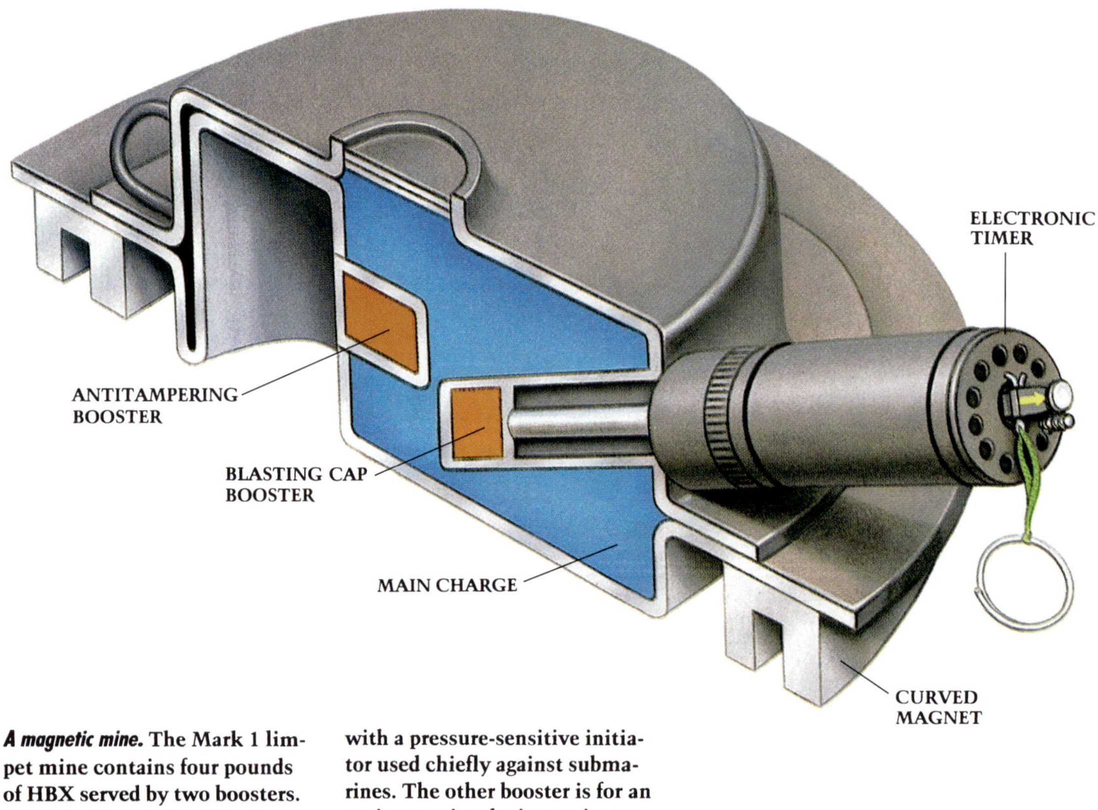

A magnetic mine. The Mark 1 limpet mine contains four pounds of HBX served by two boosters. One is activated by a blasting cap attached to an electronic timer, as shown here. Instead of the timer, the mine can be fitted with a pressure-sensitive initiator used chiefly against submarines. The other booster is for an antitampering device set into a well in the main charge. Six curved magnets hold the mine against a ship's hull.

Punching a hole. A Mark 1 limpet mine has sufficient power to punch a hole in the bottom of a ship weighing a hundred tons or more. Three or four such breaches can sink the vessels before the holes can be patched.

Breaking a ship's back. Larger mines, some with as much as 200 pounds of explosive, are hung below the keel. A huge bubble of gas from the explosion raises the ship at the center; the weight of the ends breaks the keel.

4

An Auspicious Comeback in Panama

Panamanian Defense Forces headquarters burn in Panama City after being strafed by U.S. Army and Air Force special-operations aircraft. They joined ground and sea commandos in spearheading Operation Just Cause, the 1989 invasion of Panama that toppled dictator Manuel Noriega.

Twenty minutes past midnight, December 20, 1989, and the United States stood on the brink of intervention in Panama. Major Kevin Higgins, commander of Company A, Third Battalion, Seventh Special Forces Group—the famed Green Berets—had been assigned a critical role. But as he waited with his troops for helicopters to land at Albrook Air Force Base—an American facility in Panama City—and carry them into action, Higgins could be pardoned if he felt a bit apprehensive about his mission.

Twice in as many days, his orders had been changed, each alteration adding responsibility and complexity to the task. At first, he had been told to send a three-man surveillance and reconnaissance team—plus an Air Force special-operations combat controller, who could call on an AC-130 Spectre gunship that would be orbiting nearby in case the commandos ran into trouble—to the Pacora River bridge along the Pan American highway, less than ten miles east of the Torrijos-Tocumen airfield complex. It consisted of the Torrijos International Airport on one side and a military facility, Tocumen Military Air Field, on the other. Torrijos-Tocumen would be an early objective of U.S. troops, and the reconnaissance team was to note any movement across the Pacora by troops of the Panamanian Defense Forces.

But headquarters had abruptly scrapped the surveillance idea and ordered Higgins to hold the bridge against any enemy that might try to cross. For this task, he added himself and eleven Green Berets to the original number. They armed themselves with M16s, machine guns, and two varieties of light antiarmor rockets. The expanded team would be inserted by a pair of MH-60 Pave Hawks, Black Hawk helicopters that were specifically equipped for nighttime special operations.

Then, just half an hour later, the plan had changed again. As Higgins conducted final inspections, his face and those of his men blotched with camouflage grease paint, he had been notified that he could have the use of a third helicopter—a standard UH-60 Black Hawk transport—and that he should round up more men. Higgins had hastily tapped another eight troopers from his company, briefing them as best he could on the run.

Now the UH-60 was starting engines next to him on the Albrook helipad as the two MH-60s, loaded with the team's weapons, angled in from their station at Howard Air Force Base on the other side of the Panama Canal. Suddenly, just as the Black Hawks were settling to earth, the distinctive crack of AK-47 rifle fire sounded through the night. About a hundred yards away, a group of Panamanians had opened fire through the airfield fence at the hangar next to the helipad. Higgins and his men, who were standing in an open concrete-lined culvert, hit the deck, while the station's security detail hammered back at the muzzle flashes that were winking just beyond the fence. And at this point, while hugging the ground waiting for the attackers to be silenced, Higgins learned of yet another change in plans.

Originally, H-hour for U.S. action throughout Panama had been slated for 1:00 a.m.; now the Third Battalion's intelligence officer informed Higgins that because of security leaks, Higgins's operation, among others, had been pushed forward by fifteen minutes—to 12:45 a.m. Worse, advised the intelligence officer, a convoy of Panamanian vehicles had been spotted already rolling toward the Pacora River bridge. Estimated time of arrival, the major's new H-hour. Higgins and his men must get there first, but they now had scarcely fifteen minutes to travel the prearranged route, a twenty-five-minute flight to the bridge.

Gunfire continued to crackle around the base as Higgins and his men piled into the Black Hawks. In the lead MH-60, Higgins learned from the pilot, Chief Warrant Officer John Estep, that the landing zone had been changed. The original choice, near the bridge on the far side of the Pacora, was too small for three helicopters; a larger one was identified on the near side of the river. This shift rendered obsolete much of the mission minutiae of who would occupy which positions at the objective. Higgins and company would have to improvise.

Then the major informed Estep of the new H-hour. The pilot told the Green Beret commander that his chances of beating the convoy to the bridge verged on nil. With something like 170 U.S. helicopters, most of them blacked out, crisscrossing Panamanian skies at that moment, all air traffic had been coordinated to the fraction of a minute. To deviate from the flight plan—and count on seeing other aircraft through night-vision goggles and similar gear built into the MH-60—was risky in the extreme, but Estep understood the necessity. He would attempt a shortcut.

As the helicopters took off, Grenada seemed to echo loudly in the patchwork of last-minute orders that launched the Pacora River mission, but Panama would not be another gloomy chapter in the history of U.S. special operations—neither at the bridge across the Pacora nor in the numerous other actions taken in conjunction with conventional troops charged with toppling the brutal dictator of a friendly country. This time, the campaign generally would be well conceived and meticulously choreographed. Special-operations forces—the Army's Rangers, Green Berets, Delta Force, its helicopter and psychological-warfare units; the Navy's SEALs; the Air Force's AC-130 and Pave Low special-operations helicopter units as well as combat controllers—all would be integrated into the master plan; command, control, communication, and intelligence would be far better coordinated in Panama than they had been on Grenada. Most important, the commandos of all services would for the most part be assigned jobs that were clearly suited to their skills and character.

Not every mission would come off perfectly. Mistakes would be made, signals missed, and in one instance, unnecessarily high casualties taken. Intelligence would be wanting or erroneous in a number of cases, resulting in confusion, frustration, and further danger. Moreover, Panama's autocratic General Manuel Antonio Noriega, a prime target of the invasion, would prove unexpectedly elusive, the chase after him at times taking a farcical turn. Yet special-operations forces would achieve every objective (save for seizing the

General Noriega defiantly displays a decree, issued December 14 by his rubber-stamp Assembly of People's Power, naming him Panamanian head of state. The event signaled an end to nearly two years of unsuccessful American attempts to pry the reins of power from the dictator by persuasion and economic pressure.

dictator at the outset) and contribute mightily both to the downfall of an American nemesis and to the restoration of democratic institutions to Panama.

For years, the United States had been at odds with the Panamanian strongman. In 1987, the American Congress cut off all arms shipments to Panama after an investigation turned up strong evidence that Noriega was trafficking with the Colombian drug lords. The general then turned to Cuba for arms, and matters went from bad to worse. In February 1988, two U.S. federal courts in Florida handed down indictments accusing the Panamanian leader of drug running. Noriega, whose power derived from his position as head of the country's 16,000-man military, of which perhaps 3,500 were well-trained, well-armed, hard-case loyalists, merely laughed at American juridical procedures. Then, showing his contempt for his own country's democratic institutions, the general dismissed his country's freely elected president, promised a new vote for May of 1989, and then nullified the results when he took a thrashing at the polls. In October, a revolt erupted in the Panamanian Defense Forces among a number of mid-level officers; these PDF captains and majors actually arrested Noriega, but loyal units rushed to his rescue, and the coup was ruthlessly put down.

By this time, the United States had begun to think seriously of ridding Panama of this tyrant. President George Bush ordered General Maxwell Thurman, head of the Panama-based U.S. Southern Command, and Lieutenant General Carl W. Stiner, commander of XVIII Airborne Corps at Fort Bragg, North Carolina, to redraft an old contingency plan for action in Panama. Meanwhile, Noriega goaded his powerful northern neighbor. On December 15, he loudly announced to his handpicked national assembly that a state of war existed between the United States and Panama. The next evening in Panama City, an off-duty U.S. Marine lieutenant was cold-bloodedly shot and killed by PDF soldiers. A U.S. Navy lieutenant and his wife who witnessed the murder were seized by the same troops, who brutally beat the officer and threatened his wife with sexual abuse.

Enough.

A day later, President Bush set Operation Just Cause in motion, with H-hour set for 1:00 a.m., December 20. His generals intended to apply such overwhelming force so swiftly and at so many locations simultaneously that Noriega and his followers would be removed without grave damage to Panama or danger to its inhabitants—among them 50,000 military dependents and other U.S. citizens largely involved with operating the Panama Canal. Such considerations "caused us to come up with twenty-seven targets that should be attacked at H-hour," said General Stiner. The enterprise ultimately would require 27,000 American troops. Of these, 13,000 would be soldiers already in Panama, and 14,000 others would be flown from the United States. As a student of the Grenada failures, Stiner made sure, as he put it, that everyone in this considerable force would be singing off "the same sheet of music." A booklet listed the radio frequencies assigned every unit on each network. To ensure cooperation between ground troops and air support, Stiner furthermore established an air operations center that included representatives from every military element in Panama to control the air space over the combat zone.

Critical to the entire plan was the role of special-operations forces. There would be 4,150 such troops on hand for Just Cause, and Stiner, having commanded the Joint Special Operations Command at Fort Bragg, understood their strengths and limitations.

A central objective of the invasion force would be the PDF headquarters at the heavily fortified Comandancia complex in downtown Panama City. Its capture would be the responsibility of the Seventh Infantry Division and various other units. To facilitate that action, however, the Comandancia had to be sealed off from reinforcement by Noriega troops outside the capital. American intelligence knew that the PDF's reputedly tough Second Rifle Company was based at the Torrijos-Tocumen airfield, along with units of the Panamanian Air Force. Further, the equally competent Sixth and Seventh Infantry Companies were known to be quartered at an auxiliary field and military base called Rio Hato, seventy-five miles southwest of Panama City. Finally, Battalion 2000, the most powerful outfit of all and the one largely responsible for Noriega's rescue in the October coup, garrisoned Fort Cimarron, only half an hour by truck from Torrijos-Tocumen and another twenty minutes or so from Panama City.

Thus, a battalion of the 75th Ranger Regiment, specialists in airfield assault, would parachute in to take Torrijos-Tocumen and secure it both as a drop zone for the 82d Airborne and as an airstrip

With the exception of the Ranger assault at Rio Hato, seventy-five miles southwest of Panama City, the American commando forces of Operation Just Cause fought most of their engagements within forty miles of the Panama Canal. The inset shows locations of targets inside the capital and its environs.

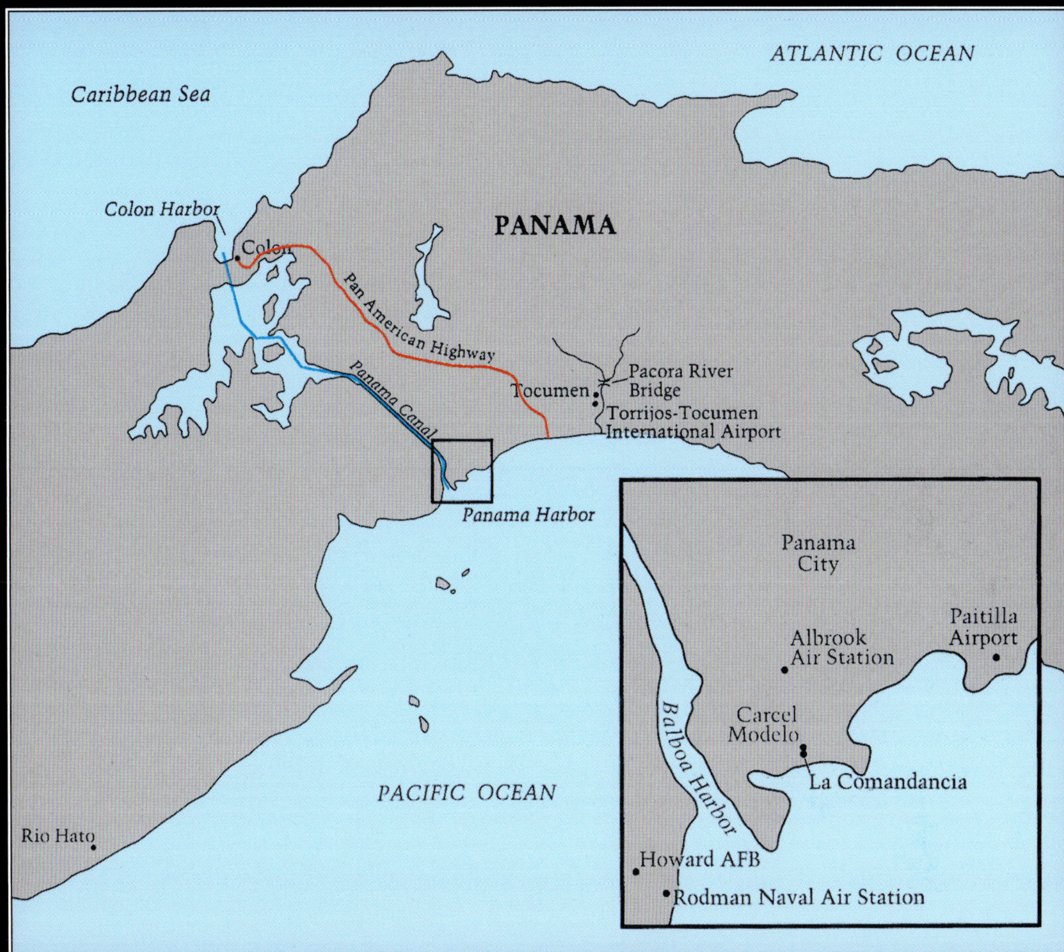

to land the Seventh Division. Another battalion from the 75th would descend on Rio Hato to liquidate that threat, while Special Forces Major Kevin Higgins and his Green Berets would stall Battalion 2000 on the east side of the Pacora River. Meantime, Delta Force and SEALs would be plying their trade by rescuing an imprisoned American citizen, preventing Manuel Noriega's escape, and hunting the dictator himself.

Despite every effort to disguise the invasion timetable, the news leaked out. On the evening of December 19, General Stiner learned of urgent warnings on PDF radio channels that "they're coming" and "the ball game starts at 0100 hours." The advance billing no doubt accounted for the convoy of Panamanian troops—almost certainly elements of Battalion 2000—racing toward the airport and

Panama City by way of the Pacora River bridge. Around midnight, Stiner advanced H-hour fifteen minutes, the maximum possible so late in the game. Though the change would not apply to the Rangers or other troops already en route from the States, he hoped to give his in-country forces, particularly the special-operations troops, at least a slight chance of surprise.

A Stitch in Time

It was almost exactly 12:45 when the three choppers carrying Major Higgins and his team whirled down over the Pacora River. With great skill, the pilot had led his three-ship fleet safely through all the traffic and had shaved ten minutes off the flight time. A heavy fog rose from the water, obscuring the forty-foot-tall bridge until the helicopters were almost upon it. As the aircraft overshot the mark, the Green Berets inside could count eight trucks in the approaching Panamanian convoy, now only 400 yards from the bridge.

Quickly reversing course, the choppers set the Americans down on the Panama City bank of the river. The troops leaped from the choppers with their weapons and scrambled up a steep embankment, overgrown with head-high elephant grass, to the highway leading across the 500-foot-long bridge. In the lead were two men from a ten-man team that, before H-hour had been advanced, was to have set up an ambush to block the bridge. Moving to the center of the road, one of the Green Berets launched a rocket. It dipped, hit the pavement, skidded under the truck, and exploded without setting the vehicle on fire. Nevertheless the convoy halted briefly, then slowly advanced—into a rocket fired by the second member of the ambush team to reach the road. Again no secondary explosion, but the convoy stopped again. By this time, the rest of the team had climbed the embankment. Machine-gun fire, more antitank rockets, and 40-mm grenades raked the trucks.

About this time, the combat controller shouted to Higgins that a Spectre, already orbiting overhead, was ready to assist. The major ordered his men to flatten themselves on the embankments and called for the Spectre. On the combat controller's order, the big AC-130 turboprop went to work. The aircraft commander opted for his rapid-fire 40-mm Bofors and 20-mm Vulcan cannons. Within minutes, three of the trucks had withdrawn, but the remainder had

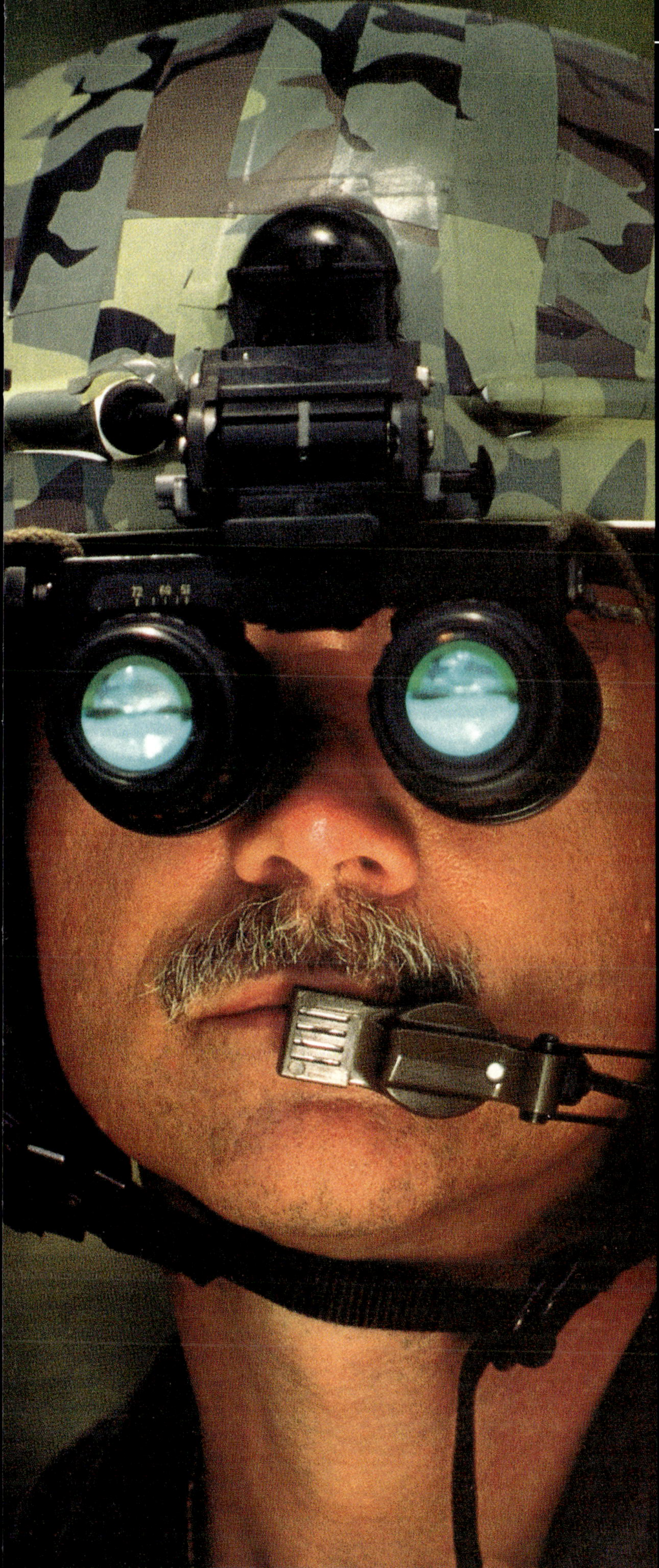

To See like an Owl

Darkness, the setting preferred for most special operations, can be as much an enemy as an ally. Though it may hide an attacker, it also obscures the objective. On the ground, it increases the risk of stumbling upon the enemy unexpectedly and of sending the engagement's crucial opening shots wild. For pilots, it makes nap-of-the-earth flying, the technique of skimming the ground that helps conceal approaching aircraft from the adversary, unacceptably hazardous.

Night-vision devices (NVDs) to help lift the veil of darkness date back to World War II. Early NVDs employed an infrared light to illuminate the target and an infrared-sensitive scope to view it. With an active system such as this, however, a similarly equipped enemy could easily spot the source of the infrared beam, turning the hunter into the hunted. This disadvantage spurred the development of passive NVDs, which emit no telltale signal of their own.

From the mid-1960s, passive night-vision gear has relied on a principle called image intensification to amplify minuscule quantities of ambient light. Since that technological breakthrough, designers have concentrated their efforts on making NVDs smaller, more sensitive, and more comfortable to wear. They are now de rigueur for almost all nighttime military undertakings and were widely used by American special-operations forces of all services in both Panama and the Persian Gulf.

A U.S. Air Force special-operations pilot peers through night-vision goggles. The gleam on the lenses comes from a coating that filters distracting reflections from the wind-screen.

How an NVD Brightens a Scene

Light itself cannot be amplified. Thus, to make a passive device that permits a soldier to see in the dark, some other approach to the problem had to be found. The solution was to convert light into electrons, the particles that whiz around the nuclei of atoms. Gallium arsenide releases electrons when struck by photons of light. Other compounds give off many such particles when struck by another electron, and chemicals called phosphors emit photons when bombarded by electrons. Assembled into an image intensification tube fitted with lenses on both ends, these elements can brighten a scene 3,000 times *(below)*.

First-generation passive night-vision devices relied solely on light at visible wavelengths, but the Generation 3 instruments make use of infrared light just beyond the visible spectrum. Even on the darkest night, when visible light is practically nonexistent, infrared energy is plentiful. Also, the reflective characteristics of different surfaces are more pronounced in the infrared band, thus creating an image that has greater contrast.

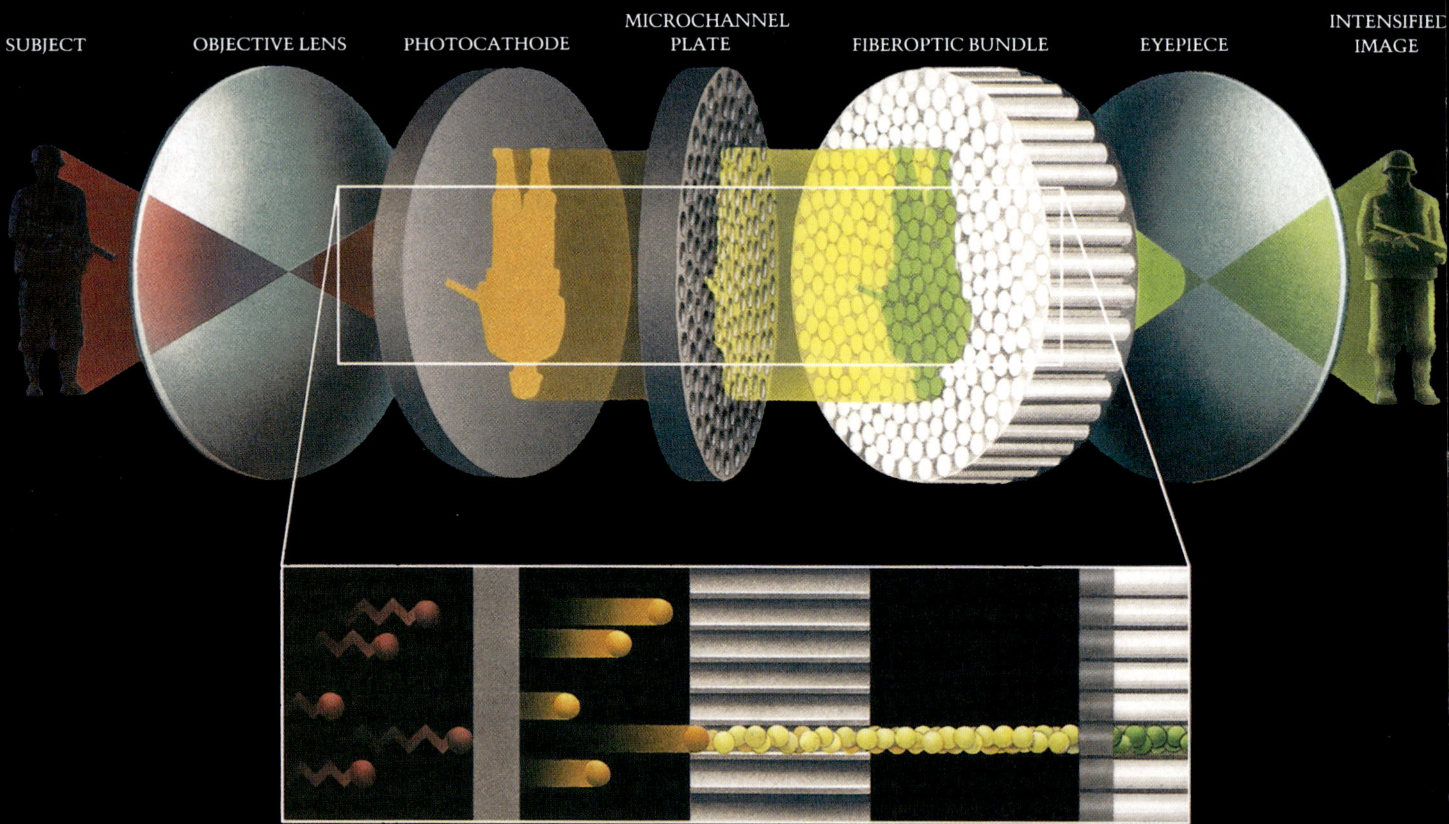

The illustrations above show the elements of a Generation 3 NVD and how they produce a bright image of a dim subject. Photons of light are focused by an objective lens on a photocathode coated with gallium arsenide, which discharges electrons when struck by photons *(bottom drawing)*. Voltage from the NVD's battery, raised from three to thousands of volts, accelerates the electrons toward the microchannel plate, a honeycomb comprising millions of microscopic glass tubes. Entering a tube, an electron dislodges hundreds of more energetic electrons from a coating inside, which strike a phosphor layer on a bundle of tiny optical fibers. The result is an upside-down image, turned right side up by an eyepiece.

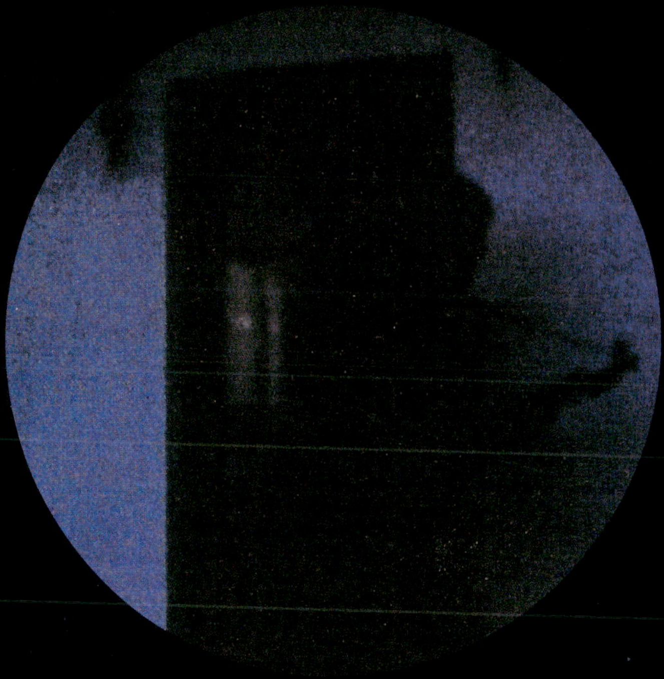

The two photographs above, taken on an overcast, moonless night, show the dramatic effect of night-vision devices. On the left, the door of this rural outbuilding is almost invisible, as is the man crouching just outside the threshold. On the right, the same scene, photographed through an NVD, is a startling improvement. The door stands out in sharp contrast to the building's wall, and the shadowy figure of the man, rifle at the ready, is plainly visible.

NVDs can aid troops in distinguishing friend from foe at a distance. In the photo at left, an ill-defined figure can be discerned against the tree line at a distance of thirty yards. As the person moves closer *(center)*, the shape becomes a man, who appears to be carrying something. At twenty yards *(right)*, the man can be recognized as a soldier carrying an AK-47.

been damaged beyond salvation. Remarkably, none caught fire. Escaping PDF soldiers were slithering down the embankments, away from the highway. They, too, were taken under fire by the gunship. To discourage any survivors from fording the Pacora, Higgins ordered his men to lob an occasional grenade at the riverbank.

There was a flurry of excitement at 1:30 a.m., when the Spectre reported a column of automobiles speeding toward the bridge from the direction of Panama City. Tracers fired above the vehicles brought them to a halt. Spectre now radioed that there were three cars and that the occupants were dismounting. Higgins had his men send 500 rounds of machine-gun fire and thirteen grenades into the elephant grass along the highway. Concerned about the prospect of more enemy troops advancing from the rear, the major requested a second AC-130, and until dawn, one Spectre or another remained on station overhead. Around 2:00 a.m., a pair of Green Berets, placing a claymore mine on the road, spotted three armed soldiers advancing across the span. They shot and killed one man; the other two threw away their weapons and dived off the bridge. By 6:00 a.m., it was all over. Helicopters brought in a forty-five-man Green Beret quick-reaction team as reinforcements.

Despite an inauspicious start, Higgins and his exhausted team had achieved their objective without a single casualty. No aid for the Comandancia crossed the Pacora River bridge. In the bargain, a good part of Battalion 2000 had been dispersed, having lost four dead and seventeen taken prisoner.

Meanwhile, the Rangers of the 75th Regiment were focusing their attentions on the Panamanian Defense Forces at Torrijos-Tocumen and Rio Hato. Since early December, the 75th's three battalions had been practicing assaults at mock-ups of both installations in Florida; the men knew every detail of the objectives and had their timing down pat. The capture of Torrijos-Tocumen had to be almost chronographic in its precision; the commandos would have only forty-five minutes to parachute onto the twin airfields and secure Torrijos before the first paratroops of the 82d Airborne dropped from the skies.

The assault would be mounted by the First Battalion, plus Company C of the Third—731 Rangers in all, flying south in seven jet-powered C-141 Starlifters and four turboprop C-130 Hercules transports. While the formation was still some distance out, the first of two messages flashed to the commander in the lead aircraft, Lieutenant Colonel Tony Koren. It said that the invasion had been compromised. That did not come as a great surprise—a massive operation such as Just Cause could hardly pass unnoticed, especially when so much of the preparation had taken place within Panama—nor was the news particularly daunting. "From the past experiences the United States has been in, you know we're going to overwhelm them," said one Ranger. "We're so much better trained. Now it's like we're actually going to do something for real."

Message number two informed the commander of something more troubling. General Stiner had set H-hour for 1:00 a.m. partly because the last commercial flight scheduled into Torrijos-Tocumen, a Brazilian airliner, was to have landed before 11:00 p.m. Passengers would have had plenty of time to collect their luggage and depart. However, the Brazilian airliner had been delayed. It now sat on the ramp and empty, its passengers still inside the terminal. That complication would try the Rangers more severely than any resistance offered by the PDF.

Enemy air defenses were thought to consist primarily of two Soviet-built, Cuban-supplied ZPU-4s. These four-barrel, 14.5-mm heavy machine guns, which were capable of firing 600 rounds per minute, could be fatal to the transports loaded with Rangers. Machine-gun emplacements with smaller caliber weapons had been positioned around the Tocumen base. A hundred yards away from the Tocumen taxiway stood barracks that housed about 150 members of the Panamanian Air Force and 200 infantry troops of the PDF's Second Rifle Company.

Precisely at 1:00 a.m., an AC-130 Spectre demolished the gun positions suspected of containing the ZPU-4s—they turned out to be single-barrel .50-caliber machine guns—with its 105-mm howitzer. Seconds later, the gunship turned its weapons on the barracks, leveling them. At the same time, two AH-6 Little Bird helicopters flown by the Night Stalkers of the Army's 160th Special Operations Aviation Regiment (SOAR)—known as Task Force 160 six years earlier in Grenada—pounced on machine-gun positions with 7.62-mm machine guns and 2.75-inch rockets. The deadly little choppers next attacked the Tocumen control tower.

Firing ceased after two minutes and thirty seconds with the targets in ruins. Thirty seconds later, at 1:03 a.m., the transports ar-

rived. They came in low, only 500 feet above the ground, streaming Rangers behind them. Off to one side of the transport formation, the AC-130 Spectre orbited like a guardian angel.

As the Rangers dangled in their parachute harnesses, they received only erratic fire. Some of it came from soldiers of the Second Rifle Company, who had started evacuating their barracks when they learned of the impending invasion. In the dark, none of the descending invaders was hit. About a dozen PDF soldiers defending the military terminal sprayed AK-47 and M16 rounds at Rangers shrugging off their parachute harnesses, wounding one man. A team of Rangers assembling after the jump encountered two PDF soldiers trying to escape in a truck. In the firefight that followed, Private First Class James William Markwell, a medic who had joined the Army nine months before in hopes of someday becoming a doctor, was shot and killed. He was the only American fatality during the assault on the airport complex.

American planners had figured that the Tocumen military airfield would be the tougher of the two targets, and the First Ranger Battalion concentrated there. In the event, however, Tocumen proved to be something of a cakewalk. Company A took the northern end of the airfield, seizing the Panamanian Air Force barracks and about a dozen helicopters and thirteen fixed-wing aircraft on the ramp. Bravo Company pushed south and established roadblocks at key arteries to secure the perimeter of the airfield where it bordered a swamp. Company C charged into the middle area, cleaning out the ruins of the Second Rifle Company barracks and rounding up the remaining PDF soldiers.

Time had been fleet. It was already after 2:00 a.m. with no sign of the 82d Airborne. Their drop zone along the Torrijos runway had long been secured, though firefights persisted on the fringes of the base. Then at 2:10 a.m., the sky overhead filled with the parachutes of the 82d's first wave. Alarmingly, however, they were hundreds of yards off the DZ and falling onto Tocumen among Rangers and sporadic firing. If the troops of the 82d mistook the Rangers for Panamanians, the potential for calamity, a "blue-on-blue" shootout, was very real. Fortunately, the quick-thinking Ranger commander, Lieutenant Colonel Bob Wagner, ordered a soldier with a bullhorn to shout up at the paratroops that they were dropping among friendlies—who then gave the unexpected visitors directions to their intended assembly area at the Torrijos civil airport.

Potent, Portable Firepower

Equivalent to ninety men firing shotguns, the claymore mine is, pound for pound, one of the most destructive antipersonnel weapons in the special-operations arsenal. Popular among ground troops of all descriptions, it is a particular favorite with commandos. Often operating in small teams far from prompt assistance, they carry with them all the firepower they possibly can.

A versatile device, the claymore makes a potent opener for an ambush. Detonated afterward, it discourages pursuit by survivors. Commandos rig claymores with tripwires attached to initiators similar to the one shown on page 100 and set them out to cover the perimeter of an overnight campsite or leave them behind as booby traps.

Weighing only three and a half pounds, the claymore comes in a bag that can be slung across the chest bandoleer style. In addition to the mine itself, the bag contains an electric blasting cap, 100 feet of wire, and an M57 "clacker"—a small, hand-operated generator—to set off the mine. Also included is a test lamp for checking the circuit before a mission.

Though sometimes placed at chest height *(left)*, the claymore has pointed, folding legs for sticking into the ground. Aligning a simple sight with an object 150 feet away and eight feet above the ground ensures that the claymore fires neither too high nor too low. The blasting cap is screwed into one of the two wells provided for the purpose, then the mine is camouflaged and the wire laid to the firing position. After testing, the clacker, its handle secured by a safety wire, is hooked to the wire.

A sharp squeeze on the clacker produces an electric pulse, which detonates the claymore. In an instant, one and a half pounds of C-4 explosive sends 800 steel ball bearings, lethal out to 150 yards, speeding into the kill zone.

As shown in the illustration above, most of a claymore mine's explosive force is directed forward to propel its load of ball-bearing shrapnel into the kill zone. Even so, a significant amount of blast shoots to the rear. Focused by the slightly concave shape of the back of the mine *(page 98)*, backblast can injure—or even kill—someone standing closer than fifty-five feet and is powerful enough to fell a tree six inches in diameter.

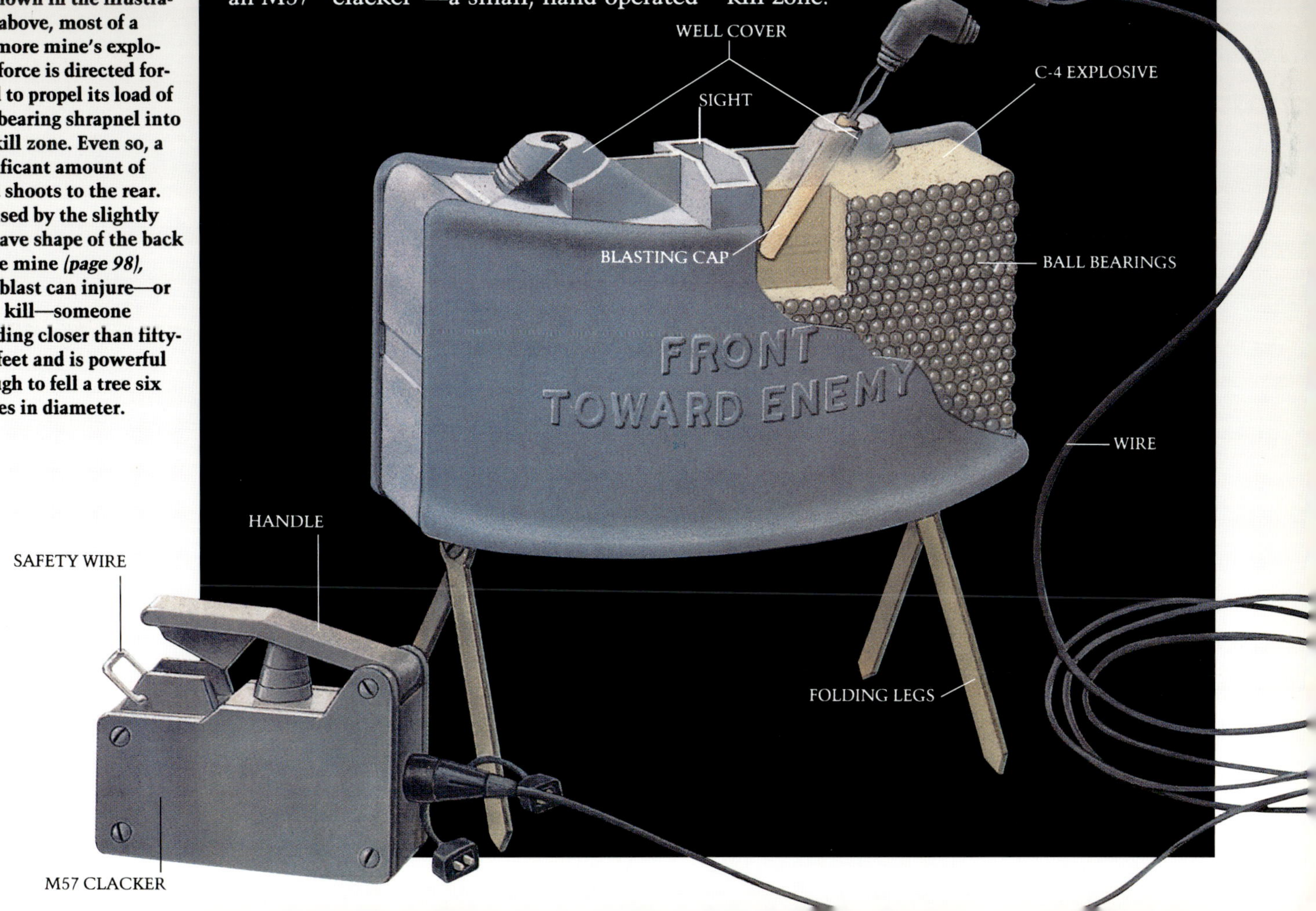

The job of securing Torrijos had fallen to the Third Battalion's Charlie Company under Captain Al Dochnal. His plan, which worked well at first, had been to use his three platoons to systematically clear outbuildings before dealing with the passenger terminal. Working their way toward the building, Dochnal's Second and Third Platoons had already taken nineteen airport workers into custody. More than a dozen of them had come from the fire station. As the Rangers had approached, a handful of firemen tried to make a run for it in a fire truck. When a stream of tracers crossed three feet in front of the speeding vehicle, however, it skidded to a stop, whipped around 180 degrees, and raced back to the station. Escape thwarted, the firefighters joined their mates as they heaped abuse on the Americans. One Ranger suggested lobbing a grenade as a "convincing device," but his squad leader demurred. Instead, he brought up a Spanish-speaking Ranger, who ordered the Panamanians to surrender with no further nonsense. In short order, fifteen firemen walked out of the station with their hands in the air.

Not far away, Charlie Company's Third Platoon ran into heavy fire as it approached the terminal. A squad led by a Sergeant Reeves scrambled up a maintenance stairway and into the building, where they spotted a pair of armed PDF soldiers scuttling into a men's room. Dashing after them with two of his mates named Eubanks and Kelly, Reeves yanked open the door and tossed in a grenade. Like many such facilities, however, this one had a foyer with interior doors that absorbed the blast and shrapnel. Unseen by the squad leader, whose view of the room was limited as he entered, one of the PDF had stood on the toilet in the first stall, and when Reeves entered the room, the Panamanian jabbed his AK-47 at the commando and let go three shots. Hot gases from the rifle muzzle scorched Reeves's face. Two bullets slammed into his right shoulder; the third smashed his collarbone.

Bleeding profusely but still conscious, Reeves thought as the Panamanian jumped on top of him as he fled: "At whatever cost, those two guys are gonna die. That was all there was to it." At that moment, Eubanks and Kelly crawled into the rest room to aid their leader. After pulling him into the hallway, they reentered the rest room, hurling grenades around a corner. Eubanks, who spoke a little Spanish, yelled for their adversaries to surrender but elicited only a torrent of obscenities. In response, the Rangers wounded one man in the neck, then shot the other in the head.

Five minutes had passed. Reeves would recover, and Eubanks was incredulous. "Those two idiots just holed themselves up in that latrine and thought they were going to take out a whole company of Rangers, and they were going to start with our squad," he said. "I guess they thought their cause was worth dying for."

By now, the First Platoon had eighty-eight Panamanians under guard after clearing a rental car facility and the bottom floor of the three-story terminal. Even so, knots of PDF soldiers were still at large in the building, shooting wildly as the Rangers spread out to secure it. Dashing up an escalator to the second floor, a squad from the Second Platoon took a burst of fire, then spotted five of the enemy running into the office of the Customs Police. Barricading themselves behind the heavy steel door at the entrance, the Panamanians started burning files. A Ranger rolled a grenade against the door. The explosion curled the bottom of the door up about a foot. Another grenade bowled under the door killed all five PDF men, but it also intensified the fire that, some speculate, may have been kindled to destroy evidence of drug dealing.

As smoke curled from the customs office, another Ranger squad was pounding along a third floor balcony when the men heard a woman crying hysterically and a male voice calling: "Don't shoot! Don't shoot! We're civilians." Looking over the balcony railing into a large darkened area below, the commandos saw hundreds of people milling about in terror—the passengers from the Brazilian airliner. The squad leader activated a blue chemical light and dropped it among the civilians, hollering for them to gather around it while his men hurried downstairs to escort them outside.

With the terminal burning, PDF troops still shooting, and too few Americans to clear the building systematically, Charlie Company was nervous. As they wrestled with such thoughts, a Panamanian civilian directed them to a baggage room on a lower level—and the ugliest situation of the night.

When two Rangers kicked open the door and leaped inside the darkened space, they saw with their night-vision goggles nine PDF soldiers, armed with AK-47 rifles, holding about twenty hostages at gunpoint. One was a wailing baby. The Rangers shouted at the Panamanians to drop their weapons. They refused. Stalemate.

Retreating through the doorway, the Americans repeated the call for the PDF soldiers to surrender. Each time, the Panamanians refused. A woman screamed: "Don't do anything! Just go away!

They're going to kill us if you try to do anything!" After a protracted standoff, during which the hostage takers fired at U.S. troops trying to outflank them, the situation was resolved, with the hostages walking unharmed from the room.

By 6:00 a.m., Torrijos International Airport was declared fully secured. No PDF troops would reinforce the Comandancia from this direction. In the aftermath of the fighting in the terminal, some of the Rangers stood guard over the nearly one hundred Panamanian airport workers while others fed and comforted almost 400 airline passengers. Remarkably, not a single civilian of any nationality had been killed or even injured. In their fruitless defiance of the Rangers at Torrijos-Tocumen, the Panamanians had lost thirteen killed and fifty-four captured. As for the Rangers, their busy night's work had cost one man killed, five wounded, and nineteen jump injuries. Some of the casualties, like the intrepid Sergeant Reeves, confessed that they were lucky to be alive.

The other half of the Rangers' Panama task force—the 75th's Second Battalion plus the two companies of the Third Battalion not assigned to seize Torrijos-Tocumen, 837 men in all—was charged with taking out the PDF at Rio Hato, a big base with three barracks areas, two motor pools, a communications center, a training facility, an ammunition depot, and a 10,000-foot airstrip. Rio Hato was garrisoned by the PDF Sixth and Seventh Infantry Companies. A combat engineering platoon brought the total to nearly 500 men armed with machine guns, mortars, recoilless rifles, and rocket-propelled grenades. In addition, they could muster nineteen American-made V-300 armored cars and three ZPU-4s. American intelligence analysts regarded the Seventh Company, who called themselves Machos del Monte (the Mountain Men), as well-trained, loyal to Noriega, and very likely to come to the aid of the Comandancia. The Machos, in General Stiner's view, were a "tough target." Noncombatants at Rio Hato complicated matters further. Within the compound where the troops lived stood a dispensary with a big red cross on the roof, and the training center was thought to house as many as 250 teenage noncommissioned-officer cadets. All in all, Rio Hato seemed to be a considerably dicier proposition than Torrijos-Tocumen.

Rehearsing the assault, the Rangers had duplicated the Rio Hato

The Power of Reason

"To subdue the enemy without fighting," said Sun-tzu, the sixth-century BC Chinese general and author of *The Art of War* "is the acme of skill." Nowadays, this art of persuading a foe to surrender is called psyops, for psychological operations, and falls under the aegis of the U.S. Special Operations Command.

More often than not, psyops works through propaganda intended to convince hostile troops that the alternative to giving up is certain death. To get the message across, psyops teams might broadcast from captured radio or television stations or from mobile units of their own. Often they blare the message over powerful sound systems. (Twenty-two loudspeaker teams were sent to Panama for Operation Just Cause). Even a heart-to-heart telephone conversation with the officer in charge of a garrison can work wonders.

Leaflets like the ones shown here, dropped by the thousands from aircraft, can be distributed far behind enemy lines. Drawings on one side of the top leaflet, prepared on short notice for the invasion of Grenada, sketch the alternative fates of Cuban workers on the island—death or repatriation—while the other side drives home the point in words. The middle leaflet is a safe-conduct pass printed in English for use in Panama.

At the bottom of the page is a safe-conduct pass showing an Iraqi soldier using it to quit his fight against forces gathered to liberate Kuwait. This leaflet is an example of how easily psyops can boomerang. On the back, along with instructions in Arabic, appeared the insignia of VII Corps. This emblem, a seven-pointed star, was mistaken by many for the six-pointed Star of David. For them, the leaflet became a symbol of their long-time enemy Israel—and certainly no inducement to surrender.

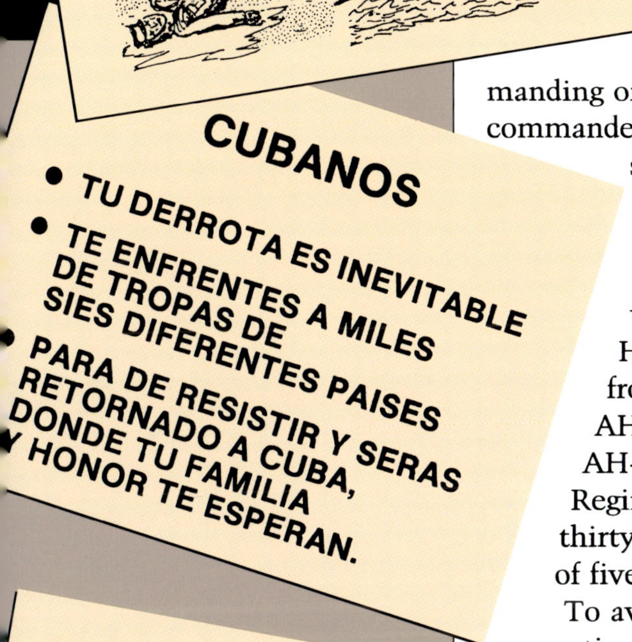
CUBANOS

- TU DERROTA ES INEVITABLE
- TE ENFRENTES A MILES DE TROPAS DE SIES DIFERENTES PAISES
- PARA DE RESISTIR Y SERAS RETORNADO A CUBA, DONDE TU FAMILIA Y HONOR TE ESPERAN.

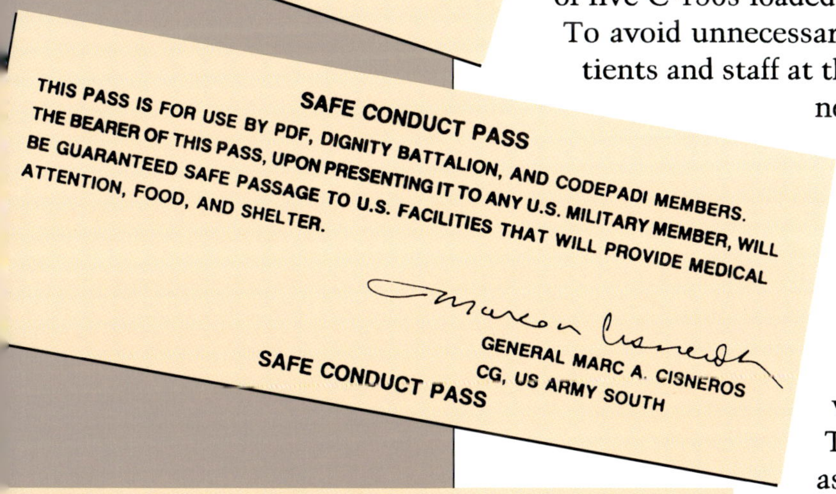
SAFE CONDUCT PASS

THIS PASS IS FOR USE BY PDF, DIGNITY BATTALION, AND CODEPADI MEMBERS. THE BEARER OF THIS PASS, UPON PRESENTING IT TO ANY U.S. MILITARY MEMBER, WILL BE GUARANTEED SAFE PASSAGE TO U.S. FACILITIES THAT WILL PROVIDE MEDICAL ATTENTION, FOOD, AND SHELTER.

GENERAL MARC A. CISNEROS
CG, US ARMY SOUTH

SAFE CONDUCT PASS

layout at Hurlburt Air Force Base, Florida. Two companies of the 101st Airborne Division played the role of the enemy, and "they gave no quarter," said Ranger Lieutenant Colonel Al Hunt, commanding officer of the Second Battalion. After three days of drill, commanders agreed that they had seen no finer example of airfield seizure. "You knew the soldiers were really going to grab hold of it," said one Ranger officer. "The boys knew they could do it."

In outline, the plan bore similarities to the one devised for Torrijos-Tocumen: Eleven C-130 turboprop Hercules and two C-141 jet Starlifters; a parachute drop from 500 feet; air support by a pair of AC-130s, two Army AH-64 Apache attack helicopters, and an equal number of AH-6 Little Birds of the 160th Special Operations Aviation Regiment. Once on the ground, the Rangers gave themselves thirty minutes to prepare the airstrip for a follow-on landing of five C-130s loaded with their vehicles and ammunition.

To avoid unnecessary injuries to the young cadets or to patients and staff at the clinic, planners searched for a way to neutralize the PDF infantrymen without blanketing the place with firepower. "We needed some system that would act to stun them without having to bomb the barracks directly," said General Stiner, and the Air Force came up with a suggestion—to employ the new F-117A stealth fighter-bomber armed with 2,000-pound laser-guided bombs. The Air Force gave Stiner a 95 percent assurance that a pair of F-117 pilots could each deposit such a bomb 100 yards from the barracks—close enough, they hoped, for the mighty explosions to shock the troops into submission without destroying the buildings or risking damage to the cadet quarters or the clinic. Stiner issued the go-ahead, though, to increase the chance that the barracks would survive, commanders later raised the near-miss distance to about 200 yards.

Precisely at 1:00 a.m., three minutes before the Rangers were scheduled to drop, two of the jet black F-117s roared over Rio Hato at 4,000 feet and released their ordnance. There is some dispute about what happened next. Early reports said that the lead pilot dropped his 2,000-pounder 300 yards from the barracks—and that his wingman was even wider of the target. "Our mission is to hit targets, not to miss targets," explained the flight leader, Major Greg Feest. "You train for years to hit things, and when you're told to go miss them, it's a different story." In essence, the absence of a well-marked aiming point on the field near the barracks meant that success relied more on the pilot's ability to accurately judge distance on the ground than on the F-117's capacity to score bull's-eyes. "We were told to hit a field, and that is precisely what we did," said one of the fliers.

At any rate, the effect disappointed everyone. Like other PDF units, the Sixth and Seventh Companies had been forewarned of the attack, and while a number of the troops stumbled dazedly from the barracks, many others were manning their weapons. Not that it did them much good. For as the thunder of the second huge bomb died away, the supporting Spectres, Apaches, and Little Birds started working over preassigned targets. One object was to smoke out the dangerous ZPU-4s. When one of the four-barrel machine guns opened fire, an Apache swept in and silenced it—or so it seemed. Moments later it began to shoot again. This time, as one Ranger related, a Spectre "put a 105-mm round in his watch pocket, and that was the end of that guy."

After ninety seconds, the Spectres and helicopters drew off to let the Rangers land. Not all the groundfire had been suppressed, and eleven of the thirteen transports took hits. Rangers inside remembered the bullets making a strange sort of ticking sound as they punctured the planes' aluminum skins. With the exception of one man wounded preparing to jump, no one was hurt until the troops started jolting onto the ground. Despite a diligent intelligence effort, the Rangers were unprepared for the terrain—broken ground punctuated by patches of jungle trees. Utility poles with street lights ran down the center of the complex. "A sporting drop zone," reflected the 75th's Commander, Colonel William Kernan.

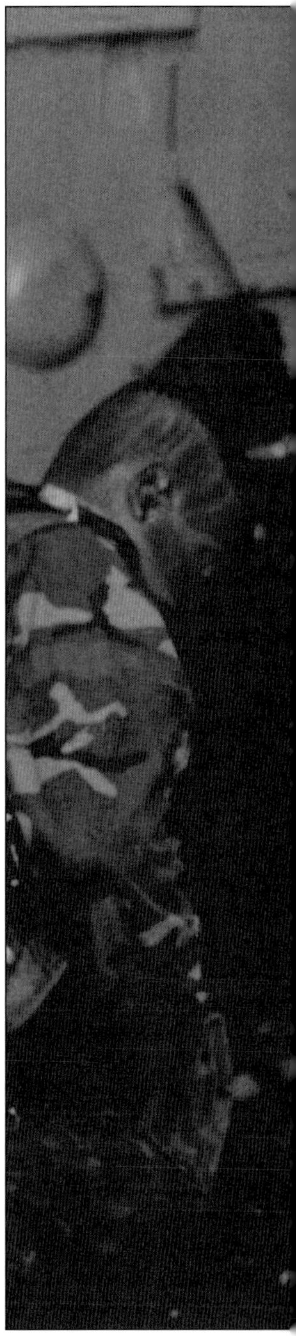

The colonel personally doused the lights when his parachute got hung up in a power line, shorting out Rio Hato's electricity. Dangling from the shrouds, his toes six inches from the ground, Kernan

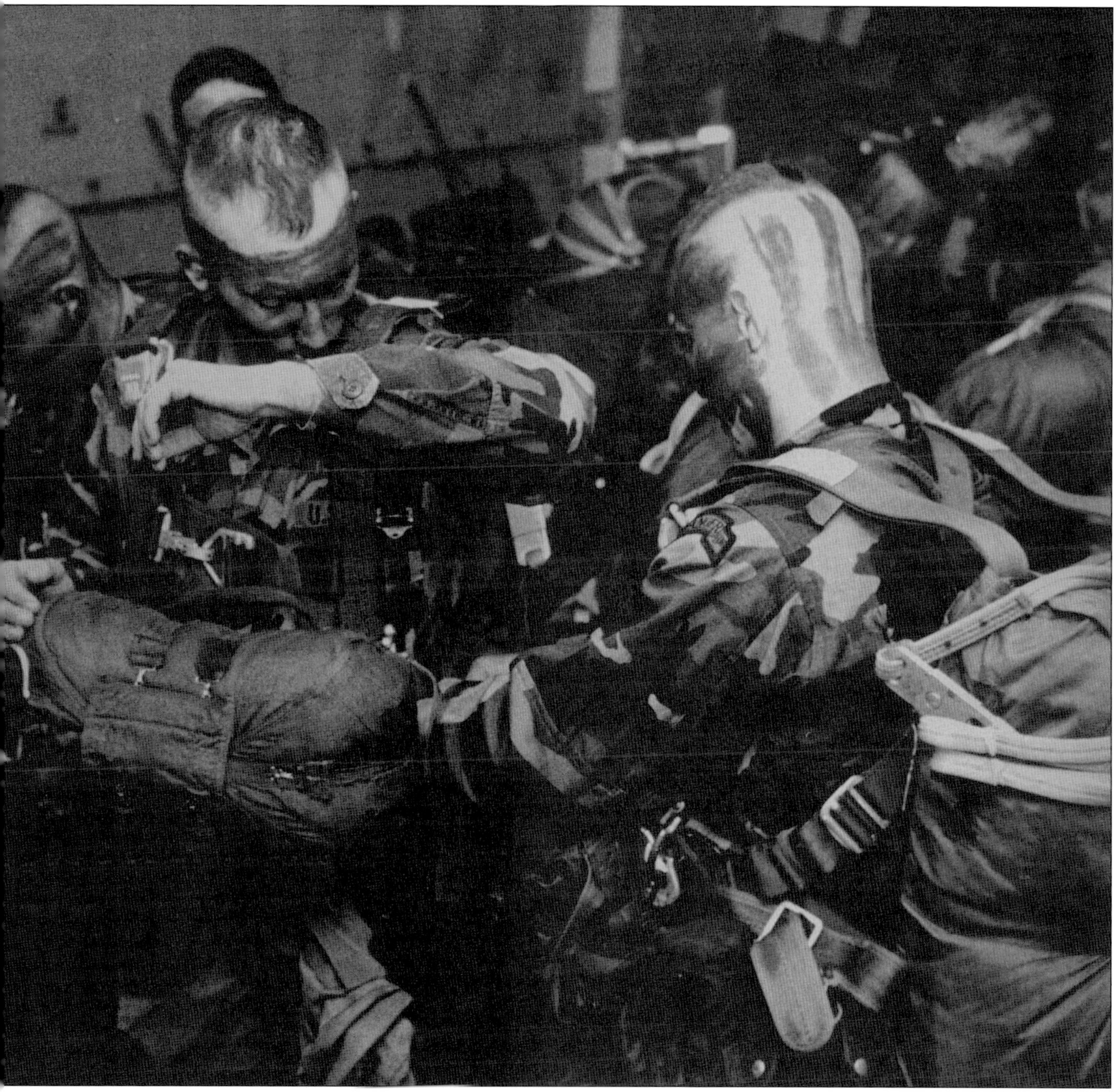

Rangers wearing jungle gear and camouflage check each other's equipment in preparation for an airborne assault on the air base at Rio Hato. American Ranger paratroopers use a circular parachute called the T-1 Para-commando for such operations. It has a faster rate of descent than more steerable, parafoil-style chutes, shortening the window of vulnerability to enemy groundfire.

slipped out of his harness just as the chute burst into flames. "Lightest landing at Rio Hato," he quipped later. Three dozen men—four percent—suffered jump injuries, fewer than anticipated.

In addition, there were Panamanians to deal with. One Ranger landed in a tree and came to a stop just a few feet above a PDF bunker where a soldier blasted away at other commandos. Hearing a rustle of leaves above him, the man looked up and fired a burst. Somehow it missed, and the paratrooper ended the encounter with a grenade. Another Ranger escaped death not once but twice. First, his chute failed to open properly, but it miraculously caught in the branches of a tall tree. Then, after he cut himself down and started toward the airstrip, three PDF troops bushwhacked him, shooting him twice in the chest. Thinking him mortally wounded, they left behind a black bandanna reading "Machos del Monte." Though grievously wounded, the sergeant would survive.

Concealed in falsely labeled crates, Soviet-made AK-47 assault rifles, possibly supplied by Cuba, were among the huge cache of weapons—machine guns, mortars, antitank rockets, and armored cars—that were uncovered by U.S. Rangers at the Rio Hato army base.

Confusion reigned. "It was a 360-degree firefight," said Colonel Kernan. In the barracks area, the combat proceeded from building to building, room to room. Retreating out the back of the buildings, the PDF would hide in nearby gullies and washes to waylay pursuing Rangers. At least one commando died in this way. Yet the men fought with remarkable presence of mind. In the midst of the fighting, a Ranger burst into a building and for some reason—instinct, perhaps—held off hurling a grenade or spraying the premises with his M16. Inside huddled 167 frightened cadets.

Kernan called in the C-130s at 2:53 a.m. "The field was ready for air-land operations a lot sooner than that," he said. "But there were some minor skirmishes still going on, and rather than risk any of those aircraft, we made a decision to hold. We didn't need any of those supplies right away." Indeed, the transports were shot at as the pilots, wearing night-vision goggles, landed on the dark airstrip.

In taking Rio Hato, the Rangers killed thirty-four PDF soldiers and took another 362 Panamanian soldiers prisoner. Their own losses were four dead (two of them accidentally to fire from a Spectre gunship) and twenty-seven wounded; the score might have been worse had all the Machos been at home. Some of the troops, intelligence data later indicated, had been transferred to the Comandancia a few days earlier; others had melted into the jungle as the Rangers approached Panama. Once again no enemy reaction force made it into Panama City to relieve the Comandancia.

The fight for PDF headquarters saw commandos mainly in a supporting role. Capture of the fortress in downtown Panama fell to the men of the infantry and a Sheridan tank unit from the 82d Airborne. Yet the special-operations forces had a considerable hand in reducing the citadel's most formidable defenses.

Consisting of fifteen buildings surrounded by ten-foot-high cinder-block walls, some topped with grillwork, the headquarters compound filled an area about the size of two city blocks. The Comandancia proper, with walls of reinforced concrete two feet thick, stood three stories tall. Hundreds of Noriega's most loyal troops were garrisoned inside, supplied by an armory well stocked with guns and ammunition. Overlooking the compound on one side stood a sixteen-story high-rise, housing for members of Noriega's grandly named Dignity Battalion, a paramilitary collection of toughs and other misfits more aptly dubbed Dingbats by the Americans in Panama. Scores of these armed ruffians and many PDF soldiers lived in the building.

At 12:50 a.m. on December 20, two AH-6 Little Birds manned by SOAR pilots buzzed in just above the city skyline. Captain George Kunkel and Chief Warrant Officer Fred Horsley flew the lead helicopter. They made one pass with their 7.62-mm machine gun to clear snipers from the roof of the high-rise, then swung for a second run, this one against the Comandancia with 2.75-inch rockets.

From the apartment house balconies and windows, the Dingbats and PDF men let loose with a torrent of small-arms fire. Bullets missed the pilots but mortally wounded their helicopter. It lost

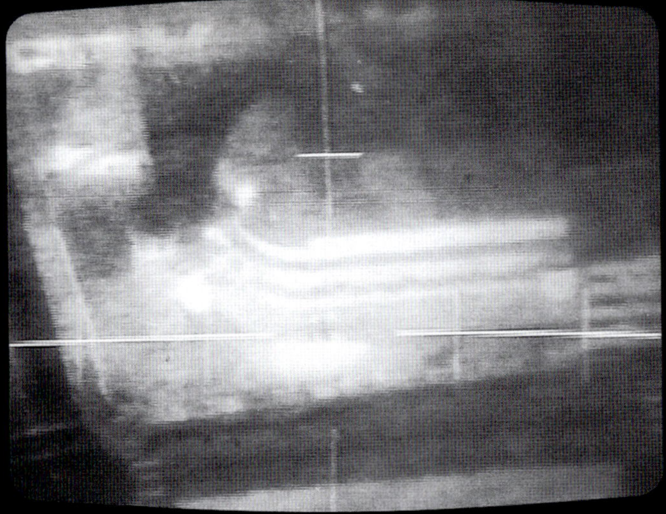

A single round, fired from the 105-mm howitzer mounted in an AC-130 gunship, demolishes the facade of a building in the Comandancia, headquarters complex for the Panamanian Defense Forces. The two pictures at left, taken through the aircraft's infrared viewing system, show the target and, seconds later, the explosion as the shell strikes. A photograph taken later documents the damage. AC-130s fired on trucks and other targets in Panama with the howitzer as well as their 40-mm cannons but avoided using their twin six-barrel Vulcans. Because they have a tendency to ricochet, the 20-mm bullets from these guns could have injured bystanders.

altitude rapidly and landed hard. Trailing smoke and flames, it skidded into a courtyard within the compound.

Amazingly, neither pilot sustained injuries in the crash. Kunkel and Horsley scrambled from their machine and took cover while Air Force AC-130s and Army Apache helicopters pounded the Comandancia defenses until dawn. Orbiting at 5,000 feet, a Spectre started in with its 105-mm howitzer. The SOAR pilots heard the thirty-two-pound explosive rounds slam into the PDF headquarters building, blowing off the roof and setting the third floor ablaze.

Panamanian soldiers occupying the upper floors of buildings inside the compound had been shooting over the wall, sniping at U.S. units assembled for an assault. But as the Spectres methodically chewed up the area, the snipers began shedding their uniforms and slipping out of the complex to disappear in the maze of streets or to take up new positions in the high-rise. Some two and a half hours after crashing, Kunkel and Horsley took advantage of a lull in the firing to scale the wall and join the American troops outside, taking with them a Panamanian who earnestly desired to surrender.

Next afternoon, General Stiner had one last job for the Rangers. Reports persisted of perhaps thirty PDF holdouts in the Comandancia compound and possibly another thirty inside Modelo Prison a block away. He wanted an outfit "proficient in clearing a building of that complexity," as he put it. That meant the Rangers, specifically Third Battalion's Charlie Company—the men who had performed so splendidly at Torrijos International Airport.

Captain Dochnal and his men were on their way to Howard Air Force Base for a rest when the call came in. It worried them. They had no plan, and Dochnal feared that the company, weary after the night's events, might take heavy casualties in the warren of cells, rooms, and hallways. After landing, Dochnal led his men at a run toward the Comandancia, making up a plan as he went.

At the prison, Dochnal's First Platoon attacked head-on with a combat assault aimed at the front door, the men covering each other and hurling grenades inside before entering. Amid the noise and smoke, one Ranger thought he saw a PDF man run up the stairs; several Americans pounded after him without success. All the cells, all the hallways were empty save for some corpses that had resulted from earlier action at the prison. Dochnal left a squad on the prison roof; they would serve as an observation and sniper position while his Second and Third Platoons dealt with the Comandancia.

First, the Rangers blew their way into a small gymnasium opposite the Comandancia, ready to fire 40-mm grenades into the compound if necessary while one man raced across the street and blew open a gate with a satchel charge. Once inside, he bowled a grenade that shattered glass doors to the main building. Before the smoke cleared, the two platoons swarmed into the building, then split up, some going right, others left, and the rest straight to the rear.

On the ground floor and in the cellar, no PDF had remained to fight. Methodically, the squads cleared out the upper stories, room by room. Again, no one. Rifles leaned against the wall at the back door testified to the flight of the PDF. Dochnal noted that for all the aerial pounding by AC-130s, parts of the building's interior remained surprisingly intact. "The PDF could have had a company in there," he said, "and they would not have been hurt."

A Rescue in 360 Seconds

Kurt Frederick Muse, like many other American civilians in Panama, woke with a start as Operation Just Cause jumped off. This gringo was unusual, however, in that his bed stood in a cell at Modelo Prison. Muse had been arrested by Noriega's henchmen the previous April. In the past few weeks, as tensions escalated between the United States and Panama, Muse had been assigned a special guard, who told the American that he had been ordered to execute him immediately in the event of hostilities. Muse had asked: "Will you really kill me?" "Yes," replied the guard unhesitatingly.

Muse, a longtime resident of Panama and a member of the Rotary Club, languished in prison because he had helped organize a group of fellow Rotarians, all Panamanians, to foster opposition to Noriega. He and his friends started by acquiring a few forbidden police radio scanners and monitoring PDF communications. "I overheard drug deals being transacted over the air in a relaxed and routine manner," said Muse. "I remember a conversation between two Noriega cronies about a major drug transfer planned for the parking lot of a popular supermarket. As a token of good will, the client wished to donate fifteen M16 rifles to Noriega."

Offered powerful radio transmitters and even television equipment by another Panamanian opposition group, the band of patriots began broadcasting three times daily, calling themselves Radio Libertad. Enraged, Noriega sent direction-finding teams to track them down, but they eluded capture by frequently moving their transmitting gear. Eventually, however, the secret police caught up with Muse through an informant. Then came sixty hours of relentless questioning and accusations of being a CIA agent. Muse denied that charge but eventually confessed: "I'm Radio Libertad."

There followed a nightmare of imprisonment. Though Muse himself suffered little physical abuse, he witnessed the travails of other prisoners. "The sound of a man being tortured," said Muse, "is indescribable." By applying the most severe pressure, the U.S. embassy won concessions for Muse—food deliveries and visits from American officials, including an Air Force doctor. At meetings in the prison infirmary, Muse told the doctor about his menacing new trusty and informed him whenever he changed cells.

That turned out to be a smart thing to do, because someone in the American government decided that Muse would be rescued. Perhaps the impetus came from learning that the impending invasion would probably trigger an American's execution. Maybe Muse really was a CIA agent, a status that called for a special effort to save him. Whatever the motivation, Delta Force got the call.

Muse recalls being jolted awake shortly before 1:00 a.m. on December 20 by a long burst of machine-gun fire outside. Then came return shots, shouts, and running footsteps. He next heard a great crash as a 105-mm round from an AC-130 Spectre gunship blew a hole in the Comandancia. All the lights in the prison went out.

Then an explosion boomed inside the prison, followed by a second and a third, coming closer. A submachine gun burped nearby, then Muse saw light beams stabbing through a haze of smoke that had rolled into the corridor. Suddenly, a figure materialized before his cell. "The guy looks like Darth Vader," remembered Muse. "He's wearing a funny-looking helmet, funny-looking uniform, and has a funny-looking weapon."

The apparition was a Delta Force commando, dressed all in black—bullet-resistant helmet, fire-retardant jumpsuit, flak jacket—and carrying a 9-mm submachine gun mounting a flashlight.

"Muse! You okay?" shouted the Delta trooper. In the excitement, the name sounded like "Moose."

"Yo!" replied the prisoner.

Details of a Prison Break

The well-synchronized rescue of American Kurt Muse began at H-hour, when a Little Bird helicopter landed Delta Force troops atop Modelo Prison *(1)* to snatch their quarry from his cell on the second floor *(2)*. Some of the commandos blew open the rooftop door *(3)* for others to enter and extricate Muse and hustle him into the chopper. After rising thirty feet, it was hit by gunfire. Fortunately, the pilot was able to keep from crashing into the street next to the prison *(4)*. He then scooted along to the nearest intersection, where he turned left *(5)*. Reaching a courtyard *(6)*, he climbed to a height of about three stories, when the helicopter was struck again. This time it went down for good, bouncing against a building before hitting the street. All of this action took place within sight of the Comandancia *(7)*.

7

"Stay down!" the operator ordered. "I'm going to blow the door!"

Flat on the floor, Muse sensed a flash through his tightly closed eyelids, heard a boom, and then the commando was inside, saying, "We're here to take you out! We're going to the roof! We've got a chopper! You're going to get in the middle! Do you understand?"

Muse said he did. His rescuer helped him into a flak jacket and clapped a helmet on his head. Three other commandos joined them as they raced up two flights of stairs to the roof, past five dead guards and a handcuffed live one. Outside, another four Delta Force operators crouched facing away from one of the Little Bird helicopters flown by the 160th SOAR. Muse could see rotors whirling and benches along the fuselage for additional seating.

Muse's saviors bundled him into the rear of the cabin, with a commando left and right. As the other six Delta Force troopers strapped themselves onto the exterior benches, three to a side, the SOAR pilot fed in power and the Little Bird lifted off the roof. From landing on the roof to takeoff, the whole operation had taken less than six minutes.

But then, just as the helicopter cleared the building, heavy groundfire caused the machine to lurch violently and fall off toward the ground from a height of about seventy feet. By some miracle of flying, the pilot managed to avoid smacking the ground and rotored along a street in front of the prison. Landing skids grazing the pavement, the pilot steered around a corner into a courtyard, then lifted the chopper to a height of thirty feet or so.

Bullets zipped all around, whanging into the helicopter. Finally, the pilot could hold it aloft no longer. With a screech of metal, the Little Bird hit hard, left skid first, and slid to a halt. Muse was merely stunned, but the three troops strapped onto the left bench were seriously injured. Another man had taken a round in his chest. The tip of the chopper's rotor clipped the helmet of a rescuer helping Muse from the aircraft, lacerating his scalp and briefly knocking him unconscious. Muse looked into the bloody face, and the eyes popped open. "Hey, Moose! You okay?" asked the commando.

Dragging their casualties with them, the commandos hastily set up a defensive position next to a parked Jeep Wagoneer. One of them clicked on an infrared strobe light and held it up. Orbiting overhead for just such a contingency, the pilots of a SOAR MH-60 Pave Hawk

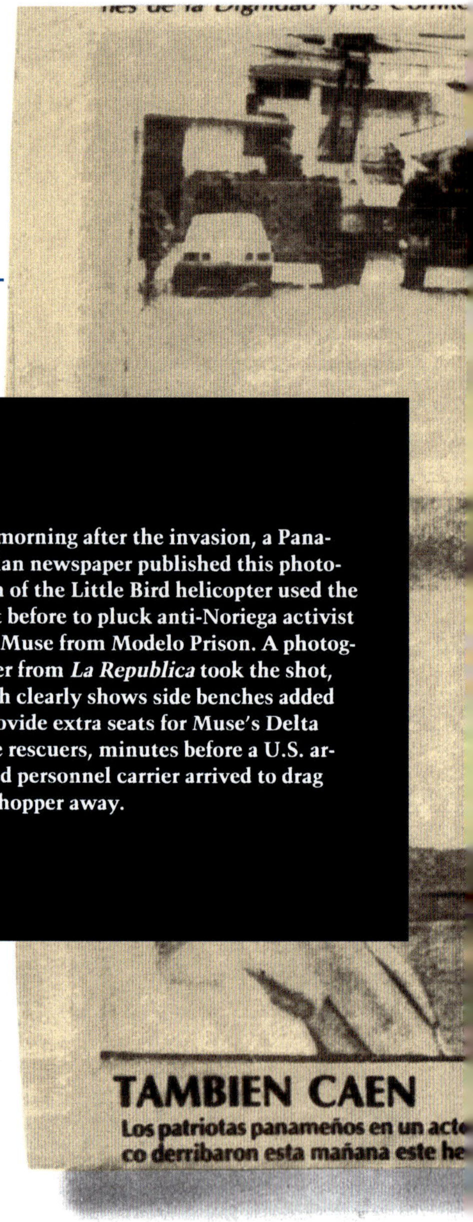

The morning after the invasion, a Panamanian newspaper published this photograph of the Little Bird helicopter used the night before to pluck anti-Noriega activist Kurt Muse from Modelo Prison. A photographer from *La Republica* took the shot, which clearly shows side benches added to provide extra seats for Muse's Delta Force rescuers, minutes before a U.S. armored personnel carrier arrived to drag the chopper away.

heroi-
-jército

La República

AÑO XII B/.0.20

PANAMA, R. DE P., MIERCOLES 20 DE DICIEMBRE DE 1989

genocida norteamericano en momentos que violaba el espacio aéreo panameño, durante la invasión armada contra el pacífico pueblo panameño. Esto demuestra con evidencias palpables que los genocidas de Bush no son invencibles, que también mueren y podemos derrotarlos, como lo hace el heroismo de nuestro valiente pueblo. El helicóptero cayó en un patio de la Huerta Sandoval en El Chorrillo. (Foto de Rogelio Achurra)

saw the strobe with their night-vision goggles and radioed for help. Moments later, a column of armored personnel carriers came roaring down the street to complete the rescue. They transported Muse to an assembly area; then he flew by Black Hawk to Howard Air Force Base, where a doctor examined him. Upon asking if he could see the men who had saved him, Muse was taken to a field hospital where three of the injured lay on stretchers. "These guys were beat to hell," Muse recalled. "Blankets over them. IVs, stitches, clotted blood, casts. They really looked bad, but they were all smiling."

Muse knelt beside them. "You guys saved my life and I'm eternally, eternally grateful," he said. Later he remembered that "I felt like hugging these guys. Kissing them. I couldn't speak."

A Delta Force colonel standing nearby told him: "I want to thank you for talking to my troops. My guys train for a lot of missions, and they never get to do many of them. But for this one they trained long and they trained hard and they got to do it."

Dictator on the Lam

Shortly after parachuting onto the Torrijos-Tocumen airport, a Ranger fire team set up a blocking position astride an access road to the military side of the field. Abruptly, a small automobile whipped around a curve and raced toward the Tocumen airstrip. The commandos opened fire. Screeching to a halt, the vehicle doused its headlights, raised a cloud of dust from the dirt road as it spun around, and accelerated out of view.

Unbeknown to the Rangers, one of the people in the car was Manuel Antonio Noriega, attired in red underwear. He had been spending the night with a prostitute at Tocumen's Ceremi Recreation Center, a one-time motel transformed into a brothel and officer hangout for the PDF's Second Infantry Company. Noriega's nocturnal activities had been interrupted by the booming howitzer of an AC-130 Spectre gunship softening up Tocumen's defenses for the Ranger assault.

Without bothering to dress, Noriega had dashed out of the rec center hoping to escape in a Panamanian Air Force plane. Not until an hour later, when other Rangers searching the recreation center found Noriega's shoes and his gaudy general's uniform with nametag attached, did anyone realize how close the commandos had come to apprehending the tyrant at the outset.

To the United States, the capture of Noriega and his arraignment as a drug dealer and a common criminal was a goal every bit as important as dismantling the dictator's repressive regime. "Go for the head of the snake," said General Stiner. Regarding the task as tailor-made for special-operations units, he assigned it to Delta Force and the SEALs.

Under a complex plan, commandos were to choke off every avenue of escape for Noriega and, having tracked his movements beforehand, capture the man himself. As it turned out, the most carefully laid stratagems would come unraveled in the confusion of combat, resulting in tragic casualties for one of the military's finest units. The dictator himself would prove to be slippery as an eel. A frustrating game of hide-and-seek would occupy the better part of four days, with the fugitive always a half step ahead of his pursuers. Yet in the end, the special-operations forces would accept Noriega's surrender and see him packed off to a jail cell in Miami.

A Navigator You Can Hold in One Hand

Knowing your location is vital in combat, especially for special-operations troops. Missing an extraction rendezvous by a hilltop or two, for example, could easily leave them stranded—or worse. Yet matching a position on the ground with a spot on a map has always been trying. Errors are especially likely at night or in terrain with few distinctive features.

A remedy has come in the form of the Global Positioning System (GPS), an array of navigation satellites *(overleaf)* that tells troops their location, day or night, through a hand-held receiver *(below)*. During the 1991 Persian Gulf War, American commandos ranging far into Iraq used GPS not only to find their way, but to pinpoint Iraqi missile sites for air attack—among other feats.

Special-ops commandos, of course, had no monopoly on this gear. Thousands of receivers were shipped to the Kuwaiti theater of operations, enough to equip virtually every platoon and many aircraft with this means of finding their way.

After a GPS receiver is turned on and the side-mounted antenna rotated skyward, pressing the POS button starts a position-finding process inside the unit. Within three and a half minutes, the receiver displays its location, then updates the reading every second. The unit has other helpful features. WPT allows the entry of coordinates for way points, checkpoints en route to a destination. ROUTE allows the storage of several way point sets. NAV shows bearing and distance to a destination from any point along the way, while VEL calculates average speed since setting out. TARGET, followed by the distance (acquired by laser range finder) and bearing to an objective, displays its coordinates, handy for calling in artillery or air strikes. SETUP is used to orient the unit when it is new.

A Common Point on Three Spheres

Simultaneously elegant in its simplicity and mind-boggling in its complexity, GPS relies on a basic fact of geometry: A point a given distance from a satellite overhead must lie somewhere on the surface of a sphere—or a circle on the earth's surface. Additional satellites and circles reduce this initial infinity of positions to one. Accomplishing this feat requires accurate clocks and computers on board the satellites, as well as inside GPS receivers.

The computer aboard each satellite is programmed to generate a repeating string of ones and zeros. In it, the spacecraft continually identifies itself by number and describes its position in its orbit. An on-board atomic clock ensures that the code of ones and zeros is transmitted on a rigidly maintained schedule.

Transmitted to earth, codes from four satellites are picked up by a receiver. After identifying each spacecraft, the receiver matches its code to an identical one generated internally. By measuring the delay between its own production of a code segment and the arrival of an identical section from a satellite, the receiver can calculate the distance to the spacecraft, given that the signal travels at the speed of light. All four signals are needed to solve the complex set of equations that yields a position. However, the fundamental geometry of the situation is most clearly revealed in the three-satellite illustrations at right.

Control stations on the earth constantly monitor the satellites' signals and beam up adjustments to compensate for any clock errors or variations in orbit. The result is extraordinary precision. Troops equipped with GPS receivers can pinpoint their location to within sixteen meters.

A GPS receiver on the earth—aboard a ship, for example—calculates its distance from an orbiting Navstar satellite and determines that the vessel lies somewhere along the circle below, every point of which is the same distance from the spacecraft.

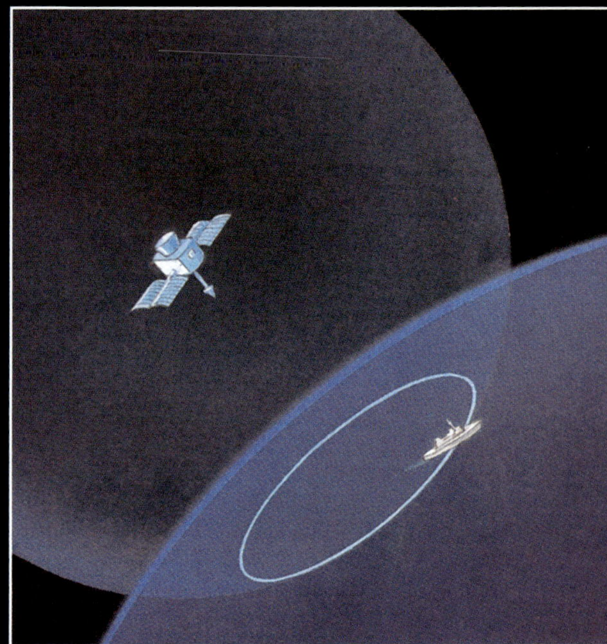

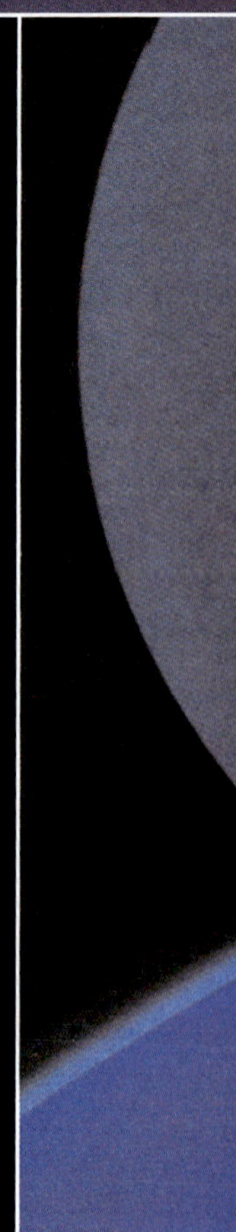

For simplicity, the illustrations above show how GPS functions for a receiver located at sea level. But as depicted at right, the position of an aircraft in flight or a soldier on a desert plateau is determined by the same method. There is no ambiguity because the spheres do not intersect when they are projected as white circles at sea level. Consequently, GPS receivers have an inherent ability to display height above sea level.

ext, the receiver figures the distance to a sec-
d satellite, yielding another circle *(red)*. Be-
use the receiver must lie on both circles, its
sition has to be at one of the two points where
e circles intersect.

The GPS unit then measures the distance to a third satellite. The resulting circle *(yellow)* intersects the first pair at one of the two points established by the second satellite, pinpointing the ship's location, which lies on all three circles.

U.S. Army Special Forces troo frisk Panamanian soldiers fou hiding in the bush. The Green Berets scoured the countrysid after the fighting ended, round ing up stray Noriega supporter to forestall a guerrilla warfare campaign that could have jeop ardized the nation's new demo cratic government.

The essential task of shutting down escape routes fell to Navy special-operations troops. Three operations were planned. First, SEALs aboard two Navy river-patrol boats and two Army landing craft closed off the harbor at Colón on the Caribbean side of the isthmus. Warning all vessels attempting to exit the port that it was closed, they fired a shot across the bow of any ship, flying whatever flag, if the master seemed slow in turning back.

Second on the target list was a sixty-five-foot Panamanian patrol boat, the *President Porras,* in which Noriega might seek to escape. Tied up at a pier in Balboa harbor, the *President Porras* could also fire at low-flying helicopters and other aircraft transiting the area on their way to and from H-hour targets. At 11:30 p.m., H-hour minus one hour and fifteen minutes, four SEAL divers, wearing black wet suits and carrying two twenty-pound satchel charges containing C-4 explosive, motored out of Rodman Naval Air Station, then slipped into the water and swam toward the patrol boat. Undetected, the SEALs attached their explosives to the vessel's propeller shafts, then swam away. At precisely 1:00 a.m., a loud, gratifying boom sounded from the boat. So far, the SEALs were batting 1,000.

Panama City's Punta Paitilla Airport, a private facility with an airstrip that ended at the shore of Panama Bay, was the third target. Noriega kept a personal Learjet there. Planners might have ordered it destroyed in any number of ways—by naval gunfire or AC-130 strike, to name two. But doing so risked damage and civilian casualties, inasmuch as one of Panama City's wealthiest neighborhoods bordered the airfield on the north and west, and a score of light planes owned by prominent Panamanians dotted the field. To keep the operation as clean as possible, SEALs were to be sent in.

The job seemed simple enough. Noriega kept his Learjet in the middle hangar of three at the north end of the field. SEALs were to disable the plane by slashing its tires or jamming the landing gear, and to block the runway with other planes and vehicles. Intelligence about Punta Paitilla indicated that only a small maintenance crew would be on duty at H-hour. They and a handful of lightly armed civilian security guards—"rent-a-cops," one official had called them—seemed to offer the only complication. As they had the *President Porras* mission, commandos practiced the Paitilla assault before enplaning for Panama. Observers deemed the rehearsals to be solid successes, but in the event, the effort to wreck Noriega's plane would prove a costly one.

Near midnight, a U.S. Navy patrol boat, idling about a mile offshore in Panama harbor, launched fifteen Zodiac rubber boats holding three platoons of sixteen men plus an Air Force combat controller to communicate with an AC-130 gunship orbiting overhead in case the SEALs might need precision air support. A seven-man command-and-control unit headed by Commander Thomas McGrath would remain offshore during the operation.

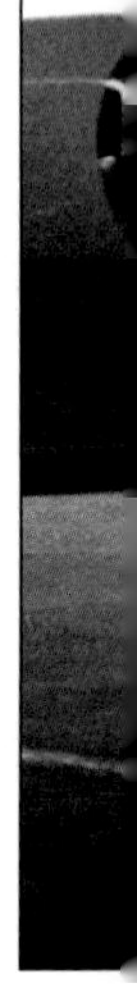

Led by Lieutenant Commander Patrick Toohey, the Zodiacs moved in close offshore and anchored near the dimly lighted seaward end of the runway. Swimmer scouts slipped over the side of one boat to reconnoiter the bay end of the airport. As Toohey awaited word from his advance men, he received news that H-hour had been moved up from 1:00 a.m. to 12:45. Already working to a tight schedule, he hurried his platoons ashore before the scouts reported. Going in blind was against doctrine and could have been disastrous; fortunately, the scouts found the beach deserted.

Rejoined by the reconnaissance squad, the three platoons of SEALs crept stealthily through an opening in the airport fence. As the men assembled in the grass edging the runway, Toohey received another disturbing radio report. A Panamanian helicopter had just taken off from Colón, thirty-five miles away; it might be heading for Paitilla with Noriega on board. This information—false, as it happened—moved Toohey to speed two platoons toward the hangars at a quicker than usual pace in order to intercept the helicopter. Though not running, the men were moving quickly and incautiously enough to be spotted halfway along the runway. Panamanian voices shouted at the SEALs in Spanish, telling them to get off the airfield; the Americans yelled back, ordering the Panamanians out of the area. Neither group did the other's bidding.

As the SEALs were moving into position to attack the hangars, one squad of eight men entered the glare of lights illuminating the tarmac. A number of PDF soldiers, presumably sent to guard the Learjet after word of the invasion leaked, had concealed themselves behind oil drums. Alerted by all the shouting, they raised their AK-47s and cut loose with a burst of automatic fire. The soldiers knew what they were doing; using a technique known as skipping, they kept their aim low, so that even the short rounds ricocheted off the pavement and added to the hail of lead cutting into shins, legs, and lower torsos. In an instant, seven of the nine SEALs were hit, one of them fatally. Then a firefight started between the PDF troops

Noriega's personal Learjet, once a potential means of escape for the dictator, stands crippled in a hangar at Punta Paitilla Airport after a SEAL blasted it with a high-explosive round from a 40-mm grenade launcher. Detonating on contact with the plane, the grenade blew a hole in it almost the size of a cabin window, just aft of the cockpit.

and a second squad of SEALs moving to assist the first. Overhead, the Spectre crewmen witnessed the slaughter on their low-light-level television cameras. They waited for the order to fire. The Air Force combat controller, who had remained with the third platoon near the south end of the runway, was trying desperately to make that call. But no matter which frequency he tried, he could not raise the gunship.

When shooting erupted, Toohey had started running toward the action with his radio operator shouting "H.E.! H.E.!," a call for his men to start blasting at their antagonists with high-explosive grenades and antitank rockets. They attacked with a fury. "We were filling that hangar with rounds; 40-mm grenades were going everywhere," one SEAL recalled. For almost a minute the storm of fire continued. Return fire from the Panamanians as they withdrew wounded additional SEALs and killed some of those wounded in the initial burst of fire. Altogether, the SEALs had four dead and eight wounded. A Panamanian intelligence officer later revealed that three PDF soldiers had died in the attack while eight injured were carried away by their comrades.

An hour and twenty minutes passed after the shooting stopped before Army medevac helicopters, held on the ground because of the heavy air traffic, arrived from Howard Air Force Base. At dawn, helicopters brought a fourth platoon of sixteen SEALs, and together with the three dozen still on their feet, they held the airfield until relieved by Rangers.

At the height of the action, one of the 40-mm grenades had blown a hole in the Learjet, disabling it. Thus, the SEALs had carried out their mission to the fullest, but at the cost of 25 percent casualties and numerous questions about the operation. Why the Spectre and the combat controller could not communicate remained a mystery. There was some talk, denied by the Air Force, that the radios on that particular aircraft malfunctioned at a critical time. Others suggested that the combat controller and the Spectre crew, both frantically switching channels, had simply missed each other. Some wondered how much help the Spectre would have been even in the absence of communications glitches, since the SEALs had taken most of their casualties during the first few seconds of shooting.

Other questions revolved around whether too small a force had been sent and whether SEALs, being most experienced at reconnaissance and covert operations, should have been involved in the first place. General Stiner and other commanders insisted that the assignment was appropriate. In the end, the official explanation—not an unreasonable one—laid the high casualties to the fortunes of war. Said one special-ops commander sadly: "Even well-trained units make tactical mistakes once in a while."

Delta Force troopers, recognizable in part by their unusual headgear and their German-made submachine guns, patrol outside the Vatican Embassy in Panama City. Just Cause planners had overlooked the embassy as a possible sanctuary for Noriega, and the commandos took up these positions only after he was inside.

In sending SEALs to remove Noriega's means of escape, Stiner and others in charge of Just Cause had merely hoped to cover their bets that the dictator would be captured before he had an opportunity to flee. Indeed, the hunt for the Panamanian strongman had been under way for weeks before the actual invasion. As far back as the October coup attempt, U.S. intelligence and special-operations teams established an around-the-clock "Noriega Watch," monitoring the dictator's every move and communication. But it was a two-way game. As time went on, the wily Noriega became ever more elusive. He broadcast radio messages with false itineraries, sent out decoy convoys, shifted location as often as five times a night, and on December 19, the eve of invasion, he gave his trackers the slip altogether.

At 6:00 that evening, the Noriega watchers knew their quarry to be in Colón at the Atlantic end of the Canal. Shortly thereafter the surveillance picked up a motorcade of trucks and buses leaving Colón headed south along the main artery to Panama City. Halfway there, the column pulled a favorite Noriega stunt. Part of the convoy turned off for Torrijos-Tocumen airport, while the rest continued toward Panama City and the Comandancia, where an honor-guard ceremony awaited the man who strode quickly from one of the vehicles. Was he Noriega? The watchers were skeptical, but in the meantime, the other vehicles entered the sprawling, well-guarded Tocumen military complex—where the stalkers could not follow. Noriega had vanished, not to be seen again during the twenty-four hours or so remaining before the invasion got under way.

Having no clear idea of the dictator's whereabouts at H-hour, SEALs and Delta Force operators raided no fewer than seven residences they knew Noriega to frequent. All in vain. The fugitive, in those moments, was escaping from the Rangers at Tocumen, and for the next four days, he led his pursuers on a merry chase around Panama. At one point, early in the chase, Noriega turned up at the government radio station, not yet secured by U.S. forces. "Our slogan is to win or die," he broadcast. "Not one step back." President Bush placed a million-dollar bounty on Noriega's head, prompting a number of his aides to offer opinions as to his possible whereabouts. Between December 20 and 24, Delta Force and SEALs mounted no fewer than forty operations trying to catch the man. On one raid, the pursuers burst into a Noriega hideout to find the coffee still warm; on another occasion, Noriega fled so hastily that he left behind his wallet and briefcase.

One such action sounded a bizarre note. On December 23, Lieutenant Colonel Lynn Moore, a battalion commander of the 82d Airborne, took off in an OH-58 scout helicopter to visit D Company, posted near the Canal. As he was observing his troops from above, three special-operations Black Hawks suddenly appeared and forced his pilot to land. When Moore's ship touched down, a fourth Black Hawk landed alongside and a squad of Delta Force commandos sprang out, weapons at the ready.

On hand for this display were members of D Company. "All they saw was these guys in Ninja outfits that had their battalion commander at bay," said Moore. The troopers cracked off a couple of warning shots, one of which ricocheted off the helicopter's instrument panel and zinged past Moore's head. At that point, the colonel leaped out and yelled to his men to cease fire. That put an end to the episode, which had begun when the commandos, in their zeal to capture Noriega—whom Moore himself had reported in the area—suspected the officer's flight of being an escape attempt in a purloined helicopter.

By this time, Noriega had taken to driving around in a blue Land Rover with tinted windows, changing locations every four hours. However, there were fewer and fewer places to hide. Finally, on Christmas Eve, Panama's erstwhile strongman ordered his driver to stop at a Dairy Queen ice cream store near Paitilla. There, Noriega telephoned Monsignor José Laboa, the papal ambassador to Panama, and pleaded for political asylum at the Vatican Embassy. At first, Laboa denied sanctuary, but as the dictator began to sound increasingly desperate, the ambassador agreed to send a driver to pick him up. At the same time, hoping that Noriega might yet be intercepted, Laboa telephoned Major General Marc Cisneros, commander of U.S. Army South, to tell him where Noriega could be found, but Cisneros could not take the call—and thus lost perhaps the best chance to collar the dictator.

A task force consisting of Delta Force operators and regular infantry had sealed off the Cuban and Nicaraguan embassies but, never dreaming that the dictator—not a follower of the Pope—would seek refuge at the papal mission, they had left it wide open. Noriega arrived wearing running shorts and a T-shirt and

Wearing a flight suit instead of his military trappings, Manuel Noriega takes a seat on an Air Force cargo plane for a flight to Miami and a courthouse lockup. After takeoff, Drug Enforcement Agency officers formally arrested Noriega on narcotics charges, reading him his rights in Spanish.

armed with two AK-47s, of which he was speedily relieved. "He looked like a hunted fox," said a witness.

A veritable storm of diplomatic and psychological activity ensued. U.S. State Department officials sought to convince the Vatican that Noriega was a common criminal and neither eligible for nor deserving of political asylum. American tanks, light armored vehicles, and hundreds of troops in combat gear ringed the Vatican mission. Helicopters buzzed loudly overhead, and a Spectre gunship orbited the area as a warning to any Noriega loyalists who might be contemplating a rescue. The Special Operation Command's Fourth Psyop Group arrived on the scene and commenced a campaign to unnerve Noriega. Day and night, loudspeakers assaulted the opera-loving fugitive with a cacophony of heavy rock, including such pointed numbers as "No Place To Run" and "You're No Good"—"the fingernails on the blackboard," said one officer.

Meanwhile, Monsignor Laboa had his own psychological strategy. He confined the dictator to a spartan room with opaqued windows and a broken TV set; he shut off the air conditioning and forbade alcoholic drinks. An embassy spokesman said the dictator looked "tired, pale, and depressed. He hardly speaks." Noriega was permitted to receive only one telephone call. It came from his longtime mistress, Vicky Amado, being held in U.S. custody. "Don't blow your brains out," she counseled. "Come out with dignity."

By New Year's Eve, Laboa received what he needed—a letter from Pope John Paul II branding Noriega a criminal ineligible for political asylum. At last, on January 3, 1990, at 8:50 p.m., the ex-dictator quietly walked to the gate of the embassy and turned himself over to U.S. authorities. He wore one of his general's uniforms someone had brought, and he carried a Bible Laboa had given him.

Less than an hour later, an Air Force MC-130 took off from Howard Air Force Base en route to Miami. Inside huddled the subdued little man who had once terrorized his nation. Upon arrival in Florida, he became federal prisoner 41586, charged with multiple counts of drug dealing and facing perhaps years in jail awaiting trial even if never convicted. Behind him, in Panama, lay an economy in ruins, hundreds of dead civilians and PDF troops, and hundreds more wounded. Altogether, 23 American troops—11 of whom were from special-operations units—had died to liberate Panama from his yoke, and 324, including 93 from the Special Operations Command, had been wounded. ★

Acknowledgments

The editors of Time-Life Books wish to thank the following for their assistance: Guy Aceto, *Air Force* magazine, Arlington, Va.; Major Mark Adkin, Bedford, England; Major Craig Barta, Fort Bragg, N.C.; Lieutenant Colonel Doug Brown, Fort Campbell, Ky.; C. A. Buxo, St. George's, Grenada, West Indies; Colonel John Collins (Ret.), Library of Congress, Washington, D.C.; Dorothy Cross, Pentagon, Washington, D.C.; David Deal, Magellan Systems Inc., Monrovia, Calif.; Mavis T. DeZulovich, Fort Belvoir, Va.; Lorna Dodt, Pentagon, Washington, D.C.; Colonel John W. Dye III, USSOCOM, MacDill Air Force Base, Fla.; Joe Gaylord, St. George's, Grenada, West Indies; George Grimes, USSOCOM, MacDill Air Force Base, Fla.; Major Kevin Higgins and the men of Seventh Special Forces Group (Airborne), Fort Bragg, N.C.; Peter A. Hnatiuk, Fort Bragg, N.C.; Laurel N. Holder, ITT, Roanoke, Va.; Hugh Howard, Pentagon, Washington, D.C.; David C. Isby, Alexandria, Va.; Kenneth G. Jensen, McDonnell Douglas Helicopter Co., Mesa, Ariz.; Ben Jones, Department of Defense, Washington, D.C.; Colonel William Kernan and the men of the 75th Ranger Regiment, Fort Benning, Ga.; Jack Kingston, Arlington, Va.; Hal Klopper, McDonnell Douglas Helicopter Co., Mesa, Ariz.; General James Lindsay (Ret.), Vass, N.C.; Irene Miner, Pentagon, Washington, D.C.; Lyle Minter, Pentagon, Washington, D.C.; Steve Moore, Fort Bragg, N.C.; Kurt F. Muse, Burke, Va.; Colonel Rod Paschall, Carlisle, Pa.; Commander Robert S. Pritchard, Naval Special Warfare Command, Coronado, Calif.; William Rosenmund, Pentagon, Washington, D.C.; William Salisbury, Bonita, Calif.; Lieutenant Colonel Dick Sheffield, USSOCOM, MacDill Air Force Base, Fla.; David Silbergeld, Nite Optics, Wilkes-Barre, Pa.; Mabel Thomas, Pentagon, Washington, D.C.

Bibliography

BOOKS

Adams, James, *Secret Armies: Inside the American, Soviet and European Special Forces.* New York: The Atlantic Monthly Press, 1988.
Adkin, Mark, *Urgent Fury: The Battle for Grenada* (Issues in Low-Intensity Conflict series). Lexington, Mass.: Lexington Books, 1989.
Bishop, Patrick, and John Witherow, *The Winter War: The Falklands.* New York: Quartet Books, 1982.
Burrowes, Reynold A., *Revolution and Rescue in Grenada: An Account of the U.S.-Caribbean Invasion.* New York: Greenwood Press, 1988.
Donnelly, Thomas, Margaret Roth, and Caleb Baker, *Just Cause: The Storming of Panama.* New York: Macmillan, Inc., 1991.
Eshel, David, *Elite Fighting Units.* New York: Arco Publishing, Inc., 1984.
Geraghty, Tony:
Inside the SAS. New York: Ballantine Books, 1980.
This is the SAS: A Pictorial History of the Special Air Service Regiment. New York: Arco Publishing, Inc., 1983.
Gunston, Bill, and Mike Spick, *Modern Fighting Helicopters: Full Details of the Aircraft, Their Weapons Systems and the Combat Tactics.* London: Salamander Books Ltd., 1986.
Hastings, Max, and Simon Jenkins, *The Battle for the Falklands.* New York: W. W. Norton & Company, 1983.
Isby, David C., *Weapons and Tactics of the Soviet Army.* New York: Jane's Publishing Inc., 1988.
Jane's Fighting Ships 1990-91, edited by Captain Richard Sharpe. Alexandria, Va.: Jane's Information Group Inc., 1990.
Ladd, James, *SBS—The Invisible Raiders: The History of the Special Boat Squadron from World War Two to the Present.* Devon, England: Davis & Charles Publishers, 1989.
Macdonald, Peter, *The SAS in Action.* London: Sidgwick & Jackson Limited, 1990.
McManners, Captain Hugh, *Falklands Commando.* London: Collins Publishing Group, 1987.
Markham, George, *Guns of the Elite.* Dorset, England: Arms and Armour Press, Ltd., 1987.
Middlebrook, Martin, *Task Force: The Falklands War, 1982.* New York: Viking Penguin, Inc., 1987.
The New Illustrated Science and Invention Encyclopedia. Westport, Conn.: H. S. Stuttman Inc. Publishers, 1987.
Perkins, Roger, *Operation Paraquat: The Battle for South Georgia.* Beckington, Somerset, England: Picton Publishing (Chippenham) Ltd., 1986.
Thompson, Julian, *No Picnic: 3 Commando Brigade in the South Atlantic: 1982.* New York: Hippocrene Books, 1985.
Welham, Michael, *Combat Frogmen: Military Diving from the Nineteenth Century to the Present Day.* Wellingborough, Northamptonshire, England: Patrick Stephens Limited, 1989.

PERIODICALS

"America's Secret Soldiers: The Buildup of U.S. Special Operations Forces." *The Defense Monitor,* June 4, 1985.
"The Battle for Grenada." *Newsweek,* November 7, 1983.
Blank, Richard W., "The NAVSTAR Global Positioning System." *Signal,* November 1986.
Capaccio, Tony:
"Task Force 160: The Army's High-Technology 'Night Stalkers.' " *Defense Electronics,* November 1989.
"U.S. Commandos Fly Silent Choppers." *Defense Week* (Washington, D.C.), February 22, 1988.
Christy, John, "The Diverse Defender." *International Combat Arms,* January 1987.
"D-Day in Grenada." *Time,* November 7, 1983.
"Debacle in the Desert." *Time,* May 5, 1980.
DeZulovich, Mavis, "Image Intensification Technology." *Army Research, Development & Acquisition Bulletin,* May-June 1988.
Donnelly, Tom, "Don't Underestimate the U.S. Army." *Washington Post,* January 6, 1990.
Emerson, Steven, "What Went Wrong on Grenada?" *U.S. News & World Report,* November 3, 1986.
Fialka, John J., "In Battle for Grenada, Commando Missions Didn't Go as Planned." *Wall Street Journal,* November 15, 1983.
Henderson, Breck W., "Ground Forces Rely on GPS to Navigate Desert Terrain." *Aviation Week & Space Technology,* February 11, 1991.

Hughes, David, "Night Invasion of Panama Required Special Operations Aircraft, Training." *Aviation Week & Space Technology,* February 19, 1990.
"Hughes/Racal 530MG: High Tech for the Light Attack Helicopter." *Rotor & Wing International,* May 1985.
Livingstone, Neil C
"Danger in the Air." *The Washingtonian,* June 1990.
"Just Cause Jailbreak: U.S. Delta Force Rescues American in Panama." *Soldier of Fortune,* November 1990.
Luttwak, Edward N., "In Grenada." *Harper's Magazine,* March 1985.
"McDonnell Douglas—Aircraft: USA." *Jane's All the World's Aircraft, 1987-1988.* New York: Jane's Publishing Co., 1988.
"McDonnell Douglas—Aircraft: USA." *Jane's All the World's Aircraft, 1990.* New York: Jane's Publishing Co., 1990.
Magnuson, Ed, "Caught in the Act." *Time,* October 5, 1987.
Marsh, George, "GPS Sets Course." *Space* (Burnham, Buckinghamshire, England), November-December, 1990.
Miller, Barry, "GPS Proves Its Worth in Operation Desert Storm." *Armed Forces Journal International,* April 1991.
Nordwall, Bruce D., "ITT Solves Complex Problems to Produce Image Intensifiers." *Aviation Week & Space Technology,* May 22, 1989.
Salisbury, Bill:
"Operation Screw Up." *New Times* (Miami, Fla.), November 7-13, 1990.
"War Beneath the Waves." *San Diego Weekly,* October 4, 1990.
Seibert, Sam, "The 'Night Stalkers': Death in the Dark." *Newsweek,* October 5, 1987.
Simpson, Ross, "Devil in Disguise." *Soldier of Fortune,* May 1990.
Smith, William E., "Running the Gauntlet." *Time,* August 3, 1987.
"Stealth Fighter Pilots Insist They Didn't Miss in Panama." *Air Force Times,* June 10, 1991.
" 'Surgical Firepower' Trashed Noriega Post." *Washington Times,* January 11, 1990.
"Task Force 160: The Night Stalkers." *Defence Update International,* 1985.
Trewhitt, Henry, "Coping with Khomeini." *U.S. News & World Report,* August 3, 1987.
"U.S., Caribbean States Invade Grenada; Cuban Resistance Stronger Than Expected." *Facts on File,* October 28, 1983.
"U.S. Attacks, Seizes Iranian Mine Ship." *Facts on File,* September 25, 1987.
Walker, Greg, "Eyes in the Dark: Night Vision in a New Light." *International Combat Arms,* July 1989.
Watson, Russell, "A U.S. Ambush in the Gulf." *Newsweek,* October 5, 1987.

OTHER
Adcock, Gene, "Night Vision Equipment: A Planners Guide." Booklet. Tempe, Ariz.: Litton Electron Devices Division, Night Vision Department, 1990.
After-Action Report from Seventh Special Forces Group. Fort Bragg, N.C.: Department of the Army, January 27, 1990.
Akers, Colonel Frank, "Operation Just Cause: The Warriors." Booklet. 1990.
"The C³I Handbook: Edition Three: Command, Control, Communications, Intelligence." Handbook. Prepared by the editors of *Defense Electronics.* Palo Alto, Calif.: EW Communications, Inc., 1988.
Collins, John, "United States and Soviet Special Operations." Study by the Congressional Research Service, Library of Congress, prepared at the request of the Special Operations Panel of the Committee on Armed Services, House of Representatives, 100th Congress. Washington, D.C.: U.S. Government Printing Office, April 28, 1987.
"FM 21-26: Map Reading and Land Navigation." Manual. Washington, D.C.: U.S. Department of the Army, September 1987.
"Memorandum for RS5." After-Action Report from 75th Ranger Regiment. Fort Benning, Ga.: Department of the Army, December 6, 1990.
"Operation Just Cause: Rangers at Rio Hato." Print of After-Action Slide Show from 1990, compiled by 75th Ranger Regiment. Fort Benning, Ga.: Department of the Army, 1990.
"Securing the Pacora River Bridge, 20 December 1989." After-Action Report from Seventh Special Forces Group. Fort Bragg, N.C.: Department of the Army, 1990.
Stiner, Lieutenant General Carl W., "Joint Task Force South in Operation Just Cause: 20 December 1989-12 January 1990." Oral History Interviews with Dr. Robert K. Wright, Jr. Fort Bragg, N.C.: Department of the Army, March, June 1990.
"Subskimmer." Booklet. Hexham, Northumberland, England: Defence Boats Ltd. No date.

Index

Numerals in italics indicate an illustration of the subject.

A

B

Picture Credits

The sources for the illustrations that appear in this book are listed below. Credits from left to right are separated by semicolons; from top to bottom they are separated by dashes.
Cover: William B. Folsom/Arms Communications. 6, 7: Department of Defense/U.S. Air Force (2)—Phil Prater/*Soldiers* magazine. 8, 9: Department of Defense/U.S. Air Force; Department of Defense—Rick Mullen/Foto Consortium; Department of Defense—Department of Defense/U.S. Air Force. 10, 11: Mike Nelson/Agence France Presse, Paris—D. Hudson/Sygma; P. Durand/Sygma. 12: U.S. Navy, (DN-SC-87-12580). 14, 15: U.S. Army. 17: U.S. Navy, (DN-SC-87-12584). 18, 19: U.S. Navy, (DN-SC-87-12588); (DN-SN-88-09568). 21: Private collection. 22, 23: Art by Kim Barnes of Stansbury, Ronsaville, Wood, Inc., photo from private collection. 24-27: Private collection. 28: Wollmann/Gamma, Paris. 31: Map by Mapping Specialists Ltd. 35: Defence Boats Ltd., Hexham, Northumberland. 36, 37: Defence Boats Ltd., Hexham, Northumberland (4); art by Fred Holz (4). 40, 41: Press Association, London; Crown Copyright. 45: Press Association, London. 50, 51: Paul Haley/*Soldier* magazine, Aldershot, Hants. 52, 53: Hugh McManners, Petham, Kent. 56, 57: Hugh McManners, Petham, Kent (2). 58, 59: Paul Haley/*Soldier* magazine, Aldershot, Hants. 60, 61: Hugh McManners, Petham, Kent. 62: Department of

Defense, (DD-ST-84-08783). 64: Map by Mapping Specialists Ltd. 66: C. A. Buxo, St. George's, Grenada. 69: Brice Vican. 72, 73: Courtesy Mark Adkin, Bedford, Bedfordshire; U.S. Air Force (2). 77: Art by Mark Seidler. 78, 79: Department of Defense. 81: Mark Adkin, Bedford, Bedfordshire. 82, 83: Johnson/Woodfin Camp; Mark Adkin, Bedford, Bedfordshire. 84, 85: C. T. U., Inc. 86, 87: Courtesy Mark Adkin, Bedford, Bedfordshire. 90, 91: Jean-Louis Atlan/Sygma. 94, 95: Mark Adkin, Bedford, Bedfordshire (4). 96, 97: C. A, Buxo, St. George's, Grenada. 98, 99: Art by Mark Robinson (2); Mark Meyer. 100, 101: Art by Mark Robinson. 102, 103: Satchel charge art and line charge art by Mark Robinson-art by Mike Mikos. 104-105: Art by Mark Robinson art by Mike Mikos (2}. 106, 107: Art by Mark Robinson; art by Mike Mikos (2). 108, 109: Art by Mark Robinson; art by Mike Mikes (3). 110: U.S. Air Force. 114: La Republica, Panama. 117: Map by Mapping Specialists Ltd. 119: Mark Meyer. 120: Art by Steven R. Wagner. 121: Mark Meyer (5). 124, 125: Art by Lloyd K. Townsend. 129: Courtesy James B. Zazas (2)-Stuart WarnerDepartment of Defense. 130, 131: U.S. Air Force/ Technical Sergeant H. H. Deffner. 132: U.S. Army. 134: Department of Defense (2)-Kevin Jenkins and Stuart Warner. 138, 139: Courtesy Kurt Frederick Muse. 140, 141: Courtesy Kurt Frederick Muse, copied by Renee Comet. 143: Magellan Systems Corporation. 144, 145: Art by Lloyd K. Townsend. 147: U.S. Army- 148, 149: Ronald Drucker. 150, 151: Christopher Morris/Black Star. 152, 153: Department of Defense, courtesy Robert F. Dorr.

TIME ®
LIFE

This edition published in 2005
by the Caxton Publishing Group
20 Bloomsbury Street, London WC1B 3JH
Under license from Time-Life Books BV.

THE NEW FACE OF WAR

SERIES EDITOR: Lee Hassig
Series Administrators: Judith W. Shanks

Editorial Staff for *Commando Operations*
Art Directors: Christopher M. Register, Fatima Taylor
Picture Editor: Marion Ferguson Briggs
Text Editors: Charlotte Anker, Stephen G. Hyslop, Paul Mathless
Senior Writer: James M. Lynch
Associate Editors/Research: Robin Currie, Mark Lazen
Writer: Charles J. Hagner
Assistant Editors/Research: Jennifer L. Pearce, Mark Rogers
Assistant An Director: Sue Ellen Pratt
Senior Copy Coordinators: Anthony K. Pordes (principal), Elizabeth Graham
Picture Coordinator: David Beard
Editorial Assistant: Kathleen S. Walton
Cover Design: Open Door Limited, Rutland, UK

Special Contributors: Champ Clark, George Daniels, John DeMott, Edward Edelson, Lee Ewing, Craig Roberts, Charles W. Sasser, Edward Stafford, Diane Ullius (text); Doug Brown, Katya Sharpe Cooke, Clay Griffith, Ellen Gross, Catherine Halesky, Lawrence Helm, Christine Soares, Susan Sonnesyn, Marie Tessier (research); Mel Ingber (index).

Title: **New Face of War, Commando Operations**
ISBN: 1 84447 225 6